DAS BUCH DER
Magier und Zauberer

Phantasiebild eines Magiers (angeblich Nostradamus)
Aus: Colin de Plancy, Dictionaire infernal. Paris 1863.

Es ist ein Jammer, daß es heute weder Besessene noch Magier
noch Astrologen noch Genies gibt.
Voltaire (1694–1778)

Leser! Wagst du es abermals, die Höhle des großen Magiers zu betreten?
Wenn dein Herz nicht mutig ist, verzichte:
Schließe diese Seiten, lies nicht weiter!
Lewis Carroll (1832–1898)

DAS BUCH DER
Magier und Zauberer

Herausgegeben
von Bertram Kircher und
Leah Levine

Anaconda

Die Deutsche Nationalbibliothek verzeichnet diese Publikation
in der Deutschen Nationalbibliografie; detaillierte bibliografische Daten
sind im Internet unter http://dnb.d-nb.de abrufbar.

Umschlagmotiv: Evelyn De Morgan (1855–1919), »The Love Potion« (1903),
© The De Morgan Centre, London/bridgemanart.com
Umschlaggestaltung: Druckfrei. Dagmar Herrmann, Köln
Layout und Satz: Roland Poferl Print-Design, Köln
Printed in Czech Republic 2008
ISBN 978-3-86647-220-4
info@anaconda-verlag.de

Inhalt

Die mit Asterikus (*) gekennzeichneten Überschriften
stammen vom Herausgeber Bertram Kircher.

Vorworte

Prolog

KAPITEL I

Die Smaragdtafel
Die Magier mythischer Zeiten

KAPITEL 2

Gnosis und Kabbala

Die Magier von der Antike bis zum Mittelalter

KAPITEL 4

Vom Großkophta zur Großen Bestie

Die Magier von den Zeiten der Aufklärung bis ins 21. Jahrhundert

Vorworte

*Leah Levine (*1961)*

Magie, die Kunst, die Welt zu verzaubern

Um 1530 schrieb Agrippa von Nettesheim: »Ich bin ein Magier, und ein Magier bedeutet, wie jeder Gelehrte weiß, keinen Zauberer, keinen Abergläubischen, keinen, der mit bösen Geistern im Bund steht, sondern einen Weisen, einen Priester, einen Propheten.« Für Plinius war Magie Naturphilosophie, und heute findet sich wieder ein ganz neues Weltbild der Magie und der Magier. Die Zeit ändert sich und mit ihr das Verständnis für einen Lebensbereich, der trotz aller Wirren immer den Begriff Magie verwendet. Viele Magier haben Magie immer wieder neu definiert. Für Crowley war es Kunst und Wissenschaft, mit Hilfe veränderter Bewußtseinszustände die Wirklichkeit zu verändern, ja sogar Grenzen aller Art zu sprengen. Grenzen des Handelns und des Denkens werden mit Hilfe magischer Rituale aufgeweicht und neu geformt. Der Magier erschafft das Universum, in dem er lebt, er ist sich der Verantwortung bewußt, wie hoch sein eigener Anteil an seinem Glück, Reichtum und den Umständen seines Daseins ist. In allen Jahrhunderten haben Magier versucht, sich mit Hilfe der Magie Vorteile zu verschaffen, wobei für viele das Erlangen von Wissen und Macht höher im Kurs stand als materielle Erfolge. Selbst die zahlreichen Alchemisten waren häufig eher an Erkenntnissen als an profanem Gold interessiert, konnten aber ihre teils schwierigen Lebensumstände häufig erheblich verbessern, in dem sie sich die Gier des Adels zunutze machten.

Viele der Magier des 20. und 21. Jahrhunderts werden Agrippas einleitenden Satz sicher nicht mehr ehrlich unterschreiben können. Die Renaissance der Magie, vor allem ausgelöst durch die leichtere Zugänglichkeit magischer Literatur, hat viele Träumer, Leichtgläubige und fanatische Selbstüberschätzer zu »Magiern« gemacht, die

die hohe Kunst für egoistische Zwecke mißbrauchen. Ihnen geht es um die Macht der Manipulation und um finanziellen Gewinn. Sei es, daß sie sich selbst belügen oder unter dem Deckmantel der magischen Söldnerdienste die Not anderer durch falsche Versprechen ausnutzen. Auch wenn die Geschichte einige Beispiele für solches Vorgehen schon vor Jahrhunderten belegt, so erweisen sie der wahren magischen Kunst einen äußerst schlechten Dienst. Doch die Magie nun einfach zu verurteilen, ihre Wirksamkeit generell in Frage zu stellen oder sie gänzlich zu ignorieren wäre der falsche Ansatz. Magie beinhaltet auch heute noch das Wissen um die Natur, verbindet die Sicherheit der Philosophie mit der Ewigkeit der Religion. Sie essenziert Glaube und Vernunft, Wissen und Freiheit. Wenn der Mensch, der sich in unseren modernen Zeiten zur Magie bekennt, auch häufig belächelt wird, so hat er doch einen wahren Schatz an der Hand, mit dem er nur richtig umzugehen lernen muß. Die Welt der Magie zu erforschen heißt nicht, einfach nur Bücher zu lesen oder eine Mitgliedschaft in einem magischen Orden anzustreben, sondern verlangt Disziplin, Neugierde und Geduld. Magie ist keine theoretische Kunst, sondern erfordert Praxis, um wirksam zu werden. Auch wenn es noch so schwer ist, inmitten der vielen Angebote das Gold vom Messing zu trennen: Wer es mit ehrlichem Herzen wagt, wird mit Weisheit belohnt.

*Bertram Kircher (*1941)*

Vom poetischen Zauber der Magie

Magier und Zauberer in der Weltliteratur

Zu allen Zeiten haben Zauberer und Magier die Phantasie der Dichter und Schriftsteller beflügelt. Dabei wurde immer parallel zum so genannten »Zeitgeist« berichtet und gedichtet. In der Antike bewunderte man die Weisen und Wissenden und stellte sie ins Pantheon neben die Götter und Heroen. Im Mittelalter fürchtete man sich vor diesen Menschen mit dem ungeheuren Wissen, und so wurden sie im Bewußtsein der Leute und der schreibenden Zunft zu Schwarzkünstlern, Teufelsbündlern und Hexenmeistern. In den Zeiten der Renaissance wandelte sich die literarische Darstellung erneut, und die Magier und Zauberer wurden zu Philosophen, Lehrmeistern und Forschenden auf der Suche nach dem Stein der Weisen. Dann kam die Aufklärung, und wieder wandelte sich das Bild: Hohn und Spott wurde über die Scharlatane, Gauklerfürsten und Taschenspieler ausgeschüttet. Danach, in der Zeit der industriellen Entwicklung, der Erfinderfreude und der Maschinengläubigkeit schlug das Pendel wieder zurück. Jetzt waren die Magier wieder die spirituellen Wegweiser und esoterischen Vorbilder. Im zwanzigsten Jahrhundert traten schließlich die Schwarzmagier à la Crowley in Erscheinung oder die Fantasy-Zauberer Gandalf, Dumbledore u. a.

So hat jede Zeit ihre eigenen Vor- und Darstellungen von Zauberern und Magiern. Aus diesem reichen Fundus der Jahrhunderte möchten wir Ihnen exemplarisch dreißig Persönlichkeiten vorstellen. Vorangestellt ist immer eine sachlichen Biographie und in der Folge dann Texte von und Texte über diese Personen. Dabei wechselt sich Ernsthaftes mit Spöttischem und Kritisches mit Hymnischem munter ab – ganz wie der jeweilige Zeitgeist es empfand. Die Auswahl ist weder repräsentativ noch unter wissenschaftlichen Gesichtspunkten, sondern willkürlich getroffen. Wir – das Herausgeberpaar – versuchen mit diesen dreißig exemplarischen Zauberern und Magiern die ganze Spannbreite magischen Daseins aufzuzeigen.

Dabei werden Sie sicher viele Namen vermissen, die man in einer solchen Sammlung vermuten oder erwarten würde. Andererseits werden Sie aber vielleicht auch manche überraschende (Neu-)Entdeckung machen.

Begleiten Sie uns also auf unserer literarischen Zeitreise durch die Jahrhunderte an der Seite der Zauberer und Magier.

Prolog

Der Magier ist der Archetypus des alten Weisen, der in gerader Linie
zurückgeht auf die soziale Erscheinung des Medizinmannes
in der primitiven Gesellschaft. Er ist ein unsterblicher Dämon,
welcher die chaotischen Dunkelheiten des bloßen Lebens
mit dem Licht des Sinnes durchdringt.
Carl Gustav Jung (1875–1962)

Giovanni Pico della Mirandola (1463–1494)

Über die Magier*

Ich will hier eine Bemerkung über Herkunft und Bedeutung des Wortes »Magier« anschließen. Das Wort stammt aus dem Persischen und deckt sich vollkommen mit der griechischen Bezeichnung »Philosoph«, so daß Magier so viel wie »Weiser« bedeutet. Bei den verschiedenen Völkern wechselt nun diese sprachliche Bezeichnung. So nennen die Gallier ihre Weisen Druiden, die Hebräer Propheten, Synhedristen, Pharisäer oder Kabbalisten. Bei den Indern heißen sie Gymnosophisten und bei den Ägyptern einfach Priester. Ergibt es sich aus diesen Angaben, daß Magie dasselbe wie Weisheit bedeutet, dann trägt der praktische Teil der Naturwissenschaft, der uns die exakte Kenntnis aller natürlichen Dinge übermittelt, und der gleichsam die Krone und Zinne der ganzen Philosophie darstellt, völlig mit Recht den Titel Magie, d. h. Weisheit schlechthin, in derselben Weise, wie man Rom einfach die Stadt, Vergil den Dichter und Aristoteles den Philosophen nennt. Wem aber schon das Wort Magier Grauen einflößt, wie es bei einigen meiner Gegner der Fall zu sein scheint, der kann ja jene Stelle des Evangeliums nicht ruhig mit anhören, die da lautet: Es kamen Magier aus dem Morgenlande, um Christum anzubeten. Die Männer, von denen hier die Rede ist, waren doch weder Schwarzkünstler noch Verbündete des Teufels. Die Weisheit Gottes war in ihnen lebendig, und sie kamen zu dem, der alles Bösen Gegner und aller Teufelsgeister Feind war. Und aus diesem Grunde erachte ich es für nützlich, daß alle Gläubigen den wahren Sinn der Bezeichnung Magier erfassen. Statt der Verwirrung, die meine Thesen, wie man behauptet hat, in den Köpfen der Frommen angerichtet haben sollen, können sie vielmehr ein tieferes Verständnis und eine wertvolle Aufklärung in den Geistern hervorrufen.

Alle Philosophen vertreten die von mir ausgesprochene Ansicht, daß gewissen Figuren und Zahlen in der Magie eine besondere Wirksamkeit zukomme und daß ihnen eine geheimnisvolle Bedeutung zugrunde liege.

KAPITEL I

Die Smaragdtafel

Die Magier mythischer Zeiten

Heinrich Kunrath: Die Smaragdtafel (1609)

Dann war er weiter und tiefer auf den Grund dieses ganzen beschränkten, materiellen und eingezwängten Wissens vorgedrungen; er hatte vielleicht seine Seele aufs Spiel gesetzt, sich im finstern Raume an jener geheimnisvollen Tafel der Alchemisten, der Astrologen und Hermesjünger niedergelassen.

Victor Hugo (1802–1885)

Nichts übertrifft oder gleicht als Zusammenfassung aller Lehren der alten Welt jenen in kostbaren Stein gemeißelten und unter dem Namen Tabula smaragdina bekannten Lehrsätzen des Hermes.

Eliphas Levi (1810–1875)

Hermes Trismegistos

Der Dreimalgroße Thot, Erfinder der Magie, Großmeister der Alchimisten, Erfinder des Tarot und legendärer Verfasser der ältesten hermetischen Bücher

Hermes Trismegistos (Holzschnitt 1566)

Der große Hermes ist der, der den Werken aller Menschen
Anmut und Glanz verleiht.
Homer (2. Hälfte 8. Jh. v. Chr.)

Der Dreimalgroße wiegt allzeit auf Bösem weich gebettet das Gemüt.
Charles Baudelaire (1821–1867)

Also spricht der weltenalte hohe Hermes Trismegist:
Nirgends ist das Ungestalte, nirgends Willkür, Trug und Zwist.
Werner Bergengruen (1892–1964)

*Leah Levine (*1961)*

Hermes Trismegistos

(ca. 1400 v. Chr.)

»Was oben ist, ist wie das, was unten ist.«

Der »dreimalgroße Hermes« ist so etwas wie der Urvater der Magie, der Alchemie und der Astrologie. In seinem Namen verbinden sich die Kräfte zweier antiker Götter: Die des Gottes Thot, dem ägyptischen Schöpfer der Weisheit, Magie, der Sprache und der Schrift, dem Lehrer der Isis, dem Erfinder von Maß, Zahl und Musik. Und die des Gottes Hermes, dem griechischen Gott arkadischer Herkunft, dem man die Wurzeln der Alchemie verdankt, dem Gott der Wanderer und Suchenden, der Hüter des Wissens und Schutzherr der Heilenden. Hermes Trismegistos ist eine Gottheit, die die griechischen Kolonisten mit nach Ägypten gebracht haben und dort so sehr verehrten, daß sie mit der Zeit menschliche Züge annahm. Unendliche Mengen an Schriften gehen angeblich auf Hermes zurück; so spricht eine Quelle von 36 525 Büchern über die Prinzipien der Natur. Der Magier Jamblichos reduzierte diesen Wissensschatz dann schon auf 20 000, wobei sich hier viele Texte griechisch-ägyptischer Philosophie unbekannter Herkunft finden. Und Clemens von Alexandrien läßt nur noch 42 Bücher gelten, die dafür aber wie Reliquien bei feierlichen Prozessionen geehrt wurden. Wirklich bekannt geworden ist besonders die »Tabula Smaragdina«, die wichtigste Urkunde und Lehrtafel der Alchemie, die durch Apollonius von Tyana wiedergefunden und durch die Übersetzung aus dem Altsyrischen ins Arabische im 6. Jh. n. Chr. der Menschheit wieder zugänglich gemacht worden sein soll. Eine andere Legende erzählt, Sara, die Frau Abrahams habe die »Smaragdtafel«gefunden. Das »Corpus Hermeticum« ist eine Textsammlung, die erst zu späterer Zeit zusammengetragen und in der Renaissance (wieder) entdeckt worden ist. Homer formulierte, Hermes habe die Gabe, den Werken der Menschen Anmut und Glanz zu verleihen.

Auch wenn es kaum Daten gibt, die das Leben des Hermes näher beleuchten, kreisen doch viele Legenden um seine Gestalt. Es heißt, er sei spiritueller Licht-Meister des versunkenen Atlantis gewesen, bevor er sich nach Ägypten aufgemacht habe, wo er die Cheops-Pyramide errichtet habe, um dort ein Einweihungszentrum zu erschaffen. Von dort aus fanden seine Lehren auf dem mündlichen Weg in der Welt Verbreitung.

Ob Hermes nun der Sohn Adams oder ein Enkel Abrahams gewesen ist, ob er der Priester Hermon war, der um 100 n. Chr. in Alexandrien lebte, für die noch heute bedeutungsvolle Lehre ist das nicht maßgeblich. Sowohl Platon, Paracelsus und alle Gnostiker und Mystiker der Jahrhunderte haben aus dem unendlichen Wissen geschöpft, welches Hermes der Menschheit hinterlassen hat. Seine Lehre, daß alles aus dem Einen (All) kommt und Geist und Körper sich verbinden müssen, um wieder eine Einheit zu schaffen um Vollkommenheit zu erlangen, sich also zu »veredeln«, wie es in der Erklärung vom »Stein der Weisen« heißt, zeigt, daß es in der Alchemie nicht immer nur um die Verwandlung von unedlen Metallen in Gold geht, sondern auch um die Entwicklung der menschlichen Seele.

Im allgemeinen Sprachgebrauch begegnet uns das Wort »hermetisch« und bedeutet: fest abgeschlossen. Dieser Begriff hat seine Wurzeln in den Ausführungen alchemistischer Experimente, aber steht auch stellvertretend für das Wissen, das sich nicht verflüchtigen und vor Profanität bewahrt werden soll. Hermetisch ist gleichbedeutend mit »chymisch«. In der hermetischen Medizin wird mit Hilfe der »Chymie« die stärkste Energie aus Pflanzen und Mineralien gezogen, um starke, wirksame Arzneimittel zu erstellen.

Unabhängig von jeder Theorie und Legende über Hermes Trismegistos – keine ist wirklich beweisbar –, haben wir heute durch die Hermetische Lehre einen Schlüssel zur Hand, der nicht nur die Freimaurer, die Neuplatoniker und Gnostiker beeinflußt hat, sondern alle Religionen und die Kulturgeschichte der Menschheit.

Flavius Philostratos II. (zwischen 160 und 170 bis um 245)

Apollonius von Thyana erzählt, wie er die Smaragdtafel fand

Nun befand sich in meiner Heimat ein Standbild aus Stein auf einer Säule aus Gold, auf der geschrieben stand: – Siehe, ich bin Hermes, der Dreifache an Weisheit; ich habe dieses Wunderzeichen offenkundig vor allen Augen hingestellt, aber dann durch meine Weisheit verhüllt, damit Niemand dazu gelangt als ein Weiser gleich mir. – Auf der Brustseite des Standbilds aber war in der Ursprache geschrieben: – Wer die Geheimnisse der Schöpfung und die Darstellung der Natur kennen lernen will, der sehe unter meinen Fuß. – Aber die Leute verstanden nicht, was er damit sagte und pflegten unter seinen Fuß zu schauen, sahen aber nichts. Damals war ich noch schwach wegen meiner Jugend. Als ich aber meine Natur gekräftigt hatte, las ich, was auf der Brustseite der Bildsäule geschrieben war, dachte über das nach, was es besagte, und grub unter der Säule nach. Und siehe da, ich gelangte in eine unterirdische Kammer, gefüllt mit Finsternis, in die kein Strahl der Sonne eindrang, obgleich sie darüber stand, in der sich Winde erhoben und nicht aufhörten zu wehen. So fand ich wegen der Finsternis keine Möglichkeit, einzudringen, und es hielt mir auch kein Strahl eines Feuers (Lichts) darin stand wegen der Menge ihrer Winde. Da war ich machtlos, und mein Kummer war heftig. Der Schlaf überwältigte mich, während ich im Herzen besorgt war und über die Schwierigkeit nachdachte, in die ich geraten war. Da erschien mir ein Greis, ganz von meiner Form und Gestalt, und sprach zu mir: »O, Balinus (Apollonius), stehe auf und geh in diese Kammer hinein, damit du zu dem Wissen von den Geheimnissen der Schöpfung kommst und davon die Darstellung der Natur erreichst.«

Ich antwortete: »Ich sehe nichts in ihrer Finsternis, und nicht hält sich in ihr ein Strahl Feuers wegen der Menge der Winde.« Da sagte er zu mir: »O, Balinus, setze dein Licht in ein durchsichtiges Gefäß aus Glas, durch das du den Wind von deinem Licht abhältst, so daß er es nicht ausbläst und du mit deinem Licht in der Finsternis

Helle bekommst.« Da wurde mir wieder wohl ums Herz, ich wußte, daß ich mein Ziel erreicht hatte und sagte: »Wer bist du, der du mir diese Wohltat erwiesen hast?« Er antwortete: »Ich bin dein vollkommenes, feines Wesen.« Da erwachte ich voller Freude, stellte ein Licht in ein Gefäß, wie mich mein Geistwesen geheißen hatte und trat dann in die Kammer. Siehe, da fand ich einen Greis, der auf einem Thron aus Gold saß und in seiner Hand eine Tafel aus grünem Smaragd hielt, worauf geschrieben stand: »Dies ist die Beschreibung der Natur.« Und vor ihm befand sich ein Buch, darauf war geschrieben: »Dies ist das Geheimnis der Schöpfung und das Wissen von den Ursachen der Dinge.« Da nahm ich das Buch in aller Ruhe weg und verließ die Kammer. Ich lernte aus dem Buch die Geheimnisse der Schöpfung und erreichte die Darstellung der Natur und lernte das Wissen von den Ursachen der Dinge. Mein Name wurde berühmt durch meine Weisheit, ich verfertigte Talismane und bewirkte die Wunder und bewirkte die Mischungen der vier Naturen, ihre Zusammensetzungen, Unterschiede und Bindungen. Ich verfasse nun dieses Buch für diejenigen, die nach mir kommen, wie es auch für mich von denen verfaßt worden ist, die vor mir waren.

Paracelsus (1493–1541)

Die älteste deutsche Übersetzung der »Smaragdtafel«

Im Anfang war daß Wort / vnd daß Wort war bey Gott / vnnd Gott war das Wort / vnd das war im Anfang bey Gott / *Joan. 1.*

Genes. 1. Im Anfang schuff Gott Himmel vnd Erden / vnd die Erde war wüst / und lehr / vnd es war finster auff der tieffe / vnd der Geist Gottes schwebte auff dem Wasser.

Nun merck auff die zwen Text / Newes und Altes Testament / vnd lege deinen Verstand darauff / damit du kanst machen Miracul vnd Wunderzeichen eines einzigen dings / als Hermes spricht / Also: alle ding sind beschaffen / von einem einigen / durch den willen und das Gebot eines eines einigen / die Sonn ist sein Vatter / und der Mond ist sein Mutter / der Wind hat jhn getragen in seinem Bauch

/ sein Neherin ist die Erd / diß ist der Vatter von aller perfection dieser Welt / sein macht ist vollkommen / dann die wird verwandelt in ein Erden / vnd du solt scheiden daß Erdrich / von dem Fewr und das subtil von dem dicken / leichtigen durch ein subtiligkeit / mags auffsteigen vom Erdrich in den Himmel / vnd herwiderumb vom Himmel zu der Erden / vnd wird annemmen die oberste vnd niderste Macht / also wirstu haben die Ehr und Klarheit der gantzen welt / derhalben weich von der Finsternuß. Diß ist von aller stercke / die stercksete sterckheit / dann es voberwind alle subtile ding / vnd durchdringet alle einzellige ding / wann im Anfang aller ding ist nichts gewesen / dann ein grobes ding / vnnd in diesem ding sind verborgen die vier Element ein ding / das kein art noch gestalt hat / sonder Grob / Rauch / Schleumig / Lüfftig / Moserig / Sulphurisch / Hitzig / vnd in diesen dingen ist kein maß nimmer nicht / sonder alle mahl ist nichts dann ein vnartig / veracht / lächerlich ding / wiewol alle ding sein in diesen vnartigen dingen verborgen / vnd alle Creaturen sind die ding erschaffen / vnd gemacht / vnd ohne das ding kann nichts gemacht werden.

Christoph Martin Wieland (1733–1813)

Das Geheimnis des Großen Hermes*

»Als ich mich wieder etwas gefaßt hatte«, fuhr Misfragmutosiris in seiner Erzählung fort, ohne auf die lebhafte Anteilnahme des Königs achtzugeben, »fiel mir eine hohe Pforte von Ebenholz in die Augen, vor welcher zwei Sphinxe von kolossaler Größe einander gegenüberlagen. Sie waren aus Elfenbein geschnitzt und von wunderbarer Schönheit, aber zu meinem großen Bedauern lagen sie so dicht an der Pforte und so nahe beisammen, daß es schlechterdings für mich unmöglich schien, sie zu öffnen und die Neugier zu befriedigen, welche mich in ein so gefahrvolles Abenteuer verwickelt hatte. Indem ich nun, der verbotenen Pforte gegenüberstehend, vergebens auf ein Mittel sann, diese Schwierigkeit zu überwinden, erblickte ich über der Tür in diamantnen Charakteren der heiligen Priesterschrift, die mir nicht unbekannt war, den Namen Hermes Trismegistos. Ich las ihn mit lauter Stimme, und kaum hatte ich ihn ausgesprochen, so öffnete sich die Pforte von selbst, die beiden Sphinxe belebten sich, sahen mich mit funkelnden Augen an und wichen so weit zurück, daß ich zwischen ihnen durchgehen konnte. Sobald ich über die Schwelle der Pforte von Ebenholz geschritten war, schlossen sich ihre Flügel, wie von einem darin wohnenden Geiste bewegt, von sich selbst wieder zu, und ich befand mich in einem runden Dome von schwarzem Jaspis, dessen furchtbares Dunkel nur von Zeit zu Zeit, in Pausen von zehn bis zwölf Sekunden, durch eine Art von plötzlichem Wetterleuchten erhellt wurde, das an den schwarzen glattgeschliffnen Wänden herumzitterte und ebenso schnell verschwand als entstand.

Bei dieser majestätischen und geheimnisvollen Art von Beleuchtung erblickte ich in der Mitte des Doms ein großes Prachtbett von unbeschreiblichem Reichtum, worauf ein langer ehrwürdiger Greis mit kahlem Haupte und einem schlohweißen Barte, die Hände auf die Brust gelegt, sanft zu schlummern schien. Zu seinen Häuptern lagen zwei Drachen von so seltsamer und schrecklicher Gestalt, daß ich sie noch jetzt, nach so vielen Jahrhunderten, vor mir zu sehen glaube. Sie hatten einen flachen Kopf mit langen herabhängenden Ohren, runde gläserne Augen, die weit aus ihren Kreisen hervorragten, einen Rachen gleich dem Krokodil, einen langen, äußerst dünnen Schwanenhals und ungeheure lederne Flügel wie die Fledermäuse; der vordere Teil des Leibes war mit starren spiegelnden Schuppen bedeckt und mit Adlersfüßen bewaffnet, und der Hinterleib endete in einer dicken, siebenmal um sich selbst gewundenen Schlange. Ich bemerkte bald, daß das Wetterleuchten, das diesen Dom alle zehn Sekunden auf einen Augenblick erhellte, aus den Nasenlöchern dieser Drachen kam und daß dies ihre Art zu atmen war. Wie schauderhaft auch der Anblick dieser gräßlichen Ungeheuer war, so schienen sie doch nichts Feindseliges gegen mich im Sinne zu haben, sondern erlaubten mir, den majestätischen Greis, der hier den langen Schlaf des Todes schlief, bei dem flüchtigen Lichte, das sie von sich gaben, so lang ich wollte zu betrachten. Ich bemerkte eine dicke Rolle von ägyptischem Papier, die zu den Füßen des Greises lag und mit Hieroglyphen und Charakteren beschrieben schien. Eine unsägliche Begierde, der Besitzer dieser Handschrift zu sein, bemächtigte sich meiner bei diesem Anblick, denn ich zweifelte nicht, daß sie die verborgensten Geheimnisse des großen Hermes enthalte. Zehnmal streckte ich die Hand nach ihr aus, und zehnmal zog ich sie wieder mit Schaudern zurück. Endlich wurde die Begierde Meister, und meine Hand berührte schon den heiligen Schatz, gegen welchen ich alle Schätze über und unter der Erde verachtete, als mich ein Blitz aus dem Munde eines der beiden Drachen plötzlich zu Boden warf und alle meine Glieder dergestalt lähmte, daß ich unfähig war, wieder aufzustehen. Sogleich fuhr eine kleine geflügelte und gekrönte Schlange, die den hellsten Sonnenglanz von sich warf, aus der Kuppel des Doms herab und hauchte mich an; ich fühlte die Kraft dieses Anhauchs gleich einer lieblich scharfen geistigen Flamme alle meine Nerven dergestalt durchdringen, daß ich etliche Augenblicke wie betäubt davon war. Als ich mich aber wieder aufraffte, sah ich einen Knaben vor mir, der auf einem Lotusblatte saß und, indem er den Zeigefinger der rechten Hand auf den Mund drückte, mir mit der linken die Rolle darreichte, die ich zu den Füßen des schlafenden Greises gesehen hatte. Ich erkannte den Gott des heiligen Stillschweigens und warf mich vor ihm zur Erde; aber er war wieder verschwunden, und nun wurde ich erst gewahr, daß ich mich, ohne zu begreifen, wie es damit zugegangen, anstatt in der großen Pyramide bei Memphis in meinem Bett befand.«

»Wunderbar, seltsam, bei meiner Ehre!«, rief König Mark mit allen Zeichen des Erstaunens und der Überraschung auf dem gläubigsten Gesichte von der Welt.

»So kam es mir auch vor«, erwiderte Misfragmutosiris, »und ich würde mich sicher selbst beredet haben, daß mir alle diese wunderbaren Dinge bloß geträumt hätten, wenn die geheimnisvolle Rolle in meiner Hand mich nicht von der Wirklichkeit derselben hätte überzeugen müssen. Ich betrachtete sie nun mit unbeschreiblichem Entzücken, ich betastete und beroch sie auf allen Seiten und konnte es gleichwohl kaum meinen eignen Sinnen glauben, daß ein so unbedeutender Mensch als ich der Besitzer eines Schatzes sei, um welchen Könige ihre Kronen gegeben hätten. Das Papier war von der schönsten Purpurfarbe, die Hieroglyphen gemalt und die Charaktere von dünn geschlagenem Golde.« »Das muß ein schönes Buch sein«, sprach König Mark, »ich weiß nicht, was ich nicht darum gäbe, es nur eine Minute lang in meiner Hand zu haben. Dürft ich bitten?« »Von Herzen gern, wenn es noch in meinen Händen wäre.« »Wie? Es ist nicht mehr in euren Händen?«, rief Mark mit kläglicher Stimme.

»Ich besaß es nur sieben Tage. Am achten erschien mir der Knabe auf dem Lotusblatte wieder, nahm die Rolle aus meiner Hand und verschwand damit auf ewig. Aber diese sieben Tage waren für mich hinreichend, mich zum Meister von sieben Geheimnissen zu machen, deren geringstes von unschätzbarem Wert in meinen Augen ist. Seit dieser merkwürdigen Nacht sind nun über tausend Jahre verstrichen.«

»Über tausend Jahre?«, unterbrach ihn König Mark abermal. »Ist's möglich? Über tausend Jahre?«

»Alles ist möglich«, antwortete der tausendjährige Schüler des großen Hermes mit seinem gewöhnlichen Kaltsinne, »dies ist es kraft des siebenten Geheimnisses. Seitdem ich im Besitze desselben bin, ist der ganze Erdboden mein Vaterland, und ich sehe Königreiche und Geschlechter der Menschen um mich her fallen wie die Blätter von den Bäumen. Ich wohne bald hier, bald da, bald in diesem, bald in jenem Teil der Welt; ich rede alle Sprachen der Menschen, kenne alle ihre Angelegenheiten und habe bei keiner zu gewinnen noch zu verlieren. Ich verlange über niemand zu herrschen und bin niemanden untertan, aber wenn ich (was mir selten begegnet) einen guten König antreffe, so habe ich mein Vergnügen daran, sein Vermögen, Gutes zu tun, zu vermehren.«

Carl Kiesewetter (1854–1895)

Zaras Fund

Die Smaragdinische Tafel wurde so genannt, weil ihr Text auf einen Smaragd geschnitten gewesen sein soll, den in altersgrauer Vorzeit ein Weib, Zara, in der Hand des Gerippes von Hermes in einer Grabhöhle bei Hebron gefunden haben soll. Ihr Text ist nur wenig bekannt, obgleich Kriegsmann, ein alchemistischer Schriftsteller des 17. Jhs., behauptet, derselbe sei ursprünglich phönizisch gewesen, den Beweis dafür aber schuldig bleibt. Der Text wurde Jahrhunderte lang für die Mitteilung des Verfahrens für die Metallumwandlung gehalten, und noch Schmieder sucht wenigstens ihren chemischen Charakter zu retten, indem er das Ganze als eine geheimnisvoll-überschwengliche Schilderung der Destillation ansieht.

Zoroaster/Zarathustra/Zerdutsch/Zardust

Persischer Lehrer der Weisheit und Hüter des Feuers

Zoroaster
(Fresko des Mithräums von Dura-Europos)

Phythagoras machte zuerst
auf den berühmten persischen Magier Zoroaster aufmerksam.
Titus Flavius Clemens (140/150–vor 221)

Wahrlich! viele sind,
deren Zunge trieft vom Namen Zarathustras.
Richard Dehmel (1863–1920)

Leah Levine (1961)*

Zoroaster
(um 1768 v. Chr. oder 630–553 v. Chr.)

»Gut denken, gut reden, gut handeln.«

Zoroaster, so die griechische Form des alten persischen Namens Zarathushtra, gilt als Priester und Prophet seiner Zeit. Über ihn selbst ist nur wenig bekannt, aber man vermutet, seinen ersten Wirkungskreis und seinen möglichen Geburtsort in der Gegend um Baktra, Sistan oder des Urmia-Sees. Er soll verheiratet gewesen sein; drei Kinder gezeugt und einen gewaltsamen Tod erlitten haben; vielmehr Persönliches über ihn ist nicht bekannt – alles andere sind legendenhafte Überlieferungen.

Überliefert aber ist sein Weltbild und wird auch heute noch von seinen Anhängern, den Zoroastriern oder Parsen, wie sie sich in Indien nennen, gepflegt. In der griechischen Welt nennt man sie die Feueranbeter, da in ihren Heiligtümern immer eine Flamme, als Symbol des Lichts für Ahura Mazda (Gott) brannte. Die Lehre des Zoroaster ist der Monotheismus und stellt einen starken Gegensatz zum verbreiteten Mithraglauben seiner Zeit dar. Zoroaster lehnt nicht nur die Götzenverehrung, sondern auch die Blutopfer und Rauschdrogen dieser Religion ab. Nach seiner Vorstellung ist die Welt selbst aufgespalten in Licht und Finsternis, wobei der ewige Kampf zwischen Gut und Böse eigentlich in den Gedanken des Menschen stattfindet, der – so Zoroaster – frei wählen kann, welcher Seite er den Vorzug gibt. Im Gegensatz zu vielen früheren Lehren, unterstellt Zoroaster dem Menschen eine Mitverantwortung an seinem Schicksal und gibt ihm die Macht der Entscheidung. Am Ende der Zeit wird der Krieg der Kräfte zu Gunsten des Guten entschieden und der Mensch muß sich für sein Handeln verantworten. Die beiden Kräfte, die zusammen das Ganze, die göttliche Einheit ergeben, nennt Zoroaster Ahura Mazda und Ahriman (Angra Malnyu), die jeweils von sechs Erzengeln beziehungsweise Erzdämonen begleitet werden. Ahura Mazda und Ahriman seien aus dem Licht erschaffen, aber der Zweite (Ahriman) hätte durch Neid und Mißgunst die Reinheit verspielt und mußte fortan in der Finsternis herrschen. In Babylon kamen die jüdischen Weisen mit den Ideen des Zoroaster in Kontakt, und so finden sich viele Ähnlichkeiten in den jüdisch-christlichen Glaubensinhalten; beispielsweise hatte es die Begriffe »Himmel« und »Hölle« vorher nicht gegeben und auch die Verbreitung von »Engeln« hat ihren Ursprung im Zoroastrismus. Zoroastrische Lehren finden sich auch im Gedankengut der Gnostiker und Neuplatoniker, wo sie sich über die Zeit erhalten haben und weiter entwickelt wurden. Im Mittelalter verbreiteten die Albigenser einen dualistischen Glauben, der dem des Zoroaster sehr verwandt schien.

Von den vielen Zoroaster zugeordneten Schriften ist wenig überliefert. Wirklich zuzuordnen waren 17 Psalmen oder Gathas, in denen sich Zoroaster nicht als Prophet, sondern nur als Lehrer bezeichnet hat. Diesen Texten ist zu entnehmen, daß Zoroaster als Zwanzigjähriger seine Heimat wegen der Verfolgung durch die Mithraspriester verlassen mußte und als Eremit gelebt hat. Mit dreißig habe sich ihm der höchste Gott (Ahura Mazda) offenbart und in der Folgezeit habe er versucht, die Menschen von seinen Lehren zu überzeugen und sie dazu angehalten, für Pflanzen, Tiere und Mitmenschen Fürsorge walten zu lassen. Ebenfalls überliefert ist die »Vendidad«, eine Sammlung von Volksweisheiten, die half, die Macht der Dämonen durch Rituale zu brechen. Dieser magische Ansatz steht nicht im Widerspruch zu Zoroasters Lehre, die durch ihre dogmatische Theologie deutlich religiöser geworden ist, aber wie jede Religion Rituale praktiziert. Bei Andachtshandlungen, die auf jede Form von Opferhandlungen verzichtete, standen die Menschen mit erhobenen Armen um einen Feueraltar und sangen zu Ehren des Gottes. Ihre Altäre waren nicht in Tempeln, sondern auf Hügeln, in Palästen oder im Zentrum der Stadt zu finden. In jedem Haus war das Herdfeuer heilig und durfte nicht verlöschen und wurde ebenso verehrt wie die Sonne selbst, als ewiges Himmelsfeuer.

Um die Person Zoroasters entstanden so viele Legenden, daß die Griechen ihn sowohl als »Brunnen der Weisheit«, wie auch als »Begründer der Zauberei« bezeichneten. Aber diese Beinamen beweisen, daß Zoroaster eine der ungewöhnlichsten Persönlichkeiten der Menschheitsgeschichte gewesen ist und ihr bis in die Gegenwart seinen Stempel aufgedrückt hat.

Plinius der Ältere (23/24–79 n. Chr.)

Einiges über den Magier Zoroaster*

Zoroaster soll schon am ersten Tage seines Lebens gelacht haben. Auch soll sich sein von der Ahnung künftigen Wissens erfülltes Gehirn so stark bewegt haben, daß es die aufgelegte Hand zurückstieß.

Die Wissenschaft der Magie hat unbezweifelt ihren Ursprung in Persien unter Zoroaster. Darüber sind die Gelehrten einig, nur herrscht noch eine Meinungsverschiedenheit über die Person Zoroasters selbst. Eudorus nämlich läßt ihn sechs Jahrtausende vor Plato lehren, und ihm tritt Aristoteles bei; hingegen Hermippus, welcher sich um die Sammlung und Herausgabe sämtlicher Schriften Zoroasters ein so großes Verdienst erworben, gibt das fünfte Jahrtausend vor dem trojanischen Kriege als das Zeitalter dieses Magiers an.

Man sagt, Zoroaster soll zwanzig Jahre hindurch in der Wüste nur von Käse sein Leben gefristet haben, welcher aber so zubereitet war, daß man ihm sein Alter nicht anmerkte.

Daniel Casper von Lohenstein (1635–1683)

Zoroasters Zauber-Ritual*

Nero. Zoroaster, ein Zauberer. Sein Diener. Paris. Anicetus.

Nero:

Hier ist der Orth / den du zum Opffer dir bestimmt.

Zoroaster.

Sehr wol: daß noch die Asch und ihr Gebeine glimmt.
Was aber rächelt hier für eine bluttge Leiche?

Anicetus:

Ein sich selbst-leschend Brand von Agrippinens Seuche.

Zoroaster:

Der Himmel segnet selbst mein Todten-Heyligthum /
Der Zufall meinen Wunsch / mein Werck der Weißheit Ruhm.
Weicht aber bald von hier ihr ungeweyhten Seelen.
Es dient nichts Irrdisches den Göttern tieffster Hölen.
Mein Sohn / komm rücke mir den Opffertisch hieher.

Nero:

Mein Hertze wird mir kalt / und alle Glieder schwer!

Zoroaster:

Der Käyser muß behertzt vollziehn / was angefangen.

Nero:

Wo wir durch Hertzhaft-seyn nur auch den Zweck erlangen.

Zoroaster:

Der Käyser sorge nicht. Die Sternen folgen mir /
Ich schreibe Satzungen den Göttern selber für /
Ich mache: daß der Tag mit vielen Sonnen strahlet /
Daß dreyer Monden Licht die Mitternächte mahlet /
Ich halte durch mein Lied der Flüsse schnellen Lauff /
Den Zirckel der Natur / der Sternen Wechsel auf.
Ich schwelle Well und Meer auch sonder Sturm und Winde /
Ich schaffe: daß das Eiß als Schwefel sich entzünde /
Mit Flammen lesch ich Glutt; Die Zeichen meiner Schrifft
Sind von so großer Krafft: daß Nattern Gall und Gift
Bey meinem Kreyß außspein / daß die zertheilte Schlange
Zusammen wieder wachß und neue Seel empfange;
Daß Ström als Eiß erstarrn / die Bach in Kwäll verseugt;
Daß Hecate zu mir in eine Höle steigt
Daß Flüsse Lauff und Gang bergauf zu Gipffeln nehmen.
Ich kan die Drachen kirrn und Pantherthiere zähmen /
Die Löwen sind mein Pferd / die grosse See mein Land /
Ich baue Thürm ins Meer / und Kwällen in den Sand /
Ich kan mit Menschen-Blutt in volle Monden schreiben /
Wohin die Sterblichen wird ihr Verhängnüs treiben /
Den Grüfften pflantz ich Licht / den Marmeln Liebes-Pein /
Den Felsen Zung und Red / Entseelten Seelen ein.

Nero:
Ach möcht auch doch durch dich der Mutter Geist erwachen!
Zoroaster:
Laß uns zum Heyligthum nunmehr den Anfang machen.
Der Käyser setze sich hier hinter das Altar.
Mein Sohn / nimm was ich dir befehle / fleißig wahr.
Gib das gefärbte Tuch aus laulichtem Geblütte
Der Kinder / die mein Arm aus Mutter-Leibe schnitte.
Komm lege mir den Rock / der Götter duldet / an.
Komm wasch aus Wasser ihn / das aus drey Brunnen ran /
Eh als ich es geschöpfft in drey entweyhten Nächten.
Nun mustu umbs Altar Cypressen-Zweige flechten.
Gibs Rauchfaß / ein von Wachs und Schwefel brennend Licht.
Vergiß Wacholderholtz und Lorber-Beeren nicht /
Gib Kräuter / die man muß bey Mondenscheine graben /
So oft als Nacht und Tag gantz gleiche Stunden haben.
Wormit sich Nectabis in Ammon hat verkehrt /
Als ihn Olympias des Beyschlafs hat gewehrt:
Gib her sein Jungfern-Wachs / daraus er Bilder machte /
Dardurch er Stürm ins Meer / den Feind in Schiffbruch brachte.
Gib Gemsen-Wurtzel her / Maah-Häupter / Eisenkraut /
Fleisch / das man aus der Stirn unzeitger Pferde haut /
Wirff Wolffs-Milch auf den Rauch / und Wurtzeln in die Flammen /
Wo Mann- und Weiblich Saam ist eingepfropft zusammen.
Nun werde mir hieher das Mohren-Kraut gebracht /
Das Schlösser öffnen kan und Flüsse trocken macht.
Itzt gib den Distelstrauch / der nicht nur Geister schlüssen
Ja Götter fäßeln kan: Daß sie erscheinen müssen.
Wo ist das Zackel-Kraut / das Wein in Wasser kehrt?
Fehlt Osirite nicht / durch welche man beschwert gläntzen /
Das Kraut / das / steckt man nicht Dianen Opffer an /
Wenn mans ins Wasser wirst / die Augen bländen kan /
Des Habichtkrautes Safft / die das Gesicht erfrischet /
Solln in dis Heyligthumb ietzt werden eingemischet
Umb zu ersätzen ihr ihr außgeleschtes Licht.

Hier ist die Heydechs-Haut / die sie / weil sie sich nicht
Uns gönnet / selbst verschlingt. Die wird die Würckung haben
Mit neuem Fleisch und Haut die Todte zu begaben.
Hier füllet frisch Gehirn ihr leeres Todten-Haupt /
Das ich den Molchen hab am fruchtbarn Nil geraubt.
Itzt eign' ich ihr das Marck von ungebohrnen Kindern.
Die Fäule müssen Myrrh und Zeder-Oel verhindern /
Und dem Gehöre muß ein klingend Adlerstein /
Den er ins höchste Nest verstecket / hülffbar seyn.
Nun reiche mir / mein Sohn / des Hirsches Eingeweide:
Daß ich mir zur Artzney aus ihm die Schlange schneide /
Die gestern er verschlang. Gib mir die Gall itzt her
Des Fisches / der ein Schiff kan hemmen in dem Meer.
Itzt muß die Lunge nicht der Krähe seyn vergessen /
Die neunmal hundert Jahr von Aeßern hat gefressen.
Wo ist des Maulworffs Hertz und dises / das mein Arm
Bey neuem Mondenschein der Widehopffe warm
Aus ihren Därmen rieß: Ich muß es bald verschlingen.
Denn Hecate steigt auf. Du must mir Milch herbringen
Von einer schwartzen Kuh / umb also bald zu sehn /
Was künfftig in der Welt / im Himmel sol geschehn!
Gib her den Ananchit aus meinen kräftgen Steinen /
Der auch die Götter selbst kan zwingen zu erscheinen.
Wirff von der Fleder-Mauß die Leber in die Glutt.
Itzt misch ich Phoenix-Asch in Pelickanen Blutt /
Nebst eines Seiden-Wurms niemals entseelter Leichen.
Wie diese neuen Geist von lauer Wärmb erreichen /
Wie Pelicanen Blutt die Jungen lebend macht /
Wie aus des Phoenix Asch ein Jüngerer erwacht;
So soll ein frischer Geist beseelen dis Gebeine.
Es zeigt sich Hecate schon mit geneigtem Scheine /
Und hemmt den schlaffen Zaum der weissen Ochßen an:
Daß Mitternacht sich nicht so bald entfernen kan /
Die Zeit die zu dem Werck allein ist außgestecket.
Es schläfst und schweigt / was Schliff / was Laub / und Himmel decket

Kein Fisch schwimmt durch die See / kein Vogel durch die Lufft
Auß Schrecken der durch mich entdeckten Todten-Grufft /
Die Eule häulet nur / die grüne Natter zischet /
Die Feuer-Krette girrt. Mein Schweis werd abgewischet.
Mein Sohn / nun binde mir den Schlangen-Krantz umbs Haupt.
Weil dir noch neben mir zu bleiben ist erlaubt /
Wenn du mit Salbe mir / die mich nach Wunsch in Raben
In Katz und Wolff verkehrt / die Brust gesalbt wirst haben.
Wo ist der Atizok / durch welchen Stein man sich
Unsichtbar machen kan? Nunmehr entferne dich.
Jedoch / eh als die Grufft / der Abgrund wird zerrissen /
Muß Zirzens Zauberstab in einen Kreiß uns schlüssen;
Aus welchem man umbsonst zu kommen sich bemüht /
Eh als man ihn vertilgt von meinen Fingern siht.
Nun müssen umb den Kreyß die Zeichen seyn gemahlet /
Wormit zu Ephesus Dianens Bildnüs strahlet;
Und in den frischen Sand durch ein entblößet Schwerd
Die Grube seyn gescharrt / in welcher wird gewehrt
Den Geistern Honig / Milch / und Blutt und Saft aus Reben /
Wenn sie den Opfernden Gehöre sollen geben.
Schau wie spritzt schon empor der Adern rother Jäscht /
Der Todte kan beseeln / den Durst den Geistern läscht.
Großer Beherrscher der finsteren Hölen /
Hellen-Diespiter / Vater der Nacht /
Schrecklicher König erblaßeter Seelen /
Wird dir von mir was Gefälliges bracht
Wenn ich die Heynen und Hölen erleuchtet
Tempel aus Todten-Gerippen gebaut /
Wenn dir mit Blutte der Wölffe befeuchtet
Ward des Ononis dir heyliges Kraut:
Muß noch für Tage mir werden gewehret
Was dein gewidmeter Prister begehret.
Hecate / welcher dreyfaches Gesichte
Himmel und Erden und Hellen-Pful mahlt /
Wo ich dein Prister-Ampt würdig verrichte /

Wenn mich dein silberner Zirckel anstrahlt
Wirstu der Käyserin irrenden Schatten
Dieses ihr Opffer zu schauen verstatten.
Klotho besänffte der Atropos Wütten /
Fädele wieder den Lebens-Drat ein /
Welchen die Schwester ihr hatte zerschnitten.
Dieses kan euch nicht verkleinerlich seyn /
Wenn ihr die Seele / die einmal erblasset /
Düsterner Mitter-Nacht Schimmer sehn lasset.
Charon / durch deßen gebildet Gesichte
Meine Hand oftmals hat Seuchen gestillt:
Wenn ich das Schiffgeldt dir doppelt entrichte /
Hab ich dir Will und Verlangen erfüllt /
Disem nach mag Agrippine dich zwingen
Ihren Geist wieder zurücke zu bringen.
Aber / du blasser Geist / irrende Seele /
Lasse dein schattichtes Antlitz uns schaun.
Komm aus der dir aufgeschlossenen Höle
Schaue / was wir für Altäre dir baun /
Lasse die dir aufgeopferte Gaben
Würckungen wahrer Versöhnungen haben.
Sorge nicht: daß dir die Speise wird fehlen /
Welche die schattichten Geister ernehrt.
Wilstu die güldene Wurtzel erwehlen /
Schaue sie wird dir hier frischer gewehrt /
Als sie die einmal erblichene Seelen
Haben im Garten der finsteren Hölen.
Wie? wolln die Geister nichts auf mein Beschweren geben /
Darf mir der Hellen Pful verächtlich widerstreben?
Soll mein verspritztes Blutt kein fruchtbar Opffer seyn?
So wil ich eure Nacht durch hellen Sonnenschein
Zerstören / und den Tag in euren Abgrund schicken /
Die irrenden Gespenst in einen Kreiß verstricken.
Jedoch ich nehme wahr / an was der Mängel ligt.
Wenn ein entleibter Geist zum Todten-Opffer krigt

Kein bluttig Menschen-Hertz / so ist er nicht zu zwingen.
Wolan! ich wil auch dis dir Agrippine bringen.
Wie dieses Messer dringt durch Mnesters kalte Brust;
So dringe deine Seel auch durch des Abgrunds Wust /
Für dises Söhn-Altar / wo die geweyhten Flammen
Vermählen Asch und Hertz und Tag und Nacht zusammen.

Nero:

Hilff / Himmel! ich bin todt! der Abgrund schlingt mich ein!

Zoroaster:

Ach! soll mein Heyligthum auch meine Baare seyn.
Die Ohnmacht fällt mich hin / ihr Sterblichen mögt lernen:
Wer Hell und Schatten ehrt / entehrt / erzürnt die Sternen.

Carlo Sigismondo Capece (1652–1728)

Hieroglyphische Zeichen*

Nacht. Ebene mit der Aussicht auf einen Berg. Zoroaster, ein persischer Magier, die Sterne beobachtend.

Zoroaster:

Hieroglyphische Zeichen,
Die ihr in gold'ner Schrift dort oben strahlet,
Ach, daß dem Menschengeist ihr mehr nicht
Als schöne Rätselschrift bedeutet!
Doch glaubt mein kühnes Auge
Deutlich den Spruch droben zu schau'n in den Sternen:

Heinrich von Kleist (1777–1811)

Gebet des Zoroaster

(Aus einer indischen Handschrift, von einem Reisenden in den Ruinen von Palmyra gefunden)

Gott, mein Vater im Himmel! Du hast dem Menschen ein so freies, herrliches und üppiges Leben bestimmt. Kräfte unendlicher Art, göttliche und tierische, spielen in seiner Brust zusammen, um ihn zum König der Erde zu machen. Gleichwohl, von unsichtbaren Geistern überwältigt, liegt er, auf verwundernswürdige und unbegreifliche Weise, in Ketten und Banden; das Höchste, von Irrtum geblendet, läßt er zur Seite liegen, und wandelt, wie mit Blindheit geschlagen, unter Jämmerlichkeiten und Nichtigkeiten umher. Ja, er gefällt sich in seinem Zustand; und wenn die Vorwelt nicht wäre und die göttlichen Lieder, die von ihr Kunde geben, so würden wir gar nicht mehr ahnen, von welchen Gipfeln, o Herr! der Mensch um sich schauen kann. Nun lässest du es, von Zeit zu Zeit, niederfallen, wie Schuppen, von dem Auge eines deiner Knechte, den du dir erwählt, daß er die Torheiten und Irrtümer seiner Gattung überschaue; ihn rüstest du mit dem Köcher der Rede, daß er, furchtlos und liebreich, mitten unter sie trete, und sie mit Pfeilen, bald schärfer, bald leiser, aus der wunderlichen Schlafsucht, in welcher sie befangen liegen, wecke. Auch mich, o Herr, hast du, in deiner Weisheit, mich wenig Würdigen, zu diesem Geschäft erkoren; und ich schicke mich zu meinem Beruf an. Durchdringe mich ganz, vom Scheitel zur Sohle, mit dem Gefühl des Elends, in welchem dies Zeitalter darniederliegt, und mit der Einsicht in alle Erbärmlichkeiten, Halbheiten, Unwahrhaftigkeiten und Gleisnereien, von denen es die Folge ist. Stähle mich mit Kraft, den Bogen des Urteils rüstig zu spannen, und, in der Wahl der Geschosse, mit Besonnenheit und Klugheit, auf daß ich jedem, wie es ihm zukommt, begegne: den Verderblichen und Unheilbaren, dir zum Ruhm, niederwerfe, den Lasterhaften schrecke, den Irrenden warne, den Toren, mit dem bloßen Geräusch der Spitze über sein Haupt hin, necke. Und einen Kranz auch lehre mich winden, womit ich, auf meine Weise, den, der dir wohlgefällig ist, kröne! Über alles aber, o Herr, möge Liebe wachen zu dir, ohne welche nichts, auch das Geringfügigste nicht, gelingt: auf daß dein Reich verherrlicht und erweitert werde, durch alle Räume und alle Zeiten, Amen!

Percy Bysshe Shelley (1792–1822)

Der große Magus Zoroaster*

Du hörst sie noch! – Eh' Babylon ward Staub,
Begegnete mein schon verstorb'ner Sohn,
Der große Magus Zoroaster einst,
Im Garten wandelnd seinem eig'nen Bild!
Und die Erscheinung sah nur er allein.
Denn wisse, daß es zwei der Welten gibt,
Des Leben's und des Tod's: Die eine siehst du,
Die and're aber, die liegt unter'm Grab.
Es hausen d'rin die Schatten all' der Körper,
Die leben hier und denken, bis der Tod
Sie all' vereinigt hat auf Nimmerscheiden;
Die Träume all', der Menschen Lichtgedanken,
Und was der Glaube schafft, die Liebe wünscht,
Entsetzliche und seltsam fremde, – doch
Erhab'ne auch und herrliche Gebilde!
Dort bist auch du, ein schmerzgekrümmter Schatten,
Der zwischen eis'en Bergen hängt, umbraust
Von Stürmen. – All' die Götter wohnen dort
Und all' die Mächte namenloser Welten,
Phantome, riesig, mit dem Herrscherstab,
Heroen, Menschen, wilde Bestien
Und Demogorgon, der so finster blickt
Und endlich er, der oberste Tyrann,
Auf seinem Thron von Flammengold. – Mein Sohn,
Von diesen Einer wiederholt den Fluch,
Der Allen noch erinnerlich! – So ruf'
Denn deinen eig'nen Geist, – ruf' Jupitern,
Ruf Hades oder Typhon, oder wer
Von mächt'gern Göttern, die das Uebel zeugte,
Seit deinem Untergange meine Söhne
Getreten und gequält. – So mag die Rache
Des Allgewalt'gen weh'n durch hohle Schatten,
Wie Regenwind durch die verlass'nen Thore
Verfallener Paläste.

Friedrich Nietzsche (1844–1900)

Das Feuerzeichen

Hier, wo zwischen Meeren die Insel wuchs,
ein Opferstein jäh hinaufgetürmt,
hier zündet sich unter schwarzem Himmel
Zarathustra seine Höhenfeuer an, –
Feuerzeichen für verschlagne Schiffer,
Fragezeichen für solche, die Antwort haben …

Diese Flamme mit weißgrauem Bauche
– in kalte Fernen züngelt ihre Gier,
nach immer reineren Höhen biegt sie den Hals –
eine Schlange gerad aufgerichtet vor Ungeduld:
dieses Zeichen stellte ich vor mich hin.

Meine Seele selber ist diese Flamme:
unersättlich nach neuen Fernen
lodert aufwärts, aufwärts ihre stille Glut.
Was floh Zarathustra vor Tier und Menschen?
Was entlief er jäh allem festen Lande?
Sechs Einsamkeiten kennt er schon –,
aber das Meer selbst war nicht genug ihm einsam,
die Insel ließ ihn steigen, auf dem Berg wurde er zur
Flamme,
nach einer *siebenten* Einsamkeit
wirft er suchend jetzt die Angel über sein Haupt.
Verschlagne Schiffer! Trümmer alter Sterne!
Ihr Meere der Zukunft! Unausgeforschte Himmel!
nach allem Einsamen werfe ich jetzt die Angel:
gebt Antwort auf die Ungeduld der Flamme,
fangt mir, dem Fischer auf hohen Bergen,
meine siebente, *letzte* Einsamkeit! – –

Moses

Der Schlangenbeschwörer und Führer des auserwählten Volkes

Julius Schnorr von Carolsfeld (1794–1872): Moses

Die Tagewehler aber setzet Moses mit in die Classe der Zauberer,
Zeichendeuter, Wahrsager und die auf Vogel-Geschrey achten.
Ist sicherlich eine schöne Gesellschafft!
Johann Georg Schmidt (1660–1722)

Wollte also Moses seine Sendung rechtfertigen,
so mußte er sie durch Wunderthaten unterstützen. Daß er diese Thaten
wirklich verrichtet habe, ist wohl kein Zweifel!
Friedrich Schiller (1759–1805)

So wie Moses kaum geboren gewissem Tode bestimmt, wunderbar
ward gerettet: So mancher, schon halb verloren, da der Feind eindrang
ergrimmt, ward wieder froh und glücklich gebettet.
Johann Wolfgang von Goethe (1749–1832)

*Leah Levine (*1961)*

Moses
(13. Jh. v. Chr.)

»Ich will dieses Volk erlösen.«

In jener Zeit als der Pharao Ramses II. den Befehl erlassen hatte, alle männlichen Nachkommen der Israeliten zu töten, versteckte Moses' Mutter ihr drei Monate altes Kind, um es zu erretten. Mit einer List brachte sie es sogar in den Palast und durfte es als Amme selbst erziehen. So lernte Moses die Sprache und Regeln seines eigenen Volkes, denn erst später wurde er in den Künsten der Ägypter unterrichtet. Das Vertrauen des Pharaos ging soweit, daß man ihm keine Geheimnisse vorenthielt und er das Wissen eines ägyptischen Priesters erlangte. Es heißt, er sei sogar in die Lehren der »70 Alten« eingeweiht worden. Eine Ehre, die nur wenigen Ägyptern je zuteil wurde.

Als er aus seinem ausgeprägten Gerechtigkeitssinn heraus einen Ägypter tötete, mußte er fliehen. In Midian traf er auf eine Priesterfamilie, der er bei der Arbeit half und heiratete eine der sieben Töchter, mit der er zwei Söhne bekam. Als Moses einmal dabei war, die Schafe zu hüten, erschien ihm ein Engel Gottes, der sich durch einen brennenden Dornbusch manifestierte und eröffnete ihm, Gott habe ihn auserwählt, und er solle sein Volk aus der Gefangenschaft der Ägypter in das gelobtes Land führen. So kehrte er zurück nach Ägypten und bat den Pharao um die Freilassung der Israeliten. Im Zauberwettkampf überwand er die ägyptischen Priester und unterstrich damit den Anspruch auf Erfüllung seiner Bitte. Als der Pharao sich aber weiterhin weigerte, brachte Moses, stellvertretend für Gott, mit einer einfachen Handbewegung zehn schreckliche Plagen über das Land und änderte damit die Meinung des Herrschers. Der Weg, den die Israeliten in der folgenden Zeit zu überwinden hatten, forderte immer wieder die magischen Künste von Moses heraus, der diese aber rein als göttlichen Willen deklarierte und nichts von Zauberei wissen wollte. Er teilte das Meer, brachte einen Felsen dazu, Wasser zu spenden, ließ Manna regnen und vollbrachte noch viele andere Wundertaten, um das wandernde Volk immer wieder von der Macht Gottes zu überzeugen. Auf dem Berge Sinai erhielt er von Gott die Gesetze für dessen ausgewähltes Volk, mit dem er hier seinen Bund schloß. Moses meißelte die Gebote in steinerne Platten und brachte die Schrift mit seinem Blut zum leuchten, bevor er vom Berg herabstieg und sie den Lauschenden verkündete.

Obwohl Moses selbst nie das »gelobte Land«, das Gott den Israeliten versprochen hatte, erreichte, es aber doch von Ferne sah, hatte er dennoch viele Aufgaben in Gottes Namen erfüllt. In seiner Hand lag es, die Gesetze seines Herrn umzusetzen, Priester zu weihen, Heiligtümer herzustellen und wichtige Ämter zu verteilen. Weiterhin teilte er Kanaan unter den einzelnen Stämmen auf, die er selbst segnete und erwählte Josua zu seinem Nachfolger. Mit hundertzwanzig Jahren starb Moses im Lande Moab, sein Grab hat man bis heute nicht entdeckt. Man erzählt sich, er habe bis zu seinem letzen Atemzug die Kraft der Jugend und einen klaren Blick gehabt.

Seine Geschichte findet sich in den fünf Büchern Moses, dem sogenannten »Pentateuch«. Moses wurden aber, schon in der hellenistischen Zeit, viele Zauberbücher zugeordnet, das bekannteste ist wohl das »6. & 7. Buch Mosis«, ein Kompendium magischer Zaubersprüche und Talismantik. Gerade mit Talismanen soll Moses sich sehr gut ausgekannt und sie immer wieder eingesetzt haben. Die Alchemisten wollen von einem Buch wissen, daß er es mit seiner Schwester Maria, der ersten Alchemistin, verfaßt habe und das viele Geheimnisse ihrer Arbeit offen legte.

Jean Bodin (1529/30–1596)

Was Moses gethan hat*

Vnnd folgends auß diser vrsach / weil inn H. Schrifft gedacht wird / des Pharaons Zauberer haben gethan was Moses gethan hat / das ist / Die Stäb inn Schlangen verwandelt / vnnd Frösch gemacht wers ein Augenblendung gewesen / so het sie nit gesagt: Sie thaten was Moses that: Seit einmal Moses nichts durch Verblendung gethan hat.

Auch wird des Mosis Schlang vor den Stäben nicht erschocken sein / noch die anderen Schlangen verschlungen haben / wann der Zauberer Schlangen nicht ware Schlangen gewesen weren.

Andreas Glorez (ca. 1620–ca. 1700)

Was hat Moses für Wunder mit seiner Ruthen gestiftet?*

Was hat Moses für Wunder mit seiner Ruthen gestiftet? Er hatte das Wort Gottes in seinem Mund und die Ruthe in seiner Hand, dadurch er das Wasser aus einem harten Felsen herausgebracht, der auch mit dem Holz das bittere Wasser in Mara hat süß gemacht. Ein unscheinbares Mittel muß Wunder thun. Die Hand des Glaubens klopft niemals am Himmel vergeblich an. Ein Stücklein Holz muß das Wasser süß machen. Was vor eine Verwandtschaft hat das Holz mit dem Wasser? Was vor eine Kraft hat das, das keinen Geschmack, die Bitterkeit zu benehmen? Darum soll Niemand die Mittel verachten, wenn er nur den Urheber erkennt. Eben derselbe Stab, der die Plagen über Egypten gebracht, der bringt Israel Erlösung; durch einerlei Mittel weiß Gott selig zu machen und zu verdammen, gleichwie eben ein Schwert beschützt und tödtet.

Die Hand und der Stab Mosis bewegten sich niemals umsonst. Eine jedwede Kreatur hat ihre gewisse Kraft. Gott der Herr zeigte Adam an, von welchem Baum oder Holz er essen oder nicht essen sollte. Aarons Ruthe blühte und trug auf Gottes Willen Frucht. So hat auch Elisäus mit einem Stab die Todten erweckt.

Odilo Schreger (1697–1774)

Moses der Patriarch der Alchymie oder Goldmacherkunst*

Alchymie, die Einige auch *Spagyria, Hermetica* etc. nennen, wird zuweilen mit der eigentlichen Chymie oder Scheidekunst, welche eine höchst nützliche Wissenschaft ist, verwechselt, da es doch eigentlich die Kunst, Metalle zu verwandeln, oder den Stein der Weisen

(Lapidem philosophicum) zu finden, das ist, Gold zu machen, bedeuten soll, worüber schon so Mancher unglücklich und verwirrt geworden. Die Alchymisten wollen ihre Kunst so alt machen, daß sie wohl gar den Moses und die Patriarchen als ihre Vorgänger ansehen, welches wirklich abgeschmackt ist. Vornämlich leiten sie ihre Kunst vom Hermes Trißmegistus her, welcher solche in Aegypten ferner fortgepflanzet habe. Sie soll in den Morgenländern sehr lange getrieben worden seyn, sey aber an die Griechen und Römer etwas später, und endlich auch an die übrigen Europäer gekommen. Unter die bekannten Goldmacher zählet man 1) den Arnaldus de Villanova, 2) Raymundus Lullus, 3) Johannes de Rupescissa, 4) Basilius Valentinus, 5) Antonius Bragadinus, 6) Bernardus Trevisan, 7) Helmontius, 8) Theophrastus Paracelsus, und Andere, in derer Schriften so viel Dunkelheit herrschet, daß sie selbst nicht wissen, was sie sagen wollen. Ob eine wirkliche Verwandlung der Metalle möglich sey, daran zweifeln auch die Größten der neuern Chymikern. Da aber ein Metall nie so rein ist, daß es nicht Theilchen von andern bey sich führen sollte, so ist die sogenannte Verwandlung eigentlich eine sehr genaue Absönderung dieser Theilchen; und auf diese Art ist es möglich, eines Dukaten werths Gold zu erhalten, wenn die Arbeit über zehn Dukaten kostet. Aber mit großem Vortheile Gold zu machen, wie sich Manche rühmen, ist eine Kunst, die nie zu erfinden ist. Unglücklich ist Derjenige, welcher Betrügern, die sich dafür ausgeben, trauet, und Geld vorschießt; und eben so unglücklich ist Der, welcher selbst anfängt, allerley Versuche zu machen. Beyde werden ihre Thorheit am Ende bereuen, wenn sie sich vielleicht um den größten Theil ihres Vermögens gebracht haben. Bernhard Penot, ein berühmter Alchymist, nachdem ihn seine fruchtlose Versuche in die größte Armuth versetzet, soll gesagt haben: Wenn man seinem Feinde heimlich beykommen will, so rathe man ihm, ein Alchymist zu werden. Auch die Italiäner haben ein Sprüchwort: Arbeit, Rauch, Hunger, Gestank, Frost, und zuletzt der Galgen, sind der Gewinn eines thörichten Goldmachers. So saget man auch: Die Alchymia hat zwey A, das erste bedeutet Arbeit, das andere Armuth.

Friedrich Schiller (1759–1805)

Moses Unterricht in aller ägyptischen Weisheit*

Eine hebräische Mutter aus dem levitischen Stamme hatte ihren neugeborenen Sohn drei Monate lang vor den Mördern verborgen, die aller männlichen Leibesfrucht unter ihrem Volke nachstellten; endlich gab sie die Hoffnung auf, ihm länger eine Freistatt bei sich zu gewähren. Die Not gab ihr eine List ein, wodurch sie ihn vielleicht zu erhalten hoffte. Sie legte ihren Säugling in eine kleine Kiste von Papyrus, welche sie durch Pech gegen das Eindringen des Wassers verwahrt hatte, und wartete die Zeit ab, wo die Tochter des Pharaos gewöhnlich zu baden pflegte. Kurz vorher mußte die Schwester des Kindes die Kiste, worin es war, in das Schilf legen, an welchem die Königstochter vorbeikam und wo es dieser also in die Augen fallen mußte. Sie selbst aber blieb in der Nähe, um das fernere Schicksal des Kindes abzuwarten. Die Tochter des Pharao wurde es bald gewahr, und da der Knabe ihr gefiel, so beschloß sie, ihn zu retten. Seine Schwester wagte es nun, sich zu nähern, und erbot sich, ihm eine hebräische Amme zu bringen, welches ihr von der Prinzessin bewilligt wird. Zum zweiten Male erhält also die Mutter ihren Sohn, und nun darf sie ihn ohne Gefahr und öffentlich erziehen. So erlernte er denn die Sprache seiner Nation und wurde bekannt mit ihren Sitten, während daß seine Mutter wahrscheinlich nicht versäumte, ein recht rührendes Bild des allgemeinen Elends in seine zarte Seele zu pflanzen.

Als er die Jahre erreicht hatte, wo er der mütterlichen Pflege nicht mehr bedurfte, und wo es nötig wurde, ihn dem allgemeinen Schicksal seines Volkes zu entziehen, brachte ihn seine Mutter der Königstochter wieder, und überließ ihr nun das fernere Schicksal des Knaben. Die Tochter des Pharao adoptierte ihn und gab ihm den Namen Moses, weil er aus dem Wasser gerettet worden. So wurde er denn aus einem Sklavenkinde und einem Schlachtopfer des Todes der Sohn einer Königstochter und als solcher aller Vortheile theilhaftig, welche die Kinder der Könige genossen. Die Priester, zu deren Orden er in eben dem Augenblick gehörte, als er der königlichen Familie einverleibt wurde, übernahmen jetzt seine Erziehung, und unterrichteten ihn in aller ägyptischen Weisheit, die das ausschließende Eigenthum ihres Standes war. Ja, es ist wahrscheinlich, daß sie ihm keines ihrer Geheimnisse vorenthalten haben, da eine Stelle des ägyptischen Geschichtsschreibers Manetho, worin er den Moses zu einem Apostaten der ägyptischen Religion und einem aus Heliopolis entflohenen Priester macht, uns vermuten läßt, daß er zum priesterlichen Stand bestimmt gewesen.

Thomas Mann (1875–1955):

Moses schreibt die Zehn Gebote mit seinem Blut*

Mose aber saß vom Aufgang des Tageslichtes über Edom bis zu seinem Erlöschen hinter der Wüste und werkte. Man muß ihn sich vorstellen, wie er dort oben saß, mit bloßem Oberleib, die Brust mit Haaren bewachsen und von sehr starken Armen, die er wohl von seinem missbrauchten Vater hatte, – mit seinen weitstehenden Augen, der eingeschlagenen Nase, dem geteilten, ergrauenden Bart und von den Metalldämpfen des Bergs, im Schweiße seines Angesichts die Tafeln behaute, abmeißelte, glattscheuerte, wie er vor den an die Felswand gelehnten kauerte und sorglich im Kleinen schuftend seine Krähenfüße, diese alles vermögenden Runen in die Fläche einsenkte, nachdem er sie mit dem Stichel vorgezeichnet.
Er schrieb auf die eine Tafel:

Ich, Jahwe, bin dein Gott: Du sollst vor mir keine anderen Götter haben
Du sollst Dir kein Gottesbild machen.
Du sollst meinen Namen nicht liederlich führen.
Meines Tages gedenke, daß du ihn heiligst.
Ehre deinen Vater und deine Mutter.

Und auf die andere Tafel schrieb er:

Du sollst nicht morden.
Du sollst nicht ehebrechen.
Du sollst nicht stehlen.

Du sollst deinem Nächsten nicht Umglimpf tun als ein Lügenzeuge. Du sollst kein begehrlich Auge werfen auf deines Nächsten Habe.

Dies war es, was er schrieb, unter Auslassung der tönenden Leerlaute, die sich von selbst verstanden. Und immer war ihm dabei, als stünden ihm Strahlen gleich einem Paar Hörner aus dem Stirnhaar hervor …

Was Mose zuletzt noch tat war, daß er die vertieften Buchstaben mit seinem Blute ausmalte, damit sie sich besser hervorhöben. Kein anderer Farbstoff war zur Hand, womit es zu leisten wäre; so stach er sich mit dem Stichel in den starken Arm und wischte sorglich das tröpfelnde Blut in die Lettern, daß sie rötlich leuchtend im Steine standen. Als die Schrift trocken war, nahm Mose unter jeden Arm eine Tafel, gab seinen Stab, an dem er gekommen war, dem Jüngling zu tragen, und so stiegen sie miteinander vom Berge Gottes herab, dem Gehege des Volkes zu, gegenüber dem Berg in der Wüste.

Salomo

König der Geister und der Magier

König Salomo (Mosaik im Markus-Dom Venedig, 14. Jh.)

Der König Salomo ist ein berühmter Name in den
Zauber- und Teufels-Geschichten.
Eberhard David Hauber (1695–1765)

Er schlug nämlich vor, ebenso zu verfahren,
wie es mit einem bekannten Geisterfürsten (König Salomo) geschah, dem,
als er schon längst gestorben, die Geister noch lange gehorchten.
E. T. A. Hoffmann (1776–1822)

Wahrlich, Salomo war der größte unter den Magiern.
Er besaß Macht über Vögel und wilde Tiere und auch über Menschen,
vom edelsten bis zum niedrigsten.«
Miftah El-Qulub: Schlüssel der Herzen
Persisches Manuskript aus dem Jahr 1000 nach der Flucht

*Leah Levine (*1961)*

Salomon
(974–937 v. Chr.)

»Gerechtigkeit entsteht aus Weisheit«

Es steht geschrieben im Buch der Könige: Salomo war der Sohn Davids und Bathsebas, einer besonderen Frau aus dem Kreise des alten Königs. In seiner Regierungszeit als dritter König von Israel modernisierte er das väterliche Großreich und sorgte dafür, daß die Grenzen erhalten blieben. Er förderte den Handel, die Seefahrt und kümmerte sich auf ganz eigene Art um die Vertiefung von nachbarschaftlichen Beziehungen, indem er eine exzessive Hochzeitspolitik anwandte. So war er dann unter anderem auch mit einer Pharaonentochter verheiratet, um eine Grenze zu sichern. Salomos Vielweiberei war seinen Gegnern ein Dorn im Auge, und man sah in der hohen Anzahl von 700 Frauen und 300 Konkubinen eine Sünde gegen Gottes Gebot.

Seine Bauwerke sind legendär, zum einen sein eigener Palast, aber noch hervorragender sein Tempelbau für JHWH (Jahwe/Jehova). Für die Freimaurer hat Salomo durch diesen Bau eine besondere symbolische Bedeutung.

Salomo öffnete sein Reich für andere Kulturen und Religionen, dies brachte ihm einerseits Ansehen, aber auch Kritik ein. Im Alter sah es so aus, als wende er sich vom Gott seiner Väter ab, um sich den »lüsternen Götzen« zuzuwenden. Sein Bemühen um Offenheit hatte ihn viele fremde Frauen in seinen Harem holen lassen, denen er die Ausübung ihrer eigenen Religion gestattete, und er ließ es zu, daß jeder Glaubensrichtung in seinem Reich Tempel errichtet wurden. Der Legende nach soll ihm die Königin von Saba durch Intrigen zum Verrat an seinem Gott und Volk genötigt haben, aber ihre bloße Existenz ist sehr fragwürdig.

Die Schriften, die man Salomo zuordnet sind grenzenlos, seine Weisheit sprichwörtlich, wobei es interessant ist, daß sein Wissen nicht angelesen, sondern bei erotischen Spielen der Geschlechter erworben sein soll. Bekannte Werke sind etwa das »Buch der Weisheit«, »Hohes Lied«, das »Buch der Sprichwörter« und ganz besonders seine magischen Werke. So heißt es vom »Göttlichen Werk« es sei ihm von Engeln diktiert worden. Bekannter und sehr praxisorientiert ist der »Schlüssel Salomons« (Clavicula Salomonis), indem er die Dämonen und Geister benennt und erklärt, wie man sie beherrschen kann. Diesem Werk ist es zu verdanken, daß auch heute der Name Salomo noch so präsent ist, denn Generationen von Magiern haben es benutzt und aus ihm gelernt. Ritualmagier zeichnen noch Jahrtausende nach Salomos Tod den magischen Schutzkreis nach seinen Angaben, um Schaden von sich abzuwenden. Mit seinen Formeln werden die Geister, sogar Lucifugus selbst gerufen und seine Siegel bannen, lenken und beherrschen die Wesen der Zwischenwelt. Mit der Macht, die dem Magier aus dem Wissen des geheimen Namens einer Wesenheit erwächst, ist seinem Verlangen keine Grenze mehr gesetzt. Laut dem »Testament«, einer weiteren ihm zugeordneten Schrift, soll Salomo sein legendäres Siegel von einem Erzengel bekommen haben, eingraviert in einem Ring. Dieses sogenannte Großsiegel findet sich noch heute als Fensterrose in gotischen Kirchen. Salomo nutzte seine Macht, um die Dschinn zu zwingen, ihm verborgene Schätze heranzuschaffen, und sie sollen ihm auch dabei geholfen haben den Tempel von Quds (Jerusalem) zu erbauen. Eine ganz besondere Fähigkeit, die der König besessen haben soll, war es, die Stimme der Tiere und besonders der Vögel zu verstehen. Darüber wird auch in den Schriften aus »Tausendundeine Nacht« berichtet, wo sich viele Legenden über die Wundertaten von Salomo finden. Immer wieder erwähnt wird sein fliegender Zauberteppich, der problemlos Hunderten von Leuten einen Mitflug ermöglichte, eskortiert von Vögeln, die Salomos Befehle ausführten.

Bonaventure Des Periers (um 1510–1543/44)

Von König Salomo, der den Stein der Weisen verfertigte, und woher es kommt, daß die Alchimisten nicht zum Ziele gelangen

Kein Mensch kennt den Grund, warum die Alchimisten nicht an das Ziel ihrer Bestrebungen gelangen können, aber Maria, die Prophetin[1], spricht eingehend davon in einem Buch, das sie über die große Bedeutung der Alchimie geschrieben hat[2] und in dem sie die Weisen ermahnt und aufmuntert, den Mut nicht sinken zu lassen. Sie sagt dort, der Stein der Weisen sei so wunderbar, daß er, abgesehen von seinen andern einzigartigen Kräften, die Macht besitze, die Geister zu bannen, und wer immer ihn besitze, der könne sie beschwören, verfluchen, fesseln, knebeln, verhöhnen, quälen, gefangensetzen, foltern, martern. Kurz, er hat alle und jede Macht über sie und kann alles tun, was er will, wenn er sein Glück zu nutzen weiß. Salomo, sagt sie, besaß die Möglichkeit, diesen Stein herzustellen, und erkannte durch göttliche Eingebung seine wunderbare Eigenschaft, die, wie wir gesagt haben, darin bestand, die Geister zu bannen. Sobald er ihn also hergestellt hatte, beschloß er daher, sie zu rufen. Zuerst aber ließ er eine kupferne Kufe von wunderbarer Größe anfertigen – sie war nämlich nicht kleiner als der ganze Umkreis des Waldes von Vincennes, höchstens, daß ein halber Fuß oder annähernd so viel daran fehlte, doch das fällt nicht ins Gewicht; mit solchen Kleinigkeiten muß man sich nicht aufhalten. Allerdings war sie runder. Er brauchte sie so groß, um das auszuführen, was er ausführen wollte. Zu demselben Zweck ließ er auch einen Deckel verfertigen, so genau anschließend, wie es nur möglich war. Außerdem ließ er eine Grube graben, groß genug, um besagte Kufe aufzunehmen, und ließ sie so tief machen, wie es nur ging. Als er nun alles in schönster Ordnung sah, ließ er vermöge der Kraft dieses heiligen Steines alle Geister dieser niedern Welt, große und kleine, kommen, angefangen von den vier Kaisern der vier Winkel der Erde, dann die Könige, die Herzöge, die Grafen, die Barone, die Obersten, Hauptleute, Korporale, Leibtrabanten, Soldaten zu Fuß und zu Pferde, kurz, alle, die es nur gab, so daß nicht einmal einer übrigblieb, um die Küche zu besorgen. Als sie erschienen waren, befahl ihnen Salomo, kraft der erwähnten Gewalt, die er über sie hatte, sich samt und sonders in jene Kufe zu verfügen, die in die tiefe Erdgrube eingelassen war. Die Geister konnten sich nicht weigern, und ihr dürft glauben, daß sie sehr betrübt – einige auch, indem sie schreckliche Fratzen schnitten – ihren Einzug hielten. Kaum waren sie drinnen, so ließ Salomo den Deckel draufstülpen und ihn aufs sorgfältigste cum *luto sapientiae*[3] verkitten. Da hatte er sie nun drin, die Herren Teufel, und ließ sie überdies noch mit Erde bedecken, bis die Grube gefüllt war. Seine ganze Absicht hierbei war, zu bewirken, daß die Welt nicht von diesem bösen und verwünschten Gezücht verpestet werde und die Menschen künftig in Frieden und Liebe lebten und alle Tugenden und Freuden auf der Erde herrschten. Und in der Tat, unmittelbar darauf waren die Menschen lustig, zufrieden, gesund, stark, ausgelassen, lebhaft, kregel, fidel, aufgeräumt, vergnügt, flott, frisch, frank, fröhlich, frei, frech. Oh! wie wohl sie sich befanden! Oh! wie gut alles ging! Die Erde trug Früchte aller Art, ohne daß man sie bearbeitete, die Wölfe zerrissen kein Vieh, die Löwen, die Bären, die Tiger, die Keiler waren zahm wie Schafe. Kurz, die ganze Erde glich einem Paradies, solange diese Schelme von Teufeln in der tiefen Grube staken. Aber, was begab sich? Nach einer Zeit, lang genug, daß ein Wechsel in der Herrschaft entstehen und Städte verfallen und andere aufgebaut werden konnten, gab es einen König, den die Lust ankam, eine Stadt zu bauen, und das Schicksal wollte, daß er sie just dort zu errichten unternahm, wo die Teufel begraben waren. Salomo hatte es offenbar unterlassen, irgendeinen kleinen Teufel, der sich, als seine Genossen in die Kufe wanderten, unter irgendeiner Erdscholle versteckt hatte, mit hineinschlüpfen zu lassen. Besagtes Teufelchen gab dem König ein, seine Stadt an dieser Stelle zu gründen, damit seine Genossen befreit würden. Der König stellte also Werkleute an, damit sie diese Stadt erbauten. Da er sie prächtig, fest und uneinnehmbar wollte, bedurfte er gewaltiger Fundamente, um die Mauern darauf zu errichten, und infolgedessen gruben die Erdarbeiter so tief, daß einer unter ihnen plötzlich auf die Kufe stieß, in der die Teufel eingeschlossen waren. Als dieser so unvermutet mit seiner Hacke dagegen geschlagen hatte und seine Genossen darauf aufmerksam geworden waren, dachten sie alle, mit einem Schlage reich zu sein, und meinten, es sei darin ein unermeßlicher Schatz verborgen. O weh! ein schöner Schatz war's! O Gott! welch ein unglückseliger Zufall! Die Götter mußten heftig gegen das arme Menschengeschlecht erzürnt, oder der Himmel mußte neidisch auf die Erde gewesen sein! Wo wäre die Feder, die genug Verwünschungen gegen diese schreckliche und unselige Entdeckung schreiben, wo die Zunge, die sie aussprechen könnte? Das ist die Wirkung der Habgier, das die Folge des Ehrgeizes, der die Erde bis zur Hölle aufgräbt, um sein Unglück zu finden, da er sein Glück nicht ertragen kann. Doch zurück zu unsrer Kufe und zu unsern Teufeln! Die Erzählung sagt, daß die Gräber nicht die Kraft hatten, sie so bald zu öffnen; denn bei ihrer Größe war ihre Wandung auch entsprechend dick. Infolgedessen konnte es nicht ausbleiben, daß der König von der Sache erfuhr. Nachdem er sie betrachtet hatte, dachte er genau das nämliche, was die Erdarbeiter gedacht hatten: Denn wer wäre je auf die Idee verfallen, daß Teufel hätten darin sein können? – In Anbetracht der langen Zeit, da man nicht von ihnen hatte reden hören, dachte man ja gar nicht daran, daß es auf der Welt überhaupt noch dergleichen geben könne. Dieser König erinnerte sich wohl, daß seine Vorgänger auf dem Thron unendlich reich gewesen seien, und konnte es sich nicht anders vorstellen, als daß sie dort ein unglaubliches Vermögen verborgen hätten und daß das Schicksal ihn dazu ausersehen habe, der Besitzer eines solchen Schatzes zu sein, damit er der größte König auf Erden werde. Kurz, er bot alle Leute, die er hatte, auf, um der Kufe zuleibe zu gehen. Während jene im Schweiße ihres Angesichts arbeiteten, lauschten die Teufel gespannt und konnten nicht gut etwas andres glauben, als daß man sie aus ihrem Gefängnis herausholen wolle, um sie aufzuhängen, und daß ihnen während ihres Aufenthaltes daselbst der Prozeß gemacht worden sei. Die hackenbewehrten Gräber nun führten so viele Schläge gegen die Kufe, daß sie sie gehörig verbeulten und zugleich ein großes Stück des Deckels herausbrachen und damit eine Öffnung schufen. Ihr könnt euch denken, wie die Herren Teufel sich drängten und stießen, um möglichst alle zugleich herauszukommen, und was für ein Geschrei sie dabei machten. Den König und alle seine Leute ergriff darob ein solches Entsetzen, daß sie wie tot zu Boden stürzten. Und unsere Teufel auf und davon! Sie zerstreuten sich wieder über die Welt, jeder in seine Jederei, abgesehen von einigen, die ganz baff waren, als sie die Gegenden, in denen sie gehaust hatten, seit ihrer Gefangensetzung verändert fanden. Da sie nicht wußten, wo sie waren – sie vermochten ja den Kirchturm ihres Sprengels nicht mehr zu finden –, vagabundierten sie eine ganze Zeit umher, und überall, wo sie durchkamen, richteten sie so viel Unheil an, daß es ein Graus wäre, es zu erzählen. An Stelle einer Bosheit, die sie einst begingen, um die Menschen zu quälen, erfanden sie eine Menge neuer. Sie töteten, teilten Schläge aus, tobten und kehrten das Unterste zuoberst. Überall ging's hoch her, aber überall hatten auch die Teufel die Hand im Spiele. Seit Salomos Zeit gab es eine Menge Philosophen (denn die Alchimisten nennen sich Philosophen im wahrsten Sinne des Wortes), um so mehr, als Salomo ihnen die Art, den heiligen Stein herzustellen, schriftlich hinterlassen hatte, und zwar nach den Regeln der Kunst dargestellt. Und man hielt Vorlesungen darüber wie über Grammatik, so daß eine Anzahl von Leuten die Sache erfaßte, in Anbetracht des Umstandes, daß die Teufel ihnen, da sie eingesperrt waren, den Verstand nicht verwirrten. Sobald sie aber in Freiheit waren, erinnerten sie sich grollend des schlimmen Streiches, den Salomo ihnen dank diesem Stein gespielt hatte, und so war das erste, was sie taten, daß sie die Öfen der Philosophen aufsuchten und sie kurz und klein schlugen. Ja, es gelang ihnen sogar, alle Bücher über die besagte Wissenschaft, deren sie habhaft zu werden vermochten, unleserlich zu machen, zu zerkratzen, zu zerreißen oder zu verfälschen, so daß sie sie so dunkel und schwierig machten, daß die Menschen gar nicht wissen, was sie darin suchen, und die Herren Teufel hätten sie gern ganz abgeschafft; aber Gott gab ihnen nicht die Macht dazu. Wohl aber hatten sie die Erlaubnis, hinzugehen und zu kommen, um die weisesten Köpfe in ihren Arbeiten zu stören, so daß, wenn einer auf dem besten Wege ist, ans Ziel zu gelangen, und nur noch eine ganze Kleinigkeit fehlt, daß er es berührt, schwupp ein Teufel die Retorte zerbricht, die mit dieser kostbaren Materie angefüllt ist, und in einem Augenblick die ganze Mühe, die der arme Philosoph in zehn oder zwölf Jahren aufgewandt hat, vergeblich macht, so daß er von vorn anfangen muß – nicht weil die Schweine im Mistbeet waren, sondern die Teufel, die noch viel schlimmer sind. Dies ist der Grund, warum man heutzutage so wenig Alchimisten sieht, die ihre Absichten erreichen, nicht etwa, weil die Wissenschaft nicht ebenso wahr wäre, wie sie es einst war, sondern weil die Teufel dieser Gottesgabe so feindlich gesinnt sind. Und da es nicht ausgeschlossen ist, daß jemand eines schönen Tages das Glück hat, diesen Stein ebenso gut herzustellen wie einst Salomo – welches Glück, wenn sich dieses in unseren Tagen ereignete! – so bitte ich ihn hiermit nicht zu vergessen, diese boshaften Kobolde, diese Tückebolde und Feinde der Natur und aller guten Dinge zu beschwören, zu bannen, zu exkommunizieren, zu anathematisieren, zu exorzieren, zu kabbalisieren, auszurotten, zu verderben, zuschanden zu machen und zu vernichten: Diese Unholde, die nicht allein die armen Alchimisten auf diese Weise schädigen, sondern allen Männern Abbruch tun und den Frauen dazu, versteht sich; denn sie setzen ihnen tausend strenge Worte, tausend Weigerungen und tausend Launen in den Kopf, ja sie setzen sich selbst in den Köpfen gewisser steinalter Weiblein fest und machen sie zu vollendeten Teufelinnen. Daher kommt es, daß man von einer bösen Frau sagt, sie habe den Teufel im Kopf.

1. Schwester von Moses und Aaron. Die Alchimisten, die eine Prophetin und Adeptin der hermetischen Wissenschaft aus ihr gemacht hatten, haben nach ihr das noch unter dem Namen Marienbad (Balnaeum Mariae) bekannte Sandbad genannt.
2. Das apokryphe Werk, das die Alchimisten dieser Maria zuschreiben, hat den Titel: De Lapide philosophiae.
3. d. h. hermetisch verschließen.

Eberhard David Hauber (1695–1765)

Besonderer Beweiß von der Seligkeit des Königs Salomon aus den Zauber-Geschichten

Daß Salomo von den Juden sehr frühe für einen großen Zauberer und Teufelsbanner gehalten worden, wird man sich von einem von je her so abergläubigen Volke wohl eben nicht befremden lassen, zumahl da die Herrschaft über die Geister der Gipfel der kabbalistischen und pantheistischen Weisheit war. Schon Josephus erzählet sehr ernsthaft, daß Salomo Mittel gewußt habe die Teufel zu vertreiben. Es ist daher auch leicht zu vermuthen, daß die *Clavicula* und anderer ähnlicher Unsinn ihm zuerst von Juden untergeschoben worden, und zwar zu der Zeit, da die Kabbala unter ihnen herrschend zu werden anfing, in welcher die Beschwörung der Geister eine der wichtigsten Rollen spielet. Schon der eben genannte Josephus versichert, daß Salomo gewisse Beschwörungsformeln schriftlich hinterlassen habe, vermittelst deren ein gewisser Eleazar in Vespasians Gegenwart Wunderdinge verrichtet und die in Menschen befindlichen Teufel durch die Nasenlöcher ausgezogen habe. Auch Origines gedenkt der von Salomo hinterlassenen Beschwörungsformeln, und scheint ihren Gebrauch nicht zu verwerfen, sondern tadelt nur, daß man sich nicht der rechten Formeln bediene, woraus denn erhellen würde, daß es schon zu seiner Zeit verschiedene Abschriften derselben gegeben habe. Ohne Zweifel sind diese Formeln der Grund der *Clavicula*, oder eines andern ähnlichen dem Salomo zugeschriebenen Zauberbuches; denn man hat deren mehrere, welche einander an tollem Unsinne nichts nachgeben.

Fabricius führet an dem angeführten Orte Stellen aus mehrern kirchlichen Schriftstellern an, woraus erhellet, daß diese dem Salomo untergeschobene Schriften sehr frühe in der christlichen Kirche bekannt gewesen, und sich von Zeit zu Zeit im Ansehen zu erhalten gewußt. Das hebräische Original der *Clavicula* ist nach Arpe's Versicherung jetzt selten; allein christliche Fantasien haben schon dafür gesorget, daß ein solcher Leckerbissen der Thorheit nicht ganz untergeht, indem man sehr frühe Uebersetzungen in allen Sprachen davon gemacht hat. So hat man eine alte Spanische unter dem Namen *Picatrix*, von welchem dunklen Worte Marchand in seinem *Dictiona* einen eigenen Artikel hat; eine Italiänische von dem Abraham Colorno, eine und vielleicht mehrere Lateinische u. s. f.

Da die Kirche sich die Herrschaft über die Geister sehr frühe als ein Regale angemaßet hat, so hat sie auch zu allen Zeiten auf das nachdrücklichste wider alle Pfuschereyen der Ungeweiheten geeifert, und die *Claviculam* so wie andere ähnliche Zauberbücher von Gelasii Zeiten an verbothen und mit Feuer und Schwert verfolgt. Sie hätte klüger gethan, sie hätte dem Unsinne seinen freyen Lauf gelassen, weil er sich alsdann selbst sehr bald als Unsinn würde dargestellet haben. So aber machte sie durch das Verboth die leichtgläubige Einfalt nur hitziger darauf, und gab Gelegenheit, daß diese abgeschmackten Possen ein Gegenstand des Wuchers wurden, der desto einträglicher war, je mehr der Handel mit solchen Büchern aus Furcht vor dem Scheiterhaufen im Verborgenen getrieben werden mußte. Daher sind auch die meisten Exemplare der *Clavicula* nur geschrieben vorhanden, ob es gleich an gedruckten Ausgaben nicht fehlet.

Joseph von Hammer-Purgstall (1774–1856)

Suleiman, den wir Salomon nennen*

Suleiman, den wir Salomon nennen, Prophet und König zugleich, wie sein Vater David, ist der größte Weltbeherrscher, dessen die Geschichte alter und neuer Zeiten erwähnet. Ihm war die Herrschaft gegeben, nicht nur über die Menschen und Tiere, sondern auch über die Dschinnen und Peris; er war der Herr und Meister der Körper und der Geister. Er war mit Gaben und Vorzügen ausgezeichnet, die keinem seiner Vorfahren und Nachfolger zu Teil geworden. Er besaß den Siegelring, dessen Zaubermacht ihm die Herrschaft über die Geister verlieh. Statt eines Reitpferdes diente ihm der Ostwind, der ihn auf sein Geheiß in einem Augenblicke über weite Strecken führte, so daß er gewöhnlich in Ciuds, d. i. in

Jerusalem, zu frühstücken, in Istadiar, d. i. in Persepolis, zu Mittag zu speisen, und in Tadmor, d. i. in Palmyra, zu nachtmahlen pflegte. Die herrlichen unübertroffenen Werke der Baukunst, die sich in diesen drei Städten erhoben, und deren Ruinen den Wanderer noch heute mit heiligem Erstaunen ergreifen, der Tempel Zions, Palmyras Säulengänge, der Reichspalast Istadiars sind das Werk Salomons des großen Baumeisters. Menschenkraft und Menschenalter hätten nicht hingereicht, diese ungeheuren Bauten auszuführen und zu vollenden, sie sind das Werk der Dschinnen und Dämonen, die, der Herrschaft Salomons untertan, diese Felsenstücke auftürmten, mit Gleichgewicht und Gleichmaß. Nicht Menschenhände, kein gemeiner König, nur Dschinnen unter Salomon konnten solch ein Werk vollbringen …

Nachdem er den Religions- und Prophetenpflichten genug getan und die Hierarchie der Kinder Israels geordnet hatte, bestieg er entweder den Thron, (von dem bald ein Mehreres) oder das Flügelpferd des Ostwinds und ward von diesem oder von den Trägern des Throns, den Dschinnen, nach Istachar, der Hauptstadt des Weltreichs gebracht.

Dort erheben sich noch auf sieben Hügeln, von einem Marmorwalle umfangen, einzelne Teile des ungeheuren Reichspalastes, in welchem Salomon Dschinnen und Menschen, Vögeln und vierfüßigen Tieren zu Gericht saß. Hier war Salomons Diwan oder Genieversammlung; denn Diw ist im Persischen so viel als Dschinn im Arabischen; Diwan heißt eine Mehrzahl von Dschinnen; der Reichsrat des Weltbeherrschers mußte eine Versammlung von Dämonen sein. Seitdem bezeichnet Diwan im Morgenlande jede Versammlung von Räten und Richtern, denen, wenn nicht im einzelnen, doch insgesamt Dämonskraft einwohnen soll. Dämonskunst hat auf den Wänden des Palastes die wunderbaren Gebilde ausgehauen, deren Vollendung und Erklärung den Wandrer in Erstaunen und Verwirrung setzt. Es ist Salomon auf seinem Throne, der die Huldigungen der Völker empfängt. Peris (Herwers), die reinen Geister, schweben über seinem Haupte in luftiger Gestalt; Dschinnen unter Tiergestalten mit Menschengesichtern sind die Pfortenhüter. Helden kämpfen mit reißenden Tieren; ein Symbol des immerfortwährenden Kampfes des Guten mit dem Bösen. Daß dieses nie die Herrschaft über jenes erlange, ist der Zweck jeder weisen Regierung.

Hier nun saß Salomon zu Rat auf seinem Throne, der von Dschinnen in Tiergestalten getragen und von den Vögeln überschattet ward. Auf den Stufen desselben standen die vier Wesire oder Stellvertreter des Geschlechts der Menschen, der Dschinnen, der Vögel und der vierfüßigen Tiere. Zur Rechten des Throns waren zwölftausend goldne Sitze für die Propheten und Patriarchen und Heiligen, zwölftausend andere zur Linken für die Könige, und Fürsten und Weisen. Dort die Propheten- und Priester-, hier die Herren- und Gelehrtenbank.

Die beiden ersten seiner Wesire waren Assaf, der Repräsentante des Menschen, und Simurg, der Repräsentante des Vogelgeschlechtes. An diesem Vorzuge der Vögel vor den vierfüßigen Tieren, und selbst vor den Dschinnen mochte wohl Salomons uns schon bekannte Jugendliebe der Vögel die meiste Ursache haben.

Assaf war nicht nur der größte Weise, sondern auch der größte Tonkünstler seiner Zeit, er regierte mit gleich geübter Hand die Länder und die Chöre der Prophetenknaben, gleich geschickt, Salomons Herrscherworte in Ausübung zu bringen und seine Lieder in Musik zu setzen. Das Ideal aller vergangenen und zukünftigen Wesire und Hofkapellmeister.

Simurg ist uns ohnedies schon bekannt als Wesir der siebzig Salomonen, die vor Adam die Erde beherrschten. Seitdem hatte er in Abgeschiedenheit gelebt auf dem Berge Kaf, aber als Salomon den Thron bestieg, erschien er an dessen Hof, und er ward sogleich als Vogelwesir vorgestellt. Salomon bediente sich aber seines weisen Rates nicht nur in Vogelangelegenheiten, sondern auch in anderen Reichsgeschäften, besonders wenn es darauf ankam, Dschinnen zu bestrafen und in Zucht zu erhalten. Denn da Simurg den Dschinnenbeherrschern der adamischen Vorwelt durch siebzigtausend Jahre als Wesir gedient hatte, so mußte seine kleine Erfahrung unvorgreiflichst bei Salomon etwas gelten ...

Salomon beherrschte die Dschinnen und Peris kraft seines Siegelringes, dem der Name Gottes und die Formeln der Macht und Herrschaft eingegeben waren. Dies wußten die Dämonen, und seit zwanzig Jahren, daß Salomon regierte, hatten sie auf den Augenblick gelauert, des Ringes habhaft und ihres Joches los zu werden; zwanzig Jahre lang hatten sie sich umsonst bemüht, dem Propheten einen einzigen Moment der Schwäche abzulocken; er vergaß nie seiner Macht und Würde, und durch solches sich immer gegenwärtiges Selbstgefühl hielt er die Geschlechter der Dämonen in Zucht und Ordnung. Endlich gelang's doch dem listigsten derselben, den König der Könige in einem schwachen Augenblicke zu überlisten und sich in Besitz des Ringes zu setzen; sei es, wie einige sagen, weil Salomon, so oft er ins heimliche Gemach ging, den Ring unvorsichtigerweise ablegte, sei es, und dies ist das Wahrscheinlichere, daß eine seiner Beischläferinnen, welche verborgenerweise den Götzen diente, den Ring im Augenblicke des Genusses abzuziehen Gelegenheit fand. Wie dem immer sei, so ist's gewiß, daß Könige weder im heimlichen Gemach noch im Harem sich der Herrschervorsicht begeben dürfen, und daß dies Geschick hauptsächlich deswegen über Salomon verhängt ward, weil sein Palast durch Götzendienst verunreinigt wurde. Der Diw, dem es gelang, sich des Siegelringes zu bemächtigen, hieß Sihrtschin. Er bestieg den Thron Salomons, und als sich dieser als den wahren Propheten, und den Diw als einen Betrüger und Usurpator ankündigte, fand er nirgends Glauben; er ward erst verhöhnt und dann geschlagen und verstoßen auf Befehl des regierenden Diws; umsonst waren alle seine Bemühungen, für den rechtmäßigen Herrscher erkannt zu sein, der Diw behauptete die Rechte desselben. So viel liegt daran, im Besitze zu sein des Siegelrings und der Macht über die Dämonen.

Als nun Salomon sah, daß er mit Regieren nicht mehr sein Brot verdienen könne, nahm er seine Zuflucht zu einem anderen Erwerbszweige. Er dingte sich bei Fischern ein, um statt Menschen und Geister doch wenigstens die Bewohner des Meeres zu umgarnen. Deswegen ist der Fischfang noch heute eine königliche Unterhaltung, nur denken die wenigsten dabei, daß Salomon hierdurch sauer sein Brot verdienen mußte, denn die Fischer gaben ihm nicht mehr als zwei Fische des Tages, deren einen er in Brot umsetzte, um davon zu leben.

Eine der ersten Unternehmungen des regierenden Diws war, daß er die Bücher der Zauberei und schwarzen Kunst, welche Salomon unter seinem Throne versteckt hatte, hervorzog. Die Völker verlegten sich zum erstenmale auf Zauberei, und was seitdem auf Erden davon gang und gäbe ist, ist ein Erbstück jener Bücher.

Robert Southey (1774–1843)

Simurg, der Wesir König Salomons*

Wie jauchzte da das Herz des Thalaba,
Als er, im tiefsten Innern des Gebirges,
Ein verstecktes Tal erblickte!
Es war das Tal Simorgs,
Hier wohnte jener alte Vogel.

Am grünen, moosbewachsenen Ufer,
An eines Baches Lauf,
Stand der äonenalte Vogel.
Kein Laut drang vor in diese Einsamkeit,
Zu hören war allein das Bächlein,
Dessen ewiger, endloser Fluß
Seit dem Beginn der Welt in unablässig
gleichem Murmeln zu vernehmen war.
Dort lebte der allwissende Vogel
In absoluter Stille,
Die Augenlider stets geschlossen,
Um seine tiefe Ruhe ganz zu spüren.

Ehrfürchtig nähert' sich der Jüngling
Dem alten, einzigen Vogel
Und verschränkt' die Arme über seiner Brust

Und verneigt' sein Haupt und sprach:
»Du, der Du älter bist als alles, was existiert,
Du Ältester, Du Weisester,
Führe mich, leite mich auf meinem Weg!
Ich bin auf der Suche nach jenen Höhlen,
Die unter dem Boden des Ozean liegen
Wo die Zauberer ihre Wohnstatt haben.
Du Ältester, Du Weisester
Führe mich, leite mich auf meinem Weg!«

Seine Lider hob da der alte Simorg,
Blickte den Jüngling gedankenvoll an
Und erwiderte auf sein Gebet:
»Folge dem Bach nach Norden,
Und in der Felsenquelle
Wasche hinweg deine irdischen Sünden,
Knie nieder und suche den Herrn,
Und stärke deine Seele im Gebet.
So gerüstet, besteige den Schlitten:
Sei kühn, sei wachsam – suche und finde!
Alles ist Gottes Fügung.«
Dann senkte der alte Simorg seine Lider
Und fiel zurück in reglose Ruhe.

Imre Madách (1823–1864)

Den Schlüssel Salomons: Die heil'ge Hochzeit*

Wenn nur einmal die climacter'schen Tage
Vorüber sind, dann gehn wir neuerdings
An unser großes Werk, das neulich uns
Um keinen Preis gelingen wollte. Habe
Aufs neue wieder Hermes Trismegistus,
Synesius, Albertus, Paracelsus,
Den Schlüssel Salomons und andre Werke

Durchblättert, bis ich d'raufkam, wo der Fehler
Sich vorigesmal eingeschlichen hat.
Als König Graubart wir genug erhitzten,
Erschien der Rabe und der rote Leu;
D'rauf hat von zwei Planeten gleich beeinflußt,
Der Mercurius duplex sich entwickelt
Und auch der Erze Weisheitssalz gesetzt.
Das nasse Feuer und das trock'ne Wasser
Verfehlten wir jedoch, und deshalb konnte
Die heil'ge Hochzeit nicht zustande kommen,
Dies glorreich herrliche Ergebnis, welches
Dem Greise Jugend in die Adern flößt,
Und Grauerz in Edelmetall verwandelt.

Hugo Ball (1886–1927)

König Salomo

Als König Salomo beim Tempelbau
Mit den Dämonen stritt, die ihn umsaßen,
Ließ er in Mitternächten dumpf und grau
Die Zymbel schlagen und Posaune blasen.

An seiner Seite sah man eine Frau,
Die aufgebaut war ganz aus Parabasen,
Aus Saba kam sie wie ein weißer Pfau
Und stand wie eine Mumie in Exstasen.

Der König selber saß in seinem Zelt,
Um dessen Öffnung Feuer hing in Fransen
Und wies gebietend in die Unterwelt.

Da stiegen Mauern auf gleich goldenen Schanzen
Die Zedern fügten sich und ungezählt
Sah man die Tiere und die Teufel tanzen.

Die drei Magier
oder Die Weisen aus dem Morgenland

Die drei Magier (Buchmalerei a. d. Perikopenbuch Heinrichs II., 11. Jh.)

»Für einen wahren Magier halte ich die Sibylle, die in der Zeit des Heidentums von Christo weissagte, und jene drei Könige, die mit Geschenken zur Krippe hineilten, als sie aus wunderbaren Weltgeheimnissen von der Geburt des Heilands erfuhren.«
Waleri Jakowlewitsch Brjussow (1873–1924)

Die Überlieferung nennt diese Magier Könige; ist doch die Einweihung in die Magie wahres Königtum, und wird doch die große Kunst von all ihren Jüngern die königliche, heiliges Königtum, sanctum regnum genannt. Ihr Stern ist jener leuchtende, dem wir in allen Einweihungen begegnen. Er ist die Quintessenz der Alchimisten, das große Geheimnis der Magier, das heilige Pentagramm der Kabbalisten.
Eliphas Levi (1810–1875)

*Bertram Kircher (*1941)*

Sterndeuter, Weise oder Magier

Die drei Magier

Die geheimnisvollste Geschichte im Neuen Testament erzählt der Evangelist Matthäus. Wer waren die Sterndeuter aus dem Osten, die dem Stern folgten, um dem neugeborenen Erlöser zu huldigen.

Matthäus nennt sie *Magoi* und spätere Übersetzer machten daraus Magier, Stern- und Traumdeuter oder Weise. Die *Magoi* aber waren eine zoroastrische Priesterkaste, die später zu Führern ihres Volkes aufstieg. Deshalb machte sie die Legendenbildung des Mittelalters später zu Königen. Sie waren sicherlich Wissende, also Weise, sie waren hervorragende und kundige Astronomen und Astrologen, und sie beteten in ihren Tempeln die heilige Flamme an, wie es sie ihr göttlicher Prophet Zarathustra gelehrt hatte. Und in den Überlieferungen ihrer heiligen Schriften wurde die Geburt eines Königs der Könige vorhergesagt, welche durch einen Stern oder ein Sternbild angekündigt wurde. Diese Geschichte wurde auch von den Propheten des Alten Testamentes vorhergesagt. Deshalb wußten sie, die drei Magier, auch, wann und wo dieser »König der Könige« geboren würde. Sie rüsteten eine Karawane aus und machten sich auf die lange Pilgerreise, bis sie den neugeborenen Erlöser gefunden hatten.

Es ist in der Bibel nirgendwo überliefert, daß es sich bei den Besuchern an der Krippe tatsächlich um drei Könige gehandelt hat. Dazu wurden sie erst in der mittelalterlichen Legendenbildung. Die Bezeichnung »Könige« wird erstmals im 3. Jahrhundert von Tertullian und anderen Kirchenlehrern gebraucht. Im 6. Jahrhundert werden sie dann endgültig zu Königen. Um dieselbe Zeit werden auch ihre Namen genannt. Auf einem der berühmten Mosaiken in S. Apollinare Nuovo in Ravenna (Anfang 6. Jahrhundert) heißen sie: Balthasar (das bedeutet im Babylonischen »Gott möge das Lebens des Königs schützen«), Melchior (das bedeutet im Hebräischen »König des Lichts«) und Caspar (das bedeutet im Persischen »Schatzmeister«). Die Reihenfolge Caspar, Melchior und Balthasar ist im Malbuch auf dem Berg Athos festgelegt und hat sich dann allgemein durchgesetzt.

Später symbolisieren die drei Könige dann die drei Lebensalter. Unter dem Eindruck der Kreuzzüge tritt der Jüngste ab etwa 1300 als Mohr beziehungsweise Maure auf. Er wurde zu einer beliebten Volksfigur und unterhält noch heute – als »Kasperle« – im Puppentheater die Kinder.

Bei der Verwandlung in Könige haben sicherlich zwei Überlegungen eine Rolle gespielt: Der »neugeborene König der Juden« oder der »König der Könige« mußte ja wohl zumindest von »Gleichrangigen« verehrt werden – also von Königen! Die zweite Überlegung basiert auf den Opfergaben und Geschenken: Gold, Weihrauch und Myrrhen – das waren königliche Gaben, und die wurden ja sicherlich nicht von Priestern oder Gelehrten gebracht werden. Wiederum später werden sie auch als Vertreter der drei damals bekannten Erdteile: Asien, Afrika und Europa genannt oder als Nachkommen der drei Stämme der Söhne Noahs, den Semiten, Hamiten und Japhetiten.

Für die mittelalterlichen Menschen gab es keine Zweifel, daß es drei Könige waren. Selbst Marco Polo berichtet noch in seiner wundersamen Weltbeschreibung von der Geburtsstadt der drei und von ihrem Grab. Und warum sie heilig waren? In alten Volksbüchern wird berichtet, wie sie wieder in ihre Heimat nach »Indien« zurückkamen, später dort den Heiligen Apostel Thomas kennenlernten und von ihm bekehrt wurden.

Die Opfergaben und Geschenke der drei Weisen erhielten eine vielfältige Ausdeutung. Die wohl bekannteste ist: Gold als Geschenk an den König, Weihrauch als Geschenk anbetender Verehrung an einen Gott oder eine priesterliche Person und Myrrhe als Salb- und Heilmittel für den Arzt und Heiler. Myrrhe wird aber auch als Balsamierungsmittel mit dem Tod in Verbindung gebracht. Diese Bedeutung finden wir das erste Mal um 1300 in der Märchen- und Geschichtensammlung »Gesta Romanorum«. Später erzählt dann Marco Polo sehr anschaulich, wie die drei Könige dem Kind die angegebenen Geschenke opferten und das Kind alle drei Gaben ergriff und sich damit als wahrer Gott offenbarte.

Die Anzahl der Magier und Sterndeuter nennt Matthäus nicht. Später nannte man verschiedene Zahlen: Mal waren es zwei, drei oder vier, in orientalischen Legenden war sogar von zwölf Magiern die Rede. Origines (um 185–um 254 n. Chr.), einer der bedeutendsten Theologen des Altertums, vermutete aufgrund der Anzahl der Geschenke, daß es nur drei gewesen seien. Spätere Legenden schwankten dennoch immer wieder zwischen drei und vier.

Ein den drei Magiern zugeschriebenes Orakel-Buch des 15. Jh., *De mansionibus« – »Das Buch der Heiligen Drei Könige,* ist ein verloren gegangenes Werk in lateinischer Sprache, das Johannes Hartlieb (um 1400–1468) im Jahre 1434 übersetzt hatte. Es begann mit den Worten: *»In Egypto tres magis fuerunt … In Ägypten waren drei Magier.«* Die Übersetzung trug dem Bedürfnis lateinunkundiger Adelskreise nach magischem Schrifttum Rechnung und stand ganz im Dienste der Wahrsagepraxis.

Tatian aus Mesopotamien (2. Jh.)

Die Anbetung der Magier

Als der Heiland in Bethlehem, der Stadt der Juden, geboren war – das war in der Regierungszeit des Königs Herodes –, siehe, da kamen Magier aus dem Osten nach Jerusalem; die sprachen: »Wo ist der, der als König der Juden geboren ist? Wir haben im Ostland seinen Stern gesehen und sind gekommen, ihn anzubeten.«

Als das der König Herodes hörte, da war er bestürzt und ganz Jerusalem mit ihm, und er versammelte alle Bischöfe und die Gelehrten des Volkes und wollte von ihnen wissen, wo Christus geboren wäre.

Sie antworteten ihm: »In Bethlehem, der Stadt der Juden.« So ist es aufgezeichnet durch den Propheten: »Du, Bethlehem, im Land der Juden, niemals bist du die letzte unter den vornehmsten Städten der Juden, denn von dir kommt der Richter, der mein Volk Israel richten wird.«

Da ließ Herodes heimlich die Magier zu sich holen und fragte sie voll Neugier nach der Aufgangszeit des Sterns, der sich ihnen gezeigt hatte, und schickte sie mit diesen Worten nach Bethlehem: »Geht und fragt eifrig nach dem Kind! Wenn ihr es findet, dann gebt mir davon Nachricht, damit auch ich dorthin kommen kann und es anbete.«

Als sie gehört hatten, was ihnen der König sagte, zogen sie weiter. Siehe, da zog der Stern, den sie im Ostland zum ersten Mal gesehen hatten, vor ihnen her, bis er am Ziel ankam und über dem Ort stehenblieb, wo das Kind war.

Als sie den Stern (dort) sahen, erfüllte sie sogleich höchste Freude, und sie traten in das Haus ein, fanden das Kind und seine Mutter Maria, sie fielen nieder und beteten es an. Und sie öffneten ihre Schatzbehälter und boten ihm ihre Geschenke dar, Gold, Weihrauch und Myrrhe. Nachdem sie im Traum die Anweisung erhalten hatten, nicht zu Herodes zurückzukehren, zogen sie auf einem anderen Weg in ihr Land zurück.

Jakob von Varazze, auch Jacobus de Voragine (1228/29–1298)

Da kamen die drei Magier gen Jerusalem*

Da unser Herr geboren war, Sie hießen auf hebräisch Appellius, Americus, Damascus; auf griechisch Galgalat, Magalat, Sarachin; auf lateinisch Caspar, Balthasar, Melchior. Was für Magier sie aber waren, des sind drei Meinungen, nach dem dreifachen Sinn, den dieser Name haben mag. Denn magus ist gesprochen der Betrüger, der Zauberer oder der Weise. Sie sind Betrüger genannt, als etliche sprechen, von dem, was durch sie geschah; denn Herodes wurde von ihnen betrogen, da sie nicht wieder zu ihm kehrten. Darum heißt es von Herodes: ›Da er sah, daß ihn die Weisen betrogen hatten.‹

Zu dem andern heißt magus der Zauberer, darum man auch die Zauberer des Pharao Magier nennen mag. Also meint Chrysostomus, daß sie von ihrer Zauberei Magier waren genannt, und spricht, daß sie Zauberer waren, darnach aber bekehret sind worden, und machte ihnen der Herr seine Geburt offenbar, daß sie zu ihm würden geführt und alle Sünder davon eine gute Zuversicht hätten.

Zum dritten heißt magus der Weise. Denn Magier ist ein persisch Wort und heißt auf hebräisch der Schreiber, auf griechisch der Philosoph, zu latein sapiens, das ist der Weise. Also waren sie Magier genannt, das ist: Weise; darum ist Magier auch soviel als ›welche groß sind in Weisheit‹.

Marco Polo (1254–1324)

Das Grab der Heiligen drei Könige und die Entstehung des heiligen Feuers

Persien ist ein großes Reich, das in alten Zeiten sehr berühmt und mächtig war; aber jetzt haben es die Tataren verwüstet und verheert. In Persien liegt die Stadt Saba[1], von welcher die drei Magier aufbrachen, als sie sich auf den Weg machten, um Jesus Christus anzubeten; und in dieser Stadt sind sie nebeneinander begraben in drei großen und schönen Grabmonumenten. Über jedem Grabmal befindet sich ein viereckiges Gebäude, welches sorgfältig erhalten wird. Die Körper sind völlig unversehrt und haben noch Haar und Bart. Einer von ihnen hieß Jaspar, der zweite Melchior und der dritte Balthasar. Marco Polo zog bei den Einwohnern jener Stadt aufs eifrigste Erkundigungen nach den drei Magiern ein, aber er konnte keinen finden, welcher irgend etwas darüber zu berichten wußte, außer daß es drei Könige wären, welche man daselbst in alten Zeiten begraben hätte. Aber an einem Orte, der drei Tagereisen entfernt war, hörte er, was ich euch erzählen will.

Er fand dort ein Schloß, das den Namen Cala Ataperistan führt, welcher soviel bedeutet wie »das Schloß der Feueranbeter«. Und diesen Namen besitzt es mit Recht; denn das Volk betet daselbst das Feuer an; und ich werde euch erzählen, weshalb sie es anbeten.

Sie berichten, daß in alten Zeiten drei Könige jenes Reiches aufbrachen, um einen Propheten anzubeten, der damals geboren wurde, und daß sie drei verschiedene Gaben mitbrachten, nämlich Gold, Weihrauch und Myrrhen, um in Erfahrung zu bringen, ob jener Prophet ein Gott, ein irdischer König oder ein Mensch sei. Denn, sagten sie, wenn er das Gold nimmt, ist er ein irdischer König, nimmt er den Weihrauch, so ist er ein Gott, nimmt er dagegen Myrrhen, so ist er ein Mensch.

Und es geschah, als sie zu der Stelle kamen, wo das Kind geboren wurde, daß der jüngste der drei Könige zuerst eintrat; und er fand das Kind gerade in demselben Alter wie er selbst. Da wurde er sehr bestürzt und ging hinaus. Darauf trat der nächstältere ein, und wie der erste, fand er das Kind von demselben Alter wie er selbst; und er ging auch bestürzt hinaus. Endlich trat der älteste ein, und es begegnete ihm, was den beiden anderen begegnet war; er ging gedankenvoll hinaus. Und als die drei wieder zusammengekommen waren, erzählte ein jeder, was er erlebt und gesehen hatte, so daß sie darüber in große Verwunderung gerieten. Da beschlossen sie, alle drei zusammen einzutreten, und als sie ihren Vorsatz ausführten, fanden sie das Kind dreizehn Tage alt. Sie beteten es an und gaben ihm Gold, Weihrauch und Myrrhen, und das Kind gab ihnen eine geschlossene Büchse. Alsdann reisten die Könige ab, um wieder in ihr Land zurückzukehren.

Als sie mehrere Tagereisen zurückgelegt hatten, sagten sie, sie wollten sehen, was das Kind ihnen gegeben hätte. Sie öffneten die Büchse und fanden darin einen Stein. Bei seinem Anblick gerieten sie über die Gabe des Kindes in große Verwunderung, und sie fragten sich, welche Bewandtnis es damit hätte. Deren Bedeutung war aber folgende: Als sie ihre drei Geschenke dargebracht hatten und das Kind sie alle annahm, sagten sie sich in ihrem Innern, daß es der wahre Gott, der wahre König und der wahre Mensch sei, und sie erkannten, daß der Glaube, der in ihnen zu wurzeln begonnen hatte, so fest sein müsse wie ein harter Stein. Aus diesem Grunde erhielten sie von dem Kinde den Stein; denn es kannte genau ihre Gedanken. Da sie aber nicht wußten, daß der Stein die angegebene Bedeutung besaß, schleuderten sie ihn in einen Brunnen; und sofort stieg vom Himmel ein Feuer in jenen Brunnen, in den der Stein geworfen worden war.

Und als die drei Könige dieses Wunder sahen, erschraken sie heftig und bereuten es sehr, daß sie den Stein fortgeworfen hatten. Denn sie erkannten alsdann, daß er eine große und heilige Bedeutung hatte. Sie nahmen nun von diesem Feuer, brachten es in ihr Land und trugen es in eine reiche und schöne Kirche. Dort wurde es beständig unterhalten und als Gottheit verehrt, und alle Opfer, die man darbrachte, wurden mit diesem Feuer angezündet, und wenn es sich einmal ereignete, daß das Feuer erlosch, gingen die Priester in die anderen Städte der Umgegend, wo Anhänger desselben Glaubens lebten, ließen sich von dem Feuer geben und brachten es in ihre Kirche. Das ist der Grund, weshalb die Leute dieses Landes das Feuer verehren. Und oft machen sie eine Reise von zehn Tagen, um sich dies Feuer zu verschaffen.

So erzählten es dem Marco Polo die Bewohner des Schloßes und versicherten ihm, daß ihr Bericht auf Wahrheit beruhe und daß einer der drei Könige aus einer Stadt gekommen sei, die den Namen Saba führt, der zweite aus Ava und der dritte aus jenem Schloße, wo sie das Feuer verehren zusammen mit dem Volke der ganzen Umgebung.

1. Die Stadt Saba oder Sawah existiert noch und liegt im Südwesten von Teheran. Unter der Bevölkerung ist die Überlieferung verbreitet, daß Sawah ursprünglich am Ufer eines Sees stand, der aber bei der Geburt Muhammeds auf wunderbare Weise austrocknete. Die Stadt besaß eine der größten Bibliotheken Persiens, die bei der Eroberung durch die Mongolen in Flammen aufging. Nicht weit von Sawah liegt die Stadt Awah, deren Bewohner Schiiten waren, während in Sawah die Sunniten die Mehrheit bildeten. Dieser Unterschied des Bekenntnisses war für beide Städte der Anlaß zu fortwährenden Reibereien.

Giovanni Pico della Mirandola (1463–1494)

Es kamen Magier aus dem Morgenlande, um Christum anzubeten*

Es kamen Magier aus dem Morgenlande, um Christum anzubeten. Die Männer, von denen hier die Rede ist, waren doch weder Schwarzkünstler noch Verbündete des Teufels. Die Weisheit Gottes war in ihnen lebendig, und sie kamen zu dem, der alles Bösen Gegner und aller Teufelsgeister Feind war. Und aus diesem Grunde erachte ich es für nützlich, daß alle Gläubigen den wahren Sinn der

Bezeichnung Magier erfassen. Statt der Verwirrung, die meine Thesen, wie man behauptet hat, in den Köpfen der Frommen angerichtet haben sollen, können sie vielmehr ein tieferes Verständnis und eine wertvolle Aufklärung in den Geistern hervorrufen.

Andreas Glorez (ca. 1620–ca. 1700)

Gold, Weihrauch und Myrrhen*

Daß ich nichts sage vom *Elixir Proprietatis, Arcano Tincturao, Aqua et Spiritu Vitae etc.*, so ists glaublich, daß von der natürlichen *Magia* große Wissenschaft gehabt haben die drei Weisen aus dem Morgenland (Magi), welche den Herrn Christum gesucht, gefunden und mit Gold, Weihrauch und Myrrhen beschenkt, und diese drei Stücke nennt Marsil. Ficin. der Weisen Arznei und kann wohl mit den vornehmsten Schätzen wegen ihrer fürtrefflichen Wirkung verglichen werden, weil sie die natürliche Wärme und verlornen Kräfte bei den Alten wiederbringt, den natürlichen, lebendigen und sinnreichen Geist stärkt und erhält und deßwegen vor alte Leute vortrefflich taugt. Sie wird gemacht aus Weihrauch zij, Myrrhen zj, Goldblättlein z, [?]. Diese Stücke müssen hernach zerstoßen werden und kann mans mit einem starken Wein zu Pillulen machen. Von dieser Vermischung nimmt man des Morgens nüchtern einen Theil, des Sommers in Rosenwasser, des Winters in ein wenig Wein.

A. d. H. (1787)

Die Magi aus dem Morgenland*

Gehn wir nun zum Neuen Testament über, um die Weisen zu betrachten, welche aus dem Morgenland kamen, um Christum anzubeten. Auch diese Geschichte ist durch eine Menge Fabeln verunstaltet worden, die hier nicht angeführt zu werden verdienen, vielmehrmuß man, um die Wahrheit zu erforschen untersuchen, wer diese Magier eigentlich gewesen sind, und durch welches Mittel sie von der Geburt Christi benachrichtigt wurden.

Was das erste anbelangt, so liegt die Hauptschwierigkeit in den Worten der Schrift, wo es heißt: *Magi venerunt ab Oriente,* indem die Bedeutung des Wortes *Magi* vieldeutig und unbestimmt ist, denn erstlich läßt es sich von Zauberern und Hexenmeistern erklären; zweytens von gewissen Völkern in Medien, welche nach Herodot, Strabo und dem Epiphanes diesen Namen führten, und endlich von den Weisen aus Persien. Jede dieser drey Meinungen hat ihre Vertheidiger gefunden, denn Tertullian behauptet, die Weisen, von denen der Evangelist Matthäus spricht, wären nichts weiter als Zauberer gewesen. Der heil. Epiphanes und Panigarolus aber nehmen die zweyte Meinung an, und Casaubonus nebst dem Maldonat halten sie für einige von den vornehmsten und tugendhaftesten unter den Persern, welche unter ihrer Nation eben das waren, was die Brahmanen bey den Indiern und die Druiden bey den Galliern waren.

Diese letztere Meinung ist um so wahrscheinlicher, da das Wort *Magi* ursprünglich persisch ist und es auch bey den Persern Gewohnheit war, sich ihren Königen nicht anders als mit Geschenken zu nähern, endlich bestätigt selbst die Schrift diese Meinung dadurch, indem sie sagt, daß diese Weisen aus dem Morgenland herkamen, wo es bekanntermaßen keine andere Weisen oder Magier als die Persischen gab. Der immer aufschneidende Paracelsus ist wegen ihrer Ankunft nicht verlegen und giebt ihnen bezauberte Pferde, auf welchen sie in weniger denn dreyzehn Tagen aus einem so entfernten Land ankamen, allein hieran liegt nichts, denn es ist erstlich ungewiß, ob sie nicht länger auf der Reise zubrachten, ferner konnten sie auch aus den näher liegenden Provinzen dieses Reichs gekommen sein, endlich wissen wir aus der Geschichte, daß diese Völker sich der Kamele zum Reisen bedienen, welche täglich 16 bis 18 Meilen wegs zurücklegen können.

Aleksej Michailovic Remizov (1877–1957)

Die lappländischen Magier-Könige*

Dort aber, vom Eismeer, vom Eismeer-Ozean, wo der Sturm blaue Eisberge zum Himmel hinauf türmt, über Sümpfe, über Flüsse, über Wälder, über Brände und Rauch wanderten drei lappländische Magier-Könige dem geflügelten Sterne nach.

Und Tag und Nacht, nur den Stern schauend, des Weges nicht achtend, zogen die Könige, wohin der Stern sie führte; abgetragen und zerrissen waren die königlichen Gewänder, hingen wie Bettlerlumpen auf den Schultern, und nur die königlichen Kronen allein brannten wie die Sterne.

Am dritten Tage brachte der Stern die Magier nach Jerusalem, stieg auf über der kaiserlichen Stadt und verschwand.

Als auf den Straßen Jerusalems die drei Magier-Könige erschienen und zu fragen begannen, wo Christus geboren sei – »sie haben seinen Stern gesehen!« –, da horchte die Stadt auf.

»Wo ist Christus geboren, der Retter der Welt?«, fragten sie die Fußgänger, »wo ist der neugeborene König der Juden?«

»Wir haben keinen König, außer Herodes«, antwortete man den Magier-Königen, »und wir kennen keinen andern König als Herodes und seinen Sohn.«

Nicht nach Archelaos, Herodes' Sohn, nicht nach Herodes – nach Christus, dem König, der alle Könige besiegen und alle Reiche auf Erden einnehmen wird, verlangten die Magier-Könige.

Unablässig, wie die Magier dem geflügelten Stern, so folgten den Magiern die Ärmsten der Stadt: Irre, Kranke, Pilgernde. Und wenn die Magier nach Christus fragten, so blieben sie starr in Erwartung.

Keine Antwort.

Von Straße zu Straße, von Haus zu Haus, von Mund zu Mund fliegend, drang die Kunde von den lappländischen Magier-Königen und von dem sie führenden geflügelten Stern und von der Geburt Christi – »des Königs, der alle Könige besiegen wird!« – über Märkte und Gassen gegen Abend hinter die unüberwindlichen Winde des Palastes.

Und König Herodes ärgerte sich.

Herodes befiehlt, die Magier-Könige herbeizuführen. Und man führte die Magier in den Palast zu Herodes. Zu den Magiern kam Herodes heraus.

Und die Magier fragten Herodes, wie sie den ganzen Tag die Fußgänger befragt hatten, nach dem König Christus: »Wo ist der König geboren?«

»Ich – bin König!«

Herodes war nicht groß und von hagerer Gestalt – ein kleiner Kopf auf kurzem Hals, der den Schultern nicht entsprach in seiner Dicke; er kniff die Augen zusammen, wie ein erschreckter Igel, und sprach unerwartet laut im Baß; und dies unerwartete verblüffte: »Ich – bin König!«

Aber die lappländischen Könige sind nicht zu verblüffen.

Die lappländischen Könige haben Macht über Winde, können Stürme erheben, können Meeresinseln versetzen, senden Pfeile, verwandeln Lebendes in Stein.

Die lappländischen Könige durchdringen geheime Taten und Gedanken; ihnen ist offenbar, was auf Land und Meer in fernen Gegenden und bei fremden Völkern geschieht. Die lappländischen Könige sind furchtlos »Wo ist König Christus geboren?«, fragten sie den König noch einmal.

Herodes hält eine Schale in der Hand: Er hatte die Schale zu Ehren der hohen lappländischen Könige erhoben …

Über dem Palast aber ging der Stern auf – er blieb im Fenster gegenüber den Magiern stehen, und im Sternenglanz erglühten ihre königlichen Kronen.

Und Sterne strahlten aus den Augen der Magier. »Wo ist der König Christus geboren?« Zum dritten Mal fragen es die Magier. »Er wird alle Könige besiegen, alle Reiche, die ganze Erde einnehmen!«

Und die Schale entfiel den Händen des Königs. »Geht«, sagte Herodes und zitterte ganz, »geht, erfahrt über das Kind und kehrt nach Jerusalem zurück. Ich werde als erster hingehen, um es anzubeten.«

Die Magier versprachen, nach Jerusalem zurückzukehren und vom Kinde Nachricht zu bringen, und verließen den König. Und der Stern führte sie aus der königlichen Stadt Jerusalem nach der Stadt Christi, Bethlehem.

Der geflügelte Stern schwebte voran – dem Stern folgten die Magier.

Weit im Feld blieben die Menschen zurück, die die Magier hinter das Stadttor begleitet hatten. Und die königlichen Horcher-Schwätzer, Schnüffler-Berater konnten ihnen nicht folgen.

Der Stern kreist – die Magier kreisen mit ihm. Er wendet sich vom Wege in den Wald – und die Magier folgen ihm in den Wald.

Und so gehn sie durch Wald, Feld, der Straße nach.

Eine frostige Nacht. Sternklar, es friert stark. Der Schnee knirscht unter den Füßen.

Der Stern überschreitet den Fluß, bleibt am Wald hinter der Hecke stehn – senkt sich leise über der Lehmhütte nieder.

Hell ist's in der Hütte – die Sonne lacht …

Und die Könige sahen das Kind. Und schenkten ihm Gaben!

Gold, einen Stab aus Elfenbein,ein nordisches Gericht.

Und neigten sich vor dem Kinde.

Das Kind schaute lange – »Gold!«, »ein Stab aus Elfenbein!«, »das Gericht!«. Und nahm die Gaben an, segnete die Magier.

Segnete das schwere Leben der weisen Magier, die den Stern Christi erwartet hatten.

Sternhaft leuchtete auf die enge Hütte.

Ehre sei Gott in der Höhe,
Friede auf Erden!

Aus dem Kreise der Engel trat einer hervor löste das Versprechen der Magier und verbot ihnen, nach Jerusalem zurückzukehren.

»Geht nicht zu Herodes, Magier! Geht einen anderen Weg: Arges hat Herodes im Sinn – er wird das Kind töten.«

Maria hält auf den Armen den Sohn; es ist Zeit, sich auf den Weg zu machen. Josef ist am Schlitten beschäftigt; spricht mit dem Braunen. Und er setzt die Gottesgebärerin mit dem Kind in den Schlitten, winkt mit dem Fausthandschuh.

Das Pferdchen trabt den Weg ins Zigeunerland – so hat es Josef der Engel befohlen! –, nach Ägyptenland.

Niedrig schwebt der Stern voran – erleuchtet den Weg in das ferne Ägypten.

Ehre sei Gott in der Höhe,
Friede auf Erden!

Die Engel sangen um den Engelsboten, schwebten einher wie Sterne.

»Und der ganze Himmel bewegte …«

Die Magier flogen im Wirbel durch Feuer und Rauch, über Wälder, über Flüsse, über Sümpfe, an der königlichen Stadt Jerusalem vorbei, vorbei am König Herodes, zum Eismeer, zum Eismeer-Ozean, in das lappländische Reich, in das mitternächtige Land der Zauberer.

Und dort, in ihrem öden, weisheitvollen Land, zeichneten sie den Stern Christi auf ihre Zaubertrommel, erhoben sich über den blauen Eisschollen und ziehen über das Eismeer – das Eisige Meer – den Ozean, langsam ins ewige Leben hinübergleitend.

KAPITEL 2

Gnosis und Kabbala

Die Magier von der Antike bis zum Mittelalter

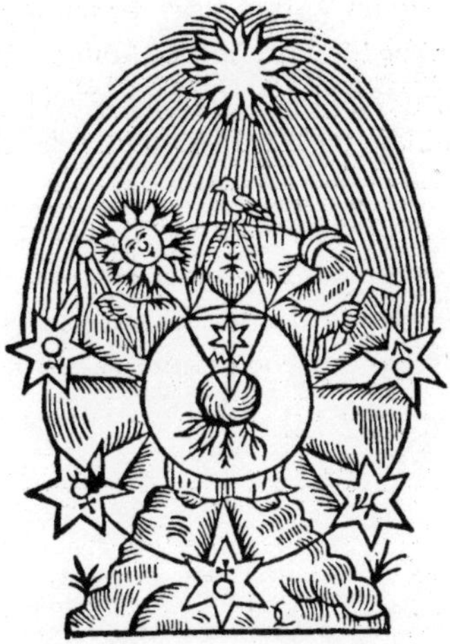

Kabbalistisches Symbolbild aus Johannes Grasseus (gest. 1623), Aperta arca arcani … Hamburg 1705

Gnosis (gr.) die Kenntniß, höhere Einsicht, Offenbarung, geheime Wissenschaft: daher Gnostiker (Geheimwisser), eine christliche Sekte im 1sten und 2ten Jahrh., die sich ganz besonderer geheimer Kenntnisse und Offenbarungen rühmten

Conversations-Hand-Lexikon (1831)

Schon beim Hören des Namens Kabbala schien meine Gegner ein Entsetzen zu überschleichen. Unter den Kabbalisten stellten sie sich offenbar nicht Menschen, sondern Zaubertiere, Kentauren oder irgendwelche Wunderwesen vor.

Giovanni Pico della Mirandola (1463–1494)

Empedokles

Überwinder des Todes und Prophet der Liebe

Empedokles (anonymer Stahlstich 18. Jh.)

Noch andre kamen einzeln, der bekannte Empedokles,
der um als Gott zu gelten begeistert in des Aetna Flammen sprang.
John Milton (1608–1674)

Empedokles, Doktor Faust und Roger Baco
sind wegen ihrer Geschicklichkeit teils für Wundertäter,
teils für Hexenmeister ausgeschrien worden.
Georg Christoph Lichtenberg (1742–1799)

Dies war der Zauber, womit Empedokles in seiner Welt erschien.
Friedrich Hölderlin (1770–1843)

*Leah Levine (*1961)*

Empedokles

(480–420 v. Chr.)

»Jeder glaubt nur das, worauf ihn der Zufall gebracht hat.«

Empedokles wurde in Akragas auf Sizilien geboren. Wie viele Männer zu seiner Zeit hatte er eine umfassende Bildung und führte Tätigkeiten als Seher, Reinigungspriester, Wanderprediger, Wundermann, Politiker, Arzt, Dichter und Wissenschaftler aus. Es hieß von ihm, er könne durch Handauflegen die Toten wiederbeleben, und er soll Epidemien durch den Bau von Kanalisationen eingedämmt haben. Man sprach auch davon, er habe alten Menschen die Jugend wiedergegeben und sie von Krankheiten befreit. Empedokles glaubte an die Seelenwanderung beziehungsweise die Wiedergeburt. Nach seiner Vorstellung war jede Seele ein herabgestürzter Gott, der sich durch unterschiedliche Reinkarnationen reinigen mußte, um wieder vollkommen zu werden. Diese mystische Anschauung stand für ihn in keinem Widerspruch zu seinen anderen Forschungen, sorgte aber für seine Verbannung, da er die gängigen Tieropfer ablehnte und verdammte, sah er in den Opfern doch mögliche inkarnierte Seelen der Vorfahren, die sich neben den Tieren auch in Pflanzen manifestieren konnten. Sein Werk zu diesem Thema, »Entsühnungen«, erklärt, daß er die Reinkarnationen nicht als Strafe ansah.

Empedokles verdankt die Physik das vierte Element Erde, daß er zu den drei vorhandenen, Feuer, Luft und Wasser, hinzufügte. Laut Empedokles besteht alles aus unterschiedlichen Anteilen dieser Elemente, die nicht zunehmen und sich nicht auflösen, die nicht entstehen oder vergehen, sondern sich mischen und entmischen. Die Welt existiert aus der Schwingung dieser Elemente, die nach Verschmelzung streben und durch die Liebe zur völligen Einheit (Sphairos) werden. Streit oder Haß dagegen sorgen für Separation der Elemente bis hin zur völligen Elementspaltung, in der nur das reine Element übrigbleibt. Liebe und Haß sind also die Energien, die für Bewegung sorgen.

Empedokles starb auf dem Peloponnes, aber es geht eine Legende, er selbst sei bewußt in den Vulkan Ätna hinabgestiegen oder hineingestürzt, um sich mit der Energie der Flamme zu vereinen und keine Leiche zu hinterlassen. Sein Grab wurde nie gefunden.

Horaz (65–8 v. Chr.)

Liebe zu ruhmvollem Tode*

Wenn er erhobenen Hauptes dann Verse herausrülpst und wie ein
Vogelsteller, auf Amseln erpicht, hin und her läuft, passiert es,
daß in ein Loch oder gar in den Brunnen er fällt. Mag es weithin
nunmehr auch schallen: »Zu Hilfe, ihr Leute!« Es naht ihm kein Retter.
Findet sich wirklich noch einer bereit, mit dem Seil ihn zu retten,
werde ich sagen: »Woher willst du wissen, ob der nicht mit Absicht
stürzte hinab und auf Hilfe verzichtet?« und werde das Ende
jenes sizilischen Dichters erzählen: »Empedokles wollte
gelten als Gott. Und kaltblütig sprang er daher in die Glut des
Ätna. Man lasse den Dichtern das Recht und die Freiheit zu sterben:
Wenn einem Menschen den Tod du verwehrst, bist du selber ein Mörder.
Tat er doch dies nicht nur einmal; er wird nach der Rettung nicht
gleich wie andere Menschen und läßt nicht von Liebe zu ruhmvollem Tode.

Lukian (um 120–nach 180)

Das ist Empedokles*

Menippus: Und unter allen Toten, die ich noch gesehen, die einzigen, die ein heiteres und fröhliches Ansehen haben. Aber der dort, der so voller Asche und Brandblasen ist wie ein in der Asche gebackener Kuchen, wer ist der?

Äakus: Das ist Empedokles, der halbgekocht aus dem Schlunde des Ätna bei uns anlangte.

Menippus: Hei da, mein schöner Herr mit den ehernen Füßen, was war die Ursache, warum du dich in den Krater des Ätna stürztest?

Empedikles: Ein Anfall von schwarzer Galle, Menippus.

Menippus: Ganz und gar nicht, ich weiß es besser: Eitelkeit und Ruhmsucht und eine Art von Narrheit, die du mit Niesewurz hättest vertreiben sollen, haben dich mitsamt deinen Pantoffeln, verdientermaßen, so zur Kohle ausgebrannt. Dein Kunstgriff half dir indessen nichts; denn es kam doch an den Tag, daß du gestorben warst wie andere. –

Sebastian Brant (1457–1521)

Wen Muthwille ins Feuer bringt,
Und wer von selbst in den Brunnen springt,
Dem geschieht schon Recht, wenn er ertrinkt.

Ein Narr schreit aus einem Brunnen um Hilfe, ein andrer will in ein Feuer springen; drei Zuschauer urtheilen: Ihnen geschieht Recht!

Von muthwilligem Unglück

Empedokles in Narrheit kam
Und sprang selbst in des Aetna's Flamm'.
Hätt' Jemand ihn daraus befreit,
Der thät ihm Unrecht an und Leid:
Denn er war worden Narr so sehr,
Er hätt' es doch versucht noch mehr.

Friedrich Hölderlin (1770–1843)

Empedokles

Das Leben suchst du, suchst, und es quillt und glänzt
Ein göttlich Feuer tief aus der Erde dir,
Und du in schauderndem Verlangen
Wirfst dich hinab, in des Aetna Flammen.

So schmelzt' im Weine Perlen der Übermut
Der Königin; und mochte sie doch! hättst du
Nur deinen Reichtum nicht, o Dichter,
Hin in den gärenden Kelch geopfert!

Doch heilig bist du mir, wie der Erde Macht,
Die dich hinwegnahm, kühner Getöteter!
Und folgen möcht ich in die Tiefe,
Hielte die Liebe mich nicht, dem Helden.

Ernst Ludwig Wilhelm Nebel (1772–1854)

Der Tod des Empedokles

Empedokles, einer der ältesten griechischen Aerzte und Weltweisen, hatte sich durch einige außerordentliche Kuren, z. B. durch zweymalige Vertreibung einer Pest, durch Aufhaltung eines Wolkenbruchs, durch Wiedererweckung eines todten Weibes, einen so großen Namen erworben, daß er selbst anfieng, sich für einen Vertrauten der Götter und einen Gebieter der Natur zu halten. Er wurde aber nur zu sehr von seiner Schwäche überzeugt, da er im Alter sein herannahendes Ende fühlte. Um von der großen Meinung, die das Volk von ihm hatte, nichts zu verlieren, beschloß er, sich selbst umzubringen, auf eine Art, daß Niemand wissen könnte, wohin er gekommen sey. Er schlich sich deswegen auf den Berg Aetna und stürzte sich in den Schlund desselben. Allein er vergaß, seine Pantoffeln zugleich hinunterzustürzen, und da man bald darauf eine Nachsuchung in der ganzen Gegend anstellte, fand man diese am Rande des Berges stehen.

A. d. H. (1787)

Den Empedokles erwähnt Plinius nur denn als Zauberer*

Den Empedokles erwähnt Plinius nur denn als Zauberer, wenn er von den alten Philosophen spricht, die nach Egypten gereißt sind. Man würde wirklich sehr viele Mühe haben, ihn der Magie zu beschuldigen, wenn nicht Satyrus beym Diogenes im Vorbeygehen etwas davon erwähnte, wo er einige Verse dieses Philosophen anführt, welche seine ganze Magie enthalten sollen, und worauf sich nachher alle Neuern gründeten, um ihn als Zauberer vorzustellen. Dieses hat unter andern Deirio gethan, indem er unter die Zauberkünste der Alten, auch diejenige des Empedokles mitrechnet, wodurch er die Stürme besänftigte, und ihn deswegen mit einem gewissen Gothischen König Erich vergleicht, der den Namen Windhut erhielt, weil der Wind immer von der Seite herkam, auf die er seinen Hut zu setzen pflegte. Da er nun einmal soweit ging, so hätte er auch immer das Mährchen von der Pest, die er im Land der Salinuntiner vertrieb, und dasjenige von dem Weibe, welches er von einer gefährlichen Krankheit heilte, mit beybringen sollen. Da er sie aber vermthlich deswegen ausgelassen hat, weil er sie entweder für fabelhaft oder für natürlich hielt, so kann man dasselbe Urtheil von den andern fällen, die wir sowol von ihm als vom Demokrit angeführt haben. Beyde stehn in gleich schlechtem Gehalt, und es wird gewissermaßen eine Verleugung des gesunden Menschenverstandes dazu erfordert, dergleichen lächerliche und höchst einfältige Behauptungen von zweyen Männern zu glauben, deren große Gelehrsamkeit und Klugheit hinlänglich für das Gegentheil bürgen.

Lukrez und Hippokrittes können hierüber als weit gültigere Zeugen zu Rathe gezogen werden, denn der erstere hat sich, nachdem er das Lob von Sicilien besungen, gleichsam zum Lobredner des Empedokles aufgeworfen; und der andere, den man gewissermaßen das Orakel der Wahrheit nennen könnte, giebt uns in seinen Werken deutliche Beweise von der großen Achtung, die er für den Demokrit hagre, Cassius nennt ihn einen der größten Philosophen,

Aulus Gellius aber einen vor allen andern berühmten und verehrungswürdigen Mann.

Gleichwie nun dasselbe Feld heilsame und giftige Kräuter hervorbringt, und die Biene ihren Honig daher holt, wo die Raupe nur Gift sucht, eben so kann man sich selbst der Reisen, durch welche die Philosophen zur Kenntniß der Magie gelangt seyn sollen, bedienen, um zu beweisen, daß sie eben desselben ihre ausgebreitete Wissenschaft und ihren großen Ruf zu verdanken hatten. Dies erhellt theils aus dem was wir bereits oben von der Magie der Egypter und den Reisen des Zoroaster, Orpheus und Pythagoras gesagt haben, theils auch aus dem offenbaren Zeugniß des Philostrats, der zwar in Ansehung der Persischen und Egyptischen Weisen nicht unsrer Meinung ist, aber dennoch deutlich sagt, daß Pythagoras, Demokrit und Empedokles, ob sie gleich mit ihnen Umgang pflogen, dennoch von ihrer Wissenschaft nichts hören wollten. Dieses kann man nach dem verneinenden Zeugniß des Diogenes Laertius für völlig wahr halten, welcher letztere von der Magie Demokrits gar nichts erwähnt, und von der des Empedokles, wider seine Gewohnheit, nur im Vorbeygehen ein paar Worte sagt, ohne zu erwähnen, was er durch dieselbe bewürkt habe. Dieser negative Beweis aus dem Diogenes erhält dadurch seine völlige Gültigkeit, weil er sich vorgesetzt hatte, alles zu sagen und auseinander zu setzen, was zu seiner Materie gehöre. Da man nun, wenn jemand von allen Wissenschaften handelte, und die Artzneykunst allein ausschlösse, mit Recht urtheilen könnte, daß er sie nicht mit unter die Wissenschaften rechne, so gilt auch hier gleichermaßen der Schluß, daß Diogenes und zweyhundert und elf Schriftsteller, die er anführt, nichts von der Magie dieser beyden Philosophen müssen gehört haben, weil er in seinem Werke, worin er sich alles zu sagen vorgesetzt hatte, und sogar Mährchen von Pythagoras anführt, die er bey andern gelesen hatte, gar keine Meinung davon thut.

Vergil
Der Zauberer Virgilius

Illustration aus dem Volksbuch vom Zauberer Virgilius (ca. 1720)

Virgilius war ein Zauberer: Daher noch die Gauckeler seinen Name
zu jhrem affenspiel brauchen vnd nennen jhm Filius.
Jean Bodin (1529/30–1596)

Da schrie der Böse entsetzlich: ›Virgilius, was hast Du getan?‹
Allein dieser sprach: ›Bleibe Du hier bis zu Deinem bestimmten Tage!‹
Und fortan war er sehr erfahren in der Schwarzen Kunst.
Volksbuch vom Zauberer Virgilius (1720)

Es ist schon oft besprochen worden, daß bei Italiens Volke,
wenigstens in Neapel und auch in Sicilien, Virgil der Zauberer
viel bekannter und gefeierter ist, als Virgil der Dichter.
Friedrich Ludwig Ferdinand von Dobeneck (1770–1810)

*Leah Levine (*1961)*

Vergil

(70–19 v. Chr.)

Vergil wurde in Andes als Sohn einfacher Gutsbesitzer geboren und auf den Namen Publius Vergilius Maro getauft. Vieles, was man heute über Vergil weiß, beruht auf Legenden und Gerüchten. Er soll in Cremona, Mailand und Rom Rhetorik, Medizin und Astronomie studiert und sich schon früh der Philosophie zugewandt haben. In jungen Jahren begann Vergil zu schreiben und gehörte schon bald dem Kreis um Maecenas an, der römische Schriftsteller an Octavians Hof versammelte, um ein Gegengewicht zu dem Wohlwollen einflußreicher Familien im Dunstkreis von Marcus Antonius zu schaffen. Vergils Texte sind Meisterwerke und schon zu seinen Lebzeiten galt er als Vorbild und wurde zum Schulautoren. Keiner seiner Kollegen vermochte solch eine ausgewogene Komposition, solch eine Symbolkraft der Aussagen und solch einen Wohlklang der Sprache zu erschaffen wie Vergil. Das Mittelalter betrachtete Vergil als den Dichter schlechthin und hielt ihn für den Vorboten des Christentums und auch heute noch gilt er als größter Schriftsteller der römischen Antike.

Aber es gab eine andere Seite in den Legenden über Vergil, die nur selten Beachtung findet. Vergil war nicht nur Dichter, sondern auch Magier und Meisterkonstrukteur. Es wird von vielen Statuen berichtet, die Vergil erschaffen haben soll und die z. B. an den Stadttoren von Rom aufgestellt waren und über das Schicksal der Ankommenden weissagten. Es wird auch vom Abbild einer Fliege berichtet, die durch entsprechende Magie eine Fliegenplage in Neapel eindämmte. Cecco d'Ascoló interpretierte die Fliege als einen, mit astrologischen Zeichen verzierten Edelstein, der somit auf einen Talisman hindeutete. Vergil soll sehr bewandert in der Talismantik gewesen sein und sich auch einen persönlichen gegen Schlangen hergestellt haben. Conrad von Querford erwähnt 1196 in einem Brief, daß Vergil Neapel auf drei Eiern erschaffen habe. Wenn dies auch etwas seltsam klingt, so ist eine andere Geschichte, Vergil habe ein Miniaturmodell der Stadt in einem Glaskasten verschlossen, um die Stadt gegen Feinde zu schützen, ein klarer Hinweis auf Techniken der Sympathiemagie, von denen es noch viele weitere Beispiele in Berichten über ihn gibt. Gerüchten zufolge konnte Vergil einen Zauber wirken, der dafür sorgte, daß das Fleisch auf dem Markt nicht verdarb. Einige Quellen geben an, er habe einst ein Glas zerschlagen, in dem 72 Dämonen eingeschlossen waren. Aus Dank für ihre Befreiung hätten sie den Dichter in den magischen Künsten unterwiesen und ihm Techniken gezeigt, mit denen er Zauberspiegel herstellen konnte, die Verräter entlarvten und Brände bekämpfen oder entfachen konnten. In den Texten des »Sängerkrieg auf der Wartburg« wird davon berichtet, daß Vergil das Zauberbuch des Zabulon gesucht und es mit Hilfe von Magie tatsächlich in seinen Besitz gebracht haben soll.

Viele solcher Geschichten waren im Umlauf und es heißt, zwei dieser magischen Statuen, sogenannte Hammermänner, stünden auch an seinem Grab.

Das bekannteste Epos Vergils, die »Aeneis«, die er so gern nach seinem Tod vernichtet gesehen hätte, beschreibt den Weg des Helden Aeneas, der auf seinem Weg auch die Abgründe der Hölle durchschreiten muß und dort auf all die Sünden der Menschheit trifft. Die Ausführung von Magie galt als Sünde, und so fragt man sich, ob Vergil bewußt mit dem Risiko gespielt hat oder ob all die magischen Taten, die man ihm nachsagt, nur Phantasien seiner Zeit waren.

Gervasius von Tilbury (um 1150–um 1235)

Von Virgil dem Zauberer*

Wir kehren nun zur campanischen Stadt Neapel zurück, in welcher ein Fleischmarkt ist, in dessen Wand, wie man sagt, vom Virgilius ein Stück Fleisch von solcher wunderbaren Eigenschaft eingefügt ist, daß im Umfang jenes Fleischmarktes kein Fleisch, sey es auch noch so alt, weder Auge noch Geruch noch Gaumen beleidigt. Es ist auch in derselben Stadt das Herrenthor, das nach der einst berühmten campanischen Nola schauet, an dessen Eingang ein künstlich gebauter Steinweg ist, unter dessen Siegel Virgilius alle Art des schädlichen

Gewürmes verschloß, woher es kommt, daß, da die in ihrem Umfang höchst geräumige Stadt ganz auf unterirdische Säulen sich stützt; in den innern Höhlen oder Ritzen oder in den Gärten, welche innerhalb der Stadtmauern eingezäunet sind, keine Mücke, kein schädlicher Wurm gefunden wird u. s. w.

Es war an der Grenze der Stadt Neapel, ihr gleichsam gegenüber, der Jungfrauenberg, an dessen Abhang unter herabgerissenen Felsen, schwer zu ersteigen, Virgilius einen Garten angelegt hatte, der mit vielen Pflanzengattungen besetzt war. In diesem wird das Lucius Kraut (herba Lucii) gefunden, wodurch die blinden Schafe, die zuweilen es berühren, das schärfste Gesicht wieder bekommen. In demselben war ein ehernes Bild, eine Posaune an den Mund haltend; so oft in diese der Südwind von gegenüber kam, so wurde plötzlich das Wehen dieses Windes umgedreht.

Welchen Nutzen aber dieses Umkehren des Südwindes brachte, das höret: Es ist in der Gegend der Stadt Neapel ein hoher Berg ins Meer gegründet, der über die unter ihm liegende *Terra die Lavoro* blickt. Dieser speit im Maimonat den häßlichsten Rauch aus, und zuweilen glühendheiße Hölzer, kohlenschwarz gebrannt, daher man sagt, daß dort ein Luftloch der irdischen Hölle aufsprudle. Bei wehendem Südwind also verbrennt der heiße Staub alle Saaten und Früchte, und so wird das fruchtbarste Land verödet. Deßhalb hat, dem so großen Schatten des Landes abhelfend, Virgilius auf dem entgegengesetzten Berge, wie gesagt, die Bildsäule mit der Posaune aufgerichtet, so daß auf den ersten Ton der angehauchten Posaune der in sie hineingekommene Zug des Südwindes nach mathematischen Gesetzen zurückgeworfen wurde. Daher kommt es, daß nun, da jene Bildsäule entweder durch die Zeit oder durch die Bosheit neidischer Menschen zerstört worden ist, jene alten Beschädigungen sich öfters wieder zeigen.

Auch liegt im Neapolitaner Staat die Stadt Putroli, in welcher Virgilius zum Nutzen des Volkes und zu ewiger Bewundderung Bäder mit wunderbarer Kunst erbauet hat, zur Genesung von jeder innerlichen und äußerlichen Krankheit dienlich; und er hat über jede Badegrotte eine Ueberschrift gemacht, in welcher Nachricht gegeben war, wider welche Krankheit jedes Bad helfe. Aber in der neuesten Zeit, da in Salern die Schule der Arzneiwissenschaft sich zu heben anfing, haben die Salernitaner neidisch die Aufschriften jener Bäder verdorben, fürchtend, daß, wenn die Heilkraft der Bäder zur allgemeinen Kunde käme, dies den Aerzten den Gewinn entreißen oder vermindern würde.

In derselben Nachbarschaft besitzt auch eine sehr wunderbare Kraft ein Berg, durchhöhlt von einem unterirdischen Gang (offenbar der Gang durch den Posilippo) von solcher Länge, daß dem, der in dessen Mitte ist, kaum die beiden Enden erscheinen.

Durch mathematische Kunst hat Virgilius gewirkt, daß, wenn im Dunkel jenes Berges ein Feind dem Feinde mörderisch nachstellt, er durch keinen Trug und durch keinen hinterlistigen Rank seiner Bosheit Wirkung geben kann.

Jans Enikel (2. Hälfte 13. Jh.)

Der Zauberer Virgilius

Es lebte einst ein Mann in Rom,
der den Namen trug Virgilius;
er war so klug und listenreich,
daß er die Zauberei beherrschte.
Dazu muß ich euch noch sagen,
daß er ein rechter Heide war –
und ganz und gar ein Kind der Hölle.
Ich will euch nun genau berichten,
wie Virgilius es schaffte,
ein großer Zauberer zu werden,
denn das ist mir gut bekannt.
In einem Garten, in dem Wein wuchs,
hob er eine Grube aus;
er tat das mit solcher Kraft,
daß seine Schaufel fast zerbrach.
Als er schon tief gegraben hatte,
stieß er auf einen Glasbehälter,

in dem – ihr werdet es kaum glauben –
eine Schar von Teufeln saß.
»Viel Würmer hab' ich in dem Glas«,
sprach Virgilius zu sich selbst,
als aus der Erde er das Glas nahm.
»Ich will sie bei mir festhalten,
denn, wohin ich mich auch wende,
werden sie mir sehr viel nützen.«
Da rief ein Teufel aus dem Glas,
der eingesperrt in diesem saß:
»Virgilius, laß uns doch laufen!
Wir wollen immer dich beschützen
vor jedem Leid und jeder Not.
Wenn du uns in die Freiheit läßt,
bringen wir dir Künste bei,
durch die es dir sehr gut gehen wird,
solange du auf Erden lebst.
Bitte, hol' uns aus dem Glase,
zweiundsiebzig sind wir hier,
es ist uns allen hier zu eng.«
Da sprach der Mann Virgilius:
»So ohne weiteres geht das nicht.
Nur wenn ihr mich derart belehrt,
daß ich die Zauberei beherrsche
und durch sie großen Nutzen habe,
versichere ich durch einen Eid,
daß ich mit meiner eigenen Hand
sogleich dies Glas zerbrechen werde.«
Darauf brachten ihm die Teufel,
schlau und verschlagen, wie sie waren,
all die Zauberkünste bei,
die man in der Christenheit,
ohne daß sie Mühe machen,
noch heute vielfach anwendet.
Nachdem Virgilius genau

die Zauberkünste alle kannte,
holte er sich einen Stein
und zerschlug mit ihm das Glas,
so daß die Teufel frei wurden.
Dann dachte sich Virgilius:
»Ich will meine Kunst versuchen.
Da die Teufel alle fort sind,
trau' ich mir allein es zu.
Anerkennung und auch Reichtum
mir durch Zauber zu verschaffen,
denn mein Herz sehnt sich danach,
Gewinn und Achtung zu erringen.«
So eilte dann Virgilius
nach Rom, in diese große Stadt,
um an seiner Kunst zu prüfen,
ob sie wirklich teuflisch wäre.
Er schuf in Rom ein Weib aus Stein,
das, wie folgt, geartet war:
Wenn ein geiler und unkeuscher Mann
zu einem Weibe gehen wollte,
dann konnte er sich an dem Standbild
die Befriedigung beschaffen,
die sonst nur eine Lebende
durch ihren Leib gewähren konnte.
Ich brauche euch wohl nicht zu sagen,
was ich von solchem Zauber halte!
Etwas später führt' Virgilius
noch ein anderes Kunststück vor.
Er zauberte ein Bild aus Erz,
das innen ganz mit Gold gefüllt war.
Eingemeißelt war auf ihm
diese Inschrift, auch aus Gold:
»Wo ich hinzeig', liegt ein Schatz;
wer ihn einmal finden wird,
wird von jeder Armut frei.«

Als die Leute davon hörten,
kamen sie herbeigeeilt.
Jedermann versuchte es,
für sich diesen Schatz zu finden,
um so die Bürde aller Sorgen
schnell und restlos abzuwerfen
und den Reichtum zu genießen.
Das Standbild hatte einen Arm
sich auf seinen Bauch gelegt;
der andere war ausgestreckt,
worüber viele sich sehr freuten,
denn dadurch zeigte,dieses Bild
mit der Hand auf einen Berg,
der in der Nähe vor ihm lag,
ja, es wies mit seinem Finger
ganz genau in diese Richtung.
Drum wühlten Kluge und auch Dumme
auf ihrer Suche nach dem Schatz
den ganzen Berg von Grund auf um.
Wie ich sagte, war ein Finger
des Bildes auf den Berg gerichtet,
der andere zeigte auf den Bauch,
wo der Schatz tatsächlich war;
doch das wurde nicht beachtet.
Sie gingen nur dem Finger nach,
der sie auf den Berg verwies,
in dem sie immer wieder gruben,
denn sie hofften, daß sie dort
auf den Schatz noch stoßen würden;
doch das Suchen blieb vergeblich.
Eines Tags sprach ein Betrunkener:
»Wie lange soll uns dieses Bild
immerfort zum besten halten?
Weil es so viele Leute täuschte,
werde ich es hart bestrafen.«

Einen Knüppel nahm er sich
und – betrunken, wie er war –
schlug er dem Bild den Kopf ab,
so daß der Körper und der Kopf
nieder auf den Boden fielen.
Dieses war bei Nacht geschehen,
so sah man erst am nächsten Tage,
daß sehr viel Gold im Körper steckte.
Das soll uns eine Lehre sein.
Wer zu Reichtum kommen soll,
dem muß zugeteilt er werden,
er sei ein Pfaffe oder Laie,
so wie dem Betrunkenen hier,
der das Bild darum zerbrach,
weil es die allermeisten täuschte,
der nicht wußte, daß das Gold
ihm gehörte, bis er's forttrug,
und so ganz unerwartet schnell
ein reicher Mann geworden war.
Möge es doch oft geschehen,
daß recht viele von uns allen
so mit dem Glück beschenkt werden!
Gott im Himmel, gib uns auch
solch einen freudenreichen Schatz!

Friedrich Heinrich von der Hagen (1780–1856)

Wie Virgilius die Schwarzkunst erlernte*

Wenige Jahre hatte Remus regiert, als er starb, und sein Sohn, auch Remus genannt, ward Kaiser, und regierte nach ihm. Er war ein starker Mann seines Leibes, weise von Rath, und sehr reich an Gut.

Dieser Remus hatte einen Ritter aus Campanien und Verwandten von seiner Mutter Seite, der sehr schön war und geschickt in den Waffen. Derselbe verheirathete sich in Rom mit der Tochter eines

Senators, vom höchsten Range in Rom. Er war dem jungen Kaiser sehr aufsätzig und that ihm viel Schaden.

Er hatte mit seinem Weibe einen Sohn, der mit großer Mühe geboren wurde, und er mußte viel bei ihm wachen: Deßhalb ward derselbe Virgilius geheißen.

Als Virgilius geboren wurde, da bebte die Erde zu Rom. Er ward klug und verständig und wurde auch fleißig zur Schule gehalten.

Bald darauf starb sein Vater. Seine Mutter wollte nach ihres Mannes Tode nicht wieder heirathen, weil sie ihren Herrn und Mann sehr lieb hatte. Dennoch wollten ihre eigenen Verwandten ihr die Einkünfte, Schlösser und Erben entreißen, welche sie um Rom besaß, und sie beklagte sich oft bei dem Kaiser, der ihres Mannes Verwandter war. Der Kaiser aber war ein hartherziger Mann, der bei seinen Mannen und Unterthanen nicht beliebt war: und so ward ihre Klage nicht gehört.

Kurz darauf starb der Kaiser, und sein Bruder Perseus ward Kaiser an seiner Stelle und unterwarf sich alle Römer, so daß er sehr mächtig war.

Virgilius aber war auf der hohen Schule zu Toledo, wo er fleißig studierte, und besaß einen großen Verstand.

Eines Tages hatten die Schüler Urlaub, draußen auf dem Felde spazieren zu gehen, nach der alten Sitte. Virgilius war auch dabei, aber er wandelte allein in den Bergen umher. Da fand er in einem Berge eine große Höhle; er ging hinein, und so weit, daß er kein Licht mehr sah; er ging aber noch weiter, bis er an ein Licht kam, das von oben hineinfiel. Da hörte er eine Stimme, die rief: »Virgilius, Virgilius!« Er sah sich um, bemerkte aber niemand. Darauf sagte Virgilius: »Wer ruft mir?« Da hörte er abermals eine Stimme, welche zu ihm sagte: »Virgilius! siehst du nicht das kleine Siegel, mit dem Zeichen Tau bezeichnet?« Virgilius antwortete: »Ja.« Die Stimme fuhr fort: »nimm das Siegel weg und laß mich hinaus.« Virgilius fragte: »Wer bist du?« Da ward ihm geantwortet: »Ich bin ein Teufel, von einem Juden an diesen Ort gebannt, bis zum Tage des Gerichts, es sey denn, daß ich von Menschenhänden befreit werde. Drum bitte ich, laß mich hinuas, ich will dir auch viele Bücher weisen, daraus du die Schwarzkunst erlernen, und alles wissen und thun kannst, was du begehrst: So kannst du deinen Freunden helfen und sie bereichern, und deinen Feinden schaden nach deinem Gefallen.«

Durch diese großen Verheißungen ward Virgilius gereizt, doch wollte er sich zuvor sicher stellen, und der Teufel zeigte ihm an, wo er die Bücher fand und in seine Gewalt bekam. Als er so gesichert war, ging er hin und that das Siegel auf der einen Seite zurück, und darunter war ein kleines Loch, durch welches der Teufel hinausschlüpfte, gleich einem Aale. Und als er heraus war, stand er neben Virgilius als ein großer Mann, so daß Virgilius sehr verwundert war, wie ein so großer Mann durch ein so kleines Loch kommen konnte.

Da sagte Virgilius: »Könntest du wohl wieder durch das kleine Loch kriechen, nun du so groß bist?« »Ja wohl«, antwortete der Teufel. »Ich wette mein bestes Besitzthum, daß du das nicht vermagst«, sprach Virgilius.

»Wohl«, sagte der Teufel, »ich bin's zufrieden.« Und er schlüpfte wieder durch das Loch hinein. Als er aber drinnen war, that Virgilius das Siegel wieder über das Loch, so daß der Teufel betrogen war und nicht wieder heraus konnte, sondern darin verschlossen blieb. Da fing er an zu schreien: »Virgilius, Virgilius! was hast du gethan?« Virgilius antwortete: »Du mußt drinnen bleiben bis zum bestimmten Tage.« Und seitdem ward Virgilius sehr gewaltig in der schwarzen Kunst.

A. d. H. (1787)

Warum aus dem Poeten Vergil der Zauberer Virgilius wurde*

Es bleibt also blos noch übrig den Ursprung und die erste Ursache dieses Verdachts aufzusuchen, und dieser ist nirgends anders als in den mathematischen Kenntnissen Virgils zu suchen, und dies bestätigen Makrobius, Donatus, Lacerda und alle übrigen Schriftsteller, indem sie behaupten, daß, ohnerachtet Virgil ein großer Philosoph und Arzt gewesen, seine größte Wissenschaft, nach der Poesie, in der Kenntniß der Astronomie und der übrigen mathematischen Wissenschaften bestanden habe. Da nun eben diese Wissenschaften von jeher mehr als andere dem Verdacht der Magie unterworfen waren, so wurden manche schwache Köpfe in dieser Meinung noch durch seine Pharmaceuterie und achte Ekloge bestätigt, worinn er alles was zur Magie gehört deutlich auseinander setzt. Man verfiel daher auf die Vermuthung, daß er sie auch ausgeübt habe, weil man zu unwissend war, um einzusehen, daß er alles dies wörtlich aus dem Theokrit entlehnt hatte, oder man konnte aus Blödsinnigkeit nicht begreifen, wie sehr ein guter Kopf sich dergleichen Dinge zu Nutze machen kann. Diese Oden können dem Virgil also eben so wenig schaden als die Zaubereyen der Circe dem Homer, die der Medea dem Seneca, der Canidia dem Horaz, Erichtons dem Lukan, des Tiresias dem Statius, der Thessalierinnen dem Lucian und Apulejus, der alten Zauberin dem Heliodor, der Angelika dem Ariost und endlich die der Armida dem Tasso.

Aus diesem Kapitel kann man also den Schluß auf alle übrigen berühmten Männer machen, deren Vertheidigung in diesem Werk enthalten ist, und alle Fabeln, Vermuthungen und alberne Mährchen derjenigen, welche wider die gesunde Vernunft streiten und sie der Zauberey beschuldigen, um ihren eigenen Blödsinn und Aberglauben mit berühmten Männern zu beschönigen, verschwinden vor dem reinem Licht der Aufklärung und des richtigen Denkens.

Willibald Alexis (1798–1871)

Ich bin der Neapolitanische Zauberer Virgilius*

Wer bist du eigentlich? »Ich bin Virgil!« »Was! Virgil, der alte Virgilius Maro, der Verfasser der Georgica, der Bucolica?«

Er nickte schmerzlich. »Der classische Dichter der Aeneis?«

Er fing laut an zu schluchzen, er wollte sprechen, die Stimme versagte ihm. Er wischte sich das Gesicht mit dem Ellenbogen, endlich brach es heraus: »Ach das ist es ja eben, ich, der classische Virigilius, ich, den die Schuljungen auswendig lernen, ich bin nicht mehr ich, ich bin –«

»Was?«

»Ein mittelalterlicher Popanz, ein feudalistisches Gespenst, eine Figur im Volksmunde, der Held von Volksbüchern, gedruckt in diesem Jahr, eine Vogelscheuche der Balladenpoesie, ich bin nicht mehr Virgilius Maro, ich bin der Neapolitanische Zauberer Virgilius.«

Nun war's mir klar. Wer hatte auch in Italien an diesen Spuk gedacht! Der Zauberer Virgil hat alles gemacht, was in Neapel merkwürdig ist, die Molen, die Castelle, die Grotte des Pausilipp, ich glaube sogar, er hat am Vesuv mitgearbeitet, nur den Policinell hat er nicht gemacht und die Constitution auch nicht, beide sind von späterem Datum, und bei allem hat ihm, wie sich das von selbst versteht, der Teufel geholfen.

Daß der Zauberer und der Dichter Virgil eine Person seien, wie war es möglich?

Thornton Wilder (1897–1975)

Die Beschwörung des Virgil

Merkur ist nicht bloß der Bote der Götter; er ist auch der Geleiter der Toten. Wenn seine Kräfte nur im geringsten mir zugefallen waren, mußte ich imstande sein, Geister heraufzubeschwören. Vielleicht vermochte Virgil mir meine Stimmung zu deuten. Und meine beiden Handflächen erhebend, sagte ich mit leiser Stimme (nicht laut genug, daß sie die offenen Deckfenster hinter mir erreichte):

»Fürst der Dichter, Virgil, einer deiner Gäste und der geringste der Barbaren ruft dich!«

Für einen Augenblick vermeinte ich, den Schimmer eines Gewands zu sehn und den Abglanz des Sternenlichts auf der glatten Seite eines Lorbeerblatts. Ich nützte die Gelegenheit:

»*O anima cortese mantovana,* größter aller Römer, aus der Ewigkeit jener Vorhölle, in die der Florentiner, vielleicht zu Unrecht, dich versetzte, gewähre mir ein Krümchen Zeit!«

Nun stand der Schatten wahrhaftig in der Luft vor mir, genau über der Reling. Die Sterne glitzerten, und das Wasser glitzerte; und der große Schatten, von Funken umrissen, glitzerte heftig.

Simon Magus

Der Erzketzer und samritanische Zauberer

Aufstieg und Fall des Simon Magus
(nach einem Stich des 15. Jh.)

Man möcht auch hiebey zweiffelen / warumb die Zauberer zu vnserer zeit / nit eben dergleichen frembde Verblendungen vnnd Wunderbare händel inns Werck bringen können / wie Simon der Zauberer.
Jean Bodin (1529/30–1596)

Schließlich aber fällt er in eine so hochmütige Sprache und wird in seiner Tyrannei so unerträglich, daß ich fürchten muß, daß er mich für einen Narren hält. Er nennt mir Simon Magus, den Schwarzkünstler.
August Johan Strindberg (1849–1912)

Simon ist im Westen der Prototyp des bösen Zauberers geworden.
Kurt Seligmann (1900–1961)

Leah Levine (1961)*

Simon Magus, Simon der Magier, Simon von Samarien (15 v. Chr.–53/65 n. Chr.)

»Die große Kraft Gottes ist in mir.«

Nicht viel ist wirklich bekannt und nachweisbar, was Simon Magus angeht. Was man heute weiß, stammt aus christlichen Quellen, besonders aus der Apostelgeschichte.

Aus Getthon stammend sei er der Sohn eines jüdischen Zauberers Antonius und dessen Weib Rahel gewesen und habe später bei einem arabischen Mystagogen Dositheus, einem Anhänger Johannes des Täufers, gelernt. Mit der Zeit machte er seinem Lehrer die Position streitig und übernahm die Führung, Er verehelichte sich mit der einzigen Frau, die bei Dositheus lernte und gründete mit ihr die Sekte der Simonier. Helena, die er selbst »Sophia«, die fleischgewordene Weisheit, nannte, war eine ehemalige Prostituierte aus Thyrus und begleitete ihn fortan auf seinen Reisen.

Man schrieb Simon Magus die »Apophasis megalo« (große Verkündigung) zu. Seine Lehre verehrte den Geschlechtsakt, das männliche und weibliche Prinzip stamme von ein und derselben Wurzel ab und müsse verbunden werden, um seine volle Kraft zu entfalten. Im Akt der Vereinigung sei man von allen Sünden befreit. Helena war für ihn und seine Anhänger die sogenannte göttliche Teilinstanz, der »erste Gedanke«, der in die niederen Regionen aus dem Himmel herab gestiegen war und Engel und Mächte erschaffen hatte. Die Engel wandten sich aber gegen ihren Schöpfer und verdammten ihn dazu, in weiblicher Gestalt in immer niedereren Leben zu inkarnieren. Dies sollte fortgehen, bis er erlöst würde. Gott, in der Gestalt von Simon Magus, war diese Rettung und jetzt, so wurde verkündet, könne das Paar wieder in die höheren Regionen des Himmels aufsteigen. Die, die an sie glaubten, würden der gleichen Erlösung teilhaftig werden.

Später ließ Simon sich vom Diakon Philippus taufen und trat mit seinen Anhängern zum Christentum über. Es wird von Studienreisen nach Alexandria berichtet, wo er sein Wissen über Magie und Medizin vervollständigt haben soll. Immer wieder wird von seinen Streitgesprächen mit dem Apostel Petrus in Kaisareia um das Jahr 40 n. Chr. berichtet, in denen er die dualistische Lehre vom »Inneren Licht« erörterte und gegen einen bösen, ungerechten Gott wetterte, der die Welt als ein Gefängnis erschaffen habe, aus dem nur er als »Oberste Kraft Gottes« sich befreien könnte. Petrus hielt dagegen, er betrachtete die Welt als Schöpfung eines guten Gottes, und es gelang ihm mit Zitaten des Herrn, Simon als falschen Propheten zu entlarven.

Simons Charakter ließ niemanden kalt – entweder man folgte ihm, seine Anhänger sahen in ihm ja die Personifizierung der großen Kraft Gottes, oder man hielt ihn für einen verwerflichen Schwarzmagier. Wo immer er auftrat, soll er ekstatische Wirkungen hervorgerufen haben. Als er einmal sah, wie die Apostel durch Handauflegen die Kraft des Heiligen Geistes übertrugen, bat er Petrus, dieses Geheimnis doch gegen ein angemessenes Entgelt mit ihm zu teilen. Petrus, der den Brauch, für Wissen zu bezahlen nicht kannte, war entrüstet: Solches Wissen sei nicht für Geld erhältlich. Für Simon war dies die Grundlage für seine späteren Verleumdungen und die Wurzel des Begriffs »Simonie«, mit dem fortan das Kaufen von kirchlichen/geistlichen Ämtern und Würden bezeichnet wurde.

Neben philosophischen Exkursen praktizierte Simon gezielt magische Wundertaten, da mit der Vorführung von Mirakeln die Menschen am schnellsten von den eigenen Fähigkeiten zu überzeugen waren. Es heißt, er hätte Statuen zum Sprechen gebracht, Tiere verwandelt, Felsen und Berge durchdrungen und sei über das Feuer und Wasser gelaufen.

In den so genannten *Pseudo-Clementinischen Schriften* wird Simon als Gegenspieler des heiligen Petrus betrachtet und seine Magie wird als Dämonenzauber abgewertet. Man wirft ihm vor, er habe sogar einige Knaben getötet, um Zauber zu wirken; Simon selbst behauptete, er habe einen Knaben durch konzentriertes Pneuma erschaffen und zum Diener gemacht. Wie immer liegt die Wahrheit im Auge des Betrachters. Und schon immer fiel es den kirchlichen Machthabern leicht, die Taten ihrer Gegenspieler als Häresie und Teufelswerk zu brandmarken. Der Autor der *Recognitionen* betrachtet Simon Magus als begnadeten Rhetoriker, der Logik, Dialektik und die magischen Künste beherrschte. Im Mittelalter machte man ihn dagegen für allerlei schwarzmagische Zauberbücher und Dämonologien verantwortlich; so behauptet beispielsweise Trithemius in seiner »Antipalus«, Simon sei der Autor des »Liber Simoni Mago«.

Später begab sich Simon nach Rom und wurde dort zu einem wertgeschätzten Berater des Kaisers Nero, den er mit immer neuen Gestaltannahmen überrascht und so von seinen Fähigkeiten überzeugt haben soll. Petrus reiste in Begleitung von Paulus ebenfalls nach Rom und forderte Simon heraus. Es folgte ein Wettstreit der magischen Künste, bei dem Simon immer wieder unterlag. Schließlich erstieg er das Kapitol und verkündete, er würde nun gen Himmel fahren. Als Simon sich, mit Hilfe von Dämonen, zum Flug erhob, soll Petrus diese dunklen Geister durch Gebete entmachtet und so Simon zum Absturz gebracht haben. Der Mann zerschellte am Boden. Nero war erzürnt über den Verlust seines Ratgebers, und es heißt, er habe Petrus und Paulus einkerkern lassen. Andere Quellen sprechen sogar von einer verfügten Hinrichtung wegen Mordes an Simon Magus.

Geoffrey Chaucer (um 1340–1400)

Das ist greuliche Simonie*

Jener andere Handel, welchen Menschen mit Betrug, Hinterlist, Täuschung, Lügen, falschen Eiden treiben, ist durchaus verflucht und verdammt. Geistlicher Handel ist eigentliche Simonie, das heißt: der dringende Wunsch, geistliche Dinge zu kaufen, nämlich solche, welche zum Heiligthume Gottes gehören und zur Pflege der Seele dienen. Selbst wenn dieser Wunsch nicht zur That wird, so ist er dennoch, wenn man eifrig strebt, ihn zur Ausführung zu bringen, Todsünde. Simonie wird dies aber nach Simon Magus genannt, der für zeitliches Gut die Gabe kaufen wollte, welche Gott durch seinen heiligen Geist St. Peter und den Aposteln verliehen hatte, und deßhalb versteht, daß sowohl die, welche geistliche Dinge verkaufen, als auch Diejenigen, welche sie kaufen, Simonisten genannt werden, mag es nun geschehen durch Hingabe von Gut, durch Vermittlung oder durch fleischliches Beten seiner Freunde, fleischlicher oder geistlicher Freunde; fleischlicher Freunde nämlich in zwiefacher Art, wie durch Verwandtschaft oder sonst Freundschaft; denn wahrlich, wenn sie für den beten, der dessen nicht würdig und bei dem es nicht zulässig ist, so ist es Simonie, sofern er daraus Vortheil zieht; doch wenn es zulässig und er würdig dazu ist, so ist es keine. Die andere Art ist, wenn Mann oder Frau für Leute beten, um sie in ihrer bösen fleischlichen Neigung, die sie zu andern hegen, zu unterstützen; und das ist greuliche Simonie.

Jean Bodin (1529/30–1596)

Von Simoni Mago*

Gleichwol laß ich auch zu / das sich bißweile begibt / daß ein Zauberer durch Teufelische Geschwindigkeit vnd Verblendung ein ding anderst scheinen macht / dann es an jhm selber ist. Innmassen inn des Sancti Clementis History wol zusehen / da Simon der Zauberer sein vnkunst so wunderlich gespielt / dz alle des Faustiniani Freund jhn nicht mochten erkennen. Darnach sagt er zu dem Keyser Nero / er solt jhm den Kopff Abhawen lassen / da solt man erfahren / daß er den dritten Tag ufferstehen wuerde. Welchs Nero / wie es ihn bedauchte / that: Vnnd vber drey tag kam der Gekäpfft Zauberer wider Dessen sich Nero sehr entsetzet / vnnd ließ jhm zu Rom eine Seul vnnd Bildnuß auffrichten / vnd daran Schreiben: *Simoni Mago.* Von der zeit ahn hat Nero Angefangen Gäntzlich sich auff die Zauberey zulegen. Aber inn dem nun gedachten Zauberspiel / hat Simon Magus des Neronis vnnd aller vmbstehenden Augen dermassen verzaubert vnnd verblendt / daß sie an statt des Simons einen Hammel geköpfft haben.

Odilo Schreger (1697–1774)

Erster Ketzer

Dieser war Simon Magus, ein Heyde und Zauberer zu Rom. Er ließ sich taufen, und weil er sah, daß die heiligen Apostel allerhand Wunder thaten, so meynte er, er wollte ihnen solche Kraft um ein Geld abkaufen, bekam aber vom heiligen Apostel Petrus den Fluch dafür. Darauf wurde Simon wieder ein Heyde und Zauberer. Er leugnete die Auferstehung der Todten, und ließ zu, die geistlichen Sachen zu kaufen; ja, er sagte von sich selbst, er sey die Kraft Gottes, und herrsche über alle Engel; deßwegen ihn der Kaiser Nero sehr hoch schätzte. Einsmals versprach er dem Nero, er wolle ihm lebhaft vorstellen, wie Ikarus in der Luft herum geflogen sey; als ihn nun der Teufel schon ziemlich hoch hinauf geführet hatte, fiel der heilige Petrus, der dabey war, auf die Kniee, und bethete Christum an: da stürzte Simon, dieser Erzzauberer vor des Kaisers Füßen herunter, und brach das Genick, im Jahre Christi 65. Von diesem Simon kömmt her die Simonie; und werden noch heute alle Diejenigen, welche etwas Geistliches kaufen oder verkaufen, *Simoniaci* oder Simonisten genannt.

Der vielförmige Hintzelmann (1704)

Der fliegende, aber zu Schaden gemachte Zauberer

Simon der Samaritaner (wie Anbrosius in Hexamerone und Pabst Clemens in *Itineario* bezeugen) hat über viel andere Wunderzeichen / die er durch seine Schwartzkünstlerey ausgerichtet / und wider den heiligen Apostel Petrum / nicht anders als vorzeiten *Jannes* und *Mambres* wider Moysen / indem er eins über das ander erscheinen ließ / widersetig gemacht / auch offe zuwege gebracht / daß er auf dem Teufel in Lüfften einen weiten Weg daher gefahren / nicht anders als wenn er fliegen könnte / also daß sich iedermann zum höchsten drüber verwunderte. Aber der H. Petrus hat ihm durch sein gläubig Gebeth zu Gott / seine Kunst dermaßen gebrochen /

und zu schandengemacht / daß er aus der Höhe herab auf die Erde gefallen / und elendiglich um sein Leben kommen ist. Er hat die Römer durch solche seine Zauberey und Schwartz-Kunst des Teufels gar weidlich bezaubert / also daß er von dem mehrern Theil daselbst für einen GOTT ist gehalten / und ihm zu ewigen Gedächtniß zwischen zweyen Brücken / unter dem Käyser Claudis zu Rom ein Bildniß ist aufgerichtet worden / mit dieser Überschrift: *Simoni Sancto Deo,* das ist / Simoni dem H. Gott zu Ehren. Er gab für und rühmete sich / er hätte eines jungen / unschuldigen und mit Gewalt erwürgtem Kindleins Seele / mit seltzamer und unaussprechlicher Bezauberung herauf bracht / dadurch er alles / was er begehrte / zuwege bringen könnte. Aber er log: Denn es war ein Teufel / damit er aber für einen heiligen Mann und großen Propheten geachtet würde / gab er für / es wäre die Seele des unschuldigen entleibten Kindleins.

Johann Heinrich Zedler (1706–1751)

Himmelfahrt und Tod des Simon Magus*

Seine Zauberkunst machte ihn bey Nero sehr beliebt, als welcher sich an den Blendwercken der schwartzen Kunst sehr ergötzte. Daher paßirte er bey ihm vor einen Gott, bis daß sein Tod entdeckte, daß er einer von den ärgsten Bösewichtern gewesen. Er gab gegen diesem Kayser vor, daß er an einem gewissen Tage gen Himel fahren wollte, welches verursachte, daß eine grosse Menge Volcks zusamen kam, um solches zu sehen. Da geschahe es nun, daß er sich würcklich durch der bösen Geister Hülfe in die Luft schwang; allein er fiel wiederum herab, zerbrach seine Beine und starb. Dieses soll im Jahr 66 oder 67 geschehen seyn, wofern anders die Erzehlung des Augustinus und Sulpitius Severus ihre Richtigkeit hat.«

Johann Jakob Herzog (1805–1882) / Albert Hauck (1845–1918)

Simon Magus zaubert einen Homunculus*

(aus den Pseudo-Clementinischen Homilien 3. Jh.)

Er (Simon Magus) trennte durch Mord und unaussprechlichen Beschwörungen eines Knaben Seele vom Leib als Helfer für die von ihm beabsichtigten Geistererscheinungen, zeichnete das Bild des Knaben ab und stellte es in seinem Schlafgemach auf, indem er erzählte, daß er ihn einst durch göttliche Verwandlungen aus Luft gestaltet habe und, nachdem er die Gestalt abgezeichnet, habe er ihn der Luft wiedergegeben (zurückverwandelt in Luft). Er erklärt aber, daß er solches folgendermaßen bewirkte: Zuerst, sagte er, habe das Menschenpneuma (Atem, Seelenstoff) in warme Natur sich gewandelt, die umgebende Luft wie ein Schröpfkopf angezogen und aufgesogen, danach, als drinne die Gestalt des Pneuma entstanden sei, habe er sie in Wasser verwandelt; da dieses durch den Zusammenhang mit dem Pneuma auszufließen gehindert war, habe er die darin befindliche Luft in Blut verwandelt, wie er sagte; das geronnene Blut habe das Fleisch gebildet. Als das Fleisch fest geworden war, habe er einen nicht aus Erde, sondern aus Luft geschaffenen Menschen vorgewiesen. Und so habe er gezeigt, daß er einen neuen Menschen bilden könne, und erzählt, daß er ihn der Luft wiedergegeben, indem er die Verwandlungen wieder aufgelöst habe.

Apollonius von Thyana

Der Wundertäter Balinus

Jean Jacques Boissard (1533–1598):
Idealbild des Apollonius von Thyana

Als Apollonius Thyanæus für dem Keyser Severo der Zäuberey überweiset
wurd / und ins Gefängnüß solte geworffen werden / ist er in Gegenwart
deß Keysers und anderer vom Teuffel aus Rom gen Puteolis
in Campanien geführet und desselbigen Tages alldort gesehen worden.
Matthäus Hammer (1600–1665)

Apollonius als er durch ein Dorff in Ethiopien reisete /
hat er einen Satyrum, so den Weibern sehr nach gesetzet / durch einen
Trunck Wein entschläffet / gebunden / und daß er hinfüro
dem Lande keinen Schaden mehr zufügete.
Johannes Praetorius (1630–1680)

Trotzdem waren Apollonius und Julian zwei große und seltsame Figuren
und ihre Geschichte ist eine Epoche in den Annalen der Magie.
Eliphas Levi (1810–1875)

*Leah Levine (*1961)*

Apollonius von Thyana

(ca. 40 n. Chr.–ca. 120 n. Chr. oder 4 v. Chr. – ca. 100 n. Chr.)

»Der Geist ist der Träger von allen Dingen –
aber er ist nicht in ihnen eingeschlossen.«

Die Quelle, aus der man schöpfen muß, wenn man etwas über Apollonius erfahren will, ist ein Text, den der Sophist Flavius Philostratos verfaßt hat. Spannend wie ein Roman schildert er darin den Lebenslauf des in Thyana geborenen und weit gereisten Philosophen. Da sich Philostratos dabei auf ein »Tagebuch des Damis«, einem Begleiter und Schüler des Apollonius auf seinen Reisen, beruft, muß man vorsichtig mit dem Wahrheitsgehalt seiner Aufzeichnungen sein, denn dieses Tagebuch soll entweder fiktiv oder gefälscht sein. Apollonius streifte durch Italien, Spanien, Äthiopien, Babylon, Arabien, Griechenland und Indien. Er predigte und vollbrachte Wunder, und wenn man seine Lebensgeschichte mit den Überlieferungen von Jesus Christus vergleicht, finden sich auffallend viele Parallelen.

Schon früh sprach sich Apollonius gegen jede Form von Blut- und Tieropfer aus, die zu seiner Zeit weit verbreitet waren, er lebte asketisch und vegetarisch. Für ihn erklärte sich die Welt durch ein höchstes, unkörperliches Wesen, das nicht vom Verstand begriffen werden konnte. Er schloß sich damit den Lehren Pythagoras' an, dessen Vorstellungen der Dinge sich ebenfalls durch ein unkörperliches Prinzip erklären ließen. Die Pythagoreer fanden den Schlüssel dazu in den Zahlen.

Seine ersten spirituellen Erfahrungen machte Apollonius im Tempel des Asklepios, wo er als »Schläfer« Trancezustände erfuhr, in denen er als Medium Gottes fungiert und Menschen Rat und Heilung vermitteln konnte. Sein Erfolg zog große Kreise und die Menschen verehrten ihn. Als er einmal plötzlich eine Vision erlebte, bei der er die Tötung des römischen Kaisers »erblickte«, war das nur der Anfang von immer genaueren Weissagungen. In Babylon lernte er mehr über diese Technik und die Mantik. Sein Name, den er zu Ehren des Gottes Apollos, des Gottes der Wahrsage- und Heilkunst trug, war ein Führer auf seinem Weg. Sein ewiges Suchen nach Antworten auf Sinnfragen und den Wunsch, die Welt zu verstehen, trieben ihn immer weiter, zu lernen. Er suchte den Schlüssel des Hermes und es hieß, er habe die *Tabula smaragdina* – Smaragd-Tafel – tatsächlich gefunden und verstanden. Geist und Körper waren Eins, eine Einheit, die im Gegensatz zur Lehre des Christentums und der Anhänger Platons stand.

Im Jahre 94, so heißt es, hatte sich Apollonius in Rom wegen Hochverrats gegen den Kaiser zu verantworten. Er sei völlig furchtlos gewesen, und als man ihn strafen wollte, sei seine Gestalt immer lichter und ätherischer geworden und habe sich schließlich ganz aufgelöst. Offenbar hatte er nur ein Abbild seiner selbst geschickt. Nach diesem Vorfall soll er zurück nach Ephesus gegangen sein und dort bis zu seinem Tode, der ebenso mysteriös wie seine Geburt beschrieben wird, gewirkt haben. Als sein Tag kam, soll er tänzelnd in das Heiligtum der Athene geschritten sein und Augenzeugen behaupteten, eine Feuersäule habe sich gen Himmel erhoben. Nach seinem Tode wurde ihm von seinen Anhängern ein Tempel errichtet, in dem sein Geist für immer Tyana beschützen sollte.

Von Apollonius ist nichts Schriftliches erhalten geblieben. Die meisten Briefe gelten als gefälscht, lediglich eine verlorene Biographie des Pythagoras und eine echte Schrift »Über die Opfer« sollen als Fragment die Zeit überdauert haben.

Im arabischsprachigen Raum haben Autoren im Mittelalter darüber berichtet, daß ein »Herr der Talismane« segensreiche Standbilder errichtet habe, die Städte vor Unheil und Krankheit bewahrt hätten. Unter dem Namen Balinus sei von Apollonius die Rede gewesen, einem Meister der Alchemie und Kundigen des geheime Wissens.

Apollonius ist immer wieder mit Christus verglichen worden, gilt aber als Gegenkraft, der zuweilen sogar höhere Verehrung erfahren haben soll. Zeit seines Lebens soll er Kranke durch Handauflegen geheilt, Dämonen vertrieben und sogar Tote zum Leben erweckt haben.

Sebastian Brant (1457/1458–1521)

Womit Apollonius seine Kunst vermehrte*

Wie Apollonius durchfuhr die Land',
Wo ihm Gelehrte waren bekannt
Und suchte sie auf und stellt ihnen nach,
Daß er würd' weiser jeden Tag,
Und überall fand, was ihn belehrte,
Womit er seine Kunst vermehrte. –

Jean Bodin (1529/30–1596)

Der Apollonius Thyaneus*

Wir lesen auch inn dem mehrmals angezogenen Griechischen Authore Philostrato / daß der Apollonius Thyaneus / welche etliche Heydnische Philosophi beinach gar zu einem Hyligen gemacht / inn wenig Stunden auß Morenland bey dem Vrsprung des fürnembsten Egyptischen Flusses biß gehn Rom sey vertragen worden: welchs nach gerader Liny gerechenet / nicht weniger dann zwo tausent / vnn Fünffhundert Meilen machet. Zu weilen ward er auch von Rom gehn Corinth / vnn etwan von Smyrna gehn Ephesum verketscht oder vbergetragen.

Peter Lauremberg (1585–1639)

Apollonius Thyanæus, ein alter berühmter Zauberer

Philostratus, ein berühmter Grichischer Scribent / hat des *Apollonii* (welcher ein Pythagorischer *Philosophus* gewesen / und zu *Epheso* gelehret) Leben beschrieben. Da er unter andern auch gedencket / daß zu der Zeit kein erfahrner / benahmter Schwartzkünstler gewesen / als eben gedachter *Apollonius*. Er *(Apollonius)* hatte zwo Tonnen oder Weinfässer verfertiget: Das eine für den Regen / das andere für den Wind und schön Wetter. Wann nun die Landschafft Indien mit grosser Truckne oder Dürre beschweret ward / da that *Apollonius* sein Gefäß auf / ließ heraus kommen Wolcken und Regen / dadurch das gantze Land befeuchtet ward: Hingegen wanns allzuviel regnete / machte *Apollonius* das andere Faß auf / und ließ die Winde heraus / welche den Regen vertrieben / und schön hell Wetter machten. Über das / wann er mit andern irrdischen Weisen (die man Brachmanes nennete) über Tafel saß / so befahl er nur mit einem Wort den Bäncken / Dreyfüssen / Bechern und andern Geschirren / daß sie musten aufwarten / einschencken / gehen / wohin man es haben wolte: Welches dann alles auch alsbald geschehen. Wann *Apollonius* an einem Ort spatzierte / da Bäume stunden / und grüssete die Bäume / so machte er / daß die Bäume auf der Städte ihre Gipffel und Zweige beugeten / und ihm mit lauter Stimme auf Griechisch antworteten / und danckten. Wie der *Apollonius* einmal wegen seiner Zauberey beym Käyser *Domitiano* angeklaget / und allda fürm Käyser fürgestellet ward / nachdem die Anklage geschehen / und man erwartete / *Apollonius* solte sich verantworten / da ist *Apollonius* verschwunden / und hat ihn kein Mensch mehr gesehen / sondern also fort zu Epheso bey seinen Schülern sich finden lassen: Allda kurtz hernach / als er auf der Cathedra stunde / und seine Lection hielte / hat er schleunig still geschwiegen / und ist im Geist verzucket worden / so bald laut zu schreyen angefangen: Recht / recht! *Stephane,* fahre immer fort / schlage auf den Verfolger den Schelm: O wohl *Stephane,* du hast es recht gemacht / siehe da lieget er / und ist schon todt. Im selbigen Augenblick ist *Domitianus* erstochen: Der Teuffel ist heut nicht erst ausgelassen. Er hat schon vorlängst seine schwartze Kunst unter den Menschen Kindern gebrauchet. Dafür hüte dich O Christliches Gottsfurchtiges Hertz.

Merlin(us)
Schöpfer der Tafelrunde und Meister aller Zauberer

Howard Pyle (1853–1911):
Der Zauberer Merlin

»Wir wollen auch auslassen den Englischen Cantzler / Merlin / welchen / weil er ein gewaltiger Hexenmeister gewest / man gleichfalls / für eine Teufels-Brut / ausgegeben: und unterschiedlich andre mehr.«
Erasmus Francisci (1627–1694)

Tieferes hat die mittelalterliche Sagenwelt nicht hervorgebracht als die Sage von Merlin und seiner, des Zauberers, Verzauberung durch ein Weib!«
Hermann Hesse (1877–1962)

*Bertram Kircher (*1941)*

Merlin(us), der Schöpfer der Tafelrunde

Der Geburt Merlins ist geheimnisvoll und dunkel. Alten Legenden zufolge entstammte er der Verbindung des Teufels mit einer keuschen Jungfrau. Mit viel Geschick entgeht er als Knabe allen Anschlägen auf sein Leben und verhilft schließlich Uther Pendragon zum Thron. Durch Zauber und Magie gewinnt er für den König die glücklich verheiratete Herzogin von Tintajol, und aus dieser durchaus fragwürdigen Beziehung geht Artus hervor, der von Merlin heimlich aufgezogen wird. Als König Uther Pendragon im Sterben liegt, tritt Merlin vor allen Edlen des Landes zu ihm und läßt ihn seinen Sohn Artus als neuen König anerkennen. Nachdem dies geschehen ist, stirbt Uther und wird, der Sage nach, neben seinem Bruder Aurelius Ambrosius im Steinheiligtum von Stonehenge begraben. Dann läßt Merlin ein großes Schwert schmieden, auf dem geschrieben steht: »Wer dieses Schwert aus dem Stein herauszieht, ist König von England«, fügte es mit seinen Zauberkräften in einen Steinblock ein und forderte alle Lords des Landes zur Steinprobe auf. Nur dem jungen Artus gelang es, das Schwert aus dem Stein herauszuziehen, und so ward er König.

Darauf folgten viele Jahre, die mit Kriegen und Schlachten und der Festigung des Reiches ausgefüllt waren.

Eines Tages erschien Merlin wieder und forderte Artus auf, die Waffen niederzulegen und seine Ritter nach Verdienst zu entlohnen. Mit Hilfe von Merlin berief König Artus daher seine edelsten Recken und gründete die Tafelrunde. Dann verabschiedete sich Merlin und reiste zu Meister Blaise nach Northumberland, der den Hergang der Schlachten Wort für Wort niederschrieb, so wie Merlin sie erzählte. Die Geschichte der Tafelrunde und aller Sagen von König Artus und seinen Rittern ist eng verknüpft mit dem weiteren Lebensweg des Magiers Merlin und in vielen Büchern erzählt. Schließlich aber geschah es, daß sich Merlin, der inzwischen alt gewordene Magier, in die junge Niniane vom See verliebte. Der verführerischen Niniane gelang es, dem verliebten Merlin die Geheimnisse seiner Zauberkunst zu entlocken und ihn für immer in eine Weißdornhecke zu verwandeln, in der er bis zum Ende seiner Tage gefangen blieb. Und so hatte sich die Prophezeiung, daß er, Merlin, einmal eines schändlichen Todes sterben würde, erfüllt. Ritter und andere Reisende, die am Weißdorngrab des Magiers Merlin im Wald von Broceliande vorbeikamen, hörten noch lange die Stimme des alten Zauberers, der sein bitteres Los beklagte.

Robert Wace (1157–1174)

Tanz der Steine*

Der König ritt nach Ambresbury, um am Grab jener zu beten, die von Hengist auf so gemeine Weise nahe der Abtei erschlagen worden waren. Er rief zusammen eine große Zahl von Steinmetzen, Zimmerleuten und erfahrenen Handwerkern, denn er hatte sich vorgenommen, den Toten ein Denkmal aus Stein errichten zu lassen, das dauern würde bis ans Weltende. Darüber sprach der König mit einem gewissen klugen Mann, Tremonius, Erzbischof von Caerleon, den bat er, nach Merlin zu schicken, denn es gab keinen erfahreneren Experten nach dessen Dafürhalten. Zu dieser Zeit wohnte Merlin nahe der Quelle von Labenes. Diese Quelle entspringt an einem verborgenen Ort, tief in Wales, aber ich weiß nicht, wo, denn ich bin nie selbst dagewesen.

Merlin kam auf der Stelle zum König, und dieser hieß ihn freudig willkommen und erwies ihm alle Ehren. Er verwöhnte ihn und bestürmte ihn, ihm etwas über den Lauf der Dinge, die noch kommen werden, zu verraten, denn Neugier kitzelte ihn im Ohr.

»Sire«, erwiderte Merlin, »das werde ich nicht tun. Ich wage es nicht, von solch furchtbaren Dingen zu sprechen. Sollte Gier oder Unbedachtsamkeit mir die Zunge lösen, sollte die Eitelkeit mich zu dergleichen verführen, dann möge der Geist, mit dem ich vertrauten Umgang habe, mich nicht länger inspirieren und mir den Atem nehmen. Mein Wissen würde sich von mir trennen, und die Worte, die ich spreche, würden nicht mehr Gewicht haben als die bei törichtem Geschwätz. Laßt die Zukunft sich um sich selbst sorgen. Halten wir uns lieber an das, was heute wichtig ist. Wenn Ihr wirklich etwas Bleibendes schaffen wollt, etwas, von dem die Menschen bis ans Ende aller Zeiten reden werden, dann laßt den Steinkreis, den ein Riese gesetzt hat, von Irland hierher schaffen. Dieser Riese hat hart arbeiten müssen. Es sind viele Steine, und so gewaltig und schwer sind sie, daß starke Männer, Männer unserer Tage, auch nicht den kleinsten davon aufheben können.« Der König lachte laut.

»Aber Merlin«, sagte er, »wenn die Steine so schwer zu bewegen sind, wie du sagst, wie sollen sie dann meine Arbeiter hierher schaffen? Gibt es denn nicht in meinem Reich große Steine genug?«

»König«, erwiderte Merlin, »habt Ihr nie sagen hören, daß Verstand und Wissen mehr bewirken können als Stärke? Mit Überlegung und einer entsprechenden Planung bringt man viele Dinge zu einem guten Ende, die man sonst nicht einmal wagte, zu beginnen! Muskeln sind gut, aber denken zu können, ist besser. Wir werden Geräte bauen, um diese Steine zu bewegen, und mit Hilfe dieser Geräte werden wir sie an uns bringen. König, diese Steine sind von Afrika herbeigeschafft worden. Dort wurden sie ursprünglich behauen. Der Riese, der sie nach Irland schaffte, machte einen Steintanz aus ihnen, mit dem er sehr zufrieden sein konnte. Sehr nützlich sind diese Steine, besonders für Kranke. Die Ärzte in diesem Land haben die Angewohnheit, diese Steine mit sauberem Wasser zu übergießen. Das Wasser erhitzen sie dann zu einem Bad und setzen jene hinein, die eine Wunde haben oder an einer Krankheit leiden. Sie waschen sich in diesem Wasser und sind geheilt. Wie schwer die Wunde auch sein mag, wie ernst die Krankheit, sie genesen, und eine andere Medizin brauchen sie nicht.«

Als der König und seine Briten von der Heilkraft dieser Steine hörten, wünschten sie sehr, sie zu besitzen. Aber keiner wagte es, das Abenteuer auf sich zu nehmen und allein jene Steine zu holen, von denen Merlin so Wunderbares berichtet hatte.

Sie stachen in See mit fünfzehntausend Mann, um die Iren mit Krieg zu überziehen und ihnen die Steine fortzunehmen.

Uther wurde auf seinen eigenen Wunsch hin zum Anführer bestimmt. Merlin aber zog mit dem Heer, um sich um die Gerätschaften zu kümmern, mit denen der Transport vonstatten gehen sollte. Also fuhren Uther und seine Männer hinüber nach Irland auf eine Queste.

Als der König von Irland, der Guillomer hieß, davon Nachricht bekam, daß Fremde in sein Land eingefallen seien, versammelte er seinen Haushalt und die Iren um sich und drohte stolz, die Fremden wieder aus dem Reich zu jagen. Nachdem die Iren erfahren hatten, weswegen die Briten gekommen waren, verspotteten sie sie mit Worten und Liedern. Denn töricht schien es ihnen, die Mühen einer Seereise und eines Feldzugs auf sich zu nehmen, nur um ein paar nackte Steine zu holen.

»Nicht einen Stein sollen sie haben«, sagten sie, »nicht einen Stein werden sie mit nach Haus nehmen.«

Nicht schwer fällt es, verächtliche Gedanken über einen Gegner zu hegen. Ein anderes aber ist es, ihn mit eigenen Händen zu besiegen. Die Iren spotteten und drohten und suchten die Fremden, bis sie sie fanden. Dann stießen die Heere aufeinander. Die Iren waren friedliebende Leute, wenig erfahren im Gefecht. So blieben die Briten Sieger. Der König von Irland floh von dem Schlachtfeld. Er reiste von Ort zu Ort, und nirgends konnte er lange verharren, sonst hätten ihn die Briten gefangen genommen. Nachdem die Briten nun ihre Rüstungen abgelegt und sich von der Schlacht ausgeruht hatten, brachte Merlin seine Kameraden in ein Gebirge, wo jener Steinkreis stand. Die hohe Stelle wurde Hilomar (Kildare) genannt von einem Volk, das verschwunden war. Die Briten starrten die Steine an. Sie gingen um sie herum. Und einer sagte zum anderen, ein solches Bauwerk habe er noch nie zu Gesicht bekommen. Sie wunderten sich, wie man solche Steine aufeinander legen und sie über's Meer schaffen könne.

»Kameraden«, sagte Merlin, »Ihr seid starke Kämpfer. Versucht nun Eure Stärke. Versucht, die Steine zu bewegen.« Wieder gingen die jungen Männer um die riesigen Steine herum. Sie besahen sie von hinten und von der Seite. Sie stemmten sich dagegen oder zerrten und stießen, aber die Steine waren nicht zu bewegen.

»Nur immer feste«, rief Merlin, »Ihr brüstet Euch doch sonst bei jeder Gelegenheit mit Eurer Stärke. Aber wenn Ihr eingesehen habt, daß Muskelkraft hier zuschanden wird, dann seht her, was man mit Geschicklichkeit und Wissen ausrichten kann.«

Nachdem er diese Worte gesagt hatte, schwieg Merlin still und trat in den Steinkreis. Er ging um die Steine herum. Er bewegte die Lippen, wie die Männer beim Gebet, aber ich weiß nicht, ob er tatsächlich betete. Endlich winkte er die Briten heran. »Tretet nur näher«, rief er, »jetzt wird es Euch ein Leichtes sein, diese Steine aufzuheben und sie auf die Schiffe zu schaffen.« Nach dieser Aufforderung taten sie, wie Merlin ihnen geheißen. Sie nahmen die Steine, schafften sie zu den Schiffen und verstauten sie dort. Danach hißten Matrosen die Segel, und als sie sicher die Heimat erreicht hatten, schleppten sie die Steine nach Ambresbury und setzten sie auf einen Hügel in der Nähe der Begräbnisstätte. Der König ritt nach Ambresbury und feierte dort das Pfingstfest. Bischöfe, Äbte und Barone hatte er geladen. Eine große Menge Volks, hoch und niedrig, kam zusammen, und bei dem schönen Fest trug der König seine Krone. Drei Tage feierten sie und waren lustig.

Am vierten Tag ernannte der König zwei neue kirchliche Würdenträger. Der Heilige Dubricius wurde Bischof von Caerleon, und Vork gab er an den Heiligen Sampson. Beide Prälaten waren ihrem Priesteramt treu ergeben und führten ein makelloses Leben. Unterdessen hatte Merlin die Steine in der rechten Ordnung aufgestellt. Dieser Steinkreis heißt bei den Briten in ihrer Sprache »Tanz der Steine«, aber im Englischen trägt er den Namen »Stonehenge«.

Miguel de Cervantes Saavedra (1547–1616)

Ich bin Merlin*

Ich bin Merlin, von welchem die Geschichten
Behaupten, Satan wäre sein Erzeuger;
Dies ist ein Mährchen zwar, doch findet's Glauben!

Ich bin der König aller Zaubereien,
Bin das Archiv von Zoroasters Wissen
Und kämpfe gegen die Jahrhunderte,
Die sich bemüh'n, die Thaten zu verhüllen,
Vollbracht von fahrenden, erhab'nen Rittern,
Zu denen stets ich große Liebe hege.

Und ob auch das Gemüth der andern Zaub'rer
Und in der schwarzen Kunst Erfahrenen
Hart sei und grausam, rauh und unerbittlich,
Ist doch das meine weich und sanft und zärtlich
Und liebt es, gute Thaten auszuführen.
Als eben ich im finstern Höllenreiche
Mich damit unterhielt, daß ich geheime
Figuren bildete und wicht'ge Zeichen,

Johannes Praetorius (1630–1680)

Merlinus, der berühmte Englische Wahrsager*

Im übrigen gehöret hieher *Jacobus Merlinus,* der berühmte Englische Wahrsager / welcher von einem *Incubo* und einer Adelichen Frauen in Engelland soll gebohren seyn: Drauff er / so bald er zur Welt gekommen / soll angefangen haben zu hüpffen und springen / von einem Orte in den andern / als wenn er närrisch were.

Er ist endlich ein Cantzler geworden / weil er trefflich studirt gehabt / ohne daß er keiner Religion zugethan gewesen. Mercke was *Zeilerus* saget / in der Traur-Geschichte / von dem berühmten Wahrsager *Merlinō* in Britannien: daß solche seine Wunder-Geburt *allegorisch* / und mit einem Zusatze zu verstehen sey.

Dorothea Schlegel (1763–1839)

Merlins Vezauberung*

Eines Tages gingen sie Hand in Hand im Wald von Broceliande lustwandelnd. Als sie sich etwas ermüdet fühlte, setzten sie sich unter einer großen Weißdornhecke, die eben süß duftend blühte, ins hohe kühle Gras nieder, scherzten und ergötzten sich mit süßen Liebesworten und Werken. Merlin legte dann seinen Kopf in den Schoß seiner Freundin, und sie streichelte seine Wangen und spielte mit seinen Locken, bis er einschlief. Als sie gewiß war, daß er schlafe, stand sie leise auf, nahm ihren langen Schleier, umgab damit die Weißdornhecke, unter welcher Merlin schlief, und vollendete die Bezauberung, ganz so, wie er solche sie gelehrt; neunmal ging sie um den geschlossenen Kreis und neunmal wiederholte sie die Zauberworte, bis er unauflöslich war; dann ging sie wieder hinein, setzte sich leise wieder auf den vorigen Platz und legte Merlins Kopf sich wieder in den Schoß.

Als er aufwachte und umherschaute, dünkte ihm, er wäre in einen entsetzlich hohen festen Turm eingeschlossen und läge auf einem herrlichen kostbaren Bett; da rief er: »O mein Fräulein, Ihr habt mich hintergangen, wenn Ihr jetzt mich verlaßt und nicht immer bei mir bleibt, denn niemand als Ihr kann mich aus diesem Turme ziehen.« – »Mein Süßer Freund«, sagte Nynianne, »beruhige Dich; ich werde oft in Deinen Armen sein!« Dieses Versprechen hielt sie ihm treulich, denn wenige Tage oder Nächte vergingen, wo sie nicht bei ihm war. Merlin konnte nie wieder von dem Ort, an den er von Nynianne gezaubert war; sie aber ging und kam nach Wohlgefallen. Sie hätte nachmals ihm gern die Freiheit wiedergegeben, denn es dauerte sie, ihn in solcher Gefangenschaft zu sehen; aber der Zauber war zu stark, und es stand nicht mehr in ihrer Macht, worüber sie sich in Traurigkeit verzehrte.

Ralph Waldo Emerson (1803–1882)

Merlins Lied

Vom weisen Merlin lernte ich ein Lied,
ob man es laut ob leise singt,
ist es doch mächtiger als die Starken
und bestraft die Hochmütigen.
Ich singe es vor der wogenden Menge,
die Guten wird es beruhigen und erfreuen,
die Schlechten wie in Ketten fangen –
im Herzen der Musik klingt eine Weise,
die nur die Engel vernehmen,
ob es Freude oder Zorn hervorruft,
darauf lauschen Unzählige vergebens,
doch jene, die es hören, werfen ihr Alter ab
und werden wieder jung.
Hört, was Britanniens Merlin gesungen …

Mark Twain (1835–1910)

Merlins Geschichte*

Während ich den Jungen ansah, erblickte ich eine Wolke von tiefer Verzagtheit, die sein Gesicht überschattete. Ich folgte seinem Blick und sah einen sehr alten weißbärtigen Mann, der in ein fließendes schwarzes Gewand gehüllt war. Er hatte sich erhoben und stand mit unsicheren Beinen am Tisch, sein greises Haupt schwankte leicht, und er musterte die Gesellschaft mit wäßrigen umherschweifenden Augen. Der gleiche leidende Ausdruck, den ich im Gesicht des Pagen gesehen hatte, wurde nun in allen Gesichtern sichtbar – der Ausdruck dumpfer Kreaturen, die wissen, daß sie etwas ohne Klagelaut erdulden müssen.

»Herrje, wir müssen es uns schon wieder anhören«, seufzte der Junge. »Die gleiche alte Geschichte, die er uns schon tausendmal in den gleichen Worten erzählt hat und die er uns bis zu seinem Tode immer wieder erzählen wird, sobald er seinen Becher gefüllt hat und seine Übertreibungsmühle wieder arbeitet. Wollte Gott, ich wäre gestorben, um diesen Tag nicht erleben zu müssen!«

»Wer ist das?«

»Merlin, der gewaltige Lügner und Magier, möge er für die Langeweile, die er mit seiner einzigen Geschichte hervorruft, in der Hölle schmoren! Aber die Menschen fürchten ihn, weil er Sturm und Blitz und alle Teufel der Hölle mit einem Wink herbeirufen kann. Sonst hätten sie seine Eingeweide schon vor Jahren herausgerissen, um dort an diese Geschichte zu gelangen und sie zu zermalmen. Er erzählt sie immer in der dritten Person, um uns glauben zu machen, daß er zu bescheiden ist, sich selbst zu verherrlichen. Verwünschungen über ihn, möge er ewiges Pech haben. Guter Freund, ich bitte Euch, weckt mich zum Abendgottesdienst.«

Der Junge schmiegte sich an meine Schulter und gab vor, einzuschlafen. Der alte Mann begann mit seiner Geschichte, und augenblicklich war der Junge wirklich eingeschlafen. Gleich ihm schliefen alle Hunde, der ganze Hof, die Lakaien und die Reihen von bewaffneten Männern. Die dröhnende Stimme hallte durch den Saal, ein sanftes Schnarchen erhob sich von allen Seiten und untermalte sie wie eine gedämpfte Begleitung von Blasinstrumenten. Einige Köpfe ruhten in gekreuzten Armen, andere waren mit offenen Mündern, aus denen unbewußte Musik hervorströmte, zurückgelegt. Die Mücken summten und stachen zu, die Ratten strömten ungehindert aus Hunderten von Löchern und trippelten umher, sie fühlten sich ganz wie zu Hause. Eine von ihnen setzte sich wie ein Eichhörnchen auf den Kopf des Königs und hielt ein Stück Käse in den Pfoten, an dem sie knabberte. Krümel fielen in naiver Respektlosigkeit in das Gesicht des Königs. Es war eine friedliche Szene, so beruhigend für das müde Auge und den erschöpften Geist.

Hier ist die Geschichte des Mannes. Er sagte:

»Und so brachen der König und Merlin auf und ritten, bis sie zu einem Einsiedler kamen, der ein guter Mann und in der Heilkunst mit Egeln sehr bewandert war. So behandelte der Einsiedler die Wunden Arthurs und gab ihm gute Salben. Der König weilte hier drei Tage lang, und als sich alle seine Wunden so weit gebessert hatten, daß er reiten konnte, zogen sie weiter. Während sie ritten, sagte Arthur, daß er kein Schwert habe. »Das ist nicht schlimm«, sprach Merlin, »hier in der Nähe befindet sich ein Schwert, das Euch gehören soll.« So ritten sie dahin, bis sie zu einem See kamen, einem großen, klaren Gewässer. In der Mitte des Sees erblickte Arthur einen Arm, der, mit weißem Samt bekleidet, ein schönes Schwert hielt. »Schaut!«, sagte Merlin, »dort ist das Schwert, von dem ich sprach.« Da sahen sie eine Jungfer, die über den See schritt. »Wer ist diese Jungfer?« fragte Arthur. »Das ist die Dame vom See«, sagte Merlin, »und tief im See befindet sich ein Fels, und dort gibt es einen Ort, schöner als alles auf der Erde und gut bewacht. Die Jungfer wird nun zu Euch kommen, sprecht artig zu ihr, und sie wird Euch das Schwert geben.« Da kam die Jungfer zu Arthur und grüßte ihn, und er grüßte sie wieder. »Jungfer«, sagte Arthur, »was für ein Schwert ist das, das dort drüben von einem Arm über Wasser gehalten wird? Ich wollte, es wäre meins, denn ich besitze kein Schwert.« »Herr Arthur, König«, antwortete die Jungfer, »dieses Schwert gehört mir. Wenn Ihr mir eine Gunst erweist, sobald ich Euch darum bitte, sollt Ihr es bekommen.« »Bei meinem Glauben«, sagte Arthur, »ich werde Euch jede Gunst erweisen, um die Ihr mich bittet.« »Nun«, sagte die Jungfer, »geht zur Barke dort drüben, rudert zum Schwert hinüber und nehmt Schwert und Scheide an Euch. Ich werde um meine Gunst bitten, wenn ich die Zeit für gekommen halte.«

Herr Arthur und Merlin stiegen ab, banden die Pferde an zwei Bäumen fest und stiegen in das Boot. Als sie das Schwert erreichten, das von der Hand gehalten wurde, packte Herr Arthur den Griff und nahm es an sich. Der Arm und die Hand tauchten unter Wasser, sie kehrten an Land zurück und ritten weiter. Da erblickte Herr Arthur einen kostbaren Pavillon. »Was bedeutet dieser Pavillon?« »Es ist der Pavillon jenes Ritters«, antwortete Merlin, »mit dem Ihr kürzlich gekämpft habt. Aber er befindet sich nicht darin. Er hatte einen Kampf mit einem Eurer Ritter, dem edlen Egglame. Sie kämpften miteinander, doch schließlich floh Egglame, denn sonst wäre er gestorben. Pellinore hat ihn bis nach Carlion bejagt, und wir werden ihn dort auf dem Weg treffen.« »Das ist schön gesagt«, erwiderte Arthur, »nun besitze ich ein Schwert und werde ihn herausfordern und mich dadurch rächen können.« »Herr, das werdet Ihr nicht tun«, sagte Merlin, »denn der Ritter ist vom Kampf und der Verfolgung erschöpft, so daß es Euch nicht zur Ehre gereichen würde, mit ihm zu fechten. Zudem gibt es kaum einen lebenden Ritter, der es mit ihm aufnehmen könnte. Daher ist es mein Rat, daß Ihr ihn vorbeiziehen laßt, denn er wird Euch in Kürze große Dienste erweisen und seine Söhne ebenfalls. Auch wird bald der Tag kommen, an dem Ihr ihm mit Freuden Eure Schwester zur Frau gebt.« »Wenn ich ihn sehe, werde ich tun, was Ihr mir geraten habt«, sagte Arthur. Dann betrachtete er sein Schwert, und es gefiel ihm gar sehr. »Was gefällt Euch besser«, fragte Merlin, »das Schwert oder die Scheide?« »Mir gefällt das Schwert besser«, sagte Arthur. »Ihr seid höchst unklug«, sagte Merlin, »denn die Scheide ist zehnmal mehr wert als das Schwert. Denn wenn Ihr die Scheide bei Euch tragt, werdet Ihr kein Blut verlieren, egal wie schwer Ihr verwundet seid. Daher tragt die Scheide stets bei Euch.« So ritten sie nach Carlion und trafen unterwegs Herrn Pellinore. Doch Merlin hatte einen Zauber gewirkt, damit Pellinore Arthur nicht sehen konnte und wortlos vorüberritt. »Ich frage mich«, sagte Arthur, »warum der Ritter nicht zu uns sprach.« »Herr«, sagte Merlin, »er sah Euch nicht. Denn hätte er Euch gesehen, wäre er nicht vorbeigeritten.« So erreichten sie Carlion, worüber die Ritter hoch erfreut waren. Als sie von den Abenteuern hörten, waren sie sehr erstaunt, daß er sich selbst in solche Gefahr begeben hatte. Aber die meisten priesen ihn und sagten, daß sie glücklich seien, unter einem Anführer zu dienen, der sich selbst der Gefahr aussetzte wie ein jeder Ritter.«

Mir schien es, als wäre diese wunderliche Lüge höchst einfach und wundervoll erzählt worden, doch hatte ich sie auch nur ein einziges Mal gehört, und das war schon ein Unterschied. Es hatte den anderen beim ersten Mal zweifellos ebenfalls gefallen.

Herr Dinadan, der Komiker, erwachte als erster und weckte die anderen mit einem Schabernack von armseliger Qualität. Er band einige Metalltöpfe an einem Hundeschwanz fest und ließ ihn laufen. Der Hund raste voller Panik und Angst durch den Saal, alle anderen Hunde liefen bellend hintendrein. Dabei stießen sie alles um, was ihnen in den Weg kam und veranstalteten Chaos und Verwirrung, einen ohrenbetäubenden Tumult. Die Männer und Frauen dieser Runde lachten darüber, bis ihnen die Tränen kamen, einige fielen von ihren Stühlen und wälzten sich verzückt auf dem Boden. Sie waren wie Kinder. Herr Dinadan war so stolz auf seine Heldentat, daß er sich nicht zurückhalten konnte und immer wieder, bis zur Erschöpfung erzählte, wie ihm diese unsterbliche Idee gekommen war. Und wie es sich mit Spaßvögeln seiner Art verhält, lachte er immer noch, als alle anderen längst aufgehört hatten. Er war so begeistert, daß er sich entschloß, eine Rede zu halten – natürlich eine komische Rede. Ich glaube, ich habe nie zuvor so viele abgenutzte Witze hintereinander gehört. Er war schlimmer als ein Spielmann, schlimmer als die Clowns im Zirkus. Es kam mir seltsam traurig vor, daß ich hier, dreizehnhundert Jahre vor meiner Geburt, saß und den gleichen lausigen, platten, mottenzerfressenen Witzen zuhörte, die mir bereits dreizehnhundert Jahre später, als ich ein Junge war, Bauchschmerzen verursacht hatten. Das überzeugte mich endgültig, daß es keine neuen Witze geben kann. Jedermann lachte über diese Antiquitäten – aber das tun sie immer, das hatte ich auch einige Jahrhunderte später festgestellt.

Albertus Magnus

(d. i. Albrecht Graf von Bollstädt)

Doctor Universalis und Großmeister aller Magie

Albertus Magnus (anonymer Kupferstich)

Albert liegt hier, hochberühmt auf dem Erdkreis,
beredt wie niemand, in der Wissenschaft ein sicherer Streiter,
größer als Platon, kaum geringer als Salomon.
Inschrift auf dem Grab Albertus'

Der du zu meiner Rechten mir ganz nahe bist:
Mein Bruder und mein Meister, Albert von Köln.
Dante Alighieri (1265–1321)

Dieser frömmste aller Heiligen hat sich in der magia naturalis,
der natürlichen Magie, wohl ausgekannt, sie jedoch niemals aktiv ausgeübt. –
Denn nicht das Wissen, sondern das Tun dessen, was böse ist, ist verwerflich.
Johannes Trithemius (1462–1615)

*Leah Levine (*1961)*

Albertus Magnus
(1193–1280)

»Ich habe dies nachgeprüft.«

Albrecht, Graf von Bollstädt, wurde in Lauingen geboren. Er gilt als der größte Gelehrte des Mittelalters und trug den Ehrentitel des »Doctor universalis«, der sich mit Philosophie, Naturforschung und Theologie befaßte. Er studierte in Padua Medizin und wurde dort 1223 Dominikaner. Er lehrte in den Konventen in Köln, Hildesheim, Freiburg, Regensburg und Straßburg. Später ging er an die Sorbonne in Paris und machte seinen Doktor der Theologie. 1260 wurde er zum Bischof von Regensburg ernannt, gab dieses Amt aber schon zwei Jahre später wieder auf.

Albertus war ein Mann, der den Dingen auf den Grund ging. Nichts akzeptierte er ungeprüft, und so gilt es als sicher, daß er sich auch mit den magischen Künsten praktisch auseinandergesetzt hat und in dieser Zeit sein Werk »Buch der Geheimnisse« bearbeitete. Seine Motive waren nicht eigennützig, sondern dienten ausschließlich der Bildung und dem Sammeln von Erkenntnissen. Er unterschied zwischen der dämonischen Magie, die er kategorisch ablehnte und der magia naturalis, die sich u. a. mit der Wirkung von Edelsteinen und Pflanzen befaßte. Die Astrologie, die zu jener Zeit recht hohes Ansehen genoß, erklärte die Prägung wirksamer Energien, etwa in den Edelsteinen und Metallen. Natürliche oder künstlich verzierte Steine galten als besonders wirkungsvoll und stark. Als Talismane fanden sie Verwendung in der Schutzmagie. Auch die Alchemie hatte es Albertus angetan, obwohl sie ihm als schwierig erschien. Auch wenn nicht jeder Alchemist das Gold fand, welches er suchte, so fand doch mancher Wertvolles, nach dem er gar nicht gesucht hatte. So auch Albertus. Er war der erste, der Kaliumkarbonat (Pottasche) herstellte. Seine Texte über die Verbindung von Zinnober, Bleiweiß und Mennige sind erhalten geblieben, ein ganzes Buch widmete er der Alchemie (»Über die Alchemie«). Später hieß es, er habe den »Stein der Weisen« gefunden, ihn aber einzig für Wetterzauber eingesetzt. Seine Forschungen, besonders über die Zusammenhänge der Natur waren grenzenlos, sein Wissen über die Wirkung und Konstruktion von Treibhäusern ermöglichte es, mitten im Winter seine Gäste mit blühenden Blumen zu verblüffen, was in dieser Epoche schnell als Teufelswerk gelten konnte. Zeit seines Lebens hat Albertus versucht, die antiken Philosophien des Aristoteles mit der christlichen Theologie in Einklang zu bringen, die endgültige Synthese gelang aber erst Thomas von Aquin, einem Schüler von Abertus. Viele seiner Schriften künden von diesem Bemühen: »Theologiae Veritatis«, die »Opera Omnia« ruft mit ihren 21 Bänden noch immer Verwunderung hervor, da Albertus durch seine häufigen Reisen, die er zu Fuß unternahm, kaum Zeit zum Schreiben hatte.

Albertus Magnus wird nachgesagt, er habe einen sprechenden Roboter unter astrologischen Gesichtspunkten erschaffen, der mit Hilfe von Zaubersprüchen Weissagungen von sich gab. Dieser Automat in menschlicher Form läßt Vergleiche zu den Legenden um den Golem wach werden. Thomas von Aquin soll von dieser Erfindung nicht begeistert gewesen sein, er hielt sie für Teufelswerk, und das ständige Gerede soll ihn ebenfalls so verärgert haben, daß er den Automaten schließlich zerschlug.

1622 wurde Albertus Magnus selig und 1932 heilig gesprochen, und es ist auffällig, daß in keinem Text, der zu diesem Anlaß über ihn verfaßt wurde, sein Interesse an den magischen Künsten Erwähnung findet. Seit 1941 gilt er, dank Papst Pius XII, als Patron der Naturwissenschaftler.

Albertus Magnus (1193–1280)

Über die Alchemie

Die Alchemie verfährt also, daß sie einen gewissen Körper zersetzt, ihn aus seiner Gattung herausnimmt und mit dem wesentlichsten seiner Bestandteile einen Körper anderer Gattung bedeckt. Daher ist dasjenige alchemistische Verfahren das beste, welches von eben denselben Mitteln ausgeht wie die Natur selbst. Nämlich von der Reinigung des Schwefels durch Kochung und Sublimation, von Reinigung des Merkurius und guter Vermischung beider mit einer metallischen Grundlage. Denn jene beiden decken jede Art von Metall. Diejenigen aber, welche mit Weiß weißfärben und mit Gelb gelb färben wollen, während die Gattung des gefärbten Metalles dieselbe bleibt, sind ohne Zweifel Betrüger und machen nicht wahres Gold noch Silber. Und doch schlagen fast alle diesen Weg ganz oder zum Teil ein. Ich habe alchemistisches Gold und Silber, welche mir gebracht wurden, der Prüfung unterworfen. Sechs oder sieben Feuer halten sie aus. Wenn man ihnen aber noch öfter mit der Glut zusetzt, wird ihr Körper zerstört oder verbrannt.

Aus dem Silber entsteht leichter Gold als aus einem anderen Metall. Denn an ihm braucht man nur Farbe und Gewicht abzuändern, und das geschieht ohne Mühe.

Augustin Lercheimer (1522–1603)

Der hochgelehrte, weitberhümbte Albertus von Laugingen*

Der hochgelehrte, weitberhümbte Albertus von Laugingen, der von wegen seines verstands und geschicklichkeit, der Grosse genannt ist worden, ließ jm nicht genügen an den trefflichen gaben damit er von GOTT gezieret war: hat sich auch mit diesem teuffelsdreck besudelt, Zauberey getrieben, im zum rhum vnd den großen Herrn zum gefallen vnnd zur ergetzung. Nach dem der, nach vbergebung deß Bißthumbs zu Regenspurg, ein Prediger Mönch zu Cöllen war, kam dahin von Ach, von der krönung, Keyser Wilhelm ein Graff zu Holland, mit viel Fürsten vnnd Herrn, denen er ein herrlich Bancket da anrichtete im Winter umb Weihenacht. Da mußte Albertus der kurtzweilige Mönch auch bey seyn. Der machete den Herrn da zu ehren vnd zum lust, daß der Saal grünete vnd blüete mit beumen, kreutern, laub vnd graß: der Guguck, Lerch, Nachtigall sungen, als wanns im Meien were. Daran der Keyser ein solch gefallen gehabt, daß er deß Alberti ordens brüdern zu Vtrecht ein stättlich Landgut schenckete, vnd so hochsträfliche sündeals eine wolthat vnnd tugend belohnete: ohn zweiffel der meinung, daß es kein Sünde were, weil es vom Mönche, von eim so heiligen Vatter, in beyseyn, mit bewilligung vnnd frolocken so viel Geistlicher Prelaten, geschahe.

Gabriel Naudé (1600–1653)

Albertus Magnus und der Stein der Weisen*

Auch nach Rom an den päpstlichen Hof kam Albertus, dann wurde er zum Bischof von Regensburg erhaben. Damals soll er schon den Stein der Weisen besessen und mit dessen Hilfe alle Schulden des Bistums getilgt haben und das in noch nicht drei Jahren. Denn länger gefiel es ihm nicht in dem Regensburger Amt. Er kam bald wieder nach Köln, ward da empfangen mit großen Ehren von jedermann, und blieb dort.

Johann Nikolaus Pfitzer (1634–1674?)

Der Wundergarten des Albertus Magnus*

Da Anno 1260 Kaiser Wilhelmus von seiner Crönung von Aach nach Cölln kame, und daselbst vielen Fürsten und anwesenden Herren ein stattliches Panquet zurichtete, ließ Albertus Magnus auch darbey ein Stuck seiner Zauberkunst sehen, denn er machte und verschaffete, daß der Saal, darinnen das Panquet gehalten wurde, mitten im Winter, und also um die Weihenachten, mit Blumen, annemlichen Kräutern, Laub und Gras grünete: der Guckguck, die Lerch und Nachtigall darunter sich hören liessen, nicht anderst als wenn es im Frühling gewesen wäre. Welches denn dem Käiser so wol gefallen, daß er ihn und seinen Closterbrüdern ein stattliches Landgut verehrete.

Eliphas Levi (1810–1875)

Von Albertus Magnus, dem Großmeister aller Magier

Zur selben Zeit lebte Albertus Magnus, der beim Volk noch als Großmeister aller Magier gilt. Die Chronisten versicherten, er habe den lapis philosophorum besessen und habe nach dreißigjähriger Arbeit das Problem des Menschenautomaten gelöst, d. h. er habe einen künstlichen, lebenden, sprechenden und alle Fragen beantwortenden Menschen mit solcher Genauigkeit und Feinheit hergestellt, daß der hl. Thomas von Aquin ihn aus Ärger, daß er ihn nicht zum Schweigen bringen konnte, mit einem Stockhieb erschlagen habe. So die Volkssage, sehen wir, was sie bedeutet.

Das Geheimnis der Erschaffung des Menschen die rein scholastische, auf den »Kategorien« des Aristoteles und den »Sentenzen« des Petrus Lombardus beruhende Theologie, die Logik des Vernunftschlusses, die statt zu durchdenken Beweise anführt und durch Wortgrübeleien auf alles eine Antwort findet, vollends ersonnen und nach allen Seiten gewappnet. Es war weniger Theologie als ein philosophisches Automatentum, das durch eine Feder antwortet und seine Thesen wie ein Räderwerk abrollt. Es war weniger das menschlich Wahre als der gleichförmige Schrei einer Maschine, das leblose Wort eines Menschenautomaten, verhängnisvolle Präzision der Mechanik an Stelle freier Anwendung vernünftiger Notwendigkeiten. Der hl. Thomas von Aquin zerhieb mit einem Schlag von vornherein dies ganze Gerüst übereinander getürmter Worte und verkündete die ewige Herrschaft der Vernunft durch den schon oft zitierten, erhabenen Ausspruch: »Eine Sache ist nicht recht, weil Gott sie will, sondern Gott will sie, weil sie recht ist.« Die nächste Folge dieses Ausspruchs war: »Eine Sache ist nicht wahr, weil Aristoteles es gesagt hat, sondern Aristoteles kann sie vernünftigerweise nur sagen, wenn sie wahr ist. Sucht also zunächst Wahrheit und Gerechtigkeit, und die Weisheit des Aristoteles wird euch dazu gegeben werden.«

Der von der Scholastik künstlich wiederbelebte Aristoteles war der wahre Menschenautomat des Albertus Magnus, und der Schulmeisterstock des hl. Thomas von Aquin war die Lehre der »Summa theologica«, des Meisterwerkes an Kraft und Vernunft, das man in unseren Theologieschulen noch studieren muß, will man ernstlich zu gesunden und kraftvollen Studien zurückkehren. Unter der Übertragung des Steins der Weisen vom hl. Dominikus auf Albertus Magnus und von diesem auf den hl. Thomas von Aquin kann also nur die philosophische und religiöse Basis jener Zeit verstanden werden. Hätte der hl. Dominikus das große Werk zu vollbringen gewußt, er hätte Rom die Weltherrschaft gekauft, die er für die Kirche so heftig wünschte, er hätte das Feuer, das so viele Ketzer verbrannte zum Erhitzen seiner Schmelztiegel benutzt. Der hl. Thomas von Aquin verwandelte durch seine Berührung alles in Gold, aber nur, wenn man das Gold als Sinnbild der Wahrheit erkennt. Bei dieser Gelegenheit noch einige Worte über die »hermetische Wissenschaft«, die von den ersten christlichen Jahrhunderten an von Ostanes, Romarius, der Königin Cleopatra, den Arabern Geber, Alfarabius und Salmana, Morienus und Aristeus gepflegt wurde. Dieses Wissen kann absolut genommen, die verwirklichende Kabbala oder die Magie der Taten genannt werden. Es bot drei analoge Grade: die »religiöse«, »philosophische« und »physische« Verwirklichung. Die religiöse Verwirklichung ist die dauerhafte Gründung von Herrschaft und Priestertum, die philosophische Verwirklichung ist die Darlegung einer absoluten Lehre und einer hierarchischen Belehrung, die physische Verwirklichung ist die Entdeckung und Anwendung des Schöpfergesetzes im Mikrokosmos oder der kleinen Welt, das unaufhörlich das große Universum bevölkert. Dieses Gesetz ist das der mit der Substanz verbundenen Bewegung, des Festen mit dem Flüchtigen, des Feuchten mit dem Trockenen. Diese Bewegung hat als Ursprung den göttlichen Impuls und als Werkzeug das universale Licht, ätherisch im Unendlichen, astral in Sternen und Planeten, metallisch, spezifisch oder quecksilberhaft in den Metallen, vegetabil in den Pflanzen, vital in den Tieren, magnetisch oder persönlich im Menschen.

Dieses Licht ist die Quinta essentia des Paracelsus, das sich in allen geschaffenen Substanzen im ruhenden und strahlenden Zustand befindet. Diese Quinta essentia ist das wahre Lebenselixier, welches durch Bearbeitung aus der Erde, durch Einverleibung, Läuterung, Erhöhung und Synthese aus den Metallen, durch Destillation und Kochen aus den Pflanzen, durch Abziehen aus den Tieren, durch Zeugung aus dem Menschen, durch Atmung aus der Luft gezogen wird. Das veranlaßte Aristeas zu sagen, man müsse Luft von Luft nehmen, Khunrath, man müsse das lebendige Quecksilber vom vollkommenen durch den Androgyn gebildeten Menschen nehmen, fast alle, man müsse aus den Metallen die metallische Medizin nehmen, und diese Medizin, im Grund für alle Gebiete dieselbe, sei abgestuft und gesondert nach Formen und Arten. Die Anwendung dieser Medizin soll eine dreifache sein: durch Sympathie, Abstoßung oder durch Gleichgewicht. Die abgestufte Quintessenz war nur ein Hilfsmittel der Stärken. Die Medizin jeden Reiches mußte aus dem gleichen Reich unter Hinzufügung des herrschenden erdigen oder metallischen und des lebenden synthetischen Quecksilbers oder des menschlichen Magnetismus genommen werden.

Dies sind kurz und schnell zusammengefaßt die Begriffe der wie die Kabbala weiten und tiefen, wie die Magie geheimnisvollen, wie die exakten Wissenschaften wirklichen, aber durch oft betrogene Lüsternheit falscher Adepten und die Dunkelheit, in die wahre Weise ihre Theorien und Arbeiten hüllten, verschrieenen Wissenschaft.

Ludwig Bechstein (1801–1860)

Vom großen Albert, Bischof und Zauberer

Im Städtchen Lauingen ist der große Albertus geboren, der ein Bischof war und ein Zauberer, das letztere aber vor dem ersten. Er war ein Meister in allen geheimen Künsten und gebot über die Geister. Wandelnde Menschen brachte er durch Kunst hervor und redende Häupter. Mehr als eine schöne Mär geht von ihm in Liedern um, wie er zu Paris jene verbuhlte Königin gestraft und bekehrt, die ihre Liebhaber in den Turm von Nesle lockte und darin verderben ließ, damit keiner ihre Schande ansage, auch wie er die Minne der jungen Königstochter mit Listen gewann. Albertus Magnus konnte den Winter in den Sommer umzaubern, wie er durch sein Gastmahl zu Köln bewies, das er dem König Wilhelm am heiligen Dreikönigstag im Jahr 1248 gab. Damals – vor sechshundert Jahren – es ist schon lange her, gab es noch Tausendkünstler; heutzutage gibt es keine mehr.

Einst hatte Albertus mit einem guten Gesellen Umgang, der schmeichelte ihm sehr und warb eifrig um des Magnus Freundschaft, und da ihm Albertus einen Dienst erwiesen, so verschwur er sich hoch und teuer, wann er zum Glück gelange, dem Meister das nie zu vergessen, schwur es bei einem Becher Wein, den er in der Hand hielt, denn sie tranken gerade miteinander – und da ereignete es sich gleich darauf, daß der dankerfüllte Freund zu großem Glück gelangte, das wuchs und wuchs ihm wunderbar zu Häupten und wurde endlich gar ein König und lebte als solcher schon drei Jahre herrlich und in Freuden und scharrte sehr unköniglich viel Geld und Gut zusammen und war geizig und karg über alle Maßen. Albertus aber war indes in tiefe Armut gefallen und nahete als Bettler dem Könige, dem er einst wohlgetan und erinnerte ihn an dieses Einst und flehte, seine Not zu mildern; der König aber rief: Ei seh Uns einer solchen frechen Lump und Strolch! Viel hätten Wir zu tun, sollten wir Uns jedes Vagabunden und Fechtbruders erinnern, da wollten Wir viel lieber nimmer König sein! – So sei's gewesen! sprach Albertus, und da fiel dem Träumer – denn alle Herrlichkeit war nur ein Wonne- und Weintraum gewesen – der Pokal aus der Hand und zerklirrte, und jener fuhr erschrocken auf und staunte, und Albertus sprach: Fahr hin, Geselle! Deinen Sinn mir zu offenbaren, war ein Traum von drei Minuten lang genug, die doch drei Jahre dir gedünket! Deine Treu hat ihren Lohn dahin.

Hernachmals ist zu Lauingen auf einem Turme des berühmten Eingebornen Albertus Bildnis aufgestellt worden, und sein Andenken lebte dort nicht minder fort von Kind zu Kindeskind wie zu Köln und Regensburg in seinen Schriften von den Tugenden der Tiere, Kräuter und Edelsteine, von den Naturheimlichkeiten und der Frauen Rosengarten, denn er war ein weiser Meister über alle.

Alexander Schöppner (1820–1860)

Des Papstes Urlaub zur Magie

Einst lustwandelte Bruder Albertus mit dem Papst, und sie wollten in einem Schifflein auf der See fahren, nahmen dabei nur wenige Diener mit sich. Nicht lange danach sah der Papst wohl sieben Schiffe mit Kriegsvolk, das war wohlbeharnischt und wohlbewehrt. Der Papst begann zu verzagen, und das mochte er wohl mit Recht, denn sie umringten sein Schiff und kamen näher, ihn zu fangen. Von Sizilien kamen sie, und Manfred (Kaiser Friedrich II. Bastardsohn) hatte sie gesandt, weil der Papst Herrn Friedrich mit seinem Bannfluch belegt hatte; das wollten sie rächen an ihm und hatten alle Tritte des Papstes erspäht. Große Angst befiel den hl. Vater und mit ihm alle, nur den Bruder Albertus nicht. »Ergebt euch!«, riefen die Feinde, »oder ihr seid des Todes.« Der Papst sprach: »Was sollen wir tun, liebe Freunde? Ist keiner unter euch, der uns raten kann, wie wir entkommen mögen?« Bruder Albert sprach: »Herr, ich könnte uns wohl von ihnen befreien, aber es wäre gegen Euer Gebot. Hätte ich Urlaub, hier meine Kunst zu gebrauchen, sie sollten alle fliehen in Furcht und Angst.« Der Papst sprach:«Albertus, tue das; ich gebe dir Urlaub dazu, für uns und für dein ganzes Leben. Tust du nichts Arges damit, dann sprech' ich dich von aller Sünde dabei los.« Das hatte der Papst kaum gesagt, als die andern flohen, wie wenn der Teufel sie gejagt hätte; so großer Schrecken überfiel sie. Sie meinten, die ganze Welt wäre über sie hergefallen. Also wurde der Papst gerettet durch Bruder Albert und kam ohne einigen Schaden nach Rom; Bruder Albert hatte aber dadurch die Erlaubnis gewonnen, frei und sonder Sünde die schwarze Kunst zu üben.

Eduard Stucken (1865–1936)

Wer unterscheidet Wirklichkeit von Träumen?*

Der Abt Albertus lud den Kaiser ein,
Im Klostergarten mit des Reichs Vasallen
Bei einem Prunkgelag sein Gast zu sein.
Doch als der Hofstaat kam, war Schnee gefallen;
Schnee lag auf den gedeckten Tafeln allen,
Schnee lag auf Gras, auf winterkahlen Bäumen.
Ein Traum, ein Zauberwerk erschien es allen –
Wer unterscheidet Wirklichkeit von Träumen?

Das Fest begann, – da ließ es nach zu schnein;
Die Zweige grünten; aus des Klosters Hallen
Trat eine Schar von schönen Mädchen ein,
Und bunt Gevögel sah man niederfallen.
Von Liedern schien der ganze Ort zu hallen,
Es knospten Blumen, Blutschnee auf den Bäumen,
In Rosenbüschen schnalzten Nachtigallen. –
Wer unterscheidet Wirklichkeit von Träumen?

Doch nach dem Mahl gefror im Glas der Wein,
Die Bäume wurden silbrige Korallen …
Der Kaiser staunte bass: Was war hier Schein?
War Neuschnee oder Blütenschnee gefallen?
Was war hier Zauber? War's der Nachtigallen
Locklied? War es Schneereif auf den Bäumen?
Ist kein Verlaß auf Sinne? Sind es Fallen? …
Wer unterscheidet Wirklichkeit von Träumen?

Ein Zauberspiel ist, Prinz, das Erdenwallen;
Maulwürfe sind wir, blind in dunklen Räumen,
Und trinken Zaubertrank aus Kelchkrystallen –
Wer unterscheidet Wirklichkeit von Träumen?

Thomas Mann (1875–1955)

Ich werde die prima materia veredeln*

Ihr werdet mich, Freund Albertus Magnus, in die theoretische Geheimlehre einführen, und gewiß, ich fühle es, ich weiß es im voraus, wie ich es ein wenig schon aus Erfahrung weiß, ich werde keinen ganz blöden Adepten abgeben. Alle Tricks und Zwänge werde ich auffassen und zwar leicht, weil mein Geist ihnen entgegenkommt, der Boden für sie bereitet ist, manche Saat schon in sich hegt. Ich werde die prima materia veredeln, indem ich ihr das magisterium beisetze und mit Geist und Feuer den Stoff durch viele Engen und Retorten zur Läuterung treibe. Herrliches Geschäft! Ich kenne kein spannenderes, heimlicheres, höheres, tieferes, besseres, keines, für das mich zu gewinnen es geringerer Überredung bedürfte.

Raimundus Lullus

Mystiker, Alchimist und »Doctor illuminatus«

Raimundus Lullus (Stich von Jan de Vries)

Wie gut wär Lullus doch zu einem Brillen-Glas!
Er macht das kleine groß; auß nichtes macht er was.
Friedrich von Logau (1604–1655)

Das Volk im Mittelalter hat immer, wenn es irgendwo
große Geistesmacht sah, dergleichen einem Teufelsbündnis zugeschrieben,
und der Albertus Magnus, Raimund Lullus, Theophrastus Paracelsus,
Agrippa von Nettesheim, auch in England der Roger Baco,
galten für Zauberer, Schwarzkünstler, Teufelsbanner.
Heinrich Heine (1797–1856)

Man solle sich hüten vor Lullistische künste,
weil man dadurch viel concepte im kopff krieget,
aber den kopff nur dadurch verwirret.
Dietrich Hermann Kemmerich (1677–1745)

*Leah Levine (*1961)*

Raimundus Lullus

(1232–1316)

»Der Freund sehnte sich nach Einsamkeit.
Um allein zu sein, suchte er die Gesellschaft seines Geliebten.
Mit ihm ist er allein inmitten der Leute.«

Ramon Lull, so der katalanische Name, wurde in Palma de Mallorca als Sohn einer angesehenen Ritter-Familie geboren und diente am Hofe von Jakob I von Aragonien, wo er unter anderem die Aufgabe hatte, den Prinzen zu erziehen. Er führte ein höfisch, weltliches Leben, aber nachdem sein ungestümes, männliches Temperament einen heftigen Dämpfer bekommen hatte, andere sagen, nach einer Christusvision, wendete er sich der Religion und den Wissenschaften zu. Er lernte Latein, die arabische Sprache und studierte Theologie. Er reiste durch Deutschland, Italien, Frankreich, den Orient, Zypern, Palästina und Armenien und trat dem Orden der Minoriten bei. Er unterrichtete an der Sorbonne und nahm am Konzil von Vienne teil, um sich für die Einrichtung von Lehrstühlen für Hebräisch, Arabisch und Chaldäisch stark zu machen. Sein Eifer machte ihn zum Begründer der westeuropäischen Orientalistik. Seine Leidenschaft war die Philosophie, er versuchte, zu erklären, daß sie nicht zwangsläufig von anderen Prinzipien ausging als die Theologie. Ebenso lag es ihm am Herzen, eine Vereinigung von Logik und Metaphysik im Sinne seiner philosophischen Theologie zu konzipieren. »Logik ist die Kunst und die Wissenschaft, mit Hilfe des Verstandes Wahrheit und Lüge zu unterscheiden, Wahrheit zu akzeptieren und die Lüge abzuweisen.« Er entwickelte sogar ein »logische Maschine«, eine aus drehbaren Scheiben bestehende Apparatur, die mit verschiedenen Worten beschriftet waren. Man kann sagen, er hat den Vorläufer des ersten Computers erschaffen. Leibniz, der Begründer der mathematischen Logik, griff diese Maschine in seinen späteren Forschungen wieder auf.

Lullus hielt das Christentum für die einzig wahre und wahrhaftige Religion, und er versuchte zeitlebens dies besonders den Moslems zu vermitteln. Seine Einfühlungsvermögen in die arabische Literatur, Wissenschaft und Lebensart sah er als Voraussetzung für seinen Erfolg, und er tat alles, was in seiner Macht stand. Bei seinen Aufenthalten in Tunis sperrte man ihn einmal dafür ein, bei seinem zweiten Versuch steinigte man ihn. Berichte sagen, er sei schwer verletzt gerettet worden, aber auf der Heimfahrt 1316 nach Mallorca dann seinen Wunden erlegen. Andere Berichte schenken ihm ein längeres Leben respektive verlegen Geburts- und Todesdatum. In ihnen heißt es, er habe nach seiner Rückkehr aus Tunis versucht, die Könige von Frankreich und Spanien davon zu überzeugen, daß es wichtig wäre, Kreuzzüge gegen die Ungläubigen zu senden, um das Christentum zu verbreiten. Doch beide Könige lehnten ab, finanzielle Mittel dafür frei zu machen. Dies war der Zeitpunkt an dem sich Lullus der Alchemie zuwandte. Es gibt zwar ein Werk »Ars Magna et Ultima«, in dem er sich stark gegen die Alchemie ausspricht, aber es gibt glaubwürdige Texte, die über seine Erfolge, etwa seine Entdeckung des Kaliumbikarbonats, berichten. In Italien lernte er Arnoldus de Villanova kennen, einen Mann, der wegen Zauberei und Teufelspartnerschaft aus Spanien und Frankreich vertrieben worden war. Von ihm lernte er viele Details der Alchemie. Als er den Abt John Cremer kennenlernte, ging er mit diesem nach England und wurde dort dem König Eduard vorgestellt, der versprach, den Kreuzzug zu unternehmen, wenn Lullus ihm das aus alchemistischen Experimenten gewonnene Gold zukommen ließe. Lullus vertraute, aber der König brach sein Wort. Er benutzte das Geld, um Krieg gegen Frankreich anzuzetteln. Lullus floh nach Italien, wo er 1333 starb.

Es ist möglich, daß unter dem Namen Raimundus Lullus zwei verschiedene Männer charakterisiert werden. A. E. Waite behauptete, der erste sei ein Kirchenreformer und Missionar gewesen, der den Beinnamen »Doctor Illuminatus« trug. Seine Biographie ist identisch mit dem Beginn des Textes. Der zweite sei ein unabhängiger Alchemist gewesen, der sich durch viele hinterlassene Schriften ausgezeichnet hat. Eliphas Levi soll die beiden in seinen Texten vermischt und dadurch für die Verwirrung gesorgt haben.

Lange Zeit hat die offizielle Kirche die Lehren von Lullus kritisch betrachtet und seine Texte auf den Index gesetzt, 1847 aber hat Papst Pius IX. ihn selig gesprochen.

Raimundus Lullus hat über 280 literarische Schriften in arabischer, katalanischer und lateinischer Sprache hinterlassen. Sein Denken hatte Einfluß auf das gesamte christliche Abendland.

Dominicus Wenz (1699–1755)

Von des Raymundus Lullius begangener Thorheit*

Ein unsinniglich verliebter Edelmann wird auf einmahl dergestalten verändert, daß er forthin an nichts anders gedencken noch von etwas anders reden konnte als allein von der Liebe, welche man Gott in Ansehung seiner unendlichen Güte und Schönheit, die alles übertrift, schuldig ist.

Dieser ware Raymundus Lullius aus der Insul Majorica, so in dem Mittelländischen Meer ligt, und zu dem Königreich Spanien gehört. Er ward an dem Hof seines Königs erzogen, und mit der Zeit einer aus den fürnehmsten Hof-Herren. Niemahlen hat man einen Menschen gesehen, der mehr zur sinnlichen Liebe geneigt war als er. Seine gantze Jugend hatte er in dieser Eitelkeit zugebracht; seine Beschäftigung ware kein andere, als verliebte Reimen dichten, in welchen er seine Liebs Anmuthungen ausdruckte. Endlich fiele er in eine heftige Anmuthung gegen einer gewissen Dame, die er nicht konnte aus dem Sinn schlagen. Was geschieht? Als er einstens zu Pferd gesessen und selbige von weitem auf der Gassen erblickt, da sie eben der Kirchen zugienge, allda ihrer Andacht abzuwarten, sprengte er ihr mit dem Pferd nach, und rennte mit selbigem so gar (O Vermessenheit) bis in die Kirchen hinein ohne eintziges Ansehen des geweyhten Orts, dann er hatte keine Augen, etwas anders als diese Creatur zu sehen, welche sein Hertz gantz eingenommen hatte. Es entstunde aber über diesen ärgerlichen Frevel unter dem anwesenden Volck ein grosses Getümmel, welches den verliebten Narren unter vielen Schmachworten zur Kirchen hinaus jagte, und ihme mit der verdienten Straf drohete. Die gute Dame empfande hierüber ein solches Mißfallen, daß sie sich entschlossen, diese unsinnige Lieb durch einen List zu curieren; weil sie doch durch das Fliehen nichts konnte ausrichten. Demnach berufte sie den verblendeten Liebhaber (mit Vorwissen und Bewilligung ihres Ehe-Herrns) zu sich in ihr Haus. Dieser stellte sich dann bey ihr mit Freuden ein; weilen er es für die gröste Gnad hielte mit dieser seiner Creatur sprechen zu können. Als er aber ihr unter das Gesicht kommen, redete sie ihn mit diesen Worten an: »Mein Herr Raymund, was hat er doch heut für ein ärgerliches Narren-Stuck, ja höchst sträflichen Frevel begangen? Weißt er auch, was er so unsinniglich an mir liebt? Ich will es ihm zeigen. Hiemit eröfnete sie ihre Brust, welche von dem abscheulichen Krebs halb durchfressen war, und aus welcher das stinckende Eiter heraus flosse. Siehet er (sagte sie) was er bishero an mir geliebt hat? Da, da büsse er seinen Lust in Ansehung dieses abscheulichen Geschwärs, ich glaube, er habe allbereit mehr als genug.« Raymundus entsetzte sich über diesen unverhoften Anblick und wendete seine Augen mit Grausen davon ab. Die Dame aber setzte noch hinzu: »Sehe er doch Raymunde, wie sehr er betrogen worden, ist ja zu bedauren, daß er so viel edle Stunden mit fälschlich eingebildeter Schönheit einer Creatur zugebracht, die er doch nicht gefunden; mithin aber sich der göttlichen Liebe beraubet hat, über welche ihm doch nichts hätte seyn sollen? Ich bedaure selbst an seiner statt sein Unglück, und wünsche ihm hinfuhro bessere Gedancken, und einen gesunden Verstand.« Auf diesen zwar ernstlichen, mithin aber wohlgemeynten Verweiß der Dame befande sich Raymundus auf einmahl gantz verändert. Er bedaurte selbsten inniglich seine Blind und Thorheit, in welcher er sich dergestalten verlohren hatte. »O wie schad ist es (sagte er) um die verlohrne Zeit! O hätte ich selbige Gott zu lieben angewendet, was hätte ich jetzt für ein Freud, was für einen Trost, was für einen Gewinn! Ey, so will ich dann das Verlohrne, mit Gottes Gnad wiederum einbringen.« Dieses geredt, nahme er von der Dame höflichen Abschied und bate, sie wolle ihm seine begangene Thorheit verzeyhen, er habe es eben nicht besser verstanden. Auf dieses hin gienge er nach Haus, suchte zusammen, was er in seinem Vermögen hatte und theilte alles unter die Arme aus. Flohe alsdann in ein kleine Einsidlerey, allwo er durch stätes Gebett, Fasten, und Betrachten von Gott also erleuchtet worden, daß, obwohlen er vorher nichts gestudirt hatte, unter die Gelehrtiste konnte gezählet werden. Mithin ware er von der Liebe Jesu also eingenommen, daß er auf offener Gassen sein Lob sunge, und da etliche, so ihne gekennt hatten, als er noch in grossem Ansehen bey Hof gestanden, ihne gefragt, ob er den Verstand verlohren? gabe er ihnen zur Antwort: »Ist es nur dieses, das ihr zu wissen verlangt, so wisset dann, daß mein Geliebter mir meinen Willen genommen, und ich hab ihme meinen Verstand geschenckt, also daß mir nichts mehr übrig geblieben, als die Gedächtnus, damit ich mich seiner erinneren möge. Und mit diesem bin ich zufrieden; verlange auch weiters nichts, als daß ich allein an ihn gedencke, dann er ist der eintzige Gegenwurf meiner Liebe.« Dannenhero, wann man ihne fragte: wem gehörst du zu? da ware die Antwort, der Liebe, woher kommst du? von der Liebe, wohin gehest du, zu der Liebe; wer hat dich gebohren, die Liebe; wo wohnest du, in der Liebe; von was lebest du, von der Liebe. Darum schätzte er diejenige des Lebens unwürdig, welche anderst als vor Liebe gegen Gott sturben. Das machte dann, daß er alle Gelegenheit suchte, wie er möchte gemartert werden, um hierdurch gegen Gott seine innbrünstige Lieb zu bezeugen. Welches dann auch endlich geschehen, nachdem er 40 gantzer Jahr sich in nichts anders als in der Liebe Gottes geübet hatte. Als er nunmehr das 80ste Jahr seines Lebens erreicht und unzahlbare viele Trangsalen und Verfolgungen mit beständiger Gedult ausgestanden, thate er eine Reiß in Africam, und suchte die Mahometaner zum Christlichen Glauben zu bekehren. Er hatte aber kaum den Anfang mit seiner Lehr gemacht, da laufte das Volck zusammen, und warf so lang auf ihn mit Steinen zu, bis er darunter begraben worden. Er lage auch unter diesem Steinhauffen aller Welt unbekannt, begraben; bis es dem lieben Gott gefallen hat, daß etliche Kaufleut, die aus seiner Heimat waren, zu Schif in selbige Landschaft kommen. Allwo sie dann nächtlicher Weil ober dem Steinhauffen eine feurige Saul in der Luft gesehen. Aus Fürwitz nun angetrieben, und zu erfahren, was diese Saul bedeute, warffen sie die

Stein auseinander, und siehe! da finden sie den Leichnam des Ehrwürdigen Alten, welcher ihm ein so triumphierliches Grab durch die Marter zubereitet hatte; den sie dann mit Freuden in ihr Schif genommen, und mit sich in die obermeldte Insul Majorica zuruck geführt haben, allwo er von den Einwohnern des Orts von langer Zeit her andächtig verehrt wird.

A. d. H. (1787)

Was nun den Raymund Lullius betrifft*

Was nun den Raymund Lullius betrifft, so hat sich schon Peter Montuus über seine neue Dialektik lustig gemacht, die er, nachdem er sie wörtlich aus dem Araber Abezebro gestohlen, einführen wollte, von welcher er selbst gesteht, daß sie zur Zeit des Antichrists gute Dienste leisten könnte, um dessen Fragen zu beantworten, wovon wir eine Probe hierhersetzen wollen. F. Was glaubst du? A. An Gott. F. Warum? A. Weil es mir gefällt. F. Warum gefällt es dir? A. Weil ein Gott ist. F. Was ist ein Gott? A. Einer dem es zukömmt, vergöttert zu werden. F. Warum wird er vergöttert? A. Weil dies seine Natur mit sich bringt u. s. w.

Ferner hat Charles de Bouille (In Vita Raymundi Lullii) den Betrug einiger Wunderwerke gerügt, wodurch man ihn zum Heiligen machen wollte; und Gregor der IXte, der im Jahre 1371 zu Avignon residierte, verdammte seine Lehre, weil ein gewisser Bischoff über fünfhundert Irrthümer darin entdeckt hat. Die Alchymisten schreiben ihm die Kenntniß von der Bereitung des Steins der Weisen zu, weil er die Auflage verwandelte, die Eduard von England auf die Ausfuhr der Wolle nach Brabant gelegt hatte; ferner hatte er diesem König eine Summe von sechs Millionen in Gold gegeben, um den Krieg gegen die Türken und Ungläubigen zu führen. Um aber einzusehen, wie sehr ihm die Merkurialdämpfe das Gehirn verwirrt hatten, darf man nur die Reisen erwägen, die er nach dem Bericht des Bouille zu dem Pabst und König Philipp dem Schönen gethan hat, um die drey Dinge von ihnen zu erlangen, die am Ende seines

Buchs *de natali pueri* angeführt sind. Diese bestunden darin, daß erstlich alle Armeen so zu seiner Zeit auf den Beinen waren, in ein einziges Korps versammelt würden, zweytens, daß man die Werke des Averroes gänzlich unterdrücken mögte, und drittens, daß man in allen Theilen der Welt neue Klöster aufrichten sollte, um darin diejenigen, so zur Bekehrung der Ungläubigen bestimmt wären, in den fremden Sprachen zu unterrichten.

So ungereimt und lächerlich auch dieses alles ist, so findet sich doch keine Spur von einem Beweis darin, daß er, wie Vigenere und andere behaupten, ein Magier gewesen sey, und wir wollen uns daher, so lange die Dämonographen keine bessern Beweise verbringen, nicht länger dabey aufhalten; sondern zu Arnold von Villanova fortgehen, der nichts weniger als ein Schwärmer und elender Quacksalber oder ein herumziehender Laborant, wie Raymund Lullus gewesen ist.

Karl Leberecht Immermann (1796–1840)

Raimund

Wer schläft im Leichentuche weiß und rein?
Wer ist's, dem jene Fackeln heimwärts leuchten?
Wem folgt der Priester Chor und die Gemeinde?

Um den sich unsrer Augen Wimpern feuchten,
War der Dechant am Diionysi-Stifte,
Raimundus, der als Heil'ger wird bald leuchten.

O Himmel, wie er ruderte und schiffte,
Ein reiner Schwan durch dieser Zeiten Wellen,
Ein hell Kristall, getrübt von keinem Gifte!

Wie hat er unser Herz an hehren Stellen
Gefaßt, zermalmt, erheitert und gewonnen,
Wie lockt' er unsrer Augen warme Quellen!

Heil Heiliger! Du schwangst zu ew'gen Wonnen
Dich aus dem kalten Nebel dieser Erden,
Der dir zerrann in's Licht der Himmelssonnen!

Stehst selig nun bei der Erkornen Herden
Zur Rechten, auf dem süßen Gnadenhügel!
Wir aber müssen noch versuchet werden.

Nun öffnet sich des Schlosses rost'ger Bügel,
Die schweren Angeln in den Kreisen klingen.
Aufrasseln des Gewölbes ehrne Flügel.

Voran die Brüder Trauerweisen singen,
Umflammt von weißer Knaben Fackelbränden,
Den Sarg darauf die Träger langsam bringen.

Zuletzt mit schmerzlich stillgewundnen Händen
Jüngling und Jungfrau, Männer, Greise, Frauen,
Noch immer wallt's, noch will der Zug nicht enden.

Die nun hinein, die müssen bebend schauen
Der Todes Erndt' in rothem Fackellichte,
Wie über Särgen sich die Särge bauen.

Damit Raimundus sich zu andern schichte,
Gehen sie, den Deckel über ihn zu breiten:
Da flieht das Blut von jeglichem Gesichte.

Denn in den Leichenlaken, in den weiten,
Beginnt sich ein Lebendiges zu rühren,
Und lang empor sehn sie den Dechant gleiten.

Wüst starrt er aus den Falten seiner Bühren,
Die Augen sprechen: Seht, Raimundus lebet!
Nein, ruft das Grab, ich that ihn mir erküren.

Es öffnet sich der bleiche Mund und bebet:
»Laß mein Gebein in Schnee und Thau sich baden,
Dem reinen Mann die reine Stätte gebet!

Ich bin vor meines Richters Stuhl geladen,
Ich bin gestanden vor des Richters Schranken,
Ich bin verworfen von dem Spruch der Gnaden.

Auf eitel Gleißen standen die Gedanken,
Den Schein trug von der Sünde ich zu Lehre,
Mit Lügen wollt' ich mich zum Himmel ranken.

Doch vor den Stürmen, die durch's Jenseits wehen,
Bleibt ungelöscht nur eines Sternes Schimmer,
Der Stern heißt Wahrheit; die wird ewig stehen.

Ich höre schon der Brüder dumpf Gewimmer!
Die Beicht ist aus. Hu, wie die Flamme lodert!«
Drauf schließt das Leichenbild den Mund für immer.

Im wilden Klippenthal Raimundus modert!

Eliphas Levi (1810–1875)

Gedanken über Raimundus Lullus

Das Genie der Weisheit erweckte Raimundus Lullus, der das Erbe Salomons für den Heiland, den Sohn Davids zurückforderte, und der zum ersten Male die blindgläubigen Kinder zum Glanz allgemeiner Erkenntnis berief.

Mit welcher Verachtung die falschen Gelehrten und Weisen noch von diesem großen Mann sprechen! Die Volksmeinung hat ihn gerächt! Verliebt wie Abailard wird er dargestellt, eingeweiht wie Faust, als Alchimist wie Hermes, reuig und gelehrt wie der hl. Hieronymus, umherirrend wie der ewige Jude, fromm und erleuchtet wie der hl. Franz von Assisi, als Märtyrer wie St. Etienne und glorreich im Tod wie der Weltheiland selbst …

Raimundus Lullus wollte die christlich gewordene Kabbala der fatalistischen Magie der Araber, die ägyptische den indischen Überlieferungen und die Magie des Lichts der schwarzen Magie gegenüberstellen. Er behauptete, in den letzten Zeiten würden die Lehren des Antichrist stoffliche Wirklichkeit, und alle Ungeheuerlichkeiten der schlechten Magie würden widerstehen. Er bereitete die Geister auf die Wiederkehr des Henoch vor, d. h. auf die letzte Offenbarung jener Wissenschaft, deren Schlüssel in den hieroglyphischen Alphabeten des Henoch liegen, und deren Vernunft und Glauben versöhnendes Licht der universalen Herrschaft des Christentums des Messias auf Erden, voraufgehen wird. Für wahre Kabbalisten und Seher war dieser Mann ein Großer Prophet und für die wenigsten, auf die großen Zeichen und hohen Strebungen achtenden Skeptiker ein erhabener Träumer.

Eduard Stucken (1865–1936)

Raimundus Lullus, krank vor Liebesgram*

Raimundus Lullus, krank vor Liebesgram,
Bat heimlich oft die schönste der Prinzessen
Um Minnelohn. Sie schwieg, wenn sie's vernahm, –
Nicht Groll, nur Schmerz schien ihr den Mund zu blässen.
Da hofft' er – war sein Sehnen auch vermessen –
Sie einzudämmern, harrend teuflisch klug,
Bis sie die Seine würde ehrvergessen:
Des Herzens Wunden heilt nur, wer sie schlug.

In ihre Kemenate bat sie ihn. Er kam.
Ihr Mieder, überstickt mit goldnen Tressen,
Knüpfte sie auf und lachte wundersam;
Und Tränen sah er ihre Wangen nässen.
Da schrie er wild, – die Brust war krebszerfressen!

Er floh, da er den Anblick nicht ertrug,
Und auch der Teufel floh, der ihn besessen –
Des Herzens Wunden heilt nur, wer sie schlug.

Er ging in sich, gehetzt von Reu und Scham,
Verließ als Mönch die Burg des Königs, dessen
Hofalchimist er war, und Abschied nahm
Er von der Welt. Was er an Gold besessen,
Verschenkte er und suchte das Vergessen:
Entknechtung von der Erdenschönheit Lug
Erflehte er von Gott in brünst'gen Messen; –
Des Herzens Wunden heilt nur, wer sie schlug.

Ein süßes Mädchen, Prinz, ans Herz zu pressen,
Verwehrt ist's Mönchen. Wir selbst, oft genug,
Verdüstern uns die Seelen, gramzerfressen –
Des Herzens Wunden heilt nur, wer sie schlug.

KAPITEL 3

Der Magus und der Stein der Weisen

Die Magier von der Renaissance bis zur Schwelle der Neuzeit

Stein der Weisen oder Meister des Goldmachens
(Holzschnitt um 1470)

Das Hauptziel der alchemistischen Arbeit war und ist das ›große Werk‹, die Herstellung des Steins der Weisen oder des Steins der Philosophen, der die Eigenschaft besitzen soll, unedle Metalle in das ›perfekte‹ Metall Gold verwandeln zu können.

*Helmut Gebelein (*1940)*

Magi (die Mehrzahl von Magus), Magier, waren bei den Persern und anderen Morgenländern eine Secte, die die Anbetung der Bilder verabscheute und das höchste Wesen nur unter dem Feuer verehrte. Da nun die magischen Priester ztugleich geschickte Astronomen, Weltweisen etc. waren, so waren die Benennungen Magier und Gelehrter gleichbedeutend; ja, da ihnen der Pöbel übernatürliche Kenntnisse zutraute, so gab man ihnen auch den Namen Zauberer.

Conversations-Hand-Lexikon (1831)

Gilles de Rais

Marschall von Frankreich und »Ritter Blaubart«

Idealbild von Marschall Gilles de Rais

Dort leibt und lebt der schreckliche Baron noch immer,
freilich nicht mehr in der ursprünglichen Gestalt des Gilles de Rais,
sondern mit der düsteren und legendären Physiognomie Blaubarts.
Abbé Eugène Bossard (1853–1905)

Die überhandnehmenden Verbrechen, die verzweifelten Appelle
an den Teufel, der wahnwitzige Streich zuletzt, all das
trug nur zu seinem raschen Untergange bei.
Georges Bataille (1897–1962)

»Ja, ich glaube, daß es den Blaubart gibt, und Landru muß ein Stümper sein,
ein kleiner liebenswürdiger Krimineller.«
Ingeborg Bachmann (1926–1973)

Leah Levine

Gilles de Rais
(1404–1440)

»Besinn dich bis morgen.
Denn der Weg, den ich gehe, kennt kein zurück!«

Gilles de Rais wurde sehr früh Waise und gegen den ausdrücklichen, aber ignorierten Willen seines Vaters nach dessen Tod in die Obhut seines Großvaters Jean de Craon gegeben. Hier lernte er alles, was ein wahrer Schurke im Leben hätte brauchen können. De Craon war ein freibeuterischer Gauner, der, obwohl mehr als wohlhabend, immer einen Plan verfolgte, sein Vermögen weiter wachsen zu lassen. Es gab keine Abscheulichkeit, derer er sich nicht bedient hätte, waren es nun Entführungen, Erpressungen oder Betrügereien. Sein Wohlstand und sein Adel öffneten ihm alle Türen, und als er starb, hinterließ er Gilles de Rais ein solches Vermögen, das dieser zu den reichsten Männern Europas zählte. In seiner Jugend jeder Grenze und Zurechtweisung entgangen, hatte sich Gilles zu einem maßlosen Hitzkopf entwickelt, der zwar mutig und heldenhaft kämpfen, aber nicht wirklich clever denken konnte. Eine fehlende Eigenschaft, die ihm Zeit seines kurzen Lebens immer wieder in Schwierigkeiten brachte und sogar Spott hervorrief. Durch die Hochzeit mit einer schwerreichen Erbin vermehrte sich sein Vermögen noch einmal und er kam in den Besitz seiner bevorzugtesten Burgen und Schlösser, die er abwechselnd bewohnte. Aus der Ehe ging eine Tochter hervor, aber es ist heute wenig über sein Verhältnis zu seiner Frau und über sie bekannt.

Überliefert ist hingegen Gilles de Rais' Ruhm, den er sich in zahllosen Schlachten gegen die Engländer erkämpfte. An der Seite von Johanna von Orleans zog er in die Schlacht und machte sich zu ihrem bevorzugten Waffengefährten. Kurze Zeit später, als er selbst Teil der Krönungszeremonie Charles II. war, wurde er zum Marschall von Frankreich ernannt und damit begann die Höllenfahrt des Gilles de Rais, an Geschwindigkeit zuzulegen. War er bis dahin großzügig und selbstverliebt, so wurde er nun verschwendungssüchtig und größenwahnsinnig. Als Marschall durfte er ein Wappen mit Lilienborde führen, und dies ließ er sich einiges kosten. Dazu stellte er sich einen Hofstaat auf, der manchen König hätte vor Neid erblassen lassen. Feiern, Jagden, Theater und Musik – von allem mußte es viel, prunkvoll und reichlich sein. Gilles verlor jedes Maß.

Nach dem Tod seines Großvaters gewann er eine neue Freiheit dazu, die nun das Tor in eine völlig abgründige Welt öffnete. Seit 1426 kam es in der Umgebung seiner Schlösser und Burgen immer wieder zu Anzeigen wegen vermißter Kinder, und es stellte sich schließlich heraus, daß Gilles de Rais und seine Helfershelfer diese Kinder, bevorzugt kleine Jungen, unter allerlei Vorwänden zu sich holten, sexuell mißbrauchten und töteten. Anfangs fanden diese mörderischen Orgien noch als Teil großer Festgelage statt, doch mit dem immer mehr dahin schmelzenden Vermögen des Marschalls wandelte sich das Ritual. Schon immer hatte Gilles ein außerordentliches Interesse an Magie, Alchemie und der Dämonenbeschwörung gehabt. Um seine finanzielle Situation wieder zu verbessern, schickte er Vertraute aus, die aus allen Ländern fähige Leute rekrutieren sollten, damit er dafür einen Weg fände. Nicht jeder war ein Glücksgriff und die Naivität de Rais' ermöglichte es vielen Scharlatanen, das angeschlagene Vermögen noch weiter zu reduzieren. Als 1439 mit Francisco Prelati ein ehemaliger Priester aus Italien auf die Burg Tiffauges kam, wurde es ernster mit den Beschwörungen. Nachdem Prelati für seine Rituale anfangs einen Hahn und anderes Kleintier forderte, ging man schnell zu Kindsopfern über. Obschon die Blutmengen bei den Ritualen immer ungeheuerlicher wurden – der angerufene Teufel erschien nicht, und er tat auch nichts, um bei der Umwandlung unedler Metalle in Gold zu helfen. Gilles begann zu verzweifeln. Prelati versicherte ihm zwar, daß der Teufel erschiene, wenn er nicht bei den Ritualen anwesend sei, aber nützliche Ergebnisse brachten auch diese Rituale nicht. Die Verbindung mit Prelati war enger als eine reine Männerfreundschaft, und so gelang es diesem, Gilles immer wieder zu vertrösten und hinzuhalten. Politisch wurde inzwischen die Luft immer dünner für Gilles de Rais. Der

Verlust seines Vermögens und seiner Macht reduzierte Freunde und Verbündete immer mehr.

Als er im Mai 1440 mit seinen Leuten die Kirche von Saint-Etienne-de-Mermorte stürmte und den Priester Jean le Ferron, den Bruder des Schatzmeisters der Bretagne, gefangen setzte, verletzte er damit ein Tabu, das seinen Untergang unausweichlich machte. Auslöser war ein Vermögensstreit, doch die Folge war ein Verstoß gegen die verbrieften Privilegien des Klerus und nun folgten Verhaftung, Verhöre und Verurteilung vor einem Inquisitionsgericht.

All sein Bedauern über seine abscheulichen Taten, die Reue über die Teufelsbeschwörungen, sein Wunsch, sich zu ändern und sich auf eine Pilgerreise zum Heiligen Grab zu begeben, vermochten nicht, sein Todesurteil zu verhindern. Am 26. 10. 1440 wurde er gehängt und danach verbrannt. Interventionen seiner Familie, die er zu Lebzeiten vernachlässigt hatte, verdankte er es letztlich, daß sein Körper nicht ganz verbrannt und seine Überreste in geweihter Erde beigesetzt wurden. Etwas, was für einen Schwarzmagier und Teufelsbeschwörer, der ständig von schlechtem Gewissen, Reue und innerer Zerrissenheit geprägt war, nicht die Regel war. Man sagt Gilles de Rais den Mord an mindestens 140 Kindern nach, er zählt damit zu den grausamsten Serienmördern seiner Zeit, der die Magie dazu benutzte, seinen Taten einen Sinn zu verleihen. Seine Lebensgeschichte wurde in den nachfolgenden Volksüberlieferungen zur Vorlage für die Sage um den »Ritter Blaubart«: Dabei hatte er seine Mordlust aber niemals an erwachsenen Frauen ausgelebt.

Der Prozeß gegen Gilles de Rais 1440

13. Oktober 1440: Schlußantrag

Aus diesem Grund fordert besagter Ankläger, daß der genannte Angeklagte Gilles de Rais von Euch, Hochwürden Vater Bischof von Nantes, und von Eum, Bruder Jean Blouyn, Stellvertreter des Inquisitors – oder durch einen von Eum, wie es Euch genehm ist –, und durch Euren entscheidenden Richtspruch zum Ketzer und heimtückischen Apostaten erklärt wird; daß befunden werde, er habe die greuliche Teufelsbeschwörung böswillig begangen; daß er deswegen die Exkommunikation und andere kirchliche Strafen auf sich lädt; und daß er als Ketzer, Apostat und Teufelsbeschwörer bestraft und gezüchtigt wird, wie es das Recht fordert und wie es in den kanonischen Satzungen festgesetzt ist. Außerdem soll besagter Angeklagter Gilles de Rais von Euch, Hochwürden Vater Bischof von Nantes, und durch Euren entscheidenden Richtspruch überführt werden, das Verbrechen und widernatürliche Laster sodomitischer Handlungen mit den oben genannten Knaben und Mädchen begangen zu haben; und daß er böswillig das Sakrileg der Verletzung kirchlicher Immunität verübte und dafür die Exkommunikation und andere kirchenrechtliche Strafen verdient hat; und er soll bestraft und zu seinem Heil gezüchtigt werden, wie es das Recht und die kanonischen Satzungen fordern, wobei besagter Ankläger wegen aller oben genannter Dinge und jedes einzelnen von ihnen demütig Euer gnadenreiches Offizium anfleht, derohalben tunlichst den raschen Vollzug der Gerechtigkeit anzuordnen.

Und besagter Ankläger gibt und führt den Beweis für alle und jedes einzelne der oben genannten Verbrechen mit den besten Mitteln, die ihm möglich und erforderlich scheinen, und er erbittet von Euch die Erlaubnis, diesen Beweis führen zu dürfen ... vorbehaltlich des Rechtes der Korrektur, der Ergänzung, der Veränderung, der Kürzung, der Erklärung, der Verbesserung, der, wenn nötig, wiederholten Aussage und der Beweisführung zu gegebener Zeit am gegebenen Ort.

(gezeichnet:) J. Delaunay, J. Petit, G. Lesne

15. Oktober 1440: Der besagte Gilles de Rais erwiderte ...

Item gestand der besagte Angeklagte freiwillig, das Sakrament der Taufe erhalten und dem Teufel und seinen Verlockungen abgesagt zu haben; niemals habe er aber böse Geister beschworen oder beschwören lassen, auch diesen Geistern keine Opfer angeboten oder anbieten lassen; und daß er von einem bestimmten Ritter aus Anjou, der damals wegen Ketzerei eingekerkert war, ein bestimmtes Buch über die Kunst der Alchimie und die Beschwörung von Dämonen erhalten und mehrmals gelesen habe, sowie in Angers öffentlich in einem bestimmten Saal mehreren Zuhörern vorlesen ließ; daß er mit besagtem damals inhaftierten Ritter über die Ausübung der Kunst der Alchimie und der Teufelsbeschwörung gesprochen habe; das Buch sei dem Ritter zurückgegeben worden und nicht lange in seinem Besitz gewesen. Außerdem bekannte der Angeklagte Gilles de Rais, besagte Kunst der Alchimie eine Zeitlang ausgeübt zu haben, wie er sie von zwei gewissen Lombarden namens Antoine und François und von einem gewissen Goldschmied aus Paris ausüben ließ, und daß er bei Experimenten dieser Art Quecksilber, das nach seiner Behauptung flüssiges Silber sein soll, zum Erstarren brachte und bringen ließ, und daß er mehrere andere Versuche angestellt habe und glaubte, zu Ergebnissen in dieser Kunst zu kommen, wenn dies nicht die Ankunft des Seigneur Dauphin de Viennois in besagter Ortschaft Tiffauges verhindert hätte, weil er Ofen, die er zur Ausübung besagter Kunst habe errichten und vorbereiten lassen, wegen dieser Ankunft habe zerstören lassen müssen.

Eliphas Levi (1810–1875)

Vom Asketentum zur schwarzen Magie*

Diese scnwarzmagische Legende von Bodin erinnert an die scheußlichen Praktiken und die wohlverdiente Strafe des Gilles de Laval, Herrn de Raiz, der vom Asketentum zur schwarzen Magie gelangte und sich den empörendsten Opfern hingab, um Satans Gunstbezeugungen zu erwerben. Dieser Irre erklärte in seinem Prozeß, daß ihm der Teufel mehrmals erschienen sei, ihn aber mit den Versprechungen von Schätzen, die er ihm nie gab, immer getäuscht habe. Aus den gerichtlichen Aufschlüssen geht hervor, daß mehrere hundert unglückliche Kinder der Habgier und den wilden Einbildungen dieses Mörders zum Opfer gefallen waren.

Joris-Karl Huysmans (1848–1907)

Um Satanas zu ködern*

»Ich war«, sagte er sich, wie er sein letztes Kapitel durchflog, »angelangt, wo die alchimistischen Versuche, die Teufelsbeschwörungen versagen. Prelati, Blanchet, alle die Ohrenbläser und Hexenmeister, die den Marschall umgeben, geben zu, daß Gilles, um Satanas zu ködern, ihm Seele und Leib verschreiben oder Verbrechen begehen müsse.

Gilles lehnt es ab, sein Dasein zu veräußern und seine Seele dranzugeben – an Morde jedoch vermag er ohne Entsetzen zu denken. Dieser Mann, so tapfer auf den Schlachtfeldern, so mutig in der Begleitung und Verteidigung der Jeanne d'Arc, zittert vor dem Dämon, ängstigt sich im Gedanken an das ewige Leben und an Christus. Ein gleiches ist es mit seinen Spießgesellen; um sicher zu gehen, daß sie die niederschmetternden Schändlichkeiten nicht enthüllen werden, die das Schloß birgt, läßt er sie auf die heiligen Evangelien die Wahrung des Geheimnisses sich zu schwören – und ist dessen gewiß, daß keiner von ihnen den Eid verletzen wird, denn im Mittelalter würde auch der unerschrockenste Bandit eine Missetat nicht auf sich zu laden gewagt haben, für die es keine Verzeihung gab: Gott zu betrügen!

Bei allem bleibt bestehen, daß Gilles, während seine Alchimisten sich abkehren von ihren ohnmächtigen Herden, sich entsetzlichen Prassereien an der Tafel ergibt und daß sein Fleisch, in das die wüsten Essenzen der heftig verschlungenen Getränke und Gerichte den Brand werfen, ausbricht und aufwallt in kochendem Tumult.

Joris-Karl Huysmans (1848–1907)

Die Herkunft der Sage vom Blaubart*

In Wahrheit ist der wirkliche Blaubart nicht Gilles de Rais, sondern ein bretonischer König namens Comor, von dem das Bruchstück eines Schlosses seit dem sechsten Jahrhundert in der Gemarkung des Forstes von Carnoet noch bewahrt blieb. Es ist eine einfache Sage:

Dieser König warb bei Guérock, dem Grafen von Vannes, um die Hand seiner Tochter Triphine. Guérock schlug ab, weil er hatte sagen hören, daß dieser König, der ständig Witwer war, seine Frauen erwürgte; schließlich versprach ihm St. Gildas, er werde ihm seine Tochter wohlbehalten zurückgeben, wann immer er sie verlange, und die Verbindung wurde gefeiert. Einige Monate später erfuhr Triphine, daß in der Tat Comor seine Gefährtinnen tötete, sobald sie schwanger wurden. Nun stand sie selbst vor der Schwangerschaft und floh, doch ihr Gatte holte sie ein und schnitt ihr den Hals durch. Der untröstliche Vater forderte St. Gildas auf, er möge sein Versprechen halten, und der Heilige erweckte Triphine zum Leben.

Wie Sie sehen, kommt diese Sage dem alten Märchen, das der erfindungsreiche Perrault zurechtstutzte, weit näher als die Geschichte des Blaubart es tut. Wenn ich Ihnen jetzt aber sagen soll, wie und warum der Beiname Blaubart vom König Comor zum Marschall hinübergewandert ist – ich weiß es nicht; das verliert sich im Dunkel der Zeiten!

Eduard Stucken (1865–1936)

Ein Herz, verzehrt von Leidenschaften*

Tiffauges heisst die Ruine. Sieh,
Hier sündigte Gilles de Laval,
Sire de Rouci, Montmorency,
Craon et Raiz. An Belial
Schrieb er den Blutbrief, gab im Saal
Die Orgien an, die schauderhaften,
Sah kleiner Kinder Todesqual,
Das Herz verzehrt von Leidenschaften.

Für Zauberei, Mord, Sodomie
Ward er verbrannt, – Gilles de Laval,
Sire de Rouci, Montmorency,
Craon et Raiz und Marechal

De France … Er lachte kalt und fahl,
Als sie um ihn Brandreiser rafften:
Nun frisst die Glut zum letzten Mal
Mein Herz, verzehrt von Leidenschaften!

Vom Henker kauften ihn, sowie
Beendet war des Feuers Mahl,
Fünf schöne Edelfräulein, die
Die Asche – Knochen schwarz und kahl –
In Tüchlein legten und ins Tal
Fromm singend zur Abtei ihn schafften, –
Ihn, dem sie angehört einstmal,
Das Herz verzehrt von Leidenschaften.

Schön ist die Tugend, Prinz, doch schal;
Und heller brennt im zauberhaften
Verwesungslicht wie ein Fanal
Ein Herz, verzehrt von Leidenschaften.

Georg Trakl (1887–1914)

Blaubarts Schlüssel*

Elisabeth
… Nimm alles, alles, was ich bin –
Du starker – mein Leben – du nimm hin!

Blaubart
Ist erst erloschen der letzte Stern …

Elisabeth
Trägst du nicht am Hals ein Schlüsselein?
Es leuchtet – möchte's ein goldenes sein?
Was öffnet's mir?

Blaubart
Es öffnet zum Brautgemach die Tür!
Sein Geheimnis ist Verwesung und Tod,
Erblüht aus des Fleisches tiefster Not …

*Leah Levine (*1961)*

Das böse Erwachen, das Erwachen des Bösen

Ein Magier voller Kraft und Macht
beschwört in schwarzer, kalter Nacht,
bewaffnet mit dem »Braquemard«[1]
die Seele dessen, der einst war.
So tapfer fühlt er sich im Kreis der Seinen,
zuvor grub er in Nantes nach Gilles Gebeinen.
Alles ist gut vorbereitet, der Weihrauch dampft, die Kerzen brennen.
Sieben Männer, jung und alt, gut geschult und sehr erfahren.
Crowley hat sie hier versammelt, will ein Meisterstück heut wagen.
Nackt und bloß stehen sie im Kreis, ein jeder trägt ehernen Stahl.
Sie rufen nach dem Herrn de Rais, empfinden seine Todesqual.
Die Luft wird dicker, die Sicht erschwert,
Dämonen heulen, ein Neophyt sich gegen Geister wehrt.
Voll Angst stürzt er sich auf den Meister,
der Dolch in seinen Händen bebt,
die Männer tanzen, auch Aleister,
das Schwert des Mörders sich erhebt.
Wie von Zauberhand geführt, schon die Kehle es berührt.
Ein schriller Schrei, ein Blutstrom quillt,
der Tanz der Männer, ekstatisch wild.
In dieser Nacht fließt sehr viel Blut,
bahnt sich den Weg dorthin, wo des Grafen Asche ruht.
Die Knochen, kaum vom roten Elixier gestreift,
entfesseln das Unheil, das keiner begreift.
Finsternis verschluckt den Raum,
keiner der Magier hält sich im Zaum.

Wut und Zorn ergreifen die Runde,
einander schlagen sie Wunde um Wunde.
Einzig Aleister bleibt unversehrt,
das Schwert sich gegen die Freunde kehrt.
Er fühlt die ungeheure Kraft,
spürt, wie er Leben neu erschafft,
Doch sein Körper hält der Gewalt nicht stand,
sein Geist vernebelt, er torkelt zur Wand.
Er sinkt zu Boden, einer Ohnmacht so nah,
Chaos ist alles, was er noch sah.
Der nächste Morgen, der Meister erwacht,
sieht blutige Körper, zu Tode gebracht.
Doch statt Entsetzen und elender Pein,
fühlt er sich erhaben, zufrieden und rein.
Der Körper ist ihm ein wenig fremd,
bei den Leichen ist keiner, den er persönlich kennt.
Er ergreift sein Schwert, darauf ist er erpicht,
ein strahlendes Lächeln auf seinem Gesicht.

1. Braquemard – Das Schwert, mit dem Gilles de Rais bevorzugt Knaben tötete.

*Leah Levine (*1961)*

Das Kabinett des Blutes oder Blaubart heute

Es war einmal auf einer finsteren Burg in der Bretagne, dicht verborgen hinter hohen Baumbeständen, da lebte ein Graf, dessen Ruf so böse war, daß sich ein jeder in der Umgebung fürchtete und sich bekreuzigte, wenn nur sein Name fiel. Daher wurde er in den Dörfern nur Blaubart genannt. Seine Gestalt war nicht unansehnlich, aber durch sein langes Haar und seinen wüsten, blauschwarzen Bart wirkte er kalt und wild. Man erzählte sich, er habe schon oft geheiratet, aber das Unglück wollte, daß all seine Gemahlinnen schon nach kurzer Zeit auf unerklärliche Art verschwanden. Gerüchte über dunkle Magie, Teufelspakte und sogar Mord machten die Runde, aber keiner wagte, offen das Wort gegen den Grafen zu richten.

Nun war es einmal wieder an der Zeit, daß der Graf auf Freiersfüßen wandelte. Eine adelige Dame aus der Provinz hatte zwei Töchter und dort nun kehrte er ein, um eine der beiden zu freien. Anfangs zögerte die Mutter, ihm überhaupt eine ihrer Töchter zur Frau zu geben, aber als er sie alle auf seine Burg einlud und mit Spielen und fürstlichen Festgelagen verwöhnte, wurde sie schwach. Der unermeßliche Reichtum, die weitläufigen Ländereien und das sorgenfreie Leben blendeten die Frau und so legte sie ihrer jüngeren Tochter Juli, die offensichtlich nicht ganz so viele Vorbehalte wie ihre Schwester gegen den Grafen hatte, nahe, den Antrag anzunehmen. Innerhalb kürzester Zeit wurde eine prachtvolle Hochzeit ausgerichtet, zu der auch der einzige Sohn der Familie geladen wurde, obwohl er sehr gegen die Verbindung seiner Schwester war. Er hatte auf sie eingeredet, versucht, sie von ihrer Entscheidung abzubringen, aber Juli hatte ihren Kopf durchgesetzt und war nun die Gräfin der Region. Der Graf nahm sich viel Zeit für seine junge Gemahlin, zeigte ihr seinen ganzen Besitz, verwöhnte sie mit wertvollem Schmuck und ließ ihr prachtvolle, bestickte Kleider schneidern.

Juli genoß die Nähe des Grafen, sie bewunderte seine umfangreiche Bibliothek und konnte stundenlang mit ihm über Literatur reden. Der Graf war erstaunt, denn noch nie zuvor hatte sich eine seiner Frauen für Bücher interessiert. Ihnen waren nur sein Geld und sein Einfluß wichtig gewesen. Eines Abends fragte er Juli, ob sie ihn wirklich lieben würde? Sie sah ihm tief in die Augen und bejahte diese Frage. »Ich muß für einige Zeit verreisen und du mußt dich allein um alles kümmern. Hier sind die Schlüssel für alle Räume, du kannst damit machen, was du willst, nur diesen einen«, er hielt einen goldfarbenen Schlüssel hoch, »den darfst du nicht benutzen. Er gehört zu einem Kabinett, daß zu betreten einzig mir vorbehalten ist. Halt dich daran. Ich hoffe, daß deine Liebe stark genug ist, um mein Vertrauen nicht zu enttäuschen.« Mit diesen Worten übergab er den Bund und küßte Juli leidenschaftlich auf die Lippen.

Nur wenige Tage später kam Julis Schwester zu Besuch und ließ sich von ihr die gesamte Burg zeigen. Sie war neidisch und fing an zu bereuen, daß sie sich nicht den Grafen geangelt hatte. Sein Reichtum hätte über sein furchteinflößendes Äußeres sicher hinweg geholfen. Juli gelang es ja auch, an seiner Seite zu leben. Am Ende eines langen Ganges standen sie plötzlich vor einer Tür aus schwarzem Holz. Keiner der Schlüssel paßte und schließlich war nur noch der Goldene übrig, den Juli aber nicht benutzen wollte. »Stell dich doch nicht so an«, drängte die Schwester. »Was soll schon passieren? Dein Mann ist nicht da, er wird es niemals erfahren, daß du seine Anweisungen mißachtet hast.« Juli wollte die Tür nicht öffnen, sie hatte es versprochen, aber als ihre Schwester sie als Feigling betitelte, gab sie nach. Die Tür schwang auf und wie von Geisterhand entzündeten sich diffuse Lichter in einer kleinen Halle. Der Anblick, der sich den Schwestern bot, war grausam. An den Wänden hingen, auf Haken gehängt, die Körper ehemals schöner Frauen, die offensichtlich schlimme Qualen erlitten hatten. Feucht schimmerndes Blut bedeckte den Boden und als die Schwestern näher an die Opfer herantraten, sahen sie, daß die Körper geöffnet und ausgeweidet waren. »Das sind die Ehefrauen dieses Monsters, du bist in großer Gefahr, Juli. Wir müssen sofort von hier fliehen.« Juli war noch immer ganz erstarrt, langsam glitt ihr das Schlüsselbund aus der Hand und fiel zu Boden. Das Klirren brachte sie wieder zu Bewußtsein. Schnell ergriff sie es, lief zur Tür und verriegelte diese. Blut klebte am Schlüssel, sie versuchte es abzuwischen, aber es gelang ihr nicht. Plötzlich hörte sie Hufgetrappel und sah aus dem Fenster ihren Gatten zurückkehren. Voller Furcht und schlechtem Gewissen ging sie zurück in die Halle. Eben betrat auch er diese und ließ die Tür laut knallend ins Schloß fallen und lehnte sich dagegen. Scheinbar abwartend starrte er Juli an. »Es ist schön, daß du schon zurück bist«, versuchte Juli die Situation zu entspannen. Der Graf streckte eine Hand aus und forderte sie auf, ihr den Schlüsselbund auszuhändigen. »Liebster, ich muß dir etwas gestehen.« Fast schüchtern sah sie zu ihm auf. Er betrachtete die Schlüssel und wußte sofort, daß Juli ihm nicht gehorcht hatte. Wut ergriff ihn, und er wollte gerade losbrüllen, als Juli vor ihm auf die Knie ging und seine Schenkel umarmte. »Liebster, ich bin schwach geworden, aber bitte sieh es nicht als Zeichen fehlender Liebe oder mangelnden Vertrauens. Meine Schwester hat mich provoziert, und so hab ich gegen deine Bitte gehandelt.«

Der Graf machte sie von sich los und stieß sie zu Boden. »Du lügst, deine Liebe zu mir ist nicht stark genug. Ich werde dich töten, denn du bist meiner nicht würdig.« Schon zog er sein Schwert, doch Juli gab nicht auf. »Liebster, ich bin deiner würdig. Ich habe gesehen, welches Schicksal die ereilt, dessen Hand du gewonnen hast, und ich weiß, daß du mich jetzt dort einreihen willst, aber ich bitte dich um Aufschub. Meine Liebe zu dir ist unendlich, und kein Wort über das Kabinett würde je über meine Lippen kommen. Meine Schwester aber liebt dich nicht so sehr wie ich, und da sie mich dazu gebracht hat, dich zu verärgern, hat sie meine Wut auf sich gezogen. Ich habe sie im Kabinett eingeschlossen, damit sie nicht fliehen und dich verraten kann.« Der Graf sah seine Frau verwundert an und ließ das Schwert sinken. »Was willst du damit andeuten? Soll ich sie an deiner statt dem Tode übereignen?« Juli stand auf. »Nein, ich würde das gern selbst erledigen. In dieser Burg gibt es doch bestimmt noch Raum für ein zweites Kabinett, und wenn du mit meiner Tat zufrieden bist, so könnte ich mir vorstellen, würde uns bestimmt etwas einfallen, um Schwesterchen auf Dauer dort nicht ganz allein verwesen zu lassen.« Juli lächelte den Grafen vielsagend an und als er es erwiderte, wußte sie, sie würde sich seiner als würdig erweisen und ganz sicher noch lange nicht am Haken enden.

Johannes Heidenberg, der Zauberer Trithemius
Der schwarze Abt

Trithemius (Kupferstich, 18. Jh.)

War Trithem als sehr gelehrter Mann berühmt und sogar in dem Rufe eines Magus, dem sein geheimer Geist immer verborgene Dinge eröffne.
Conversations-Hand-Lexikon (1831)

»Sie haben das große Vergnügen eines der merkwürdigsten Bücher der Weltgeschichte betrachten zu dürfen, die unvergleichliche ›Steganographia‹ eines gelehrten deutschen Mönches. Der Mann hieß Trithemius und war ein berühmter Zauberer.«
Orson Welles (1915–1985)

Faszinierender Kerl, dieser Trithemius.
*Umberto Eco (*1932)*

Leah Levine (1961)*

Johannes Heidenberg, genannt Johannes Trithemius (1462–1516)

»Denn nicht das Wissen, sondern das Tun dessen, was böse ist, ist verwerflich.«

Johannes Heidenberg wurde in Trittenheim geboren. Häufig findet sich der Geburtsort als sein Beiname, wenn auch in latinisierter Form. Obwohl vom Elternhaus her wenig Sinn in guter Bildung gesehen wurde, schaffte er es durch persönlichen Einsatz, Griechisch, Latein und Hebräisch zu lernen. Schon früh begann er zu reisen. Sein Wille zu lernen führte ihn nach Trier, Köln, Heidelberg und in die Niederlande. 1482 trat er in das Benediktinerkloster in Sponheim ein und wurde schon 1483 der jüngste Abt, den der Mainzer Weihbischof je geweiht hatte. Kaum hatte er die Verantwortung, begann er damit, die Regeln im Kloster zu verschärfen und es in ein Zentrum humanistischer Gelehrsamkeit umzuwandeln. Leichtlebigkeit war ihm ein Greuel, und die Mönche hatten Mühe, sich seinen strengen Regeln zu unterwerfen. Trithemius reiste auch weiterhin durch ganz Deutschland, um Predigten und Vorträge zu halten, dabei erwarb er Buch um Buch, eine seiner größten Leidenschaften, und erweiterte so die Bibliothek seines Klosters von 48 auf über 2000 wertvolle Bücher. Der Ruhm dieser grandiosen Bibliothek reichte bis weit über die Grenzen des Landes und zog viele Besucher an, führte so zu einem regen Gedankenaustausch und engen Kontakten mit berühmten Gelehrten, bescherte aber den Mönchen zusätzliche Arbeit. Die Stimmung gegenüber ihrem Abt wurde immer schlechter, und als er einmal krank darniederlag, rächten sich seine Mitbrüder für sein hartes Regiment, indem sie einen Großteil seiner geliebten Bibliothek den Flammen zum Fraß vorwarfen. Von diesem Verlust hat sich der Abt psychisch nie wieder ganz erholt. Er wechselte das Kloster und fand ein neues Domizil in Würzburg, im Schottenkloster Sankt Jakob, wo er ebenfalls innerhalb kürzester Zeit zum Abt geweiht wurde. Obwohl Trithemius nie an einer Universität eingeschrieben war – einige Quellen behaupten dagegen, er habe in Heidelberg studiert – galt er als ein umfassend gelehrter Mann. Er verfaßte über neunzig Bücher, die sich in erster Linie mit Theologie, Ordensreformen, Klosterchroniken, Heiligendarstellungen und Wunderberichten befaßten. Seine *Polygraphiae* war das erste gedruckte Buch zum Thema Kryptographie und es folgten weitere, die sich den Bereichen Magie und Astrologie widmeten. Genaugenommen verfaßte er brauchbare Zauberanweisungen und Herstellungsvorlagen für Talismane. Trithemius' Ruf verlor durch nachweisbare Geschichtsverfälschungen an Glanz, aber noch mehr schadete ihm sein Interesse an den okkulten Wissenschaften und der Alchemie. Sein Buch *Antipalus maleficiorum* (Gegner der Hexerei) zeugte zwar von maßlosem Abscheu gegenüber Zauberern und Hexen, wusch ihn aber von den Vorwürfen, selbst der schwarzen Kunst verfallen zu sein, nicht rein. Nur durch die Hilfe einflußreicher Freunde entging er einer Anklage wegen Ketzerei und dem unvermeidlichen Scheiterhaufen.

Wie weit er sich auf die Magie wirklich eingelassen hat, ist schwer nachweisbar, aber sein umfassendes Buch über die sieben Planetengeister läßt darauf schließen, daß ihm zumindest invozierende Ritualmagie nicht fremd war. So soll er sogar, gegen angemessenes Entgelt, für Kaiser Maximilian den Geist von dessen verstorbener Gattin Maria von Burgund beschworen und die antiken griechischen Helden Achilles, Hector sowie König David aus der Totenwelt zurückgerufen haben. Für die Teilnehmer seiner Seancen wirkte das Tun des Abtes kompetent und doch spielerisch; seine Gegner hätten das sicher ganz anders gesehen und schon den Schwefelgeruch des Teufels gewittert.

Trithemius, dessen Wurzeln im Gedankengut von Albertus Magnus lagen, hatte Einfluß auf viele Männer, die noch heute als Kapazitäten der magischen Künste gelten. Sein bekanntester Schüler war Agrippa von Nettesheim, und auch bei John Dee und Paracelsus finden wir Auszüge der Gedankenwelt des Abtes.

Trithemius ist ein wunderbares Beispiel für die Verschmelzung von Christentum, hermetischer Philosophie, magischen Wissenschaften, Astrologie, Alchemie und kabbalistischen Wissen. Sein System baut auf der Harmonie der drei Welten, der Welt der Materie, der Welt des Himmels und der Welt der Engel, auf.

Charles de Bouelles (1479–1567)

Trithemio, ein trefflicher Zauberer*

Ich hab mich zum Trithemio verfüget / welchen ich wol als einen trefflichen Zauberer / aber darneben in keinem Stück der Philosophi gefaßt / befunden hab / ein Buch hat er geschmidtet / und demselben den Namen Steganographia gegeben / welches ich überrumpelt / und nicht mehr dann etlicher Capitulen Anfang gelesen / aber kaum zwo Stund in Händen behalten / und negsten von mir geworffen hab / dann mich ein Grausen und Schröcken ankam / von wegen solcher Beschwehrungen / und so Barbarischer und ungebräuchlicher Namen der Geister / ich hätte schier gesagt / der Teuffeln / welche meines Bedunckens mehrer Theil aus frembden Sprachen / Arabischer / Chaldeischer / Hebraeischer / Grichischer (dann der Lateinischen keine oder gar wenig) genommen sind: Aber ein Unzahl seltsamer Zeichen / damit die Beschwehrungen bezeichnet / werden da gefunden.

Heinrich Agrippa von Nettesheim (1486–1535)

Dem ehrwürdigen Vater, Herrn Johannes Tritheim,

Abt zu St. Jakob in der Vorstadt von Würzburg,
wünscht Heinrich Cornelius Agrippa von Nettesheim
Glück und Heil.

Als ich neulich bei Euch, Ehrwürdiger Vater, in Eurem Kloster bei Würzburg eine Zeitlang mich aufhielt, und wir viel über chemische, magische, kabbalistische und sonstige geheime Wissenschaften und Künste gesprochen hatten, da wurde unter anderem auch die wichtige Frage aufgeworfen, warum wohl die Magie, die einst nach dem einstimmigen Urteile aller alten Philosophen den höchsten Rang einnahm und bei den Weisen und Priestern des Altertums stets im größten Ansehen stand, in der Folge den heiligen Vätern seit der Entstehung der katholischen Kirche immer verhaßt und verdächtig gewesen und endlich von den Theologen verworfen, von den heiligen Konzilien verdammt und überall durch gesetzliche Bestimmungen geächtet worden sei. Nach reiflicher Erwägung glaube ich die Ursache hiervon darin gefunden zu haben, daß, als die Zeiten und Menschen schlechter wurden, viele Pseudophilosophen und angebliche Magier sich einschlichen, die von den verschiedenen häretlichen Sekten und falschen Religionsparteien viele höchst verwerfliche, abergläubische und finstere Zeremonien entlehnten und sogar mit der orthodoxen Religion gegen die Ordnung der Natur und zum Verderben der Menschen einen schändlichen, gotteslästerlichen Mißbrauch trieben. Diese haben auch die vielen verrufenen Bücher, die man heutzutage sieht, und denen sie den sonst so ehrbaren Namen Magie vorgesetzt, herausgegeben. Da sie durch einen solch hehren Titel ihrem fluchwürdigen Gaukelwerke Eingang zu verschaffen hofften, brachten sie es dahin, daß der einst hochgepriesene Name Magie jetzt allen guten und rechtschaffenen Menschen verhaßt ist und es als ein Hauptverbrechen gilt, sobald jemand in Worten oder Werken sich für einen Magier auszugeben wagt, wenn nicht etwa ein altes, närrisches Weib auf dem Lande für sehr erfahren in solchen Dingen gehalten werden und die Leute glauben machen will, daß sie (wie Apulejus sagt) den Himmel herabziehen, die Erde aufhängen, die Quellen verstopfen, die Berge zergehen lassen, die Manen ans Licht ziehen, die Götter entkräften, die Gestirne auslöschen, und selbst den Tartarus erbellen könne; oder wie Virgil singt:

> Diese verspricht durch Zaubergesang die Herzen zu lösen,
> Welche sie will, und andre mit Liebesqual zu beladen,
> Flüsse zu hemmen im Lauf, und zurück die Sterne zu wenden;
> Auch beschwört sie die Manen der Nacht. Ihr unter den Füßen
> Sieht man brüllen die Erd' und Eschen den Bergen entsteigen.

Solche Dinge, wie sie z. B. auch Lucan von jener thessalischen ärgerlichen Zauberin und Homer von der Allmacht der Circe erzählen, sind größtenteils erlogenes, abergläubisches Zeug, verderbliche Erdichtungen, die, obgleich sie nicht unter den Begriff einer erlaubten Kunst fallen können, doch den ehrwürdigen Titel Magie zu ihrem Aushängeschilde nehmen. Bei Betrachtung eines derartigen Treibens erregte es gleichermaßen meine Verwunderung und meinen Unwillen, daß noch niemand eine so erhabene und heilige Wissenschaft gegen sträfliche Entweihung in Schutz genommen oder sie rein und lauter dargestellt hat; denn alle Neueren, soweit ich sie kenne, wie die Engländer Roger Baco und Robert, Petrus von Abano, Albertus Teutonicus, Arnold von Villanova, Anselm von Parma, der Spanier Picatrix, der Florentiner Cicchus Asculus und viele andere, aber weniger bekannte Autoren versprechen die Magie zu lehren, bieten uns aber nichts als einige jeder vernünftigen Grundlage ermangelnde Hirngespinste oder aller rechtschaffenen Leute unwürdigen Aberglauben. Dies brachte mich, der ich von früher Jugend an allen wunderbaren Wirkungen und geheimnisvollen Operationen aufmerksam und unerschrocken nachgeforscht hatte, auf den Gedanken, daß es wohl kein unlöbliches Unternehmen wäre, wenn ich die wahre Magie, jene uralte Wissenschaft aller Weisen, nach vorheriger Reinigung von gewissenlosen Verfälschungen und unter sorgfältiger Entwickelung ihrer Prinzipien, wiederherstellen und gegen ihre Verleumder in Schutz nehmen würde. Obwohl ich mich schon lange mit diesem Gedanken trug, so wagte ich doch bis jetzt nie zur Ausführung zu schreiten. Seit unserer über derartige Gegenstände zu Würzburg stattgefundenen Unterhaltung jedoch hat Eure ausgezeichnete Erfahrung und Gelehrsamkeit sowie Eure eifrige Ermahnung mir neuen Mut gemacht. Ich habe nun nach den Schriften der bewährtesten Philosophen, unter Fernhaltung des verwerflichen und fälschlich für magische Traditionen Ausgegebenen, in letzter drei Bücher über die Magie in tunlichster Kürze verfaßt und ihnen den weniger anstößigen Titel »Geheime Philosophie« gegeben. Da Ew. Ehrwürden in solchen Dingen die umfassendsten Kenntnisse haben, so lege ich Euch jetzt dieses Werk zur strengen Prüfung und Beurteilung vor, damit, wenn ich irgendwo gegen die Natur, gegen Gott oder die Religion gefehlt habe, Ihr den Irrtum verdammen, andererseits aber die Wahrheit beschützen wollet, falls jene ärgerlichen Dinge, womit die Bosheit diese Wissenschaft entstellte, Euch vollkommen ausgemerzt erscheinen. Überhaupt bitte ich Euch, mit diesem unserem Werke, wie mit der Magie selbst, so verfahren zu wollen, daß nichts verheimlicht werde, was nützen, und nichts Billigung finde, was nur schaden könnte, damit, wenn das Werk Eure Prüfung bestanden hat und Eures Beifalls nicht unwürdig gefunden worden ist, es würdig sei, einst bei günstiger Gelegenheit an die Öffentlichkeit zu treten und das Urteil der Nachwelt nicht zu fürchten habe. Lebet wohl und lasset unserem gewagten Unternehmen Eure Nachsicht angedeihen.

Johannes Praetorius (1630–1680)

Eine gleichmäßige Geschicht*

Eine gleichmäßige Geschicht melden andere Scribenten von Joh. Trithemio, daß er dem Käiser Maximiliano (ob es nun eben diese D. Fausti Geschicht ist, nur daß die Namen verändert worden, oder aber solche sich nach Fausti Tod bey dem Käiser zu getragen, stehet dahin) seine verstorbene Gemahlin Mariam, Hertzogin von Burgund die eine schöne Person, und dem Käiser hertzlich lieb gewesen, in einem absonderlichen Gemach, darinn er mit dem Käiser und noch einer seiner vertrauten Person alleine war, durch seine Zauberey und Schwartzekunst habe sichtbarlich præsentiret, und gezeiget, da sie denn fein sittsamlich bey ihm fürüber gangen, sich gegen ihm geneiget, geliebelt und ihn angelacht, mit allen Geberden, Form und Gestalt seiner rechten Gemahlin so gleich daß der Käiser auch ein schwartzes Flecklein, so sie hinden am Hals gehabt, an ihr gemercket mit grosser Verwunderung. Indem aber gemeldter Trithemius dem Käiser seine Gemahlin durch seine Kunst also vorgezeiget, hat er ihm verboten, daß er kein Wort reden solte. Als nun das Gesicht oder der Geist vor ihm fürüber gehet, kommt ihm ein solch Grausen an, daß er dem Abt wincket, er solte das Gespenst abschaffen, und als es weg, hat er mit Zorn und Zittern gesprochen: Münch, mache mir der

Possen nicht mehr. Denn er bekennet, wie schwerlich er sich deß Redens enthalten können, wäre es aber geschehen, so wäre der fromme Herr von dem Gespenst erwürget worden, denn darauf wars gespielet: aber Gott hat den frommen Herrn gnädiglich behütet, daß er hinfort solcher Schauspiele müssig gienge.

Eben dieser Trithemius hat vorher zu anderer Zeit höchstermeldtem Käiser alle verstorbene Käiser und andere grosse Heiden, in seinem Gemach nacheinander gehend vorgestellet, einen jeden in seiner Gestalt und gebräuchlicher Kleidung; unter welchen auch gewesen Alexander Magnus, Julius Cæsar, wie auch seine andere Braut und Hochzeiterin, Fräulein Anna aus Britannien, welche der König in Franckreich, Carolus Gibbosus, ihm genommen und aufgefangen hatte.

Martin Luther (1483–1546)

Ein Zäuberer und Schwarzkunstiger, der Abt von Spanheim*

Gleich wie ein Zauberer und Schwarzkunstiger, der Abt von Spanheim, hatte zu Wegen gebracht, daß Kaiser Maximilian alle verstorbenen Kaiser und große Helden, die Neuen Besten, so man also heißet, in seinem Gemach nach einander gehend gesehen hatte, wie ein jeglicher gestalt und bekleidet war gewest, da er gelebet, unter welchen auch gewest war der große Alexander, Julius Cäsar, item des Kaisers Maximilian Braut …«

Augustin Lercheimer (1522–1603)

Johannes von Trittenheim, ein gar gelehrter weiser Mann*

Zu vnserer Vätter zeit, vor siebenzig Jaren lebte Johannes von Trittenheim, ein gar gelehrter weiser Mann: aber in dem nit weiß, daß er dem Teuffel gar zugethan vnd geheim war: wiewol ers keinen Namen haben wolt, gab für es ginge alles natürlicher weise zu: welches jm doch nimmer kein verstendiger Christ glaubet, der sein thun liset und höret. Er war Abt zu Spanheim auff dem Hundsrück (da war der Teuffel Abt, nach dem sprichwort) da er ein vberauß köstlich Liberey hatt angerichtet. Von dannen ward er vom Hertzogen, weiß nit auß was vrsachen, vnnd von seinen Brüdern, den Mönchen vertrieben, die jn beneideten von wegen seiner geschicklichkeit, vnnd großen Namens in allen Landen, vnd gunstens den er bey vielen, Keyser und Fürsten hatte, vnd hasseten jn dz er im Closter vber zucht vnd zwang härter hielt dann sie wollten. Sagte, sein Geist hettes jm etliche jar zuvor offenbaret, er würde nit Abt zu Spanheim sterben. Dieser Abt hat viel wunders, nemlich viel Gespenstes getrieben, dadurch er den Herrn bekannt, anmütig vnd geheim worde.

Diß, was ich jetzt von jm erzelen will, hab ich zu mehrmaln von ansehnlichen glaubwürdigen Leuten gehört. Keyser Maximilian der erste, der hochlöblich, hatte zum ehegemahl Mariam Carlos von Burgundien Tochter, die jm hertzlich lieb war, vnd er sich hefftig vmb jiren Todt bekümmerte. Diß wußte der Abt wol, erbeut sich, er will sie jhm wider für augen bringen, daß er sich an jrem Angesichte ergetze, so es jm gefalle. Er leßt sich vberreden, willigt in diesen gefehrlichen fürwitz. Gehen miteinander in ein besonder Gemach, nemmen noch einen zu sich, daß jrer drey waren: vnd verbeut jnen der Zäuberer, dz jrer keiner bey leibe kein wort rede, so lang das Gespenst werete. Maria kompt herein gegangen, wie der gestorbene Samuel zu Saul, spaziert fein seuberlich für jnen vber, für lebendigern waren Marien so ähnlich daß gar kein vnderscheid war vnnd nat das geringste daran mangelte. Ja in anmerckung vnd verwunderung der gleichheit, wird der Keyser eingedenck, dz sie ein schwartz flecklein zu hinderst am Halse gehabt, auff dz hat er acht vnd befindts auch also, da sie zum andern mal fürüber gieng. So eben weiß der Teuffel, wie ein jeder geschaffen ist, vnd so ein gute gedechtnuß hat er, vnd solcher Meister ist er im abcontrofeien. Da ist dem Keyser ein grauwen ankommen, hat dem Abt gewincket, er sol das Gespenst weg thun: vnnd darnach mit zittern vnd zorn zu ihm gesprochen: Mönch, mache mir der possen keine mehr: vnd hat bekannt wie schwerlich vnnd kaum er sich habe enthalten, daß er jr nicht zu redete. Wann das geschehen were, so hette jn der böse Geist vmbbracht. Darauf wars gespielt: aber Gott hat den frommen Gottsförchtigen Herrn gnediglich behüt und gewarnet, daß er hinnfort solcher schawspiele müßig gienge.

Demselbigen Abt wartete sein Geist dermaßen auff den dienst, war jhm allenthalben vnnd jeder zeit also willig vnd bereit, daß, wann er vber feld reisete, vnd etwa in eine kalte Herberge kam, jm dann der Geist speiß vnnd tranck anderswo herzu trug. Er ist einmal im Franckenland gereyset, vnd under andern seinen gefehrten gewesen ein fürnemmener Mann, Keyserlicher vnd der Stadt N. Rath, der diß erzehlet hat: Daß sie in ein Wirtshauß kommen seyn, da nichts guts zu essen noch zu trincken gewesen. Da hat der Abt nur an Fenster geklopffet vnnd gesprochen, *adfer,* das ist, bringe. Nicht lange darnach wirdt ein Schüssel mit eim gekochten Hecht zum Fenster hinnein gereicht, vnnd daneben ein Flasche Wein. Davon hat der Abt gessen vnnd getruncken: die andern haben ein abschewen darob gehabt vnnd es nicht genossen: Wie ich auch gethan hette. Wollte lieber, vnnd hette lieber sollen hungers sterben, dann vom Teuffel mich speisen vnd trencken lassen. Dessen vns der Herr Christus ein fürbild vnd lehr gegeben hat, da jm der Sathan rihet daß er auß Steinen Brodt machete: vnd er jhm antworte, der Memsch lebet nit allein vom Brot, sondern, etc.

Eberhard David Hauber (1695–1765)

Nachricht von der Steganographia des Abts Trithemii

Die *Steganographia Trithemii* ist so ein berühmtes Buch, daß vielleicht einige meiner Leser sich bereits vor demselben fürchten, und einige, daß desselben nur gedacht werde, sich verwundern werden. Es ist aber auch ein so rares und unbekanntes Buch, daß ich gewiß bin, daß die wenigste meiner Leser dasselbe nicht gesehen haben. Ich habe offt und vieles schon vor vielen Jahren davon reden hören, aber die mir davon sagten, hatten es so wenig als ich gesehen, und auch nur von anderen davon sagen gehöret. Die allermeiste aber stimmeten darinnen überein, daß es ein gottloses, leichtfertiges Buch sey, in welchem lauter erschreckliche Beschwörungen der bösen Geister enthalten seyen, und verlangten es also auch nicht zu sehen, und wiederriethen anderen es abzusehen, wann sie es auch hätten und haben konten.

Es ist auch nicht zu wundern, daß diejenige, die dieses Buch angesehen haben, solche Gedancken davon gefasset, und solche Nachricht andern davon gegeben haben; indem darinnen so viel Beschwörungen der Geister enthalten sind, daß dergleichen fast auf allen Blättern vorkommen, und man es fast nicht aufschlagen kann, ohne entweder eine fürchterliche Beschwörung oder verdächtige-Characteren, oder sonst dergleichen etwas zu finden.

Gewiß diejenige, die dieses berüchtigte Buch zuerst geshen haben, haben nicht nöhtig gehabt, weiter zu lesen, um von dem Inhalt desselben die schlimste Meynung zu fassen, oder darinnen gestärcket zu werden. Wann sie aber auch weiter gelesen hätten, so würden sie immer mehr darinnen gestärcket worden seyn. Gleich nach dem vorher gesagten folget eine Figur, in deren die Geister nach den Winden der Erden eingetheilet sind, jeder hat sein besonderes Zeichen, welche Zeichen fast den Arabischen Buchstaben gleichen, bey jedem Geist stehet verzeichnet, wie viel er andere Geister unter sich habe, und diese Bediente werden abgetheilet in Tag- und Nacht-Bediente, und haben wieder andere Unter-Bediente unter sich. Zum Exempel, der *Pamersiel* hat den Morgen- oder Ost-Wind unter sich, 1000 Bediente bey Tag und 10 000 bey Nacht. Doch diese beyde scheinen die weitläufftigste Gewalt zu Haben, und die andere haben alle viel weniger. Zum Exempel, gleich der dritte *Camnel,* der den *Eurum,* hat nur 10 Bediente bey Tage und 10 bey Nacht, und so die übrige bald 10, 20 ,30, 40, 50 und mit solchen Beschwörungen ist das gantze Buch angefüllt, und kommen immer neue Namen der Geister, und neue Beschwörungs-Formuln.

Es ist nicht zu vermuhten, daß diejenige, welchen dieses Buch zuerst zu Gesicht gekommen, nachdem sie den bisher gezeigten Anfang desselben, oder etwas dergleichen, darinnen wahrgenommen, in demselbigen noch weiter, noch vielweniger aber, daß sie solches völlig werden durchgelsen haben. Es wäre solches auch von ihnen nicht zu fordern. *Ex ungue leonem,* werden sie gedacht haben, an solchen Klauen kann man den Löwen oder den Wölff schon kennen; oder vielmehr den leibhafftigen Teufel.

Eliphas Levi (1810–1875)

Dieser Traktat ist ein Schlüssel aller alten und neuen Prophetien*

Tritheim, einer der größten Magier der christlichen Zeit, der prachtvolle Abt eines Benediktinerklosters, der weise Theologe und Lehrer des Cornelius Agrippa, hat unter seinen unzähligen und unschätzbaren Werken einen Traktat mit dem Titel: *De septem secundeis, id est intelligentiis sive spiritibus orbes post Deum moventibus* hinterlassen. Dieser Traktat ist ein Schlüssel aller alten und neuen Prophetien und ein mathematisches, historisches und einfaches Mittel, Isaias und Jeremias im Vorausschauen aller großen künftigen Ereignisse zu übertreffen. Der Verfasser zeichnet in großen Zügen die Philosophie der Geschichte und teilt das Bestehen der ganzen Welt unter die sieben Genien der Kabbala. Es ist die größte und weitestgehende Erklärung, die jemals über die sieben Engel der Apokalypse gegeben worden ist, die mit Trompeten und Kelchen nacheinander erscheinen, um das Wort und die Verwirklichung des Wortes auf Erden zu verbreiten. Die Herrschaft jedes Engels währt 354 Jahre und 4 Monate.

Agrippa von Nettesheim

(eigtl. Heinrich Cornelius)

Agrippa von Nettesheim.
(Kupferstich aus J. Scheible, Das Kloster. Stuttgart 1847)

Ich will nun werden, was Agrippa war,
des Namen ganz Europa noch verehrt.
Christopher Marlowe (1564–1593)

»Noch übler ist es / jenem Tischgenossen Henr. Cornelii Agrippæ
bekommen / daß er dieses Schwartzkünstlers Beschwerungs-Buch
eins Mals / da der Agrippa nicht daheim gewest zur Hand genommen /
und aus lautrem Vorwitz / daraus den Teufel zu beschweren
sich unterstanden: sintemal er / von demselben / gleich überfallen /
und auff der Stelle erwürgt worden.«
Erasmus Francisci (1627–1694)

Leah Levine (1961)*

Agrippa von Nettesheim
eigtl. Heinrich Cornelius (1486–1535)

»Alchemie ist die Kunst,
die gute Menschen hassen und die meisten tadeln.«

Agrippa wurde in Köln als Sohn einer Adelsfamilie geboren und strebte sein gesamtes Leben danach, Wissen anzuhäufen. Er studierte an namhaften Universitäten, brachte sich aber zusätzlich vieles autodiktatisch bei. Latein, Astrologie, Theologie, Geometrie, Medizin, Mechanik, magisches Denken und das Studium der Kabbala und des römischen Rechts waren nur einige seiner Interessengebiete.

Agrippas Leben war ein einziges Abenteuer und oft schwebte er in Lebensgefahr, da er Konflikten und Streitereien nicht aus dem Weg ging. Er reiste viel, einerseits um seinen Wissensdurst zu stillen, andererseits weil sein Temperament ihn immer wieder zur Flucht zwang. Deutschland, Frankreich und England dienten ihm zeitweise als Heimat. 1507 war er in Paris, 1508 in Spanien, 1509 dozierte er in Dôle über Reuchlin. Während einer Vorlesung zog er sich den Zorn des Provianzial Jean Catilinet zu, der ihn der Häresie beschuldigte: Er – Agrippa – würde die verbotene kabbalistische Kunst mit der christlichen Lehre vermischen. Ein Jahr später schrieb Agrippa in London eine Streitschrift gegen Catilinet und ließ sie in Humanistenkreisen zirkulieren, womit er sich auch noch den Haß vieler Franziskaner und den Argwohn der Dominikaner zuzog – in seiner Zeit ein lebensgefährliches Unterfangen.

Agrippa hatte engen Kontakt zu Johannes Trithemius, dem Abt von Sponheim, der ihn anregte, das magische Wissen niederzuschreiben und von dem Fluch der Scharlatanerie zu reinigen. So verfaßte er im selben Jahr »De occulta philosophia« (Die verborgene Philosophie), die aber erst Jahre später erschien und für viel Verwirrung sorgte, da inzwischen ein neues Werk »De incertitudine et vanitate scientiarum« (Von den Eitelkeiten der Wissenschaften und Künste) erschienen war, in dem Agrippa vieles aus seinem ersten

Werk widerrief, um sich der Verfolgung zu entziehen. Nach Trithemius' Tod erbte er die magischen Bücher aus der umfangreichen Klosterbibliothek, die er aber erst später in seinem Leben einforderte.

Agrippa war sprachlich ein Genie, er konnte acht Sprachen, davon sechs fließend und wurde damit für viele hohe Herren, Kaiser und Könige interessant, die ihn immer wieder in ihre Dienste nahmen, bis er es sich wieder mit ihnen verdarb und von deren Gehaltslisten gestrichen wurde. Immerhin brachte er es 1512 aber zum Ritterschlag, nachdem er erfolgreich gegen die Venezianer gekämpft hatte.

Sein Lebenslauf beinhaltete aber auch Tätigkeiten als Hauptmann, Leibarzt, Beamter, Archivar und Historiograph.

Immer wieder nutzte Agrippa die Zeit, seine Studien zu vertiefen, hielt Vorlesungen über Hermes Trismegistos in Pavia, promovierte zum Doktor der Medizin und des Rechts. Als im Rahmen kriegerischer Auseinandersetzungen Pavia fiel, verlor er sein gesamtes Hab und Gut und mußte nach Piemont fliehen.

Als er eine Frau vor dem Scheiterhaufen rettete, geriet er wieder einmal in ernste Schwierigkeiten. Denn, wer juristisch gegen die Inquisition gewann, mußte wohl mit dem Teufel im Bunde stehen, und seine Leidenschaft für die okkulten Wissenschaften half nicht gerade, diesen Verdacht zu entschärfen, der ihm bis über den Tod hinaus anhaften sollte.

Nach einer Zeit in Genf, wo Agrippa als Arzt praktizierte, verschlug es ihn nach Freiburg, wo er sich neue Feinde machte, als er öffentlich für seinen alten Freund Trithemius eintrat, der post mortem des Betruges und des Betreibens schwarzer Magie diffamiert wurde. Inzwischen erschienen auch seine eigenen Bücher, und die katholische Kirche lief Sturm gegen das Universalgenie. Sie warfen ihm Ketzerei vor und wollten seine Texte sogar verbieten. Der Kaiser selbst mischte sich ein und bat Agrippa, er möge die Kritik an Kirche und Klerus doch widerrufen, aber dieser verweigerte solch ein Ansinnen. Unter einem Vorwand wurde er 1530 in Brüssel verhaftet und für mehr als ein Jahr in den Schuldturm geworfen.

In seinen Texten versuchte Agrippa eine Synthese aus christlichem Glauben, kabbalistischem Geheimwissen und neuplatonischem Gedankengut zu erreichen. Er verleugnete zwar nicht die Dreifaltigkeit Gottes, des Vaters, des Sohnes und des heiligen Geistes, aber mit seiner Idee von der Weltenseele und dem allesbeseelten Kosmos, der auch die Materie nicht ausschloß, widersprach er den theologischen Vorstellungen seiner Zeit. Seelenwanderung und Reinkarnation erschwerten das Verständnis seiner Ideenwelt, ebenso wie seine ausführliche Zahlenmagie beziehungsweise Numerologie. Agrippa schloß sich einer Gesellschaft an, in der magische Praxis und das Wissen der Geheimwissenschaften gelehrt und vertieft wurde. Seine Theorie, daß der Besitz der Kräfte der höheren Welt, es erleichtert, die niedere Welt zu beherrschen, fand hier viele Anhänger und Nachahmer.

Als er 1526 seine Gegenschrift zu »De occulta philosophia« schrieb, kritisierte er unter anderem die Tanzwut, die Leichtgläubigkeit, die höfische Baukunst, die Astrologie und sogar seine so hochgeschätzte Kabbala, die er ja immer als Ausstrahlung des göttlichen Willens ansah, aber ebenso den Ämterkauf und die Inquisitionsprozesse. Erst 1531 bekannte sich Agrippa wieder zu seinen ursprünglichen Ideen. –

Nicht nur für Johann Wolfgang von Goethe, sondern auch für Christopher Marlowe wurde Agrippa zum Vorbild des Dr. Faust, der für Wissen seine Seele dem Teufel verkauft. Ursache dafür war vermutlich auch Agrippas schwarzer, großer Pudel, den er auf dem Totenbett von einem, mit magischen Symbolen verzierten Halsband befreite und der sich dann angeblich im nahen Fluß ertränkte, nachdem sein Besitzer 1535 in Grenoble starb.

Eine französische Legende erzählt, Agrippa würde dank eines geheimen Elixiers noch heute leben. Wahrscheinlich ist damit aber eher sein unverminderter Einfluß auf die Geschichte(n) der ihm nachfolgenden Magier, wie etwa John Dee und andere gemeint, die bis heute anhält.

François Rabelais (1494–1553)

Wie sich Panurg beym Her Trippa beräth

Hört an, fuhr Epistemon fort, was ihr, wenn ihr mir folgen wollt, noch thun könnt eh wir wieder heim zu unserm König gehn. Hie unweit der Insel Bouchard wohnt Her Trippa. Ihr wißt wie er durch Astrologi, Geomanti, Chiromanti, Metopomanti und andre Künst vom gleichen Schrot alle zukünftige Ding weissaget. Laßt uns von eurer Sach mit ihm traktiren. – Davon, sprach Panurg, weiß ich just nix, wohl aber weiß ich daß ihm einsmals, derweil er sich mit dem grossen König von himmlischen und übernatürlichen Dingen besprach, die Hof-Lakayen auf der Stieg beym Hinterpförtlein nach Herzenslust sein Weib kartätschten, die traun nicht schlecht war. Und Er, der alle ätherische und irdische Ding ohn Brill belugt', Vergangenheit und Gegenwart am Schnürlein hätt, und alle Zukunft zum voraus sagt, sah nur sein Weib nicht wackeln, und hats auch nimmermehr erfahren. Wohl! laßt uns zu ihm, weil Ihrs wollt. Man kann zuviel nicht lernen. –

Christopher Marlowe (1564–1593)

Ich will nun werden was Agrippa war*

Kommt, meine Freunde Valdes und Kornelius,
Und gönnt mir eure weise Unterhaltung.
Valdes, Freund Vales und Kornelius,
Wißt, daß eur Wort mich endlich hat gewonnen,
Die Magik und geheime Kunst zu üben.
Philosophie ist lästig mir und dunkel,
Arznei und Jus sind gut für kleine Seelen,
Magie, Magie ist's, was mein Herz entzückt!
Drum, edle Freunde, helft mir dieß erstreben,
Und ich, der ich durch feine Syllogismen
Der deutschen Kirche Hirten jüngst verwirrt,
Um deß Probleme sich die stolze Jugend

Der Schule drängte, wie die Höllengeister
Um des Musäus Lied im Reich der Schatten,
Ich will nun werden was Agrippa war.
Deß Namen ganz Europa noch verehrt.

Thomas Nashe (1567–1601)

Agrippas Kunststück in Wittenberg*

Inmitten dieser allgemeinen Versammlung fanden wir jenen kenntnisreichen Gelehrten Cornelius Agrippa. Zu der Zeit stand er in dem Ruf, der größte Geisterbeschwörer in der Christenheit zu sein. Scoto, welcher der Königin die Gauklerkunststücke vorführte, reichte nicht zu einem Viertel an seinen Ruf als Magier heran. Die Doktoren von Wittenberg, vernarrt in die Gerüchte, die über ihn umliefen, wünschten, er solle vor dem Herzog und ihnen etwas ganz Einzigartiges vorführen.

Einer verlangte den lustigen Plautus zu sehen und er solle ihnen zeigen, wie er gekleidet war und wie er aussah, als er in der Mühle Korn mahlte. Ein anderer hatte Lust auf Ovid und seine Hakennase. Erasmus, der bei diesem würdigen Treffen nicht fehlte, verlangte Cicero zu sehen, in derselben Eleganz und Majestät, mit der er sein Plädoyer pro Roscio Amerino gehalten hatte, und betonte, bevor er nicht persönlich die Eindringlichkeit seines Plädoyers erlebt habe, könne er keineswegs glauben, daß irgend jemand in einem so klaren Fall mit solch merkwürdiger Rhetorik die Oberhand gewinnen konnte. Erasmus' Bitte gab er bereitwillig statt; und als er befohlen hatte, die Doktoren sollten zu einer bestimmten Stunde ihre Versammlung abhalten und jeder solle auf seinem Platz bleiben, ohne sich zu rühren, da kam zur festgesetzten Zeit Cicero herein, bestieg seinen Verteidigerstand und hielt Wort für Wort die besagte Rede, aber mit so erstaunlicher Überzeugungskraft, mit so leidenschaftlicher Erregung, mit so herzbewegenden Gesten, daß alle seine Zuhörer bereit waren, seinen schuldigen Klienten als einen Gott einzusetzen.

Groß war der Beifallssturm, den Agrippa mit diesem einen Kunststück errang. Und in der Tat war er so bedrängt von Leuten, die kamen, um ihn zu sehen, daß er sich genötigt fühlte, eher, als er wollte, zum Hof des Kaisers zurückzukehren, von wo er gekommen war, und Wittenberg eher zu verlassen, als er vorgehabt hatte.

Johannes Praetorius (1630–1680)

Von Agrippas Teuffels-Hund*

Hieher gehöret auch / das Agrippa seinen Teuffels-Hund hat Dominum geheissen / wie zu lesen beym Autore oder Bedino de Magorum Demonoman: p. m. 260. a. im folgenden: demnach ist wohl zu mercken / das wir bekant / er (D. Wierus) seye des Agrippa Schüler gewesen: So doch derselbig der aller gröste Zauberer war / der zu seiner Zeit gelebt: Ja nicht allein sein Schüler: Sondern auch sein Knecht und Diener: Der mit ihm täglich gessen / getruncken / und geschlaffen / nach dem er sein Weib / wie er selbst bekant / von sich gestoßen gehabt. Das aber Bischoff Paulus Jovius in Elogiis, und viel andere schreiben / wie des Agrippæ schwartzer Hund / welchen er Dominum nante / gleich so bald als Agrippa im Spital zu Grenobel gestorbe gewest / sich in Beywesen vieles Volcks in das für fliessend Wasser gestürtzet habe / und von derselben Zeit an niemals mehr gesehen sey worden. Da sagt D. Wier darüber / derselbe sey nicht der Satan in Hundsgestalt gewesen / denn er habe ihn dem Agrippæ, an einen Strick nach geführet / und der Hund sey allezeit zwischen ihm unn dem Agrippa gelegen. So offt er auch seines Meisters des Zauberers gedencket / komt er stäts mit diesen Worten: *Felicis memoriæ Agrippa oder Venerandi Præceptoris mei Agrippæ,* ungeacht daß nicht ein einiger verständiger Mensch ist / nach dem er Agrippe Bücher gelesen / nicht bekente / daß er der aller gröste Zauberer in der gantzen Welt gewesen sey. etc.

Johann Nikolaus Pfitzer (1634–1674?)

Drey Zauber-Bücher Henrici Cornelii Agrippæ*

Drey Zauber-Bücher Henrici Cornelii Agrippæ, (von denen Libavius im Bedencken von der Fama und Confession der Fraternität deß Rosen-Creutzes c. 7. also schreibt: Agrippæ Occulta Philosophia ist so angenehm, daß man sie verbotten hat, im Buchladen feyl (zu haben) und noch viel andere mehr.

Pierre-Joseph-Antoine Dumonchaux (1733–1766)

Die unfehlbarsten Liebestränke und die mächtigsten Reizungen*

Agrippa, dieser übertriebene Tadler der Künste und Wissenschaften, behauptet; »daß keine Kunst noch Wissenschaft die Unzucht und Schwelgerey mehr befördere als die Arzneykunst, sie bietet, seiner Meynung nach, aus ihrem reichen Vorrathshaus Mittel an die Hand, eine Geliebte zur äussersten Gunstbezeigung zum Genuß der Liebe zu bewegen, sie weis den gemachten Riß zu verbessern, und das äusserliche Ansehen der Jungferschaft wieder herzustellen; sie kann das Aufschwellen der Brüste vertreiben, der Wassersucht der Fruchtbarkeit vorkommen, den Lauf der Schwängerung verhindern etc.«, aber alle diese schönen Kenntnissen können den Aerzten wohl nicht im Ernst zugeschrieben werden. Sie mögen so geschickt seyn als sie wollen, so wissen sie nichts, was eine Person, die nichts reizendes an sich hat, liebenswürdig machen könnte. Viel Annehmlichkeit, ein wenig Schönheit, hauptsächlich dieses schmachtende Feuer, welches zwey schöne Augen so sehr beleben kann, und vieleicht auch ein wenig von dieser eindringenden Art der auf Eroberungen ausgehenden Schönen, dieses sind die unfehlbarsten Liebestränke, und die mächtigsten Reizungen.

Ludwig Aurbacher (1784–1847)

Sie trieben die schwarze Kunst*

Ja, einige, wie jener Agrippa von Nettesheim, gingen in ihrer Verblendung und Verruchtheit so weit, daß sie das Wort Gottes und die Kraft des Himmels selbst dazu mißbrauchten, um den Satan, in dessen Macht die Natur seit dem Sündenfalle gegeben ist, zu zwingen, daß er ihnen die Schätze der Unterwelt und der Hölle aufthue. Sie trieben – wovor Gott alle Christenmenschen gnädiglich bewahren wolle! – die schwarze Kunst, die finstern Werke der Zauberei, und ergaben sich, auf daß ihnen der Böse dienstbar sei in der Zeit, der Dienstbarkeit des Bösen in alle Ewigkeit. –

Waleri Jakowlewitsch Brjussow (1873–1924)

Zu Besuch bei Agrippa von Nettesheim*

Die Studierstube Agrippas erinnerte auf den ersten Blick an ein Museum oder an eine Klosterbibliothek, so sehr war sie überfüllt mit Schränken voller Bücher, Mappen, Lesepulten, mit ausgestopften Tierbälgen und den verschiedenartigsten physikalischen Gerätschaften und Instrumenten; selbst auf den Bänken und auf dem Boden waren Handschriften, Zeichnungen und allerhand Papiere verstreut. Hie und da lagen dichte Staubschichten, es roch nach Moder, aber die Sonne, die durch das schmale gotische Fenster in das Zimmer drang, schien auf all dies recht freundlich und hell. An einem breiten Tisch, der gleichfalls mit Folianten und Heften bedeckt war, saß in einem hohen Sessel, gewissermaßen unter all den Papieren begraben, ein recht kleiner Mann. Er war noch nicht alt, sein rasiertes Gesicht war mager, auf dem grauen Haar trug er ein himbeerfarbenes Sammetkäppchen und um die Schultern einen pelzverbrämten weißen Mantel. Ich erkannte sogleich Agrippa, denn er sieht seinem Bilde, das auf dem Umschlage des Werkes »De occulta Philosophia« gedruckt ist, sehr ähnlich, nur sein Gesichtsausdruck schien mir ein wenig anders: auf dem Bilde schaut er gutmütig und offen drein, während in seinem Antlitz in Wirklichkeit ein Zug von Verachtung und Ekel zu bemerken ist, der vielleicht daher rührt, daß seine Lippen greisenhaft herabhängen und die müden Lider die lebhaften und scharfen Augen halb verdecken. Zu Agrippas Füßen, mit der Schnauze auf seinen Knien, saß sein schwarzer Lieblingshund, ein kleines Tier mit zottigem Fell und erstaunlich – fast menschlich – klugen Augen, der, wie ich später erfuhr, Monseigneur gerufen wurde.

Ich verbeugte mich und blieb auf der Schwelle stehen, Agrippa aber begrüßte mich mit einer Neigung des Hauptes, als sei er ein König, der es gewohnt ist, Audienzen zu erteilen, und sagte: »Willkommen, Herr Reisender! Mein Freund Hetorpius schreibt mir von Euch. Im Alter sind mir nur wenige Freunde geblieben, sehr wenige, dafür ist ein jedes ihrer Worte für mich Verpflichtung. Setzt Euch und betrachtet Euch als Freund dieses Hauses.«

Marguerite Yourcenar (1903–1987)

In gewissem Sinn war alles Magie*

De Occulta Philosophia: Da gewisse Richter immer wieder auf die magischen Praktiken, denen er sich früher oder erst kürzlich gewidmet haben sollte, zurückkamen, wurde der Gefangene, der, um seine Kräfte zu schonen, fast nicht mehr nachdachte, veranlaßt, über dieses erregende Thema nachzugrübeln, das ihn neben anderen sein ganzes Leben lang so stark beschäftigt hatte. Vor allem auf diesem Gebiet widersprachen die Ansichten der Gelehrten denen des Pöbels. Von der gemeinen Herde wurde der Magier wegen seiner für unermeßlich gehaltenen Fähigkeiten gleichzeitig verehrt und gehaßt; da spitzte sich wieder das Ohr des Neids. Mit großer Enttäuschung hatte man bei Zenon nur das Werk von Agrippa von Nettesheim gefunden, das auch der Domherr Campanus und der Bischof besaßen, und das neuere von Giovanni della Porta, das Monsignore gleichfalls auf seinem Tisch hatte. Da man hartnäckig auf diesen Themen bestand, hielt es der Bischof um der Gerechtigkeit willen für angebracht, den Angeklagten zu verhören. Während die Magie für die Toren die Wissenschaft vom Übernatürlichen war, beunruhigte dieses System den geistlichen Würdenträger, weil es das Wunder leugnete. Zenon war in diesem Punkt beinahe aufrichtig. Das sogenannte magische Universum bestand aus Anziehungen und Abstoßungen, die mysteriösen, aber für den menschlichen Verstand nicht zwangsläufig undurchdringlichen Gesetzen gehorchten. Der Magnet und der Bernstein schienen unter den bekannten Substanzen die einzigen zu sein, die diese Geheimnisse halbwegs enthüllten, die noch niemand erforscht hatte und die eines Tages vielleicht alles aufklären würden. Das große Verdienst der Magie und ihrer Tochter, der Alchimie, war, für die Einheit der Materie einzutreten, weshalb gewisse Retorte-Philosophen geglaubt hatten, sie mit dem Blitz und dem Licht gleichsetzen zu können. Man schlug auf diese Weise einen Weg ein, der weit führte, dessen Gefahren aber alle Alchimisten, die dieses Namens würdig waren, erkannten. Die mechanischen Wissenschaften, mit denen sich Zenon stark beschäftigt hatte, waren mit diesen Forschungen verwandt, insofern sie sich bemühten, die Kenntnis der Dinge in eine Verfügungsgewalt über die Dinge und indirekt über den Menschen umzusetzen. In gewissem Sinn war alles Magie: Magie die Wissenschaft von Kräutern und Metallen, die dem Arzt erlaubte, die Krankheit und den Kranken zu beeinflussen; magisch die Krankheit selber, die sich dem Körper auferlegt wie ein Besessensein, von dem dieser manchmal nicht genesen will; magisch die Macht der schrillen oder tiefen Töne, die die Seele erregen oder sie im Gegenteil beruhigen; magisch vor allem die aufwühlende Macht der Worte, die fast immer stärker sind als die Dinge und die die Aussagen des *Sepher Yetsira* über sie verständlich macht, vom *Johannes-Evangelium* ganz zu schweigen. Der Nimbus, der die Fürsten umgibt und der von den Zeremonien der Kirche ausgeht, war Magie, und Magie waren die schwarzen Blutgerüste und grauenerregenden Trommeln der Hinrichtungen, die die Gaffer noch mehr als die Opfer faszinieren und erschrecken. Magisch endlich die Liebe und der Haß, die unserem Hirn das Bild eines Wesens einprägen, von dem besessen zu sein wir uns bereitfinden.

Dr. Johann Faust

Ertz-Zauberer und Magus Maximus von Knittlingen

Anonymer Stich
nach Rembrandt Harmensz van Rijn (1606–1669)

Wie verliebt war Deutschland – und ist es immer noch –
in seinen Doktor Faust.
Gotthold Ephraim Lessing (1729–1781)

O Faust, o Faust, du Mann des Fluches! Der arme Schmetterling bist du!
Inmitten Sturms und Wogenbruches wankst du dem Untergange zu.
Nikolaus Lenau (1802–1850)

Der Faust sitzt dem Deutschen wie Blei auf den Schultern,
hat sich ihm ins Herz genistet, in sein Blut eingesogen.
Ferdinand Gustav Kühne (1806–1888)

*Leah Levine (*1961)*

Dr. Johann Faust
(1485–1540)

»Ein Mann, mehr Buch als Person.«

Faust ist schwer greifbar. Es sieht so aus, als seien verschiedene Personen des 15. und 16. Jahrhunderts zu einer einzigen Gestalt verschmolzen. So berühmt er auch ist, so zweifelhaft ist eine klare Biographie. Es existieren als Geburtsorte Knittlingen, Simmern, Roda, Anhalt und Salzwedel, doch der erste taucht am häufigsten auf. So sei Faust als unehelicher Sohn eines reichen Bauern geboren, der schon früh eine ansehnliche Erbschaft erworben hat, die ihm seinen abenteuerlichen Lebenswandel ermöglichte. Faust ist viel gereist, er war sozusagen immer auf Wanderschaft. Sein Talent, Menschen für sich zu gewinnen, seine immer währende Lust auf hübsche Frauen und seine großzügigen Trinkgelage sind legendär. Nach heutigen Maßstäben würde man sagen, er beherrschte die Massensuggestion, viele seiner »magischen« Vorführungen dürften ihren Ursprung eher in Taschenspielertricks, als in wahrer Magie gefunden haben. Einmal suggerierter er einer Trinkrunde, er würde einen Weinstock aus dem Tisch wachsen lassen, ein andermal flog er über einen Marktplatz und ließ sich verschwinden. Faust spielte mit seinem Ruf. Er machte nie einen Hehl daraus, mit dem Teufel im Bunde zu stehen, im Gegenteil, er genoß die Wirkung, die er damit beim einfachen Volk erzielte. Die Obrigkeit klagte ihn dagegen häufig an, doch immer gelang es ihm, seinen Kopf aus der Schlinge zu ziehen. Er wurde mehrfach der Ortschaften, in denen er verweilte, verwiesen, oft aber mußte er selbst fliehen. So soll er einige Zeit als Lehrer gearbeitet und sich an einer jungen Frau vergangen haben. Es gibt kaum eine Tätigkeit, die er nicht ausgeführt haben soll, so ist die Rede vom Totenbeschwörer, Astrologen, Alchemisten, Wahrsager, Hellseher, Mediziner und anderen Berufen. Selbst an der Universität habe er Vorlesungen gehalten, einige Zeit sogar Theologie studiert. Seine Leidenschaften galten der Naturphilosophie und den humanistischen

Gelehrtenkreisen. Das alles paßt zu seinem unerschöpflichen Wissensdurst, der ihm eigen war und als Grundpfeiler seines Teufelspaktes gilt. Man sagt, er habe sich für 24 Jahre dem Höllenfürsten verschrieben, damit er ohne Störungen alle Geheimnisse der Natur erforschen und nebenbei dem Laster frönen könne. Nach dieser Zeit würde er der Welt Lebewohl sagen und in die Hölle einfahren. Kurz bevor es soweit war, soll er dann aber doch Zweifel und Ängste bekommen haben. Dieser Passus, der in den Faustgeschichten immer wieder betont wird, zeigt das Mißtrauen des einfachen Mannes gegenüber der ihm unverständlichen Wissenschaft, die ihm teuflisch erschien. Faust hatte viele Feinde, da er besonders die Kirchenmänner mit seiner Überheblichkeit brüskierte. Trithemius hatte einst einen Freund vor ihm gewarnt. Dieser Magister Georgius Sabellicu Faustus sei ein vermessener, aufgeblasener Landstreicher und Scharlatan, der von sich behaupte, er könne die Wunder Christi ebenso nachmachen wie sämtliche Texte der großen Philosophen aus dem Stehgreif niederschreiben. Ob diese Feindschaft daher rührte, daß Faust am Hofe Kaiser Maximilians ebensolche Beschwörungen durchführte, wie man sie Trithemius nachsagte und das Motiv daher Eifersucht und Neid waren, ist schwer zu beweisen.

Obwohl viele »Schwarzbücher«, magische Unterweisungen, dem Faust zugeschrieben wurden, hat er keine Texte hinterlassen. Allerdings hat er Schriftsteller wie Marlowe, Goethe, Byron, Puschkin, Heine und Thomas Mann inspiriert und ist durch ihre »Lebensberichte« unsterblich geworden.

Die Gestalt des Dr. Faust polarisiert, aber man kann sagen, er gilt als Träger einer ganz eigenen Zaubertradition, wenn auch mit einem Hauch von schwarzer Magie. So verwundert es auch nicht, daß er eines gewaltsamen Todes starb, man fand ihn mit gebrochenem Genick, und man erzählte sich, der Teufel habe ihm das Gesicht nach hinten gedreht, als seine Lebensspanne abgelaufen war. Eine andere Quelle behauptet, er sei während eines alchemistischen Experimentes durch eine Explosion zu Tode gekommen. In beiden Fällen aber wird sein Leichnam als außerordentlich »zugerichtet« beschrieben, und beide Quellen geben Staufen als Ort des Geschehens an.

Philipp Melanchthon (1497–1560)

Ich habe einen namens Faustus gekannt*

Ich habe einen namens Faustus gekannt aus Kundling, einem Städtchen nahe bei meiner Heimat Bretten. Als er zu Krakau studierte, hatte er die Magie erlernt, wie sie dort früher stark getrieben wurde, wo man öffentliche Vorlesungen über diese Kunst hielt. Später schweifte er an vielen Orten umher und sprach von geheimen Dingen. Da er zu Venedig Aufsehen erregen wollte, kündigte er an, er werde in den Himmel fliegen. Der Teufel hob ihn also in die Höhe, ließ ihn aber darauf zur Erde fallen, so daß er von diesem Falle fast den Geist aufgegeben hätte. Vor wenigen Jahren saß dieser Johannes Faustus an seinem letzten Tage sehr betrübt in einem Dorfe des Herzogtums Württemberg. Der Wirt fragt ihn, warum er so betrübt sei wider seine Sitte und Gewohnheit; denn er war sonst ein schändlicher Schelm, der ein liederliches Leben führte, so daß er ein- und das anderemal fast wegen seiner Liebeshändel umgekommen wäre. Darauf erwiderte er dem Wirt in jenem Dorfe: »Erschrick diese Nacht nicht!« In der Mitternacht ward das Haus erschüttert. Da Faustus am Morgen nicht aufgestanden und bereits der Mittag gekommen war, ging der Wirt in sein Zimmer und fand ihn neben dem Bette liegen mit umgedrehtem Gesichte, so hatte ihn der Teufel getötet. Als er noch lebte, führte er einen Hund mit sich, welcher der Teufel war, wie jener Schelm, welcher von der Eitelkeit der Künste schrieb, auch einen Hund hatte, der mit ihm lief, welcher der Teufel war. Dieser Faustus entwischte in unserer Stadt Wittenberg, als der vortreffliche Fürst, Herzog Johann, den Befehl gegeben hatte, ihn gefangen zu nehmen. Auf ähnliche Weise soll er auch in Nürnberg entwischt sein. Beim Anfange des Mahles ward es ihm warm; er stand sogleich vom Tische auf und bezahlte dem Wirt, was er schuldig war. Kaum war er vor der Türe, als die Häscher kamen und nach ihm fragten. Dieser Zauberer Faustus, eine schändliche Bestie, eine Kloake vieler Teufel, prahlte, alle Siege, welche die Kaiserlichen Heere in Italien erfochten, habe er durch seine Magie ihnen verschafft, was die unverschämteste Lüge war.

Johann Samuel Adam, gen. Misander (1638–1713)

Johann Faust / der berühmte Zauberer*

Johann Faust / der berühmte Zauberer / hat gelebt zu Lutheri und Melanchthonis Zeiten / welcher von wohlgedachten Herrn Philippo Melanchthone Cloaca multorum Diabolorum ist genennet worden. Seine Geburths-Stadt nach ist er hürtig von Kundlingen / aus dem Württemberger-Lande / und kein Doctor, sondern nur ein gemeiner Land-Streicher gewesen.

Zacharias Hogel (1611–1677)

Faust, der Teufelsbanner*

D. Faust hörte zu, hub auch an, von beiden Poeten zu reden, erzehlte etliche Sprüche, die in ihren verlornen Comoedien stehen solten, und erbot sich, wo es ihm ohn gefahr und den Herrn Theologen nicht zu wieder seyn solte, die verlorne Comoedien alle wieder an dz liecht zu bringen und vorzulegen auf etliche stunden lang, da sie von etlichen vielen studenten oder schreibern geschwinde müsten abgeschrieben werden, wenn man sie haben wolte, und nachfolgends möchte man ihrer nützen, wie man wolte. Die Theologen und Rahtsherren aber ließen ihnen solchen vorschlag nicht gefallen: denn, sagten sie, der Teufel möchte in sollche newerfundene Comoedien alletley ärgetliche sachen mit einschieben, und man könte doch ja auch ohne dieselben aus denen, die noch vorhanden weren, gnung gut Lattein lernen. Dorfte also der Teufelsbanner hierinnen kein meisterstück sehen laßen.

Aleksandr Sergeevič Puškin (1799–1837)

Szene aus dem »Faust«

Meeresufer. Faust und Mephistopheles

Faust:

Ich öd mich, du.

Mephistopheles:

Was macht man, Faust!
Ihr müßt euch dies als Grenze ziehen,
Und keiner übertritt den Strich –
Alles Lebendige langweilt sich:
Vor Faulheit der, und der voll Mühen,
Im Zweifeln der, der wenn er glaubt,
Genuß will jenem stets entfliehen,
Den hat sein Übermaß beraubt,
Und jeder gähnt und jeder lebt,
Es gähnt das Grab, das man euch gräbt,
So gähn auch du.

Faust:

Fort mit den Witzen!
So spür was aus, das irgendwie
Zerstreuung schafft.

Mephistopheles:

Kann dir denn nie
Verständige Beweiskraft nützen?
So schreib dir ins Notizbuch nieder:
Fastidium est quies – merke:
Man langweilt und man stärkt sich wieder.
Psychologie ist meine Stärke! …
Wann langweiltest du dich denn nicht?
Denk einmal nach! Wenn wir's entdeckten!
Als auf Vergil sank dein Gesicht
Und Prügel deine Geister weckten?
Vielleicht wohl, als du Rosen streutest
Auf leicht gewillter Mädchen Brust

Und ihnen beinah wütend weihtest
Den Rausch der abendlichen Lust?
Oder vielleicht, als dir versanken
Zu edlem Grübeln die Gedanken,
Zu dunklem Forschen dunkler Zeile –
Doch nein, ich weiß, vor Langerweile
Zitiertest du aus Feuersglühn
Mich her als deinen Harlekin.
Da mußt ich mich verteufelt winden,
Dir zur Erheitrung was zu finden:
Zu Hexen ging es, Hexenmeistern …
Was half's? Dich konnte nichts begeistern.
Du wolltest Ruhm – nun denn, ihn gibt es,
Du wolltest lieben – nun, du liebtest.
Vom Leben nahmst du den Tribut,
Doch warst du glücklich?

Gottfried Keller (1819–1890)

Modernster Faust

Ich bin ein ganzer Held! Den Mantel umgeschlagen
– Romantisch schwarzer Samt erglänzt an Kleid und Kragen –
Stürm ich dahin in eitlem Wahn!
Ob Samt? ob nur Kattun? es war ein langes Zanken
Mit meinem Mütterlein; doch fest und ohne Wanken
Erstritt ich Samt, und niemand sieht mir's an.

Leichtsinnig, hohen Muts mach ich die Morgenrunde;
Die Wintersonne scheint, Cigarro brennt im Munde,
Den ich dem Kaufmann schuldig bin;
Die Wintersonne scheint, kalt ist ihr Silberflimmer,
Und kalt ist mir das Herz, kalt meiner Augen Schimmer
Und trüb, befangen immerhin.

Da treff ich einen Freund auf meiner irren Bahn,
Wir halten mit Geklatsch ein halbes Stündchen an;
Wie wenn zwei alte Hexen schelten,
So bricht von Bosheit nun und Neid ein ganzer Chor
Von Zoten, schlechtem Witz und Haß aus uns hervor,
Daß mir verschämt die eignen Ohren gellten.
Da kommt ein Handwerksbursch, bleich, mit zerrißnen Sohlen,
Mütz in der Hand, geduckt, ein Gäblein sich zu holen;
Mit einem Kreuzer wär ihm wohlgetan.
Doch weil ich diesen nicht in leerer Tasche trage
Und doch nicht freundlich ihm es zu gestehen wage,
Fahr ich ihn rauh abweisend an.

Ob mir das kühle Herz in rascher Scham erglüht,
Ob auch ein blut'ger Schnitt mir durch die Seele zieht:
Man sieht es nicht in meinen Blicken;
Ich habe ja gelernt, mit höhnisch leichtem Spiel
Den halberfrornen Lenz, das innere Gefühl,
Wenn es erblühen will, zu unterdrücken!

O ich war treu, wie Gold, begeistert, klar und offen;
Ein Blatt ums andre fiel von meinem grünen Hoffen,
Und taube Nüsse tauscht ich ein!
Schmach über dich, o Welt! du hast mich ganz beladen
Mit deinem Schlamm und Staub! O könnt ich rein mich baden
Im wilden Meer, sollt's auch ein Sterben sein!

Kokett ist dies Gedicht, Naivetät erlogen
Und nur das Schnöde wahr! Ich hab euch arg betrogen,
Denn zwei geworden sind mir Herz und Mund!
Ich bin ganz euer Bild: selbstsüchtig, falsch und eitel
Und unklar in mir selbst; vom Fuße bis zur Scheitel
Ein europäisch schlechter Hund!

Peter Hille (1854–1904)

Gestaltungen

Gretchen:
Du, du?
O diese Hand mit süßem Höllenfeuer!
Sieh mal, meine Seele,
Du hast sie geraubt,
Geraubt mein Beben deinem verlangenden Leibe
Mit mörderischem Kuß,
Du trauerndes Raubtier!

Hans:
Der Gürtler,
Mein Gespiele,
Wir Mädchen sind so streng,
Wenn wir umgangen werden
Von sehnend verehrender Scheu,
Betrachtend und treu
Und prüfen und prüfen.
Und wir warten kühl und kalt,
Als würden wir niemals welk und alt
Und warten, ob nicht einer kommt uns verführen.
Dann jubelt die Selige mit Zinken und Pauken
Und wirft sich stürmisch vergehend
An seine schwüle satanische Brust.

Herzhafte Buben, still emsige Mädchen,
Wie ein Ährenfeld blau mit Kornblumen-Augen,
So wär' es emporgewachsen um mich,
Hätte Mutter zu mir genommen
Und müder Arbeit
Erleichtert die Heimkehr.
Du hast mich aufgerissen,
Unerhört mich aufgerissen,

Offen stand ich im Staunen und Wunder,
Da du gekommen,
Da klopftest du an,
O dein verruchter, dein lieber Mund!
Da blutet mein Bruder,
Da schläft meine Mutter,
Da wimmert mein Kind.
Wer sogar die Leiber offen macht
Und guckt hinein,
Die Gott gerufen zu sich,
Was soll da heilig dem sein?

Was hast du nicht auch hineingeguckt
In meinen Bruder Valentin,
Wie dein Degen guckte hinein.
Da konntest du gleich auch noch sehen,
Was gegen dich er hatte und mich?
Was nicht in meine Mutter,
Die ich getötet durch dich
Und in dein Kind,
Dem du gestohlen den Vater?

Geh, der Rausch ist vorüber,
Die Tür ist zu,
Geh, laß mich, ich bete für dich.
Da ist nicht das stille, blöde,
Du hast mich zerstört,
So hast du kein Recht auf mein Leben.
Und doch hast du mir die große Liebe gegeben.
In Elend und Untat bin ich geworden.

Faust:
Teufel, du kannst mich nicht brauchen:
Zu hell sehen Sterne
Drohend und blutig

Nieder auf mich.
Ich muß sie waschen die Sterne
In meiner Seele
Jahrtausende lang.
Rein wollen sie werden,
Und ich habe besudelnd empört
Ihr zürnendes Leuchten.
Ich gehe sie waschen.
Kommt zu mir, ihr,
Henker der Himmel,
Tut mir die Liebe,
Bleibet bei mir,
Tötet mich nicht:
Zu kurz ist das Schwert, zu schnell ist das Rad.

Nein, bleibet bei mir,
Ob Völker greisen
Und Reiche lallen
Die letzten Seufzer.

Waleri Jakowlewitsch Brjussow (1873–1924)

Mit Dr. Faust und Mephistopheles in Köln*

Erstaunt blickte ich auf den Mann, der von dem königlichen Psalmensänger wie von einem Menschen sprach, den er von Angesicht zu Angesicht kannte, ich entschloß mich jedoch, das als einen Scherz zu betrachten, und schlug meinen Gefährten vor, mit mir in den Dom zu gehen und die sieben Kapellen zu besichtigen, die den Chor umgeben. Als ich sie in die Kapelle der Drei Weisen führte, wo – der Sage nach – die Leiber jener drei evangelischen Magier ruhen, die aus der italienischen Stadt Mailand nach Köln übergeführt wurden, sagte Doktor Faust, der bisher geschwiegen hatte: »Liebe Leute! Habt ihr euch nicht im Wege geirrt, als ihr euch hierher begabt, wäret ihr nicht besser nach Bethlehem oder Palästina gegangen! Oder hat man euch gar nach eurem Tode ins Meer geworfen, und ihr kamt rheinauf nach Köln geschwommen, um hier euer Grab zu finden?«

Wir lachten über diesen Scherz, und Mephistopheles fuhr im gleichen Tone fort: »Armer Kaspar, armer Melchior, armer Balthasar! Viel Glück hattet ihr nicht! Zu Lebzeiten taufte euch der Apostel Thomas, dessen Glaube an Jesum Christum schwach war, und nach eurem Tode legte man euch zur Ruhe in eine Kirche, die selber noch nicht zur Ruhe gekommen ist.«

Nachdem wir uns den Dom angesehen hatten, gingen wir in die alte Sankt-Kunibert-Kirche, dann zur Sankt Ursula, dann zu Sankt Gereon, anschließend zu den Überresten der römischen Mauer und so weiter, alle Sehenswürdigkeiten Kölns besichtigten wir. Überall wußten meine Gefährten ein witziges oder geistvolles Wort einzuflechten; während Doktor Faust eher gutmütig scherzte, schien Mephistopheles dem boshaften Witze den Vorzug zu geben. Im allgemeinen kann ich wohl sagen, daß dieser zweite Gang durch die bunten Straßen und über die Plätze der Stadt die schwarze Kummerwolke zerstreute, die den Horizont meiner Seele überzogen hatte, und da wir alle vom Gehen sehr ermüdet waren, folgte ich mit Vergnügen dem Vorschlage Mephistopheles', ins nächstbeste Gasthaus einzukehren und einen Schoppen Wein zu trinken.

Im Gasthaus setzten wir uns in eine Ecke ans Fenster, und während der Wirt und sein Diener uns eine Gans brieten und den Wein kredenzten, erkundigte ich mich genauer danach, wer meine Gefährten seien und wohin sie reisten. Mephistopheles antwortete mir folgendes: »Mein Freund und Gönner, Doktor Faust, war es müde, die Bürde seines Wissens zu tragen – ist er doch ein sehr gelehrter Herr –, und er wünschte, sich persönlich davon zu überzeugen, ob die Welt nach den Gesetzen der Wissenschaft eingerichtet ist oder nicht. Unterwegs nun, die verschiedensten Städte und Länder bereisend, sind wir zu der Erkenntnis gekommen, daß der Wein überall trunken macht und die Männer überall den Weibern nachlaufen.«

Doktor Faust ergänzte traurig: »Du solltest lieber sagen, daß man sich nirgends für Geld Glück kaufen oder sich gewaltsam Liebe erzwingen kann.«

Ich fragte, in welchen Ländern sie gewesen seien, und Mephistopheles gab mir gern ausführlichen Bescheid.

»Zuerst«, sagte er, »waren wir in Italien, sahen Mailand, Venedig, Padua, Florenz, Neapel und Rom. In Rom beneidete mein Freund Seine Heiligkeit um dessen Lebenshaltung und warf mir aufs heftigste vor, daß ich ihn nicht zum Papst gemacht habe. Von dort gingen wir nach Pannonien und Griechenland. In Griechenland bedauerte mein Freund, daß er nicht zu Zeiten Hektors und Achills gelebt hat. Dann fuhren wir über den Ozean nach Ägypten, ich zeigte dem Doktor die Pyramiden, und er wollte um alles in der Welt Pharao sein. Von Ägypten wandten wir unsere Schritte nach Palästina, dieses Land liebe ich indes nicht sonderlich, so waren wir sehr bald in Konstantinopel bei Sultan Soliman, dem vortrefflichsten aller Herrscher, und wenn ich den Doktor nicht davon abgehalten hätte, er hätte den Glauben Mohammeds angenommen. Von Konstantinopel begaben wir uns nach Moskovitien, und Doktor Faust ließ seine Gelehrsamkeit am Hofe der Fürstin Jelena leuchten, wegen der bitteren Kälte mochte er dort indes nicht lange verweilen. Jetzt ziehen wir durch die Städte der deutschen Länder, wir waren in Wien, München, Augsburg, Prag, Leipzig, Nürnberg und Straßburg. Wir wollen noch nach Trier und dann nach Frankreich und England.«

Während mir Mephistopheles dies Itinerarium herzählte, brachte man uns den Wein, und beim Trinken wurde unsere Unterhaltung lebhafter. Ich versuchte zu ergründen, inwieweit meine Bekannten ihren Spott mit mir trieben und inwieweit sie die Wahrheit sagten, beide antworteten jedoch außerordentlich zurückhaltend. Mephistopheles scherzte unentwegt und entzog sich allen Fragen wie eine Schlange, Doktor Faust redete nur wenig, es schien, als mache ihm nichts auf der Welt Freude, er sagte weder ja noch nein. Als ich erfuhr, daß der Doktor sich mit Magie beschäftigt hatte, erzählte ich ihm von meiner Reise zu Agrippa von Nettesheim, er hörte mir mit augenscheinlicher Neugierde zu und sagte dann: »Ich habe Agrippas Werke gelesen, und er scheint mir ein sehr strebsamer, doch unbegabter Mann zu sein. Er hat sich mit der Magie so beschäftigt, als handele es sich um Geschichte oder eine beliebige andere Wissenschaft. Es ist dasselbe, als dächte jemand durch Strebsamkeit die Vollendung Homers oder den tiefen Geist Platos zu erreichen. Alle Werke Agrippas fußen nicht auf dem magischen Experimente, das allein der Schlüssel zur Tür dieser Wissenschaft ist, sondern auf dem gewissenhaften Studium der Bücher und nicht mehr.«

Soweit ich es vermochte, verteidigte ich die Bedeutung Agrippas. Ich halte sein Werk »De occulta Philosophia« wirklich für einen Triumph menschlichen Geistes, Mephistopheles aber unterbrach das Gespräch.

»Schwitzt nur, Ihr Herren, über Formeln und vertieft Euch ins magische Experiment, mit Euren Netzen fangt Ihr doch nur irgendein armseliges Geschöpf aus dem Reiche der Teufel, um deswillen Ihr Euch die Mühe hättet sparen können. Euch wird es nicht gelingen, die Mächtigen zu bannen, wenn es Adam, Salomo und Albertus dem Großen nicht gelungen ist! Doch genug des Philosophierens und Systematisierens, die gelehrten Mienen kann ich wirklich nicht länger ertragen, kommt, seien wir lustig, das haben wir unserem Gaste versprochen!«

Paracelsus

Theophrast von Hohenheim, der König der Geheimnisse

Augustin Hirschvogel (1503–1553):
Paracelsus (Holzschnitt)

Man ist gegen den Geist und die Talente dieses außerordentlichen Mannes in der neuern Zeit mehr als in einer früheren gerecht.
Johann Wolfgang von Goethe (1749–1832)

»Ihr habt gut schwatzen, ihr jungen Leute, aber der alte Paracelsus hat darum doch eine große Wahrheit verkündigt: In herbis, verbis et lapidibus …«.
Ivan Sergeeviç Turgenev (1818–1883)

Gleich wie die Weisheit von halbvergessenen großen Männern:
der Magiergeist eines Theophrastus Paracelsus
muß hier wiederum aufglühen!
Hugo von Hofmannsthal (1874–1929)

*Leah Levine (*1961)*

Paracelsus, d. i. Theophrastus Bombastus von Hohenheim (1493–1541)

»Wer sein eigener Herr sein kann, soll keinem anderen hangen an.«

Theophrastus Bombastus wurde als Sohn des Arztes und Naturforschers Wilhelm Bombast von Hohenheim in Einsiedeln in der Schweiz geboren. Sein Vater schulte ihn in Latein, Mathematik, der Schrift und brachte ihm schon früh die Grundlagen der Medizin bei, die er mit 16 Jahren an der Universität in Basel vertiefte. Lange blieb er dort nicht, die nächsten zwölf Jahre verbrachte er auf Wanderschaft, um sein Wissen zu vervollständigen. Statt aus staubigen Büchern wollte er den Menschen auf den Mund schauen und lernen, was an Hausmitteln, überliefertem Wissen aus dem Volk zu ziehen war. Er lernte von Bauern, Adeligen, klugen wie einfältigen Menschen, Badern, Wäscherinnen und Landstreichern. Noch heute profitieren wir von seiner Obsession, volkstümlich überlieferte Geheimnisse der Wissenschaft zugänglich gemacht zu haben. Sein eigener, von Alkoholexzessen, Gemütsschwankungen und Cholerik geprägter Charakter sorgte dafür, daß Paracelsus selten Freunde fand. Dazu kam seine schroffe, fast ordinäre Art, seine Meinung kund zu tun, und so machte er sich nicht nur an den Universitäten, sondern auch in den Wirtshäusern so ziemlich jeden zum Feind. Seine besonderen Spitzen verteilte er an die Ärzteschaft, deren Vorgehensweise er zeitlebens kritisierte und die er für die Patienten geradezu für gefährlich hielt. Ein Grund, warum er sogar öffentlich die medizinischen Lehrbücher seiner Zeit verbrannte. Er selbst heilte seine Patienten mit oft günstigen Mitteln der Natur, wußte um die Wirkung von Kräutern und Mineralien und hatte erkannt, daß besonders der Psyche eine heilsame Wirkung zukam. Seine Theorie war, daß ein guter Arzt Astrologe, Theologe, Anthropologe, Alchemist und Mystiker sein müsse, um dem Patienten aus verschiedenen Perspektiven Linderung zu verschaffen. Diese Gedanken waren konform mit seinem Wissen um die Element-Lehre und fanden Nahrung in seinen Forschungen der Alchemie, wobei ihm besonders die chemischen Aspekte wichtig waren. Er widmete sich der Alchemie weniger, um unedle Metalle in Gold zu verwandeln, sondern suchte nach dem Elixier der Gesundheit, der Universalen Medizin, die den Menschen und nicht das Metall verwandelt. Paracelsus setzte auf Empirie, er war sein Leben lang wißbegierig, wollte alles direkt ausprobieren, und es ist fraglich, welche der vielen Schriften, die man ihm zuschreibt, wirklich von ihm verfaßt wurden. Für ihn ist die Natur der Schlüssel zu allem, die höchste Autorität, da sie keinen menschlichen Irrtümern unterworfen ist. Von 1527 bis 1528 hielt Paracelsus als Stadtarzt von Basel Vorlesungen an der medizinischen Fakultät und wagte es als erster, diese in deutscher Sprache zu halten. »Die Wahrheit müsse nur deutsch gelehrt werden.« Dieses Verhalten war ebenfalls ein Grund, warum man ihm mit Mißtrauen, Spott und offener Feindseligkeit begegnete. Als die Gefahr für Leib und Leben zu groß wurde und sein Verhalten ihn vor Gericht brachte, floh er und begann erneut mit seiner Wanderschaf von Ort zu Ort, immer bemüht den Armen zu helfen und Krankheiten zu heilen oder zumindest zu lindern.

In späterer Zeit erschien sein Umgang mit Patienten oft wunderlich, seine Methoden wurden magischer, mystischer. Er begann Krankheiten zu »besprechen« und verwendete Zauber, um Erfolg zu haben, der aber oft ausblieb. Seine Leidenschaft wurde die Wahrsagerei, aber er hielt sie für unsicher, weil der Mensch voller Zweifel stecke. Erst, wenn man das Vertrauen in die Natur vertieft habe und die nötige Imagination besäße, wären brauchbare Prophezeiungen zu erwarten. Zeitgemäß befaßte sich Paracelsus auch mit dem Hexenglauben, wurde selbst häufig der schwarzen Magie und Teufelsbündschaft verdächtigt und hinterließ eine Schrift, die über die astrologischen Zusammenhänge mit der Hexerei Auskunft gaben.

Im September 1524 erlosch das unstete Leben von Paracelsus. Obwohl er nur 48 Jahre alt geworden ist und seine Zeitzeugen es sicher nicht erwartet hätten, hat er der modernen Medizin so viel wirksames und nützliches Wissen hinterlassen, welches erst im 19. Jahrhundert wiederentdeckt wurde, daß wir ihn als Gewinn für die Menschheit betiteln müssen.

Samuel Butler (1612–1680)

Ein teufelchen trug auch Bombast*

Auß ihren Sphaeren mit Symbolen
Weiß man sie gleichfalls abzuholen,
Wo man durch ihre eigne Kraft
Sich Obermacht auf sie verschaft,
Und nicht mehr laßt von hinnen gehen,
Bis sie uns Red' und Antwort stehen.
Ein teufelchen trug auch Bombast
In seinen Degenknopf gefaßt,
Das ihm gab so viel Künste ein,
Als er nur mocht bedürftig sein.

Heinrich Jung-Stilling (1740–1817)

Des Paracelsus Schriften*

Die Zellberger waren indessen mit Stilling recht gut zufrieden, sie sahen, daß ihre Kinder lernten, ohne viel gezüchtiget zu werden; verschiedene hatten sogar ihre Freude an all den schönen Geschichten, welche ihnen ihre Kinder zu erzählen wußten. Besonders liebte ihn Krüger aus der maßen, denn er konnte vieles mit ihm aus dem Paracelsus reden, (so sprach der Jäger das Wort Paracelsus aus); er hatte eine alte teutsche Uebersetzung seiner Schriften, und da er ein sclavischer Verehrer aller der Männer war, von denen er glaubte, daß sie den Stein *Lapis* gehabt hätten, so waren ihm Jacob Böhms, Graf Bernhards und des Paracelsus Schriften große Heiligthümer. Stilling selber fand Geschmack darinnen, nicht bloß wegen des Steins der Weisen, sondern weilen er ganz hohe und herrliche Begriffe, besonders im Böhm, zu finden glaubte; wenn sie das Wort: Rad der ewigen Essenzien, oder auch schielender Blitz, und andre mehr aussprachen, so empfunden sie eine ganz besondere Erhebung des Gemüths. Ganze Stunden lang forschten sie in magischen Figuren, bis sie manchmal Anfang und Ende verloren, und meynten, die vor ihnen liegende Zauberbilder lebten und bewegten sich; das war dann so rechte Seelenfreude, im Taumel groteske Ideen zu haben, und lebhaft zu empfinden.

Heinrich Heine (1797–1856)

Besprechung des Paracelsus*

Hier wäre wohl der Ort zur Besprechung des Paracelsus oder, wie er sich nannte, des Theophrastus Paracelsus Bombastus von Hohenheim. Denn auch er schrieb meistens deutsch. Aber ich habe später in einer noch bedeutungsvolleren Beziehung von ihm zu reden. Seine Philosophie war nämlich das, was wir heutzutage Naturphilosophie nennen, und eine solche Lehre von der ideenbelebten Natur, wie sie dem deutschen Geiste so geheimnisvoll zusagt, hätte sich schon damals bei uns ausgebildet, wenn nicht, durch zufälligen Einfluß, die leblose, mechanistische Physik der Cartesianer allgemein herrschend geworden wäre. Paracelsus war ein großer Scharlatan und trug immer einen Scharlachrock, eine Scharlachhose, rote Strümpfe und einen roten Hut und behauptete, homunculi, kleine Menschen, machen zu können, wenigstens stand er in vertrauter Bekanntschaft mit verborgenen Wesen, die in den verschiedenen Elementen hausen – aber er war zugleich einer der tiefsinnigsten Naturkundigen, die mit deutschem Forscherherzen den vorchristlichen Volksglauben, den germanischen Pantheismus begriffen und, was sie nicht wußten, ganz richtig geahnt haben.

Johann Nepomuk von Alpenburg (1806–1873)

»Du bist ein Lump!«

Ein sehr vornehmer Herr in Innsbruck lag im Sterben, kein Arzt hatte noch Hoffnung, und zum Doktor Theophrast mochte der Herr nicht senden, weil er glaubte, dieser heile nur mit Teufelshilfe. Endlich, als dem Herren das Messer an der Kehle stand, wurde Theophrast doch gerufen.

Er kam, richtete einen Trank her und gab dem Kranken davon ein. Dieser bekam dadurch die heftigsten Schmerzen. Der Herr und seine Umgebung meinten, das letzte Stündlein habe geschlagen. So wurde eilends nach dem Doktor gesendet, aber der war nirgends zu finden. Jetzt glaubte der Kranke steif und fest, Theophrast habe Rache an ihm genommen und ihn vergiftet, weil er ihm nicht gleich sein Vertrauen geschenkt habe. Er befahl daher – denn die Macht dazu hatte er –, den Giftmischer zu verhaften, wo man ihn fände, und ihm das Lebenslicht auszublasen. Aber vergebens zogen Bewaffnete durch alle Straßen, suchten den Doktor in seiner eigenen Wohnung und in allen Häusern sowie rings um die Stadt – er blieb verschwunden.

Nach zwölf Stunden ließen bei dem vornehmen Kranken alle Schmerzen nach, bald war er frisch und gesund. Mit einem Male stand der Doktor bei ihm im Krankenzimmer. Jetzt bat der vornehme Herr demütig um Verzeihung und bot ihm reichen Lohn. Theophrast aber flüsterte ihm leise ins Ohr: »Du bist ein Lump!« und ging zur Tür hinaus!

Eduard Duller (1809–1853)

Sage von dem Wundermann Theophrastus Paracelsus

Als Theophrastus darin auf dem Totenbett lag, sprach er zu seinem Famulus: »Was meinst du, ob ich diesmal wieder aufstehe? Aber sage mir's aufrichtig, denn du weißt, daß ich in allen Stücken entschlossen bin und keine Furcht kenne. Also werde ich auch nicht zittern, wenn es einmal sein muß, denn ich habe von der Welt Reichtümern und Ehren immer dafür gehalten, daß sie nicht ewig bei unsereinem von Fleisch und Bein bleiben können; und was die anderen irdischen Freuden betrifft, so hab' ich mir nie viel daraus gemacht; wie du auch wissen magst, daß ich nie nach Weibergunst habe streben wollen.«

Der Famulus tat sich Gewalt an, um bei diesen Worten ernsthaft zu bleiben, denn er hatte den Schalk im Nacken und wußte gar wohl, warum sein Herr der Frauengunst stets aus dem Weg gegangen war; auch sah er, daß der Wunderdoktor sich selbst nicht mehr kurieren könne, und dachte schon daran, die vielen Tinkturen des Meisters zu erben, durch deren Verkauf er sich zeitlebens ein schönes Stück Geld werde erwerben können. Deshalb freute er sich heimlich auf seines Herrn Tod, stellte sich aber jetzt vor ihm recht betrübt und gab ihm zur Antwort: »Herr, Ihr seht so frisch und gesund aus wie irgendeiner und seid dicker als jemals; ich möchte darauf schwören: Ihr werdet noch lange leben, wofür ich Gott und alle Heiligen stündlich anrufe.«

Theophrastus Paracelsus, der durch seine Frage eigentlich nur die Würdigkeit seines Dieners hatte prüfen wollen, erkannte jetzt gleich dessen falsche Gesinnung, ließ sich aber nichts merken, sondern befahl ihm, eine Phiole vom Gesims herabzulangen, worin ein Elixier enthalten sei, durch das er das Zipperlein unfehlbar heilte; diese Phiole übergab er nun dem Famulus mit dem Auftrag, schnurstracks auf die Brücke zu gehen, dort das Fläschchen über das Geländer hinauszuhalten und zu zerschlagen, damit das Elixier in den Fluß liefe, denn es hätte noch eine andere geheimnisvolle Eigenschaft, die nicht jedermann kennen dürfe, weil sonst gar leicht großer Schaden dadurch angerichtet werden könnte. Der Famulus gelobte seinem Herrn, den Auftrag gewissenhaft zu erfüllen, und ging hinaus. Als er aber kaum vor der Tür war, dachte er in seiner Untreue: »Das ist ein rechter Neidhart, der gern möchte, daß seine kostbaren Medikamente, durch die sich viel gewinnen läßt, keinem anderen als ihm Geld und Gut bringen sollen, deshalb will er sie lieber vernichten; denn das glaube ein Dümmerer, daß das Elixier noch eine unbekannte schädliche Kraft habe. Ist er aber nur erst tot, so kann ich die Leute, die das Zipperlein haben, wohl ebensogut kurieren als er, wenn ich die Tinktur habe, und ich gewinne dabei viel Geld.« So verschloß er denn die Phiole in seiner Kammer und ging dann nach einer kleinen Weile wieder zu dem Meister, ihn belügend, daß dessen Auftrag vollzogen sei.

Während er aber seinen Schelmenstreich beging, kam zu Theophrastus ein Nachbar, der ein noch größerer Schelm als der Famulus war; und wiewohl ihm Theophrastus einmal ein Kind aus der Taufe gehoben hatte, hegte jener Nachbar – weil er ein Feldscher war und voller Eifersucht auf die Wissenschaft des Doktors – schon lange einen bitteren Haß gegen ihn und konnte dessen Tod kaum erwarten. Er war auch eigentlich nur gekommen, um zu sehen, wie lange es der Gevatter Doktor wohl noch treiben werde und nebenbei, wo die Wundertinkturen stünden, damit er sich, sobald Theophrastus die Augen geschlossen habe, die besten davon mitnehmen könne. Theophrastus aber sah auch der Falschheit seines Gevatters sogleich auf den Grund und dachte ihm einen Streich zu spielen, doch stellte er sich demütig und versöhnlich wegen der Nähe des Todes und sprach ihm zu: »Gevatter, ich weiß wohl, daß ich bald sterben muß, und es täte mir leid, wenn wir in derselben Feindschaft voneinander kämen, in der wir einige Zeit miteinander lebten.«

Darauf sagte der Feldscher in falscher Freundlichkeit: »Ei, Gevatter, wo denkt Ihr hin? Erstens habt Ihr noch ein gutes Stück zu leben, und zum zweiten hab' ich für Euch eine aufrichtige Liebe; bestellt mir nur gleich einen Gefallen, wodurch ich sie Euch beweisen kann.«

Da bat Theophrastus den Gevatter, er möge ihm sein – des Gevatters – Konterfei herüberschicken und vor dem Bett aufstellen, damit er beim Sterben das Gesicht des Mannes vor Augen habe, mit dem er so lange in Unfrieden gelebt und versöhnt sterben möchte; doch sollte der Nachbar nicht eher wiederkommen, als bis Theophrastus ihn holen ließe. Das versprach denn der Gevatter, schickte sein Bild und überlegte mit seinem Weib, wie er's anstellen solle, um soviel als möglich von des Doktors Nachlaß zu bekommen.

Indessen war der Famulus wieder nach Hause gekommen und log seinem Herrn vor, wie er dessen Auftrag treulich bestellt habe.»Ich danke dir«, sprach Theophrastus sanft; »aber sage mir, was sahst du, nachdem du das Gefäß zerschlagen und den Inhalt ins Wasser gegossen hattest?«

»Gesehen? Nichts, lieber Herr!«, antwortete der Famulus verblüfft. Da hob sich Theophrastus zürnend von seinem Sterbebett auf und rief: »Dann belogst du mich, du Schalk, und hast die Phiole nicht zerschlagen; geh augenblicklich wieder hin und tu, was ich dir befahl, sonst begegnet dir selber ein großes Unglück.«

Darüber erschrak nun der Famulus so sehr, daß er sich nicht lang besann, sondern die Phiole nahm und damit auf die Brücke ging.

Der Gevatter hatte indessen sein Konterfei dem Doktor geschickt und vor dessen Augen an der Wand aufhängen lassen; der Diener, der es gebracht hatte, ging darauf aus dem Zimmer, aber nicht aus dem Haus, sondern wartete, wie ihm der Feldscher befohlen hatte, im Flur, um diesem sogleich melden zu können, wann Theophrastus gestorben sei. Als nun der Doktor allein war, nahm er eine zierliche Bolzbüchse, die neben dem Bett stand, lud einen Bolzen hinein, zielte auf das Konterfei und schoß es mittendurch. Bald darauf wurde im Haus des Nachbars großes Wehklagen gehört, denn in jenem Augenblick war der Feldscher, wie er sich gerade mit seinem Weib über den Raub der Hinterlassenschaft des Doktors besprach, plötzlich tot vom Stuhl gefallen.

Der Famulus aber tat auf der Salzachbrücke genau das, was ihm sein Herr befohlen hatte, denn die Angst hatte ihn mit einem Mal ganz und gar rechtschaffen gemacht. Er hielt also die gläserne Phiole sorgfältig weit über das Geländer hinaus und zerschlug sie mit einem Stein, daß das Elixier in den Fluß rann. In demselben Augenblick schimmerte die ganze Oberfläche der Salzach wie gediegenes Gold, und der Famulus sah nun mit Schrecken, welchen Verlust er litt, denn diese Tinktur hatte (obwohl sie der Arznei gegen das Podagra so ähnlich sah, daß nur der Meister beide unterscheiden konnte), die geheime Kraft, alles in Gold zu verwandeln. Er raufte sich nun das Haar und wollte grade in den Fluß springen, als der Goldschimmer allmählich von den Wellen schwand und die Goldkörner in die Tiefe sanken. In der Hoffnung, noch eine solch kostbare Flasche zu finden, rannte er jetzt nach dem Haus des Meisters zurück. – Als er in dessen Krankenzimmer trat, merkte Theophrastus gleich an dem kreideweißen Gesicht, daß der Diener die Falschheit gebüßt habe, und fing zu lachen an. »Herr, Herr! ...«, schrie der Famulus und wollte Auskunft.

Aber Theophrastus ließ ihn nicht weiterreden und sprach: »Ich sagte dir, es wäre dir ein Unglück, die geheime Kraft der Tinktur zu kennen; jawohl, ein Unglück wär's, wüßt' ich sie in der Hand eines Menschen wie du!« Aber der Famulus faßte sich schnell und erwiderte heuchlerisch: »Herr, ich bekenne reumütig meine Unwürdigkeit; doch wer ist würdig auf Erden? Drum, wenn Ihr noch mehr solche Phiolen habt, so sagt mir, welche es sind, damit ich hingehe und sie alle vertilge.«

»Es war die einzige, du Narr!« sprach Theophrastus. »Glaubst du, man braucht sie eimerweise?« Und nun lachte er über der Welt Narrheit und lachte in einem fort darüber, bis ihm der Atem ausging. – Er wurde stattlich begraben, wie es sich für einen in geheimen Wissenschaften so tief gelehrten Mann geziemte; die Salzach aber führt seit jener Stunde in ihrem Sand Gold. –

Otto Heilig (1865–1941)

Doktor Frastus als Arzt

Doktor Frastus[1] war einmal Student. Als er einst während der Ferien nach Hause zu seinen Eltern ging, kam er durch einen großen Wald. Auf einmal hörte er eine Stimme rufen: »Frastus, mach' auf! Frastus, mach' auf!« Frastus drehte sich um und bemerkte ein kleines, an einem Baume hängendes Gläschen. Dorther kam jene Stimme. Frastus zog nun den Spund aus dem Glase, und heraus kam ein riesengroßer Mann, der einige Doktorbücher unter dem Arm trug. Der Mann reichte Frastus die Bücher hin und sprach: »Ich will dich reich und glücklich machen.« Frastus aber sagte: »Ich habe wohl gesehen, daß du aus dem Kruge herauskamst; aber ich glaube nicht, daß du wieder in dieses Gläschen hineinschlüpfen kannst. Mache es mir einmal vor!« Der Mann schlüpfte wirklich hinein. Frastus aber verschloß das Glas sofort wieder mit einem Pfropfen und kümmerte sich nicht um die Drohung: »Frastus, mach' auf, sonst spiele ich dir noch einmal böse mit!« Froh, im Besitze der Bücher zu sein, zog Frastus nun weiter.

In seiner Heimat gab er sich als Doktor aus. Die Leute im Dorfe aber sagten: »Wie kann denn der Doktor sein, da er gar nicht studiert hat?« So ging niemand zu ihm. Endlich wagte es eine arme, kranke Frau. Er half ihr; da kam ein zweiter, ein dritter, ein vierter. Alle machte er gesund. In kurzer Zeit wurde er wegen seiner Heilkünste berühmt. Da deshalb die anderen Doktoren ihre Kundschaft verloren, strebten sie Frastus nach dem Leben. Sie veranstalteten eines Tages ein Fest, zu dem auch Frastus geladen wurde. Gleich nach dem ersten Schluck Wein, den Frastus getrunken hatte, fühlte er, daß er krank wurde. Er ging heim, legte sich ins Bett und sprach zu seinem Diener: »Ich bin vergiftet; neun Tage und neun Nächte muß ich nun schwitzen. Ich gebiete dir, niemanden ins Zimmer hereinzulassen, bevor die neun Tage und neun Nächte vorüber sind.« Frastus schickte danach eine Spinne den Hals hinunter, die das Gift heraufholen sollte.

Am neunten Tage, als er die heraufkriechende Spinne beinahe schon mit der Hand erreichen konnte, klopfte ein altes, schwerkrankes Weib an die Haustür. Es jammerte und schrie: »Wo ist Doktor Frastus? Ich muß sterben!« Immer heftiger bedrängte die Frau den Diener, ihr doch zu öffnen. Er tat es endlich. Kaum hatte er aber die zu Doktor Frastus führende Tür aufgeschlossen, als die Spinne wieder den Schlund hinunterrutschte. Frastus aber sagte: »Ich muß jetzt sterben und muß sieben Jahre, sieben Monate, sieben Tage, sieben Stunden, sieben Minuten, sieben Sekunden im Grabe liegen. Öffne das Grab aber ja keine Sekunde eher, als bis die genannte Zeit verstrichen ist!« Auch gebot Frastus vor seinem Tode dem Diener, die Doktorbücher in die Donau zu werfen. Der Diener nahm die Bücher mit fort und versteckte sie in einer Hecke. Als er heimkam, fragte ihn sein Herr, was er mit den Büchern gemacht habe. Der Diener sagte: »Gar nichts.« Noch einmal befahl jetzt Frastus, die Bücher in den Fluß zu werfen. Als es geschah, blitzte, donnerte und wetterte es, ja, es bebte die Erde; man meinte, die Welt gehe unter. Als der Diener nach Hause kam, fragte ihn sein Herr wieder, ob er dem Befehl nachgekommen sei. Der Diener bejahte es. »Hättest du nur eines der Bücher für dich zurückbehalten«, sagte Frastus, »so wärest du glücklich geworden.«

Bald darauf starb Frastus, er wurde ins Grab gelegt. Aber bevor die sieben Jahre, sieben Monate, sieben Wochen, sieben Tage, sieben Stunden, sieben Minuten, sieben Sekunden verflossen waren, öffnete der neugierige Diener das Grab. Einige Sekunden lang sah er Doktor Frastus blühen wie eine Rose: Plötzlich aber zerfiel er in Staub.

1. Doktor Frastus = Theophrastus Bombastus von Hohenheim, gen. Paracelsus (1493–1541)

Nostradamus (Michel de Notre Dame)

Das Orakel von Salon-de-Provence
Astrologe, Heiler und Weissager

Nostradamus (Anonymer Kupferstich)

Aber keiner redlichen und christlichen / sondern abergläubigen / verdammten / und teuflischen / Sterndeuterey: womit der Nostradamus, und viel andre Frantzösische Satans-Lehrlinge / sich beholffen.
Erasmus Francisci (1627–1694)

Und dies geheimnisvolle Buch von Nostradamus' eigner Hand – ist dir das nicht Geleit genug? Erkennest dann der Sterne Lauf, und wenn Natur dich unterweist, dann geht die Seelenkraft dir auf.
Johann Wolfgang von Goethe (1749–1832)

Man schlägt im Nostradamus nach, um darin Prophezeiungen der jetzigen Ereignisse zu finden, und neue Seher lassen sich mit Weissagungen vernehmen.
Bertha von Suttner (1843–1914)

*Leah Levine (*1961)*

Nostradamus

eigtl. Michel de Notre Dame (1503–1566)

»Und das Göttliche ließ sich bei mir nieder
und redete zu mir in Bildern.«

Als Sohn eines Kornhändlers und königlichen Notars wurde Michel als eines von 17 Kindern in Saint-Remy geboren. Michael de Notre Dame war Jude, der die Bezeichnung Nostradamus annahm, nachdem er in der gleichnamigen Kirche getauft worden war. Seine beiden Großväter legten ihm den Grundstein für seine Zukunft in die Wiege, der eine war Arzt, der andere Astrologe, beide Berufe sollte auch Nostradamus später ausführen. Er lernte schon früh die Grundlagen der Astronomie, Astrologie, Medizin und die Sprachen Latein, Griechisch und Hebräisch. Sein Stammbaum ging zurück auf den Stamm Isaschar, bei dem die Weissagung hoch geachtet wurde. Er studierte in Avignon Philosophie und in Montpellier Medizin, wo er 1529 seinen Doktortitel erlangt haben soll. Sofort nach dem Studium begann er gegen die gerade ausbrechende Pest anzukämpfen, womit er die nächsten vier Jahre intensiv beschäftigt war. Erst dann gönnte er sich, seßhaft zu werden. In Agen eröffnete er eine Arztpraxis, heiratete und wurde Vater von zwei Kindern. Seine Patienten verehrten und liebten ihn, aber das Schicksal war grausam. Die Pest brach erneut aus und nahm ihm seine gesamte Familie. Voller Scham, daß er sie als Arzt nicht hatte retten können, verließ er Agen und ging wieder auf Wanderschaft, um den Kranken zu helfen. Nostradamus durchquerte das Elsass, Lothringen, Deutschland und Italien und kehrte dann in die Provence zurück. Er heiratete ein zweites Mal, bekam diesmal sechs Kinder und hatte nun Gelegenheit sich seinen schriftstellerischen Ambitionen hinzugeben. Er schrieb ein Buch über Kosmetik und ein anderes über die Zubereitung von Konfitüre. Die Finanzen stockte er zu dieser Zeit mit der Erstellung von Horoskopen, Jahresprognosen und Weissagungen für Ratsuchende auf und beteiligte sich, Gerüchten zufolge, an Bauspekulationen. 1555 veröffentlichte Nostradamus seine ersten schriftlichen Prophezeiungen, die sogenannten Centuries (100 vierzeilige Verse), die ihn sehr berühmt machten. Diese Verse, die Prophezeiungen für mehrere Jahrhunderte einschlossen, wurden seit ihrer Veröffentlichung zu deuten gesucht – bis zum heutigen Tage, nahezu 500 Jahre später.

Im gleichen Jahr traf Michel auf König Heinrich II. und dessen Gemahlin Katharina von Medici. Finanzielle Hilfe, die er hier erhofft hatte, bekam er nicht. Zu seinem Leidwesen begann er aber gesundheitlich schwächer zu werden. Nostradamus wurde von diesem Zeitpunkt an von Gicht geplagt. 1564 wurde Nostradamus von Katharina protegiert und zum Leibarzt des neuen Königs Karl IX. ernannt, als dieser seinem derzeitigen Wohnort Salon einen Besuch abstattete.

Zwei Jahre später starb Nostradamus, so wie er es vorhergesehen hatte, in seinem eigenen Haus, zwischen Bett und Bank.

Nostradamus (1503–1566)

Brief vom 15. 7. 1581

an den protestantischen Astronomen Lorenz Tubbe
(Laurentius Tubbius Pomeranus)

Hier in Salon brodelt wie anderswo auch wegen des Glaubens Haß und Streit unter den angesehenen Herren; der Zorn wächst unter den Verteidigern der papistischen Tradition – ebenso wie unter den Bekennern der Lehre in ursprünglicher Frömmigkeit. Ein gewisser, auf der Kanzel sehr zungenfertiger Franziskaner bringt die Menge gegen die Lutheraner auf, stachelt sie zu Gewalt auf und drängt sie zu Mordtat gar. Fast kam es Karfreitag dazu, 500 Mann mit Eisenstangen bewaffnet fielen wie Wahnsinnige in die Kirche ein. Nostradamus wurde als Lutheraner genannt. Fast alle anderen Verdächtigten sind geflohen. Was mich betrifft, floh ich durch diese gewalttätige Wut erschreckt nach Avignon.

Pierre de Ronsard (1524–1585)

Nostradamus

Du treibst mit den Propheten, welche Gott
Aus deinen Kindern wählt, nur deinen Spott.
Du lachst, wenn sie das Wehe dir verkünden,
Das in der Zukunft Tagen dich wird finden –
Sei es, daß Gottes unbegrenzte Macht
Die Flamm' ihm der Begeisterung angefacht,
Sei's, daß der gute, daß der böse Geist
In dem Gehirn des Nostradamus kreist,
Daß die Natur die Schwungkraft ihm gegeben,
Bis zu den Himmeln sich emporzuheben;
Sei's, daß sein Geist von Schwermut fast erdrückt,
Im trüben Dunst Phantasmen nur erblickt,
Sei's, was es will: er ist nun, was er ist!
In schwanken Worten wußt' auf lange Frist
Er wie Orakel aus der Vorzeit Tagen,
Das Los der Zukunft uns vorherzusagen.
Ich glaubt ihm nicht, stünd nicht auf seinen Seiten
Der Himmel stets, der alles zu entscheiden!

Carl Kiesewetter (1854–1895)

Über Nostradamus*

Ich selbst habe ihn früher für einen großen Mann gehalten und in zwei Aufsätzen in der Zeitschrift ›Sphinx‹ ihn in diesem Sinne dargestellt. Seitdem habe ich mich davon überzeugt, daß man viele seiner angeblichen Prophezeiungen post eventum in neuere Ausgaben seiner Centurien setzte, die in älteren nicht zu finden sind. Ferner haben Adelung (Gesch. d. menschl. Narrheit Bd. VII) und J. M. Schleiden nachgewiesen, daß N. Prophezeiungen älterer Astrologen in seine Quatrains eingoß und vergangene geschichtliche Ereignisse als Prophezeiungen künftiger aufstutzte. Endlich ist aber nirgends ein zwingender Grund vorhanden, die in schauderhafter und fast unverständlicher Sprache geschriebenen Quatrains gerade auf die Ereignisse zu beziehen, die man in ihnen prophezeit sehen will. Zudem ist es absolut unmöglich, die Quatrains wörtlich zu übersetzen.

Theodor Däubler (1876–1934)

Er, der größte Weissager des Okzidents*

Früher schon hat in Frankreich ein großer Seher gelebt, den die Geschichte unter dem Namen Nostradamus kennt. Er ist halber Jude gewesen, wurde als solcher zu Einsichten erkoren, die er niemals erworben hätte. Er, der größte Weissager des Okzidents, konnte es vollbringen, unsern künftigen, nunmehr nicht allzufernen Sieg über geistige Berauber, leibliche Unterdrücker vorauszuschauen.

*Bertram Wallrath (*1941)*

Legenden um Nostradamus

Auf seinen Reisen durch Italien, so heißt es, begegnete Nostradamus einem einfachen Franziskanermönch; er blieb stehen, verneigte sich tief vor ihm und sprach den verblüfften Kirchenmann mit »Eure Heiligkeit« an. Im Jahr 1585, lange nach dem Tod des Sehers, wurde der besagte Mönch Felice Peretti als Papst Sixtus V. auf den Heiligen Stuhl berufen.

Es gibt eine Reihe solcher Geschichten, die als Beweis dafür angeführt werden, daß Nostradamus in der Tat das Zweite Gesicht besaß. Als der Seher einmal auf einem Schloß in der Lorraine weilte, wollte ihn der Hausherr, ein Seigneur de Florinville, auf die Probe stellen. »Hier sind zwei Schweine, ein schwarzes und ein weißes«, erklärte de Florinville. »Könnt Ihr mir ihre Zukunft vorhersagen?«

»Das schwarze werdet Ihr verzehren«, soll der Seher entgegnet haben, »das andere wird ein Wolf fressen.« Daraufhin befahl der Schloßherr seinem Koch, das weiße Schwein zu schlachten und zum Abendessen aufzutragen. Als der Braten auf dem Tisch stand, triumphierte de Florinville, aber Nostradamus beharrte darauf, daß seine Vorhersage richtig gewesen sei. Um die Angelegenheit zu klären, schickte der Edelmann schließlich nach seinem Küchenmeister. Der Mann gestand, daß ein junger Wolf in die Küche eingedrungen war und das bereits geschlachtete weiße Schwein gefressen habe; als Ersatz habe man dann das schwarze Schwein zubereitet.

John Dee und Edward Kelly

Das magische Duo

John Dee und Edward Kelly
(englischer Kupferstich aus dem 19. Jh.)

Kelly auß einem Heliotrop
all' seine Zaubereien klob,
der ihm vom Satan ward verehrt,
und über Gold und Silber werth.
Samuel Butler (1612–1680)

John Dee war eine der einflußreichsten Figuren
für das Denken im elisabethanischen England.
Francis A. Yates (1899–1981)

*Leah Levine (*1961)*

John Dee und Edward Kelly
(1527–1608 und 1555–1595)

John Dee wurde als Sohn eines Händlers in London geboren und zeigte früh seine außergewöhnliche Begabung. Er studierte und lehrte in Louvain, Brüssel und Paris und wurde zum Mitbegründer des Trinity College der Universität Cambridge. Er war Alchemist, Geograph, Mathematiker und einer der berühmtesten Magier des elisabethanischen Zeitalters. 1546 wurde er der Zauberei beschuldigt, weil er einen mechanischen Käfer als Theaterrequisite baute.

Früh lernte er bei Agrippa von Nettesheim die Geheimnisse der Magie kennen und entwickelte eine besondere Vorliebe für den Bereich der Erfindungen, der zwischen der Wissenschaft und der Magie lag. Seine Kenntnisse der Astrologie wurden verfeinert und er soll später den besten Krönungstag für Elisabeth I. herausgearbeitet haben. Diese unterstützte seine Arbeit, besonders die alchemistischen Experimente, mit Geldgeschenken. Als Hofastrologe Marias I. geriet er in Gefahr, da sie ihm unterstellte, er würde mit Hilfe der Magie versucht haben, sie und ihren Gemahl Phillip II. zu töten, hätte sogar bei Kindern durch sein Tun den Tod bewirkt und umgäbe sich mit Hausgeistern. Die Anklage wegen Hochverrats konnte er abwenden, aber die Sternkammer verurteilte ihn zu zwei Jahren Gefängnis. Nachdem sein Plan für die Gründung einer Nationalbibliothek von der Königin abgelehnt worden war, begann er in seinem Privathaus eine eigene, sehr umfassende Büchersammlung zusammenzustellen, die eine Menge Gelehrte anzog.

1563 brachte Dee sein bekanntestes Werk die »Monas Hieroglyphia« heraus. Dieses verschlüsselte Werk befaßt sich mit der mystischen Zahlenkunde, und Dee verband darin das Wissen der Kabbala, Alchemie und Mathematik. Nur wenige hatten anfangs den Schlüssel um das Werk wirklich zu verstehen, aber es hatte in der Folgezeit großen Einfluß auf die Rosenkreuzerbewegung.

1581 traf Dee auf den Totenbeschwörer, Alchemisten und Wissenschaftler Edward Kelly. Mit ihm teilte er sein Interesse am Okkulten. Sie arbeiteten und experimentierten zusammen. Besonders hatte es ihnen die Kristallomantie und die Nekromantie (Kristallsehen und Totenbeschwörung) angetan. Dees Wunsch, mit den Geistern zu kommunizieren, gelang mit Kellys Hilfe. Im Gegensatz zu Dee konnte Kelly die Wesen sehen und beschreiben. Dee notierte alles und kam zu dem Schluß, daß sie mit Engeln kommunizierten. Auf diesem Weg entstand die noch heute geheimnisvolle *Henochische Sprache,* die vor allem durch Bemühungen des Golden Dawn und Aleister Crowleys bekannt wurde. Die Kristallkugel, mit der sie arbeiteten, ist heute noch im Britischen Museum zu betrachten.

Nachdem Kelly behauptete, die Engel hätten angeordnet, daß die beiden Männer Partnertausch praktizieren müßten, kam es zu Spannungen. Dee wollte Kelly seine schöne junge Frau nicht überlassen, aber da er die Arbeit über alles stellte, ließen sich alle Beteiligten darauf ein. Zwei Jahre (1589) später brachte diese unglückliche Vereinbarung den völligen Bruch zwischen den beiden Männern. Kelly ging nach Prag, wurde dort der Verschwörung gegen den Kaiser angeklagt und für einige Monate ins Gefängnis geschickt. Nach seiner Entlassung ging er nach Deutschland, wurde auch hier als Zauberer verhaftet und zog sich bei seiner Flucht innere Verletzungen zu, denen er 1595 erlag.

Im selben Jahr erhielt John Dee den Posten des Direktors des Manchester College, verlor den Posten aber 1604 wieder. Noch immer arbeitete er an den okkulten Techniken, besonders intensiv beschäftigte er sich mit der Angelogie, der Engelslehre, konnte aber ohne Kelly keine Kristallarbeit mehr durchführen. Er bemühte sich vergeblich bei Jakob I. den Titel eines Magiers loszuwerden, da der aufkommende Hexenwahn auch für ihn immer bedrohlicher wurde. Trotz seiner magischen Forschungen ist er immer ein gläubiger Christ geblieben. Zu seinem Glück beachtete die Inquisition ihn aber nicht, und so starb er mit 81 Jahren völlig verarmt eines natürlichen Todes. Seine Grabstätte befindet sich in Mortlake.

Dee hinterließ Schriften zur Logik, Astrologie, Naturphilosophie, Schiffahrtskunde und Kommentare zum Kalender. Ein weiteres magisches Werk, welches viele Praktiker und den magischen Orden des Golden Dawn zur Entwicklung eines umfassenden Magiesystems beeinflußt hat, war sein Tagebuch »A true and faithful relation of what passed for many years between Dr. John Dee and some spirits« (1659).

Daniel Georg Morhof (1639–1691)

Kelly und John Dee*

Es ist eine ganz bekannte Sache, daß der Engländer Edward Kelley vor dem Kaiser Rudolph zu Prag im Hause des Thaddäus Hajek tingierte, was auch Gassendi in seinem Werke *De metallis,* cap. 7 berichtet. Man hat zwar gewöhnlich Kelley für den Verfertiger der Tinktur gehalten, allein, er hat dieselbe anderswoher bekommen. Ich will die ganze Geschichte dieses Kelley, weil sie nicht jedermann bekannt ist, beschreiben, wie sie mir von einem vornehmen Manne erzählt wurde, der sie aus dem Munde des Dieners von Kelley gehört hatte. Kelley war kein englischer Edelmann, wie manche meinten, sondern ein bürgerlicher Notar und Rechtsanwalt in London. Derselbe hatte, da er der alten englischen Sprache sehr mächtig war, gewissen Personen zu Liebe Urkunden gefälscht, weshalb man ihm die Ohren abschnitt und ihn aus London verbannte, wie solches Weaver in seinem *Monumentis funerabilibus* bezeugt. Kelley wanderte nun nach Wales, wo er in dem Wirtshause einer kleinen Stadt, deren Name mir entfallen ist, einkehrte. Hier fand er ein Buch in alter walisischer Sprache, die er wohl verstand, über den Stein der Weisen im Fenster liegen. Er fragte deshalb den Wirt, wo er das Buch her habe, worauf dieser ihm antwortete, daß man es in dem Grabe eines Bischofs, welches sich in der Ortskirche befand, vorgefunden habe. Beim Bildersturm nämlich habe der Pöbel, welcher in diesem Grabe große Schätze vermutete, dasselbe erbrochen, jedoch nur dieses Buch und zwei Elfenbeinkugeln gefunden. Aus Wut über die erfahrene Täuschung habe der Pöbel die eine Kugel zerschlagen und in derselben ein rotes, schweres Pulver vorgefunden, welches größtenteils verschüttet und zertreten worden sei, weil man es ohne Geruch und Geschmack gefunden habe. Der Wirt nahm jedoch das Buch, die ganze Kugel, worin die weiße Tinktur war und den Rest des roten Pulvers mit nach Hause. Als nun Kelley denselben bat, er möge ihm das Pulver samt der anderen Elfenbeinkugel, mit welcher schon die Kinder des Wirtes spielten, zeigen, brachte er alles herbei und überließ es, weil es ihm nichts nutzen konnte, Kelley für ein Pfund Sterling. Nachdem hierauf Kelley in dem alten Buch herrliche Dinge von der Alchimie und die großen Flüche gelesen hatte, welche den Mißbrauch dieser Geheimnisse bedrohten; zog er mit seinem Schatz nach London, blieb aber in der Vorstadt und ließ seinen ehemaligen Nachbar, den Dr. Theologiae John Dee, der ein trefflicher Mathematiker und Liebhaber der Chemie war, zu sich rufen. Als sich derselbe bei ihm einstellte, fragte Kelley den Dr. Dee, was Projektion sei. John Dee lachte darüber und sagte, er solle ihm nur dasjenige zeigen, womit man Projektion thue, so wolle er ihm sogleich den verlangten Unterricht erteilen. Darauf erzählte Kelley alles, brachte sein Pulver zum Vorschein und ging, um es zu probieren, mit Dee zu einem Goldschmied, wo sie durch diese Tinktur Blei in Gold verwandelten. Da sich nun John Dee Hoffnung machte, dieses Geheimnis selbst zu erforschen, so begab er sich mit Kelley und ihren beiden Familien nach Deutschland, und zwar nach Prag in Böhmen. Dies geschah, weil sie dort sicherer zu sein hofften und sich in der Nähe der Bergwerke befanden, wenn sie das Eine oder das Andere aus dem Buche probieren wollten.

Mardocäus de Delle

Die Tinctur des Eduard Kellaeus*

Ein Engelländer Eduard Kellaeus zu Prag,
Von dem ich noch wahrhafftig sag,
Kam zum alten Herrn von Rosenberg,
Und gab da vor ein großes Werk,
Tingirte in lauter Gold ganz hoch,
Der Käyser Rudolph erfuhr es doch,

Ließ vor ihm kommen diesen Held,
Gab ihm groß Gut und viel Geld,
Da der Käyser mit seinen Augen sach,
Was der Natur Kunst vermag,
Das thät dem Käyser behagen.
Ließ ihn öffentlich zum Ritter schlagen.
Aus großer Freud kam Traurigkeit,
Mit Gürgen Hunckler kam er in Streit,
Kellaeus den Hunckler bald hat erstochen,
Das ließ der Käyser nit ungerochen,
Kellaeus ins Gefängnis kam,
Dardurch er auch ein Ende nahm,
Zerbrach im Fliehen das eine Bein,
Mußte also sterben ganz allein,
Ach wo mag seine Tinctur seyn?
Sie ist noch nicht erfunden,
Bis auff die heutige Stunden.

Johann Konrad Creiling (1673–1752)

John Dees Tagebuch*

Nachdem nun seine (Kelleys) Sachen anfingen, schlechter zu stehen und der Kayser, deme er die Kunst (so er doch selbsten nicht wußte) zu offenbaren versprochen, das Versprechen wolte erfüllet wissen, und mit Bedrohung der Gefangenschafft darauff tringete, nahm er seine Zuflucht zur Magie, beschwore die Geister, und wolte von ihnen lernen, wie man die Tinctur machen sollte. Sie haben fast alle Tage mit den Geistern Unterredungen gepflogen, welche der Joh. Dee in ein besonderes Tagebuch fleissig notiret hat. Solches Diarium ist nach seinem Tode in die Hände Merici Casauboni kommen, der es herausgegeben, damit er die Atheisten überweisen möchte, daß es Geister gebe. Es ist ein dickes Buch in Folio mit wunderlichen Sachen, Gebeten, Beschwörungen, Träumen und Grillen angefüllet, woraus man die Geschichten dieser Leute völlig erlernen kann.

Gerard de Nerval (1808–1855)

Die hieroglyphische Monade des John Dee*

Das magische Alphabet, die geheimnisvolle Hieroglyphe sind nur unvollständig auf uns gekommen, verfälscht entweder von der Zeit, oder aber von denen, die an unserem Nichtwissen ein Interesse haben. Machen wir uns auf die Suche nach dem verlorenen Buchstaben oder dem verwischten Zeichen, fügen wir die dissonierende Tonleiter wieder zusammen, und wir werden Kraft schöpfen in der Welt der Geister.

Carl Kiesewetter (1854–1895)

Der Stein des Engels vom westlichen Fenster*

Dee gebrauchte, wie Smith ausdrücklich, betont mehrere größere Kristalle, von denen er jedoch nicht sagen könne, ob sie natürliche oder künstliche gewesen wären, und wie Dee zu ihnen gekommen sei. Der berüchtigste von Dees Kristallen ist sein »Shew« vom 21. November 1582 von einem Engel, welcher am westlichen Fenster seines Studierzimmers in der Größe eines vierjährigen Knaben erschienen sei, erhalten zu haben. Er ließ einen goldenen Fuß an denselben machen und hielt ihn lebenslänglich in den höchsten Ehren. – In welche Hände der Stein nach Dees Tod kam, ist nicht bekannt; jedoch befand er sich nach Berkenhout Mitte des vorigen Jahrhunderts in denen des Horace Walpole. Vielleicht verkaufte ihn Walpole 1752 samt seinen übrigen Sammlungen an Katharina von Rußland. Der Kristall soll aus glänzender schottischer Steinkohle bestanden haben.

Dieses Instrument stand auf dem »heiligen Tisch« der »Mensa Foederis, League Table oder Table of Covenant«, welcher sich noch in der Cotton'schen Bibliothek befindet. Nach der diplomatisch genauen Abbildung desselben, welche Casaubonus gibt, ist die Platte quadratisch, eine jede 29 Centimeter lang und von einem 1 Centimeter breiten in je 23 Felder geteilten Rand umgeben; in die einzelnen Felder sind Charaktere eingezeichnet, welche zwischen hebräischen

Buchstaben und astronomischen Zeichen in der Mitte stehen. In dem vom Rand umschlossenen Raum ist ein Hexagramma eingeschrieben, dessen Winkel und Seiten magische, mit Zahlen und Buchstaben ausgefüllte Kreise und Quadrate enthalten. In der Mitte des Hexagrammes befindet sich ein längliches Rechteck, welches in zwölf mit Charakteren bezeichnete Felder geteilt ist. Dieses Rechteck ist das »Siegel Gottes«. – Zu diesem Apparat gehört noch ein Futteral, verschiedene, meist aus weißer Leinwand gefertigte und mit roten Kreuzen bezeichnete Decken, Kandelaber, Wachskerzen, usw. Alles zusammen wurde in einer Art Hauskapelle aufbewahrt, welche Dee so heilig hielt und vor profanen Augen hütete, daß er einst einen Diener des bald zu erwähnenden Grafen Lascy, welcher zufällig in das Tabernakel trat, voll Zorn weissagte, er werde wegen seines Frevels nach wenigen Monaten ertrinken, was denn Adelung dahin entstellt, daß Dee und Kelley den Diener zu ertrinken gedroht hätten.

Gustav Meyrink (1868–1932)

Über John Dee*

Mein neuer Roman *»Der Engel vom westlichen Fenster« Sir John Dee of Gladhill!* Ein Name, den wohl wenige in ihrem Leben gehört haben! Als ich vor ungefähr 25 Jahren seine Lebensgeschichte las – ein Schicksal, so abenteuerlich, phantastisch, ergreifend und furchtbar, daß ich kein ähnliches ihm an die Seite zu stellen wüßte, da fraß sich in mein Gemüt das Gelesene so tief ein, daß ich bisweilen des Nachts hinaufwanderte in die Alchemistengasse Prags auf dem Hradschin als junger Mensch und mich in die romantische Idee hineinträumte, aus einer der verfallenen Türchen des einen oder anderen der kaum mannshohen Häuser könnte mir John Dee leibhaftig entgegentreten in die mondscheinnasse Gasse, mich anreden und mich verwickeln in ein Gespräch über die Geheimnisse der Alchemie; nicht jener Alchemie, die das Rätsel ergründen will, wie aus unedlem Metall Gold gemacht wird, sondern jene verborgene Kunst, wie der Mensch selbst zu verwandeln sei aus Sterblichem in ein Wesen, das das Bewußtsein seiner selbst nimmermehr verliert. Oft vergingen Monate, und John Dees Gestalt schien aus meinem Gedächtnis vertilgt, dann, oft in Träumen, kehrte sie wieder, unvertilgbar, klar und deutlich, selten und dabei doch regelmäßig; etwa wie der 29. Februar in einem Schaltjahr, der sich aus vier Vierteln erst zusammensetzen muß, bis man von ihm sagen kann: Er ist ein ganzer Tag geworden. Später, als ich Schriftsteller wurde, wußte ich mit Gewißheit, daß mich jener John Dee nicht mehr loslassen würde, bis ich eines Tages den Entschluß fassen müßte – der Sklave eines Gedankens, wie wir alle ja nur Sklaven unserer Gedanken sind und keineswegs ihre Schöpfer –, sein Schicksal in einem Roman niederzulegen, so gut oder so schlecht ich es eben imstande wäre. Nun sind es fast zwei Jahre, da »beschloß« ich, mit dem Roman zu beginnen. Doch, so oft ich mich an den Schreibtisch setzte, immer wieder verhöhnte mich eine innere Stimme: Einen historischen Roman willst du schreiben? Weißt du denn nicht, daß allem Historischen etwas Leichenhaftes anhaftet! Jener widerliche Geruch nach alten Federn, dem der Hauch der lebendigen Gegenwart fehlt! Aber, wenn ich den Plan aufgeben wollte, immer wieder rief mich »John Dee« zur Arbeit auf, so sehr ich mich auch sträubte. Endlich kam mir der befreiende Gedanke, das Schicksal eines heute lebenden Menschen mit dem des »toten« John Dee zu verflechten, – auf diese Weise gewissermaßen einen Doppelroman zu schreiben. – Ob ich selber jener Lebende bin? Ich könnte bejahen und könnte auch verneinen. Man sagt, wenn ein Maler jemand porträtiert, malt er immer ohne es zu wollen ein wenig seines eigenen Gesichtes in das Bild hinein. Beim Schriftsteller mag es ähnlich gehen.

Wer John Dee war? Nun, es steht ja in dem Buche. So viel soll hier gesagt sein: Er war ein Günstling der Königin Elisabeth von England. Er gab ihr den Rat, Grönland und Nordamerika der englischen Krone zu unterwerfen. Der Plan war genehmigt. Die Generalschaft wartete auf den Befehl die Eroberung ins Werk zu setzen. In letzter Stunde ließ die launische Königin ihren Entschluß fallen. Die Landkarte sähe heute anders aus, hätte Elisabeth Dees Rat befolgt! – Als John Dee den ehrgeizigen Plan seines Lebens gescheitert sah, beschloß er ein anderes Land als das irdische »Grönland« zu erobern. Ein Land, an dessen Erfliegung heute nur sehr wenige denken. Jenes »andere Land«, dessen Vorhandensein heute ebenso verlacht wird wie einst das »Amerika«, von dem Kolumbus träumte. John Dee machte sich auf den Weg in dieses Land, unbeirrt, unbeirrbar wie einst Kolumbus. Seine Fahrt war zermürbender, grausiger, verzehrender als die des Kolumbus. Aber seine Fahrt ging auch weiter, viel weiter als die des Kolumbus. Was wir von Dees Schicksalen wissen, ist ergreifend genug in den dürren überlieferten Tatsachen, wie ergreifender erst müssen die Erlebnisse gewesen sein, die er hatte und von denen wir nicht wissen! – Leibniz hat ihn erwähnt, die Geschichte hat es für besser gehalten, seiner nicht mehr zu erwähnen. Was man nicht begreifen kann, das bezeichnet man gern als »verrückt«. Ich erlaube mir jedoch zu glauben, daß John Dee nichts weniger als »verrückt« war. Fest steht: John Dee war einer der größten Gelehrten seiner Zeit, kein Herrscher in Europa, der ihn nicht an seinen Hof gebeten hätte. Kaiser Rudolf ließ ihn nach Prag kommen; dort machte er, so berichtet die Historie Gold aus Blei. Sein heißestes Bestreben war jedoch nicht auf Metallverwandlung gerichtet, wie ich schon angedeutet habe, sondern auf eine andere Art der Verwandlung. Welche Verwandlung das ist, das habe ich mich bemüht, in meinem Roman auseinanderzusetzen.

Edward Teach, gen. Blackbeard

Der Magier der Meere und Bruder des Teufels

Der »dämonische« Edward Teach
(Stich aus Defoe, A General History of the Pyrates)

Kombiniert mit seinen Augen, von Natur aus wild und feurig,
vermittelte der Gesamteindruck (von Blackbeard) das Abbild einer Furie,
die direkt aus der Hölle zu kommen schien
und doch mehr Furcht erregte.
Daniel Defoe (1660–1731)

Aus Angst, Blackbeard könnte Kenntnis davon erhalten, denn in diesem
Land besteht eine unerklärliche Neigung, Piraten zu begünstigen.
Alexander Spotswood (1676–1740)

Ihr glaubt vielleicht, er zeigt' in blut'gen Thaten
die fürstliche Gemütsart des Piraten.
Lord George Gordon Noel Byron (1788–1824)

*Leah Levine (*1961)*

Edward Teach, gen. Blackbeard
(ca. 1680–1718)

»Wenn ich nicht ab und an jemanden töte,
vergessen die Menschen, wer ich bin.«

Als Sohn einer angesehen Familie wird Edward Teach in Bristol geboren. Schon früh hat ihn die Leidenschaft für das Meer und die Schiffahrt gepackt, und er verbringt mehr Zeit im Hafen als auf der Schulbank, was ihn aber nicht davon abgehalten hat, sich eine gewisse Bildung anzueignen. Wie auch sein Bruder heuert er schon früh, gegen den Willen seiner Eltern, bei der Kriegsmarine an und lernt im Spanischen Erbfolgekrieg den Beruf des Seemanns von der Pike auf. Nach einigen Monaten in französischer Gefangenschaft und den einsetzenden Friedensverhandlungen, die viele Seeleute in eine ungewisse Zukunft entließen, beschloß er, um weiter seinen Traum von der Seefahrt zu verwirklichen, bei einem Kaperkapitän und späteren Piraten anzuheuern. Unter Captain Hornigold bekam Teach den letzten Schliff und zeichnete sich durch Mut und Ehrgeiz aus, was aber nicht gewürdigt wurde. Immer wieder versuchte er, ein eigenes Kommando zu bekommen, wurde aber stetig enttäuscht. Seine starke Persönlichkeit rebellierte, und als der Mannschaft eines Tages das französische Sklavenschiff »Concorde« vor den Bug kam, befahl er, es anzugreifen und in der Folge zu entern. Hornigolds Versuche, den jungen Wildfang zu bremsen, schlugen fehl und fast wäre es zu einem Duell der beiden starken Männer gekommen. Nach erfolgreicher Übernahme des Franzosen trennten sich die Wege von Teach und Hornigold. Teach benannte das ehemalige Sklavenschiff in »Queen Anne's Revenge« um und machte es zum Flaggschiff einer in der Folgezeit anwachsenden Flotte. Von nun an segelte er von einem Erfolg zum nächsten. Männer, die ihn lange kannten, bemerkten die Veränderungen, die mit ihm vorgingen. Sein Äußeres verwilderte, er gab sich den Namen »Blackbeard« und setzte die Furcht, die er allerorts auslöste, zu seinem Vorteil ein. Innerhalb kürzester Zeit war er einer der reichsten Männer der Karibik und verschaffte sich durch sein diplomatisches Geschick äußerst nützlichen politischen Einfluß in North Carolina, der es ihm ermöglichte, ohne nennenswerte Störungen seinem Treiben nachzugehen. Edward Teach soll dreizehn oder sogar vierzehn Mal verheiratet gewesen sein. Nachdem er die große Hafenstadt Charlestown mit seiner Flotte für einige Tage blockiert hatte, um an Medikamente zu kommen, wurden Stimmen lauter, etwas gegen ihn zu unternehmen. Es sollte aber noch dauern, bis die Royal Navy, angestachelt von Alexander Spotswood, dem Gouverneur von Virginia, unter dem Kommando von Robert Maynard Blackbeard in Ocracoke Inlet aufbrachte. Blackbeards Angewohnheit, kleinere Schiffe kaum als Gegner ernst zu nehmen und seine Selbstüberschätzung brachten ihm einen überraschenden Tod. Mit 22 Messerstichen und mehreren Einschüssen ging der mächtige Mann im Zweikampf mit seinem Gegner schließlich zu Boden. Um sich des Todes ganz sicher zu sein, enthauptete man Blackbeard und warf seinen Körper über Bord. Augenzeugen wollen gesehen haben, daß sein Leib das Schiff noch zweimal, andere sagen sieben Mal umrundet habe, bevor er auf den Meeresgrund sank.

Edward Teach war jedes Mittel recht, um Erfolg zu haben. Er hat Zeit seines Lebens nie einen Hehl daraus gemacht, mit dem Teufel im Bunde zu stehen, hat sich sogar oft als dessen Sohn ausgegeben. Unvergessen für die Beteiligten waren seine Schwefelrituale, bei denen er die Anwesenden zwang, mit ihm solange in einem abgedichteten Raum auszuharren, in dem große Brocken Schwefel verräuchert wurden, bis ihnen fast der Erstickungstod drohte. Auf die Frage, ob seine Frau wüßte, wo er seine Schätze vergraben hätte, falls ihm einmal etwas zustoßen sollte, antwortete er: »Nur der Teufel und ich wissen, wo sie sind. Und sie werden dem von uns gehören, der überlebt.«

Die moderne Literatur versucht immer wieder, Blackbeards offensive Sympathie für den Teufel als »Kriegstaktik« einzuordnen, übersieht dabei aber die eindeutig magischen Auswirkungen seines Paktes.

Edward Teach, gen. Blackbeard (ca. 1680–1718)

Logbucheintrag

Wieder so ein Tag, der Rum ist alle. – Unsere Mannschaft ist ernüchtert: – Wir sind verdammt durch den Wind! – Die Schurken planen eine Verschwörung – große Reden von Trennung. – So hielt ich scharf Ausschau nach einer Prise: – Hab an diesem Tag eine gemacht, mit einer großen Menge Schnaps an Bord, damit konnte ich die Truppe heiß halten, verdammt heiß; die Dinge sind wieder im Lot.

Daniel Defoe, eigtl. Daniel Foe (1660–1731)

Blackbeards eigene Hölle*

Auf dem französischen Guinea-Schiff befestigte Teach vierzig Kanonen und benannte es in »Queen Ann's Revenge« um; dann kreuzte er nahe der Insel von St. Vincent, kaperte ein großes Schiff, die »Great Allen«, die unter dem Kommando von Christopher Taylor fuhr. Die Piraten plünderten alles, was ihnen wertvoll erschien, brachten alle Männer an Land der oben erwähnten Insel und legten Feuer auf dem Schiff. Am nächsten Tag enterten sie ein weiteres Schiff, daß gerade Charles-Town verließ, ebenso wie zwei Pinken, die gerade nach Charles-Town einlaufen wollten; dazu eine Brigantine mit 14 Schwarzen an Bord; all dieses geradewegs in Sichtweite der Stadt, verursachte ein großes Erschrecken in der Provinz Carolina, die vor nicht allzu langer Zeit von Vane, einem weiteren berüchtigten Piraten, heimgesucht worden war, und so ergaben sie sich *(die Bürger)* ihrer Verzweiflung, hatten sie doch keine Möglichkeiten, der Übermacht etwas entgegen zu setzen. Im Hafen lagen acht Segler, bereit auszulaufen, aber keiner wagte, das Risiko auf sich zu nehmen, da man nicht erwartete, dem Zugriff der Piraten zu entkommen. Das gleiche galt für die Schiffe, die den Hafen ansteuern wollten und so wurde der gesamte Handel an diesem Ort unterbrochen.

Bevor er neuen Abenteuern entgegen segelte, heiratete er *(Teach)* ein junges Ding, das vielleicht gerade mal sechzehn Jahre alt war, der Gouverneur selbst vollzog die Trauung.

Sie war, so habe ich erfahren, die vierzehnte Ehefrau von Teach, von denen noch etwa ein Dutzend am Leben sein sollen. Sein Verhalten in dieser Sache war sehr extravagant. Während seine Schaluppe nahe Ocracoke Inlet ankerte und er sich auf der Plantage an Land, die seine Frau bewohnte, aufhielt, verbrachte er erst die ganze Nacht mit ihr und hatte es sich dann zur Gewohnheit gemacht, fünf oder sechs seiner brutalen Kumpane zu sich an Land einzuladen und die Unglückliche dann zu zwingen, sich vor seinen Augen, seinen Männern gegenüber zu prostituieren und einem nach dem anderen zu Willen zu sein.

Eines Nachts, er trank mit Hands, dem Lotsen und einem anderen Mann in seiner Kajüte, zog Blackbeard, gänzlich ohne jede Provokation, unauffällig zwei seiner Pistolen und entsicherte sie unter dem Tisch. Der Mann, der sich ihnen angeschlossen hatte, bemerkte das und ging, Blackbeard mit Hands und dem Lotsen zurücklassend, an Deck. Als die Pistolen bereit waren, blies Blackbeard die Kerze aus, kreuzte seine Hände und schoß auf seine beiden Gesellschafter. Hands, dem Maat, wurde dabei das Knie durchschossen und lähmte ihn für den Rest seines Lebens. Die andere Pistole traf nicht. Danach gefragt, was es mit dieser Tat auf sich hätte, antwortete er nur trocken und die Männer verfluchend, wenn er nicht ab und an einen töten würde, würden sie vergessen, wen sie vor sich hätten.

Nun, nachdem wir einige Berichte und Taten aus Teachs Leben zum Besten gegeben haben, wollen wir nicht vergessen, über seinen Bart zu sprechen, der ein wichtiger Teil seiner Persönlichkeit, ja die vornehmliche Ursache der Furcht ihm gegenüber, war. Kapitän Teach nahm den Beinamen Blackbeard auf Grund seines enormen Haarwuchses an, der einem schrecklichen Meteoren-Schweif glich und sein ganzes Gesicht bedeckte. Mit ihm lehrte er Amerika, mehr als jeder je gesichtete Komet, das Fürchten. Dieser Bart war schwarz, und er ließ ihn auf eine außergewöhnliche Länge wachsen, auf ganzer Breite, bis zu den Augen und seine Enden verflocht er mit Bändern zu kleinen Schwänzen. In Zeiten des Angriffs trug er einen Schultergürtel mit drei Paar Pistolen, die in separaten Holstern hingen, dazu steckte er sich glühende Lunten unter seinen Hut, die zu beiden Seiten seines Gesichts herabhingen. Kombiniert mit seinen Augen, von Natur aus wild und feurig, vermittelte der Gesamteindruck das Abbild einer Furie, die direkt aus der Hölle zu kommen schien und doch mehr Furcht erregte. Wenn er schon das Äußere einer Furie verkörperte, so paßten sich sein Humor und seine Leidenschaften dieser Erscheinung perfekt an.

In der Gemeinschaft der Piraten galt derjenige, der seine Schlechtigkeit am besten einsetzte, als Person mit höherem Rang und wurde mit Neid betrachtet. Setzte er sich dann noch von den anderen ab, zeichnete sich darüber hinaus noch durch Tapferkeit aus, so mußte er ein großer Mann sein …

Und so war es sein Ziel, seine Leute glauben zu machen, er sei die Inkarnation des Teufels. Eines Tages auf See, dem Alkohol schon recht üppig zugesprochen, hob er an: »Kommt«, sagte er, »laßt uns unsere eigene Hölle erschaffen und herausfinden, wie lange wir sie ertragen können.« So stieg er mit zwei oder drei seiner Männer in den Laderaum hinab, verschloß die Luken, füllte einige Gefäße mit Schwefel und anderen Stoffen und setzte sie in Brand, bis sie alle kurz davor waren, zu ersticken. Schnell schrien die Männer nach frischer Luft, endlich öffnete er die Luken und war kein Stück verwundert, daß er es am längsten ausgehalten hatte.

*Emily Drummond (*1961)*

Dämon der See

Wind frischt auf, die Wellen rollen,
die Männer dem Käpt'n Gehorsam zollen.
Er jagt sie über das nasse Deck,
ein jeder sehnt sich nach einem Versteck.
Doch an Feigheit ist heut nicht zu denken,
der Käpt'n will den Kahn in die Inlets lenken.

Dort verborgen soll er sein, im seichten Wasser,
der Dämon des Meeres, der Menschenhasser.
Ein jeder hat schon von seinen Greueln gehört,
von versenkten Schiffen, von Raub und Mord, der jede
Crew verstört.
Ein Schrecken der Meere, so grausam und hart,
mit eisigem Herzen und tiefschwarzem Bart.
Seine Männer heißt es, sollen Teufel sein,
genauso herzlos, brutal und gemein.
Da, tief im Nebel, da zeigt sich sein Schiff,
warum schleuderte Gottes Rache ihn nie an ein Riff?
Jetzt heißt es sich dem Höllenhund zu stellen,
er hat sie gesehen, seinen Kanonen bellen.
Sein Hohn und Spott dringt zur Mannschaft hin,
gegen ihn zu kämpfen, macht keinen Sinn.
Blut färbt die Planken, heut soll es geschehn,
der Käpt'n will Teach zur Hölle fahrn sehn.
Für den König und fürs Vaterland,
ist heute dieser Kampf entbrannt.
Mit Tapferkeit und ehernem Mut,
man kämpft mit Knöcheln tief im Blut.
Feuer und Schwefel fällt auf sie nieder,
der Dämon lacht, sie hören es wieder.
Mit Lunten im Haar und vielen Waffen,
kommt er an Bord, sie dahin zu raffen.
Er kämpft wie ein Tier, es löst sich ein Schuß,
der Käpt'n fällt nieder, für die Mannschaft ist Schluß.
Wer kann, versucht sich jetzt zu ergeben,
die Hölle doch verschont kein einziges Leben.
Die Männer des Königs sind diesmal gescheitert,
des Teufels Ruhm hat sich wieder erweitert.

*Emily Drummond (*1961)*

Der Pakt

In wenigen Augenblicken würde es dunkel sein. Ich war gerade in Bath angekommen und mußte mich beeilen, um noch im Hellen das Haus meines Bruders zu erreichen. Als ich einen der Männer am Hafen nach dem Weg fragte, sah er mich seltsam an und zögerte mit seiner Antwort. »Was will eine Frau wie ihr denn von diesem Dämon?« Er spuckte in den Staub und schien zu überlegen, wie er mich aufhalten könnte. Ich wendete mich ab und ging schnellen Schrittes die Straße entlang, für solche Eskapaden hatte ich keine Zeit. »Die Straße runter und dann rechts, ein großes, dunkles Haus, gar nicht zu verfehlen.« Er rief mir hinterher, aber ich drehte mich nicht um, um ihm zu danken. Nach zehn Minuten hatte ich das Haus gefunden, und es wirkte durch sein dunkles Holz fast ein wenig bedrohlich vor den Klippen. Ich hörte die Brandung und war froh, nach Wochen endlich am Ziel zu sein. Kaum hatte ich geklopft, wurde die Tür aufgerissen, und Edward stand vor mir. Er füllte den gesamten Rahmen aus. Erschrocken trat ich einen Schritt zurück. Das Gesicht, in das ich sah, war über und über mit einem wilden, zerzausten Bart bedeckt und nur das Funkeln der Augen zeigte mir etwas Vertrautes. Die Haare waren lang geworden, und die ganze Erscheinung meines Bruders war furchteinflößend. So hatte ich ihn noch nie gesehen. Voller Freude mich zu sehen, zog er mich an sich. Seine kräftigen Arme zerquetschten mich fast an seiner Brust, und ich mußte um Atem ringen. »Komm rein, laß dich ansehen, Schwesterchen.« Er zog mich mit sich und betrachtete mich dann mit einem Grinsen. »Du wirst immer schöner. Wenn ich nicht gerade verheiratet wäre, ich würde dir den Hof machen.« Ich lachte. »Willst du dich versündigen? Reicht es nicht, daß du unsere Familie jeden Tag in Verlegenheit bringst, indem du dich der Piraterie verschrieben hast?«

»Ach, ich hab mich noch ganz anderen Dingen verschrieben, da kommt es auf eine Sünde mehr oder weniger nicht an. Und unsere Familie kann sich nicht beklagen, sie profitiert nicht schlecht von meinem Tun, und niemand weiß, wer ich bin. Ich habe unseren Namen nie entehrt.« Damit hatte er Recht, als er anfing, als Pirat die Meere zu stürmen, hatte er seinen Namen geändert, und nur wenige wußten um seine wahre Identität. Wir setzten uns, und mein Bruder schenkte uns Wein ein. Als eine sehr junge Frau hereinkam, um mich zu begrüßen, war ich verwundert. Sie war fast noch ein Kind, und ich dachte, sie gehörte zum Personal, aber Edward stellte sie mir als seine Frau Mary vor, scheuchte sie dann aber schnell wieder aus dem Raum, er wollte mit mir allein sein. Wir hatten uns viel zu erzählen, und schnell vergingen die Stunden. Es war schon gegen Mitternacht, Mary hatte uns zwischendurch etwas zu essen gebracht, und wir waren inzwischen wieder beim Wein, als ich meine Neugierde nicht mehr länger zügeln konnte. Mit einem Blick auf die ausgesuchte Einrichtung und den offensichtlich sehr wertvollen Schmuck, den mein Bruder trug, platzte ich mit meiner Frage heraus, wie er zu diesem Erfolg gekommen sei. Piraterie war zwar noch immer ein einträgliches Geschäft, aber gerade in den karibischen Gewässern kreuzten mehr Piraten als Handelsschiffe, und so kam so mancher Captain nur mühsam mit seiner Mannschaft über die Runden. »Willst du es wirklich wissen?«, fragte er mich mit einem sehr ernsten Blick. Ich nickte. Edward zündete sich eine Pfeife an und lehnte sich zurück. »Ich hatte es irgendwann satt, immer nur die zweite Geige zu spielen, du weißt, ich bin nicht gerade mit Geduld gesegnet.« Er grinste, und ich wußte nur zu gut, was er meinte. »Eines Tages dachte ich, wenn ich nicht handle, würde ich für alle Zeiten der Willkür Hornigolds ausgeliefert bleiben. Ich fühlte, wußte, die Zeit war reif für mich, auf eigenes Risiko zu fahren. Ich fing an, meinen Captain zu hassen, und es hätte nicht mehr lange gedauert, und ich hätte ihn bei einer günstigen Gelegenheit über Bord geworfen, aber die Jahre zusammen hatten uns verbunden, und so suchte ich nach einer anderen Lösung. Als ich eines Abends auf dem Achterdeck stand und grübelte, verfärbte sich plötzlich das Wasser. Es war, als begänne es zu leuchten. Ich hörte Stimmen, die mich lockten. Meine Wut und mein Haß schienen nicht ungehört zu bleiben, mir was, als würde eine Kraft davon genährt. Ich machte eines der Beiboote los und setzte auf eine kleine Insel über. Die ganze Zeit war mir, als würde ich Befehle befolgen, die in meinem Kopf kreisten. Ich machte Feuer, setzte mich hin, und irgendwann schrie es aus mir heraus. Ich habe den Teufel persönlich herbeigerufen und in jener Nacht mein Schicksal besiegelt.« Edward machte eine Pause, sah mich an und lächelte. Seine Hand ergriff die meine und beruhigte mich etwas. Seine Worte hatten mich erblassen lassen, mein Herz schlug schneller. Ich wollte nicht wahrhaben, was er mir da erzählte, aber ich wußte, daß er nicht log. »Ich habe also dem Herrn der Hölle mein Leid geklagt«, fuhr er fort »und schon wurde mir ein Angebot gemacht, das ich nicht abschlagen konnte. Ein eigenes Schiff, nein, eine ganze Flotte, Erfolg bei jedem Raubzug und ein ehrenhafter Tod. Was wollte ein Mann wie ich mehr? Jeder von uns erwartet, einmal am Galgen zu enden und um ehrlich zu sein, es wäre eine unerträgliche Schande. Der Teufel brauchte nicht viel, um mich zu überzeugen.«

Ich sprang auf. Eine entsetzliche Kälte strich mir über den Körper. »Was war der Preis? Edward, ich bin schlau genug um zu wissen, daß man so einen Handel nicht ohne Gegenleistung abwickelt Ist dieser Pakt dafür verantwortlich, daß du dich so verändert hast?« Edward hatte sich auch erhoben und war an mich herangetreten. Seine Händel legten sich auf meine Schultern, und sein Gesicht kam mir so nah, daß sein Bart mich streifte. Als er das Wort wieder ergriff, klang in seiner Stimme ein dunkles Grollen mit. »Natürlich hatte dieses Abkommen seinen Preis. Ich mußte zustimmen, dreizehn Seelen zu verderben, was mir durch meine Hochzeiten inzwischen gelungen ist, ich mußte meine eigene Seele dem Leibhaftigen übereignen, der seit dem einen Teil meines Körpers bewohnt, versprechen, daß mein Gold keinen Erben findet und mich damit abfinden, auf der Höhe meiner Macht mit ihm zusammen in sein Reich zurückzukehren. Nichts, was ich für die Aussichten, die er mir bot, abgelehnt hätte.« Mein Entsetzen und mein Versuch, sich aus seinem Griff zu lösen, ließen meinen Bruder auflachen. Ein Lachen, was ich zeitlebens nie wieder vergessen sollte, so brannte es sich in meinem Kopf, aber auch in mein Herz ein. Als mir plötzlich der Geruch von Schwefel in die Nase stieg, fügten sich die Teile zusammen. Ich hatte immer geglaubt, es wären nur Gerüchte, von Neidern erzählte Geschichten, wenn ich gehört hatte, daß Edward so grausam und unheimlich geworden sei, seine Mannschaft quälte und eine perfide Lust am Töten und Ausleben aller Laster entwikkelt hatte. Ja, der Teufel hatte von ihm Besitz ergriffen, und wie mir schien, hatte er meinem Bruder nur noch wenig Platz in dessen eigenem Körper übriggelassen. Tränen rannen mir über die Wangen, ich wußte, ich würde die Katastrophe nicht aufhalten können. Verzweifelt suchte ich in den Augen meines Gegenübers nach dem Bruder, den ich so sehr liebte, aber was ich fand war fast nur Kälte und Hohn. Nur ein winziges Leuchten, einem weit entfernten Stern gleich, konnte ich ausmachen und mich daran festhalten, um nicht zusammenzubrechen und noch in dieser Nacht das Haus zu verlassen. Ich blieb, und ich versuchte zu verstehen. Es war Edwards Entscheidung, und mir stand es nicht zu, darüber zu urteilen. Einzig mußte ich versuchen, damit zu leben, ihn fast verloren zu haben. Als ich nach einigen Wochen nach England zurückkehrte, ahnte ich nicht, daß ich meinen Bruder zu einem Zeitpunkt getroffen hatte, als er fast auf der Höhe seiner Macht war.

*Leah Levine (*1961)*

Opale für den Teufel oder der Ring des See-Magiers

Es war in der zweiten Novemberhälfte, das Wetter war noch immer angenehm warm, und ich genoß meinen wohlverdienten Urlaub an der amerikanischen Ostküste. Wie jeden Tag fuhr ich mit meinem Mietwagen die Küstenstraße weiter nach Norden und suchte mir interessante Orte, an denen ich für ein oder zwei Tage verweilte. An diesem Tag besuchte ich einen kleinen Ort in der Nähe des Pamlico-Flusses und entdeckte einen unscheinbaren Laden, in dessen Schaufenster allerlei Antiquitäten angehäuft waren. Neugierig und immer auf der Suche nach etwas Besonderem betrat ich das Geschäft und stand kurze Zeit später einem verwitterten, alten Mann gegenüber, der mich seltsam musterte. Offenbar kamen selten Touristen in diese Gegend, denn er erschien irgendwie nervös, als er mich nach meinen Wünschen fragte. Ich sagte ihm, ich hätte einen schönen Ring im Fenster gesehen und würde mir den gern genauer anschauen. Er zeigte mir den Ring, griff dann aber plötzlich in das Regal hinter sich und holte eine abgegriffene Holzschachtel hervor. Er hätte hier noch etwas viel Wertvolleres, den Ring eines berüchtigten Piraten, der vor Jahrhunderten genau hier die Gegend unsicher gemacht habe. Der Ring war auffallend gut erhalten, und ich dachte schon, er wolle mir einen Bären aufbinden, bis ich das Kleinod in die Hand nahm. Ein regelrechter Blitz durchfuhr mich, mir wurde heiß, und der Ring kribbelte in meiner Handfläche. Ich habe ein Gespür für magische Objekte, und dieser Ring fühlte sich genau wie eines an. Ich versuchte, mein Interesse zu verbergen und fragte, wieviel der Ring denn kosten solle. Der Mann sah mich mit zusammengekniffenen Augen an und nannte dann einen überraschend annehmbaren Preis. Wieder blitzte meine Sorge auf, er würde hier Massenware an dumme Durchreisende verkaufen, aber das Pochen in meiner Hand strafte mich Lügen. »Der Ring ist viel mehr wert, aber ich fühle, daß er bei Ihnen in den richtigen Händen ist, und deshalb überlasse ich ihn Ihnen für diesen Preis«, sagte er. »Sie müssen mir nur versprechen, ihn nie zu verkaufen oder zu verschenken. Wenn Sie ihn nicht mehr wollen, werfen Sie ihn ins Meer.« Ich fand dieses Ansinnen seltsam, aber versprach es ihm. Beim Verlassen des Ladens fragte ich noch, welchem Piraten der Ring denn gehört hätte? »Er ist aus dem Nachlaß von Blackbeard, dem wüstesten Mann, der je hier die See durchpflügt hat. Blackbeards Maat, Israel Hands, persönlich soll ihn gegen eine Flasche Rum eingetauscht haben. Er ist schon ewig im Besitz meiner Familie, aber heute ist ein guter Tag, sich von ihm zu trennen.« Er lachte, und ich verließ kopfschüttelnd das Geschäft. Im Sonnenlicht betrachtete ich meine Neuerwerbung. Ein funkelnder Opal saß in einer verschlungenen Silberfassung und begann, in der Sonne fast lebendig zu wirken. Ich schob mir den Ring auf den Finger und vergaß die Geschichte des Ladeninhabers.

In der Nacht hatte ich seltsame Träume. Ich wachte auf und fühlte einen unendlichen seelischen Schmerz in mir. Mein Körper tat an vielen Stellen weh, und ich mußte aufstehen und etwas trinken, damit es mir besser ging. Ich sah auf den Fluß hinaus und fühlte den Drang, dem Fluß bis zum Meer zu folgen. Irgend etwas zog mich aufs Wasser, und so organisierte ich am nächsten Tag einen Fischer, der für Touristen kleine Segeltörns anbot. Ich fragte ihn, ob er mich zu den Inseln an der Küste fahren würde? »Ist ja seltsam, daß sie gerade heute so ein Ansinnen haben. Auf den Tag genau vor 288 Jahren geriet der Pirat Blackbeard in den Gewässern hinter den Inseln in eine Falle und wurde von den Engländern brutal niedergemetzelt. Fünf Kugeln und zahlreiche Messerstiche waren nötig, um die Bestie zu erlegen. Ein Teufel war das.«

Ich hatte wenig Lust, mich mit dem Mann zu unterhalten, wollte einfach nur auf eine der kleinen Inseln und ließ mich dort von ihm absetzen. Er sollte mich am nächsten Morgen wieder abholen, und obwohl er mir meinen Wunsch, die Nacht allein dort zu verbringen, unbedingt ausreden wollte, gelang es mir schließlich, ihn loszuwerden. Als es Abend wurde, machte ich mir ein Feuer, setzte mich mit Blick auf den Atlantik in den Sand. Ich wußte noch immer nicht, warum ich das alles tat, aber ich war mir sicher, es würde schon einen Grund haben. Etwa gegen Mitternacht kam mir die Idee, ein Ritual durchzuführen. Vielleicht gelänge es mir, mehr über den Ring und seine Geschichte zu erfahren. Ich zog einen Kreis in den Sand, stellte vier Fackeln auf und drapierte den Ring auf einem Stein. Ich beschwor die Geister des Wassers und des Windes und übergoß den Ring, einer Eingebung folgend, mit etwas Rum.

Wind kam auf und plötzlich schien der Opal aus sich selbst heraus zu leuchten. Mir war, als würde sich hinter mir etwas bewegen, aber ich konnte den Blick nicht von dem irisierenden Opal wenden.

»Genauso habe ich es damals auch gemacht«, hörte ich unvermittelt eine Stimme hinter mir. »Opale sind durstig.« Ich wollte mich umdrehen, aber mein Körper versagte mir seinen Dienst. Ein modriger Geruch stieg mir in die Nase und meine ganze Haut kribbelte.

»Einhundert dieser Steine habe ich dem Teufel geopfert, einen gab er mir zurück, und dieser Idiot von Hands tauscht ihn gegen

Rum ohne zu wissen, welchen Schatz er in Händen hielt. Alles hätte er erreichen können, wäre er nicht so dumm gewesen. Ich wünschte, ich hätte ihm den Hals eigenhändig umdrehen können, denn er hat mich um das Wertvollste betrogen, was ich hatte, mein Leben. Hätte er mir den Ring nicht gestohlen, hätte dieser Maynard nie ne Chance gehabt, mich zu töten.« Ein infames Gelächter durchschnitt die Nacht, und kalter Schweiß brach mir aus. »Du hast dem Teufel geopfert?«, fragte ich verwundert, inzwischen überzeugt davon, den Geist des wilden Piraten mit meinem Ritual hervorgelockt zu haben. »Aber sicher. Hab da nie ein Geheimnis draus gemacht, aber die Leute zitterten ja schon, wenn sie mich sahen, so genau wollte da doch keiner hinschauen. Klar hab ich die Kräfte genutzt, die sich mir anboten, war nie ein dummer Kerl. Der Teufel selbst war mein erster Steuermann und brachte uns die besten Prisen. Nur die Opale, die waren immer für ihn. Hab sie um Mitternacht ins Meer gekippt, und so hatten wir immer Glück und guten Wind.« Wieder lachte er, und meine Neugier verleitete mich zu einer weiteren Frage. »Dann warst du also mehr ein Magier als ein Pirat?« Ich hörte ein Scharren im Sand. »Wenn man so will. Nenn es, wie du willst. Heute spricht man nur von unseren Raubzügen, keiner erinnert sich mehr an den wirklichen Kapitän Teach. Mit dem Schwarzen an meiner Seite hätt ich die Meere leergefegt, und niemand hätte mich nieder machen können. Unsterblich wär ich geworden, unsterblich.« Seine Stimme wurde rauher und klang wütend. »Nun, unsterblich bist du, wenn auch nicht so, wie du gehofft hast, aber die Leute reden noch immer über dich. Du bist unvergessen, und ich bin sicher, das wirst du auch immer bleiben.« Die Erscheinung knurrte. »Du hast jetzt den Ring, nutze ihn, und gib ihn irgendwann dem Teufel zurück, damit ich meinen Frieden finde.«

Das Feuer des Opals verlosch im selben Moment und der Wind legte sich. Ich nahm den Ring und steckte ihn an meinen Finger. Ich würde ihn nutzen, soviel stand fest, und ich würde dabei diesen Piraten nicht vergessen. Wer weiß, vielleicht konnte ich ja wirklich etwas tun, was ihm gefiel.

Anonym

Blackbeards Mannschaft*

Alle, die mit uns auf Kaperfahrt fahren,
müssen Männer mit Bärten sein.
Refrain:
Jan und Hein und Klaas und Pitt,
die haben Bärte, die haben Bärte.
Jan und Hein und Klaas und Pitt,
die haben Bärte, die fahren mit.

Alle, die öligen Zwieback lieben,
müssen Männer mit Bärten sein.

Alle, die mit uns das Walroß killen,
müssen Männer mit Bärten sein.

Alle, die Weiber und Branntwein lieben,
müssen Männer mit Bärten sein

Alle, die Tod und den Teufel nicht fürchten,
müssen Männer mit Bärten sein.

Alle, die endlich zur Hölle mitfahren,
müssen Männer mit Bärten sein.

KAPITEL 4

Vom Großkophta zur Großen Bestie

Die Magier von den Zeiten der Aufklärung bis ins 21. Jahrhundert

Der Zauberer (Vexierbild aus dem 19. Jh.)

Das 18. Jahrhundert brachte ein Dreigestirn berühmter Abenteurer
und Magier-Hochstapler hervor, deren Format kaum wieder erreicht
worden ist: Cagliostro, Casanova und den Grafen von St. Germain.
Alle waren Mitglieder von Geheimgesellschaften,
deren Verbindungen über ganz Europa sie sich zunutze machten,
alle drei gaben sich, zumindest zeitweilig als Magier
und Eingeweihte der Geheimwissenschaften aus.
*Olga Rinne (*1946)*

Der Graf von Saint Germain

Der unsterbliche Agent

Jean Joseph Taillasson (1745–1809):
Der Graf von Saint Germain

»Der Mann, der alles weiß und niemals stirbt.«
Voltaire (1694–1778)

Er erzählt jedermann, daß er viertausend Jahre alt ist.
Aber ich bin erst hundert Jahre in seinen Diensten, und als ich zu ihm kam,
sagte mir der Graf, daß er dreitausend Jahre alt sei.
Ob er irrtümlich neunhundert Jahre hinzugefügt hat oder ob er lügt,
kann ich nicht sagen.
Roger, Diener des Grafen von Saint-Germain

Man leugnet die Wunder Jesu Christi,
ließ aber den Grafen de Saint-Germain mehrmals auferstehen.
Diese einzigartige Persönlichkeit war ein geheimnisvoller Theosoph,
den man im Besitz des Steins der Weisen glaubte.
Eliphas Levi (1810–1875)

Leah Levine (1961)*

Graf von Saint Germain

(1685/96/1710–1784?)

»Seid das Licht der Welt, wenn ihr nur dem eines Planeten gleicht, werdet ihr vor Gott nicht sein!«

Alles, was man über den Grafen von St. Germain sagen kann, ist immer eher Vermutung als faktisches Wissen, da er es selbst seiner Umwelt immer äußerst schwer gemacht hat, die Wahrheit von Geschichten zu unterscheiden. Möglicherweise wurde er als unehelicher Sohn der Maria Anna von der Pfalz-Neuenburg und einem portugiesischem Bankier geboren. Wann? Darüber gibt es viele Meinungen, die letztendlich niemals mit des Grafen Meinung übereinstimmen würden, da er selbst behauptet, 2000, ja manchmal sogar 4000 Jahre alt zu sein. Wenn es auch auf den ersten Blick »irre« anmutet, so konnte der Graf doch Details und historische Fakten aus nahezu jeder vorhergehenden Epoche so präzise schildern, als sei er immer dabei gewesen. Ihn einfach nur für einen Betrüger, Hochstapler und Scharlatan zu halten, wie es viele taten, hieße, es sich zu einfach zu machen. St. Germain war ein außergewöhnlicher Mann. Er soll über zehn verschiedene Sprachen in Wort und Schrift beherrscht haben, ein virtuoser Musiker, Maler und Komponist gewesen sein und unübertrefflich im Wissen um Chemie, Geschichte, Mathematik und anderen Wissenschaften. Könige, Gelehrte, Philosophen suchten seinen Rat, boten ihm ihre Freundschaft und nutzten seine Fähigkeiten für ihre eigenen Machtansprüche, wie etwa Ludwig XV. Seine Gabe, die Menschen jeder sozialen Schicht zu verzaubern, sie durch seine spannende Erzählform zu fesseln, sein Witz, Charme und seine Klugheit beeindruckten die einen. Seine magischen Fähigkeiten, seine düsteren Prophezeiungen und seine unheimliche, hypnotische Kraft verunsicherten die anderen, die ihn schnell aller möglichen bösen Taten verdächtigten.

Das große Vermögen, über das der Graf verfügte, sorgte, wie alles was ihn betraf, für wilde Spekulationen. Hatte er es geerbt, sich von Gönnern erschlichen, oder war er tatsächlich im Besitz des »Stein der Weisen«? Es heißt, er habe dieses alchemistische Wunder nicht dafür benutzt, Gold herzustellen, sondern er verwandelte in Diamanten. Als Fachmann der Alchemie soll er im Besitz eines ganz besonderen Elixiers gewesen sein, das dem Körper ewige Jugend und Gesundheit beschert haben soll. Man sagt, der Graf habe nie älter als vierzig Jahre ausgesehen. Des Grafen Angewohnheit, niemals im Beisein anderer zu speisen, nährte die Gerüchte um das, was er sich zuführte.

Mit seinem ungeheuren Wissen bemühte sich St. Germain um Politik. Er bereiste Deutschland, England und Rußland, möglicherweise als Agent oder Spion, er versuchte, Mitglieder des Hochadels in Frankreich vor den Folgen der Revolution zu retten, schloß sich den Rosenkreuzern an und sympathisierte mit den Freimaurern, Illuminaten, Kabbalisten und den Maltesern. Seine Wandlungsfähigkeit war phänomenal, und er soll über achtzig verschiedene Pseudonyme verwendet haben, um sich immer wieder neuen Herausforderungen zu stellen.

1784 »starb« der Graf in Eckernförde, aber es gibt – glaubwürdige – Zeugen, die ihn auch nach diesem Datum noch gesehen oder gesprochen haben wollen. Es verwundert nicht, daß gerade in okkultistischen Kreisen seine Person mit dem »Wiedergänger« oder dem »Ewigen Juden« verbunden wird. Ein erhaltener Brief von Voltaire läßt darauf schließen, daß der Graf Wissen um Ereignisse und Entwicklungen bis zur Mitte des 20. Jahrhunderts gehabt haben muß. Einzige Erklärung wäre das Phänomen der Zeitreise. Im Zusammenhang mit Saint-Germain erscheint das aber noch nicht einmal besonders abwegig, sondern einfach nur erklärend, und jedem bleibt es überlassen, sich seine eigenen Gedanken zu machen, ob er das für möglich hält.

Graf von Saint Germain (1685/96/1710–1784?)

Brief aus Mantua an den Grafen Max von Lamberg (1773)

Als ich zu Haag sollte arretirt werden, so drang ich darauf, daß ich vorher mit dem französischen Gesandten Grafen von Afry sprechen müßte, ich wurde von einem Polizeybedienten begleitet dahin geführt. Der Gesandte empfieng mich mit einigem Erstaunen, ließ aber bald nachher die Wache abtreten, und sagte, daß ich, so lang ich in Holland bliebe, unter dem Schutz seines Königs stünde. Ich wollte dem Polizeybedienten einen schönen Diamant zum Präsent machen, er schlug ihn aber aus, worauf ich ihn mit Hülfe eines großen Hammers in viele Stücke schlug, die von den umstehenden Bedienten aufgesammelt wurden. Dieser Diamant hatte mir viele Mühe zu verfertigen gekostet und war in Brasilien und in dem mongolischen Reich für ächt erkannt worden. Ich habe mehrere dergleichen in Gesellschaft des Grafen Zobor, Kammerherrn des verstorbenen Kaysers verfertigt. Der Fürst T kaufte vor sechs Jahren einen solchen Stein von meiner Arbeit für 5500 Louis d'or, und dieser verhandelte ihn nachher wieder an einen reichen Narren, mit tausend Dukaten Profit. Man muß wirklich, wie der Graf Barre sagt, entweder ein König oder ein Narr seyn, um so große Summen für einen einzigen Diamant zu verschwenden. – Es ist gewiß, daß man vermittelst der Kunst der Natur sehr nahe kommen kann, obgleich ein Pott, ein Markgraf, ein Rouelle auf ihrem Dreyfuß behaupten, daß es unmöglich wäre, Diamanten nachzumachen. Wenn aber diese Herren mehr die Menschen als die Bücher studierten, so würden sie Geheimnisse entdecken, die man in der *Aurea Catena Homeri,* dem großen und kleinen Albert, dem Picatrix und andern vergebens sucht; die wichtigsten Geheimnisse entdeckt man nur auf Reisen. Die Kunst, Edelsteine zu verfertigen, habe ich auf meiner zweyten Reise nach Indien im Jahr 1755, die ich in Gesellschaft des Generals Clive machte, erlernt. – Auf meiner ersten Reise hatte ich nur wenige Kenntnisse hierüber erlangt, und alle meine Versuche, so ich deswegen zu Paris, Wien und London angestellt habe, waren blos Versuche, das Hauptwerk war dieser zweyten Reise vorbehalten. –

Giacomo Girolamo Casanova (1725–1798)

Bei Tisch mit Saint-Germain*

Am besten unterhielt ich mich, als wir mit Madame de Gergy speisten, die in Begleitung des berühmten Abenteurers Graf von Saint-Germain erschienen war. Anstatt zu essen, redete dieser Mann von Anfang bis Ende der Mahlzeit, und ich hörte ihm mit größter Aufmerksamkeit zu, denn niemand sprach besser als er. Er gab sich in jeder Hinsicht als Wunderknabe, er wollte verblüffen und verblüffte auch tatsächlich. Er hatte eine entschiedene Art zu sprechen, die jedoch nicht mißfiel, denn er war gelehrt, sprach fließend alle Sprachen, war sehr musikalisch, ein großer Kenner der Chemie, besaß angenehme Züge und verstand es, sich bei allen Frauen beliebt zu machen. Wenn er ihnen Schminke zur Verschönerung der Haut gab, schmeichelte er ihnen gleichzeitig, er könne sie nicht jünger machen, denn das sei, wie er sagte, unmöglich; er könne sie nur in dem Zustand, in dem er sie finde, erhalten und bewahren, und zwar durch ein Wasser, das ihn sehr viel koste, das er ihnen aber zum Geschenk mache. Dieser überaus merkwürdige und zum frechsten aller Betrüger geborene Mann behauptete ungestraft und nachlässig, er sei dreihundert Jahre alt, besitze die Universalmedizin und treibe mit der Natur, was er wolle; er schmelze Diamanten und mache aus zehn oder zwölf kleinen ohne Gewichtsverlust einen großen von vollkommener Reinheit. Für ihn waren das nur Kleinigkeiten. Trotz seiner Prahlereien, seiner Widersprüche und seiner offenkundigen Lügen brachte ich es nicht fertig, ihn unverschämt zu finden, aber ich fand ihn auch nicht achtenswert; gegen meinen Willen fand ich ihn verblüffend, denn er hat mich verblüfft.

A. d. H. (1787)

Er behauptete dreyhundert und fünfzig Jahre alt zu seyn*

Von diesem Manne, der eine zeitlang in Frankreich, Italien, Deutschland und anderen Ländern die Rolle eines Magiers spielte, läßt sich aus Mangel authentischer Nachrichten wenig gewisses sagen. Seine eigentlich Herkunft ist unbekannt, und sein Name, den er öfters veränderte und sich Aymar, Marquis de Betmar nannte, ist es gleichfalls, doch hielten ihn die mehrsten so ihn kannten für einen Portugiesen. Aus dem wenigen, was man von ihm weiß, läßt sich urtheilen, daß er wirckliche Kenntnisse besaß, die er aber mehrentheils nur dazu anwandte, um durch allerhand Taschenspielereyen und Vorspiegelungen seinen Zuschauern und dem Publikum Sand in die Augen zu streuen, und sich als einen Wunderthäter zu zeigen …

Er behauptete, dreyhundert und fünfzig Jahre alt zu seyn und den berühmten Thomas Kulikan gekannt zu haben und gab vor, einen Lebensbalsam zu besitzen, wodurch der älteste Mensch seine Natur und Kräfte erneuern und sich wieder verjüngen könnte.

Aleksandr Sergeevič Puškin (1799–1837)

Das Geheimnis des Grafen von Saint Germain*

»Oh, so hört nur zu! Ihr müßt wissen, daß meine Großmutter vor sechzig Jahren nach Paris reiste und dort sehr in Mode war. Man lief ihr auf der Straße nach, um *la Venus moscovite* zu sehen. Richelieu machte ihr den Hof, und Großmutter versichert, daß er sich ihrer Grausamkeit wegen beinahe erschossen hätte. Zu jener Zeit spielten die Damen Pharao. Eines Tages hatte sie bei Hof an den Herzog von Orleans eine sehr große Summe auf Ehrenwort verloren. Als sie nach Hause kam, teilte die Großmutter, während sie die Schönheitspflästerchen vom Gesicht ablöste und ihren Reifrock losband, dem Großvater den Spielverlust mit und befahl ihm, zu bezahlen. Der selige Großvater war, soweit ich mich erinnere, eine Art von Haushofmeister bei meiner Großmutter. Er fürchtete sie wie das Feuer. Als er jedoch von einem so ungeheuren Spielverlust erfuhr, geriet er außer sich, brachte das Rechenbrett herbei, bewies ihr, daß sie in einem halben Jahr eine Million ausgegeben hatte, machte ihr klar, daß sie bei Paris weder ihr Moskauer noch ihr Saratowsches Landgut liegen habe und weigerte sich entschieden zu zahlen. Großmutter versetzte ihm eine Ohrfeige und ging zum Zeichen ihrer Ungnade allein zu Bett. Am nächsten Morgen ließ sie ihren Gemahl rufen in der Hoffnung, daß die häusliche Strafe auf ihn gewirkt habe, fand ihn aber unerschüttert. Zum erstenmal in ihrem Leben ließ sie sich auf Erörterungen und Erklärungen mit ihm ein. Sie hoffte, an sein Gewissen zu rühren, indem sie ihm herablassend bewies, daß eine Schuld der andern nicht gleich sei und daß es einen Unterschied gebe zwischen einem Prinzen und einem Wagenbauer. Aber weit gefehlt! Der Großvater rebellierte. Nein und abermals nein! Die Großmutter wußte nicht, was sie tun sollte. Nun war sie mit einem ungewöhnlichen Mann gut bekannt. Ihr habt sicher vom Grafen Saint-Germain gehört, von dem man so viel Wunderbares erzählt. Ihr wißt, daß er sich für den ewigen Juden ausgab, für den Erfinder des Lebenselixiers und des Steins der Weisen. Man mokierte sich über ihn wie über einen Scharlatan, und Casanova sagt in seinen Erinnerungen, daß er ein Spion war. Übrigens hatte Saint-Germain trotz seiner Geheimtuerei ein sehr ehrwürdiges Aussehen und war in Gesellschaft ein sehr liebenswürdiger Mann. Großmutter ist bis heute in ihn grenzenlos verliebt und wird böse, wenn man nicht mit gebührender Achtung von ihm spricht. Großmutter wußte, daß Saint-Germain über viel Geld zu verfügen hatte. Sie beschloß, sich an ihn zu wenden, schrieb ihm ein Briefchen und bat ihn, unverzüglich zu ihr zu kommen. Der alter Sonderling kam gleich und fand sie in großer Betrübnis. Sie schilderte ihm in den schwärzesten Farben die Barbarei ihres Mannes und sagte schließlich, daß sie alle ihre Hoffnung auf seine Freundschaft und Liebenswürdigkeit setze. Saint-Germain überlegte: »Ich könnte Ihnen mit dieser Summe dienen«, sagte er, »aber ich weiß, daß Sie keine Ruhe finden werden, bis Sie sie mir bezahlt haben, und ich möchte Sie nicht in neue Sorgen stürzen. Es gibt ein anderes Mittel: Sie können die Summe im Spiel wiedergewinnen.«

»Aber lieber Graf«, antwortete die Großmutter, »ich sage Ihnen doch, daß wir gar kein Geld haben.«

»Geld ist dazu nicht notwendig«, sagte Saint-Germain. »Ich bitte Sie, mich anzuhören.« Hier entdeckte er ihr das Geheimnis, für das jeder von uns viel geben würde …«

Die jungen Spieler verdoppelten ihre Aufmerksamkeit. Tomskij zündete eine Pfeife an, machte einen Zug und fuhr fort:

»Noch am selben Abend erschien Großmutter in Versailles *au jeu de la reine.* Der Herzog von Orleans hielt die Bank. Großmutter entschuldigte sich leichthin, daß sie ihre Schuld noch nicht mitgebracht habe, erfand zur Rechtfertigung eine kleine Geschichte und begann, gegen ihn zu setzen. Sie wählte drei Karten und setzte der Reihe nach auf sie. Alle drei gewannen, und so bekam sie alles zurück.«

»Zufall!«, sagte einer der Gäste.

»Märchen!«, bemerkte Hermann.

»Vielleicht waren die Karten gezinkt?«, warf ein Dritter ein. »Das glaube ich nicht«, antwortete Tomskij überlegen.

»Wie«, sagte Narumow, »du hast eine Großmutter, die drei Karten hintereinander errät, und du hast ihre Kabbalistik bis jetzt von ihr noch nicht erfahren?«

»Nein, Teufel noch mal!«, antwortete Tomskij. »Sie hatte vier Söhne, darunter meinen Vater. Alle vier waren verzweifelte Spieler, und keinem von ihnen hat sie ihr Geheimnis verraten, obgleich es ihnen und auch mir wenig geschadet hätte. – Aber folgendes erzählte mir mein Onkel Graf Iwan Iljitsch und bekräftigte es mit seinem Ehrenwort. Der verstorbene Tschaplitzkij, derselbe, der in Armut starb, nachdem er Millionen verschwendet hatte, verlor einmal in seiner Jugend an Soritsch, glaube ich, ungefähr dreihunderttausend im Spiel. Er war verzweifelt. Großmutter, die sonst gegen die Streiche junger Leute sehr streng war, hatte Mitleid mit Tschaplitzkij. Sie nannte ihm drei Karten, damit er auf sie der Reihe nach setze und nahm ihm das Ehrenwort ab, dann nie mehr zu spielen. Tschaplitzkij erschien bei seinem Besieger, sie setzten sich zum Spiel. Tschaplitzkij setzte auf die erste Karte fünfzigtausend und gewann, verdreifachte den Einsatz und gewann alles zurück und noch darüber hinaus. Doch es ist Zeit zu schlafen, es ist schon ein Viertel vor sechs.« In der Tat, der Morgen dämmerte schon. Die jungen Leute tranken ihre Gläser aus und gingen auseinander.

Friedrich von Bülau (1805–1859)

Der Graf von St. Germain

Als eine Art praktischen Beweises der Möglichkeit, schon hienieden zur physischen Unsterblichkeit und ewigen Jugend zu gelangen oder doch die Grenzen der Kraft und des Lebens weit über das gewöhnliche Maß auszudehnen, stellte sich ein Abenteurer dar, welcher seit 1750 zuerst als Marquis von Montferrat, in Venedig als Graf de Bellamare, in Pisa als Chevalier Schöning, in Mailand als Chevalier Welldone, in Genua als Graf Soltikow, in Schwabach als Graf Tzarogy (Ragotzy), in Frankreich als Graf von St. Germain auftrat, welchen letzteren Namen er dann bis an sein Ende beibehielt.

Seine eigentliche Herkunft ist niemals entdeckt worden, auch sein Vaterland nicht. Selbst Friedrich II. bezeichnet ihn als einen Mann, den man niemals habe enträtseln können. Wenn er, wie er es liebte, von seiner Kindheit sprach, malte er sich umgeben von zahlreichem Gefolge, wie er sich auf prächtigen Terrassen in einem köstlichen Klima erging, als wäre er der Kronprinz eines Königs von Granada in der Zeit der Mauren gewesen. Ein alter Baron von Stosch wollte unter der Regentschaft (1715–1723) einen Marquis von Montferrat gekannt haben, der für einen natürlichen Sohn der in Bayonne residierenden Witwe des Königs Karl II. von Spanien und eines Madrider Bankiers gegolten habe. Einige haben St. Germain für einen portugiesischen Marquis von Betmar, andere für einen spanischen Jesuiten Aymar, andere für einen Elsässer Juden Simon Wolff, noch andere für den Sohn eines Steuereinnehmers zu St. Germano in Savoyen namens Rotondo gehalten. Der Herzog von Choiseul erklärte ihn einmal, jedoch in zorniger Stimmung, für den Sohn eines portugiesischen Juden, was übrigens mit der Geschichte des Baron Stosch sich wohl vertragen könnte. Er sprach sehr gut deutsch und englisch, vortrefflich italienisch, das Französische mit einem piemontesischen Akzent, das Spanische und Portugiesische in vollkommenster Reinheit …

Im allgemeinen scheint St. Germain unter den Scharlatans des 18. Jahrhunderts einer der unschädlicheren gewesen zu sein und mit seinen Schwindeleien nicht eben mehr bezweckt zu haben, als sich in der vornehmen Welt und deren Genüssen zu behaupten, auf Kosten reicher Großer ein behagliches Leben zu führen und sich an dem Staunen zu ergötzen, was seine Besonderheiten erregten. Zu dem allen benutzte er das Geheimnis, was seine Herkunft umringte, den Besitz einiger chemischer Geheimnisse und die, vielleicht auch durch letztere unterstützte langjährige Behauptung eines rüstigen und sich gleichbleibenden Aussehens. Auf seinen beständigen Umzügen hatte der durch keine Rücksichten gebundene Mann vielleicht dann und wann in einer Intrige mitgeholfen, was ihm dann auch weiter zustatten kam. Irgend einen nachhaltigen Einfluß zu äußern, scheint er nie erstrebt zu haben und in seinen Ansprüchen ziemlich mäßig gewesen zu sein.

Er war von mittlerer Größe, sehr robust und bewahrte sein rüstiges Aussehen in der Tat wunderbar lange. Rameau und eine alte Verwandte eines französischen Gesandten in Venedig wollten ihn 1710 als einen Mann gekannt haben, der etwa 50 Jahre alt zu sein schien. 1759 schien er 60 Jahre zu haben und der dänische Legationssekretär Morin, der ihn 1735 auf einer Reise nach Holland kennengelernt hatte, versicherte 25 Jahre später, er schiene ihm nicht um ein Jahr gealtert zu sein. In Schleswig soll er bis in die letzte Zeit das Aussehen eines gut konservierten Sechzigers gehabt haben. Wenn sich das alles wirklich so verhalten hat, so ist es Glück und vielleicht etwas Geschick. Möglich aber auch, daß der St. Germain von 1710 doch ein anderer war, wo dann die Sache gar nichts Absonderliches mehr haben würde.

Er selbst suchte allerdings den Glauben an ein ungewöhnliches Alter zu erwecken und bediente sich dazu mancherlei Kunstgriffe, ohne gerade jedermann eine bestimmte nähere Versicherung zu erteilen. Indes ist er nie soweit gegangen, wie man ihm nachgesagt hat, sich für einen Zeitgenossen des Heilandes auszugeben und der Dienste zu rühmen, die er ihm bei Pilatus geleistet oder der Bemühungen, die er zugunsten der Kanonisation der heiligen Anna auf dem Nizäischen Konzil gehabt.

Rainer Maria Rilke (1875–1926)

Saint-Germain, der Marquis von Belmare*

Dieser Sten verbrachte die Sonntag-Nachmittage damit, Swedenborg zu lesen, und niemand von der Dienerschaft hätte je sein Zimmer betreten mögen, weil es hieß, daß er zitiere. Die Familie Stens hatte seit je Umgang mit Geistern gehabt, und Sten war für diesen Verkehr ganz besonders vorausbestimmt. Seiner Mutter war etwas erschienen in der Nacht, da sie ihn gebar. Er hatte große, runde Augen, und das andere Ende seines Blicks kam hinter jeden zu liegen, den er damit ansah. Abelonens Vater fragte ihn oft nach den Geistern, wie man sonst jemanden nach seinen Angehörigen fragt: »Kommen sie, Sten?«, sagte er wohlwollend. »Es ist gut, wenn sie kommen.«

Ein paar Tage ging das Diktieren seinen Gang. Aber dann konnte Abelone ›Eckernförde‹ nicht schreiben. Es war ein Eigenname, und sie hatte ihn nie gehört. Der Graf, der im Grunde schon lange einen Vorwand suchte, das Schreiben aufzugeben, das zu langsam war für seine Erinnerungen, stellte sich unwillig.

»Sie kann es nicht schreiben«, sagte er scharf, »und andere werden es nicht lesen können. Und werden sie es überhaupt *sehen,* was ich da sage?«, fuhr er böse fort und ließ Abelone nicht aus den Augen.

»Werden sie ihn sehen, diesen Saint-Germain?«, schrie er sie an. »Haben wir Saint-Germain gesagt? Streich es durch. Schreib: der Marquis von Belmare.«

Abelone strich durch und schrieb. Aber der Graf sprach so schnell weiter, daß man nicht mitkonnte.

»Er mochte Kinder nicht leiden, dieser vortreffliche Belmare, aber mich nahm er auf sein Knie, so klein ich war, und mir kam die Idee, in seine Diamantknöpfe zu beißen. Das freute ihn. Er lachte und hob mir den Kopf, bis wir einander in die Augen sahen: ›Du hast ausgezeichnete Zähne‹, sagte er, ›Zähne, die etwas unternehmen …‹ – Ich aber merkte mir seine Augen. Ich bin später da und dort herumgekommen. Ich habe allerhand Augen gesehen, kannst du mir glauben: solche nicht wieder. Für diese Augen hätte nichts da sein müssen, die hattens in sich. Du hast von Venedig gehört? Gut. Ich sage dir, die hätten Venedig hier hereingesehen in dieses Zimmer, daß es da gewesen wäre, wie der Tisch. Ich saß in der Ecke einmal und hörte, wie er meinem Vater von Persien erzählte, manchmal mein ich noch, mir riechen die Hände davon. Mein Vater schätzte ihn, und Seine Hoheit, der Landgraf, war so etwas wie sein Schüler. Aber es gab natürlich genug, die ihm übelnahmen, daß er an die Vergangenheit nur glaubte, wenn sie *in* ihm war. Das konnten sie nicht begreifen, daß der Kram nur Sinn hat, wenn man damit geboren wird.«

»Die Bücher sind leer«, schrie der Graf mit einer wütenden Gebärde nach den Wänden hin, »das Blut, darauf kommt es an, da muß man drin lesen können. Er hatte wunderliche Geschichten drin und merkwürdige Abbildungen, dieser Belmare; er konnte aufschlagen, wo er wollte, da war immer was beschrieben; keine Seite in seinem Blut war überschlagen worden. Und wenn er sich einschloß von Zeit zu Zeit und allein drin blätterte, dann kam er zu den Stellen über das Goldmachen und über die Steine und über die Farben. Warum soll das nicht darin gestanden haben? Es steht sicher irgendwo. Er hätte gut mit einer Wahrheit leben können, dieser Mensch, wenn er allein gewesen wäre. Aber es war keine Kleinigkeit, allein zu sein mit einer solchen. Und er war nicht so geschmacklos, die Leute einzuladen, daß sie ihn bei seiner Wahrheit besuchten; die sollte nicht ins Gerede kommen: Dazu war er viel zu sehr Orientale. ›Adieu, Madame‹, sagte er ihr wahrheitsgemäß, ›auf ein anderes Mal. Vielleicht ist man in tausend Jahren etwas kräftiger und ungestörter. Ihre Schönheit ist ja doch erst im Werden, Madame‹, sagte er, und das war keine bloße Höflichkeit. Damit ging er fort und legte draußen für die Leute seinen Tierpark an, eine Art Jardin d'Acclimatation für die größeren Arten von Lügen, die man bei uns noch nie gesehen hatte, und ein Palmenhaus von Übertreibungen und eine kleine, gepflegte Figuerie falscher Geheimnisse. Da kamen sie von allen Seiten, und er ging herum mit Diamantschnallen an den Schuhen und war ganz für seine Gäste da. Eine oberflächliche Existenz: wie? Im Grunde wars doch eine Ritterlichkeit gegen seine Dame, und er hat sich ziemlich dabei konserviert.«

Giacomo Girolamo Casanova

Der Chevalier de Seingalt

Giovanni Baptista Casanova (1730–1795):
Giacomo Girolamo Casanova

Laster ist nicht gleichbedeutend mit Frevel, denn man kann lasterhaft sein,
ohne zu freveln. Ich war es mein ganzes Leben lang und wage sogar
zu behaupten, daß ich mitten im Laster häufig tugendhaft war.
Giacomo Girolamo Casanova (1725–1798)

Verführt' ich jemals? Nein, ich war zur Stelle,
wenn just mit holder Zauberei Natur ihr Werk begonnen.
Arthur Schnitzler (1862–1931)

Jedes seiner Worte ist eine wahre Erleuchtung,
jeder seiner Gedanken ersetzt ein Buch.
Es gibt einfach nichts auf der Welt, dessen er nicht fähig wäre.«
Charles-Joseph Fürst von Ligne (1735–1814)

*Leah Levine (*1961)*

Giacomo Girolamo Casanova
(1725–1798)

»Wie oft habe ich in meinem Leben etwas getan, was mir selber zuwider war und was ich nicht begriff. Aber ich wurde durch eine geheime Macht getrieben, der ich bewußt keinen Widerstand leistete.«

Casanova, ein Mann, bei dem die meisten sofort an Erotik und Verführung denken, verdiente sein Geld mit ganz unterschiedlichen Tätigkeiten. Er war Musiker, Diplomat, Anlageberater, Lotteriegründer, Spion, Schriftsteller, Verleger und Priester. Seine Eltern waren Schauspieler und hatten noch vier weitere Kinder. Da sie häufig unterwegs waren, überließen sie die Erziehung der Großmutter, die Casanova auf die Universität nach Padua schickte, wo er Jura studierte und in diesem Fach auch einen Doktortitel erwarb. Trotz seines Interesses an Medizin, »nötigte« man ihn, Priester zu werden, was er dann auch für drei Jahre tat.

Giacomo wurden eine Reihe eigener Kinder zugesprochen, doch es ist nicht sicher, von wie vielen er überhaupt wußte. Eine Ehe ist er zeitlebens nicht eingegangen, auch wenn viele Frauen versucht haben, ihn an sich zu binden. Eine Besonderheit, derer sich sicher nur wenige rühmen können, war Casanovas Treffen mit Papst Benedikt XIV. Dieser war von ihm so beeindruckt, daß er ihm gestattete, verbotene Bücher zu lesen und die Fastenpflicht zu umgehen. Dieser gute Kontakt zum Papst schützte den jungen Casanova aber nicht davor, wegen »Schmähreden gegen die heilige Religion« und Zauberei in den Bleikammern inhaftiert zu werden. Gerüchten zufolge soll seine Inhaftierung aber auch im Zusammenhang mit seinen engen Kontakten zu den Freimaurern und ausländischen Diplomaten gestanden haben. Mit Hilfe eines Orakels aus dem Buch »L'Orlando Furioso« plante er seine Flucht, die ihm im zweiten Anlauf auch gelang, etwas, was es bis dahin nicht gegeben hatte und ihm Berühmtheit in ganz Europa einbrachte. Anlaß genug, darüber ein Buch zu schreiben, dessen Anerkennung er im Gegensatz zu späteren Werken noch erlebte.

Casanova begann zu reisen. Er durchquerte Europa von Griechenland bis England, von Spanien bis Rußland und war in allen guten Häusern ein gern gesehener Gast und dinierte mit Rousseau und Voltaire. Als ihm wegen Spielschulden in England der Galgen drohte, zog er nach St. Petersburg, wo er sich zweimal mit Katharina der Großen traf. Da sie nichts für ihn tun konnte, kehrte er über Umwege, – die häufig Flucht vor Betrogenen bedeuteten –, nach Venedig zurück, wo er als Theaterdirektor und Geheimagent der Staatsinquisition tätig wurde.

1785 verdiente er sein Geld als Bibliothekar des böhmischen Grafen Waldstein und begann in der Folge, seine Memoiren zu schreiben, die in über zwanzig Sprachen übersetzt worden sind. Casanova war ein Mann, der sich selbst übermäßig liebte und sich über seine erotischen Abenteuer definierte. Sein Wesen, frech, ironisch, überheblich und zuweilen sehr gewitzt, öffnete ihm viele Türen, er wußte die Dummheit der Menschen für seine Ziele trefflich auszunutzen und war sich nicht zu fein, sich immer aufs Neue in Intrigen hineinziehen zu lassen. Mit medizinischen Kenntnissen und alchemistischen Experimenten konnte man zu Casanovas Zeit schnell Eindruck schinden und sich gelegentlich die Kasse aufbessern, was ihm lag und er häufig nutzte.

Im Jahre 1798 erkrankte der inzwischen altgewordene Frauenheld und starb schließlich in Dux. Seine letzten Worte waren: »Ich habe als Philosoph gelebt!« Sein Grab auf dem örtlichen Friedhof ist heute nicht mehr auffindbar.

Was machte es möglich, daß Casanova so einen Erfolg bei Frauen hatte, so daß noch Jahrhunderte nach seinem Tod davon gesprochen wird und der Name Casanova zu einem Begriff für Männer wurde, die viele Eroberungen vorweisen? War es nur sein Wesen, sein Charme, seine Überredungskunst? Oder hatte er einen magischen Pakt geschlossen, der ihm zu einem unnachahmlichen Liebhaber machte? Fest steht, Casanovas Suche nach Liebe und Freiheit wurde bei ihm zum Lebenszweck, dem er bis zum Ende treu blieb, auch wenn Freiheit am Ende Einsamkeit bedeutete.

Giacomo Girolamo Casanova (1725–1798)

Sie glaubten auch an die Magie*

Mitten im Frühling des Jahres 1746 heiratete Signor Girolamo Comaro, der älteste Sohn des Hauses Comaro della Regina, ein Mädchen aus der Familie Soranzo di San Polo. Ich war einer von den Geigenspielern, aus denen sich eines der verschiedenen Orchester auf den Bällen zusammensetzte, die aus Anlaß dieser Hochzeit an drei aufeinander folgenden Tagen im Palazzo Soranzo gegeben wurden. Am dritten Tag, gegen Ende des Festes, verließ ich eine Stunde vor Tagesanbruch das Orchester, um nach Hause zu gehen. Als ich die Treppe hinabstieg, fiel mir ein Senator in roter Robe auf, der sich gerade zu seiner Gondel begab. Als er sein Taschentuch herauszog, sah ich, daß ein Brief neben ihm zu Boden fiel. Ich beeilte mich, den Brief aufzuheben, holte den edlen Herrn gerade ein, als er die Stufen hinabstieg und gab ihn ihm zurück. Er dankte mir und fragte mich, wo ich wohne, und ich sagte es ihm. Er wollte mich unbedingt nach Hause bringen; ich nahm die Freundlichkeit an, die er mir erweisen wollte und setzte mich neben ihn auf die Bank. Drei Minuten später bat er mich, seinen linken Arm zu schütteln, und sagte: »Der Arm ist so gefühllos, daß es mir tatsächlich so vorkommt, als gehöre er nicht mehr zu mir.« Ich schüttelte ihn mit aller Kraft und hörte ihn mit schlechtartikulierten Worten sagen, er fühle, daß er auch sein Bein verliere, und er meine, den Tod zu spüren.

Voll Schrecken zog ich den Vorhang auf, nahm die Laterne und leuchtete in sein Gesicht. Beim Anblick seines Mundes, der zum linken Ohr hin verzerrt war, und seiner erlöschenden Augen erschrak ich sehr.

Ich rief den Gondelführern zu, sofort anzulegen und mich aussteigen zu lassen, um einen Wundarzt zu holen, der Seine Excellenz rasch zur Ader lassen solle; denn sicher habe er einen Schlaganfall erlitten.

Ich stieg aus. Wir hielten bei der Brücke der Calle Bernardo. Ich lief in das nächste Cafe, und man zeigte mir das Haus, in dem ein Arzt wohnte. Ich klopfte stark, ich rief, jemand kam, der Mann wurde geweckt, ich drängte ihn und duldete nicht; daß er sich ankleidete; er nahm sein Etui und kam mit mir in die Gondel, wo er den Sterbenden zur Ader ließ; ich zerriß mein Hemd, um ihm einen Verband anzulegen.

Gleich darauf gelangten wir zu seinem Hause in Santa Marina; wir weckten die Dienerschaft, man hob ihn aus der Gondel heraus, man trug ihn in den ersten Stock seiner Wohnung, man kleidete ihn aus und legte ihn wie tot ins Bett. Ich beauftragte einen Diener, rasch einen Arzt zu holen; er ging hin, der Arzt kam und ließ ihn von neuem zur Ader. Ich setzte mich neben sein Bett und hielt es nun für meine Pflicht, mich nicht mehr zu entfernen.

Eine Stunde später kam ein mit ihm befreundeter Patrizier, dann ein zweiter; sie waren verzweifelt und fragten die Gondelführer aus, die ihnen sagten, ich könne sie viel besser über alles unterrichten als sie. Nun fragten sie mich, und ich sagte ihnen alles, was ich wußte; sie konnten nicht wissen, wer ich war und wagten auch nicht, mich danach zu fragen; ich sagte ihnen nichts. Der Kranke lag unbeweglich da; das einzige Lebenszeichen war seine Atmung. Man machte ihm warme Umschläge, und der Priester, den man geholt hatte, erwartete seinen Tod. Man empfing keine Besuche, die beiden Patrizier, und ich waren die einzigen, die bei ihm blieben. Ich nahm mit ihnen, ohne das Zimmer zu verlassen, ein kleines Mittagessen ein. Gegen Abend sagte der ältere der beiden Patrizier, wenn ich zu tun hätte, könne ich ruhig fortgehen, denn sie würden selbst die ganze Nacht bei dem Kranken bleiben und auf Matratzen schlafen, die sie sich bringen ließen. Ich antwortete ihnen, ich würde in dem Lehnstuhl schlafen, in dem ich saß, denn ich wisse genau, daß der Kranke, wenn ich fortginge, sterben würde, und ebenso sicher sei ich, daß er nicht sterben könne, solange ich hier bliebe. Ich sah, wie sich die beiden wegen dieser Antwort erstaunte Blicke zuwarfen.

Von ihnen erfuhr ich schließlich beim Abendessen, daß der im Sterben liegende Herr Signor Bragadin war, der einzige Bruder des Prokurators gleichen Namens. Signor Bragadin war in Venedig ebensosehr wegen seiner Beredsamkeit und seiner staatsmännischen Fähigkeiten berühmt, wie wegen der Liebschaften, mit denen er sich in seiner stürmischen Jugend hervorgetan hatte. Er hatte zwei Freunde, nämlich die beiden, mit denen ich zusammen war; der eine stammte aus der Familie Dandolo, der andere aus der Familie Barbaro, und beide waren so ehrenwert und liebenswürdig wie er selbst. Er war schön, gelehrt, ein Spaßvogel und von sehr sanftem Charakter. Damals war er fünfzig Jahre alt.

Der Arzt, der sich bemühte, ihn zu kurieren, nannte sich Ferro. Er stellte sich aufgrund einer ganz eigenartigen Überlegung vor, er könne ihn wieder gesund machen, wenn er ihm die Brust mit Quecksilber einrieb, und man ließ es geschehen. Die rasche Wirkung dieses Heilmittels, die von den beiden Freunden als günstig angesehen wurde, erschreckte mich. Sie zeigte sich darin, daß der Kranke nach weniger als vierundzwanzig Stunden von einem großen Blutandrang im Kopf gequält wurde. Der Arzt sagte, er habe diese Wirkung der Einreibung vorausgesehen, aber die Hitzewallungen im Kopf würden am nächsten Tag abnehmen und in die anderen Körperteile übergehen, die künstlich und durch das Gleichgewicht in der Zirkulation der Säfte belebt werden müßten.

Um Mitternacht glühte Signor Bragadin an allen Gliedern und war in eine lebensgefährliche Wallung geraten; ich erhob mich und sah, daß seine Augen wie erstorben waren und er nur mit Mühe atmen konnte. Auf meine Worte hin, man müsse den Patienten von dem befreien, was ihm den Tod bringen werde, erhoben sich die beiden Freunde von ihren Matratzen. Ohne ihre Antwort abzuwarten, entblößte ich seine Brust, entfernte das Pflaster, wusch ihn hierauf mit lauem Wasser, und drei oder vier Minuten später war er erleichtert, ruhig und in sanften Schlummer gesunken. Wir legten uns wieder nieder.

Der Arzt kam in aller Frühe und freute sich, seinen Kranken in guter Verfassung zu finden, Signor Dandalo sagte ihm, was wir getan hatten und aufgrund welcher Maßnahmen ihm der Kranke weniger krank vorkomme. Der Arzt beklagte sich über die Freiheit, die wir uns herausgenommen hatten, und fragte, wer seine Kur zunichte gemacht habe. Signor Bragadin sagte ihm, von dem Quecksilber, das ihn fast getötet hätte, habe ihn ein Arzt befreit, der mehr verstehe als er; und mit diesen Worten wies er auf mich. Ich weiß nicht, wer von uns beiden mehr überrascht war, der Arzt beim Anblick eines jungen Mannes, den er nie gesehen hatte und den man ihm als den größeren Kollegen vorstellte, oder ich, der ich nicht glaubte, es zu sein. Ich bewahrte ein bescheidenes Schweigen und hatte mit Lachlust zu kämpfen, die ich aber bezähmte, während der Arzt mich musterte und mich mit Fug und Recht für einen unverschämten Scharlatan hielt, der es gewagt hatte, ihn auszustechen. Er sagte in kaltem Ton zum Kranken, er trete mir demnach seinen Platz ab und wurde beim Wort genommen. Er ging, und so wurde ich der Arzt eines der hervorragendsten Mitglieder des Senates von Venedig. Im Grunde genommen war ich darüber hoch erfreut. Ich sagte nun dem Kranken, er brauche nur Diät zu halten, dann werde die Natur in der schönen Jahreszeit, der wir uns näherten, ein übriges tun.

Der entlassene Arzt Ferro erzählte diese Geschichte schnurstracks in der ganzen Stadt herum. Da das Befinden des Kranken sich von Tag zu Tag besserte, sagte ihm einer seiner Verwandten, der ihn gerade besuchte, jedermann wundere sich, daß er einen Geiger aus dem Theaterorchester als Arzt gewählt habe. Signor Bragadin antwortete ihm lachend, ein Geigenspieler könne mehr von der Heilkunst verstehen als alle Ärzte Venedigs.

Mir lauschte er wie einem Orakel. Seine beiden erstaunten Freunde schenkten mir die gleiche Beachtung. Da diese Ehrerbietung meine Kühnheit steigerte, sprach ich wie ein Naturkundiger, schulmeisterte und zitierte Autoren, die ich niemals gelesen hatte. Signor Bragadin hatte die Schwäche, sich in die höheren Wissenschaften zu vertiefen, und sagte mir eines Tages, ich sei für einen jungen Mann zu gelehrt und müsse daher irgendwelche übernatürlichen Fähigkeiten besitzen. Er bat mich, ihm die Wahrheit zu sagen. Um seine Selbstgefälligkeit nicht durch die Antwort zu verletzen, er täusche sich, verfiel ich in diesem Augenblick auf den absonderlichen Ausweg, ihm in Gegenwart seiner beiden Freunde das falsche und verrückte Geständnis zu machen, ich sei einer Rechenmethode mächtig, mit deren Hilfe ich auf eine Frage, die ich niederschrieb und in Zahlen verwandelte, gleichfalls in Zahlen eine Antwort erhielte, die mich über alles unterrichte, was ich wissen wolle und was mir niemand in der Welt vorher hätte sagen können. Signor Bragadin meinte, das sei der Schlüssel Salomons, den das gewöhnliche Volk Kabbala nenne. Er fragte mich, von wem ich dieses Wissen hätte; und als ich antwortete, ich hätte es von einem Eremiten gelernt, der auf dem Monte Carpegna zu der Zeit hauste, als ich bei der spanischen Armee im Arrest saß, sagte er, der Eremit habe ohne mein Wissen mit der Rechenmethode eine unsichtbare Intelligenz verbunden, denn die einfachen Zahlen könnten unmöglich vernunftbegabt sein. »Du besitzt einen Schatz«, sagte er; »es liegt nur an dir, daraus den größten Vorteil zu ziehen.« Ich antwortete ihm, ich wisse nicht, auf welchem Wege ich daraus diesen großen Vorteil ziehen könnte, um so mehr als die Antworten, die meine Berechnung mir liefere, dunkel seien. Das habe mich so abgestoßen, daß ich seit einiger Zeit fast nie mehr Fragen stelle. »Es ist indessen richtig«, fügte ich hinzu, »daß ich nicht das Glück gehabt hätte, Eurer Excellenz zu begegnen, wenn ich nicht vor drei Wochen meine Pyramide gestellt hätte.«

»Wie ging das zu?«

»Als ich am zweiten Tag des Festes im Hause Soranzo mein Orakel befragte, ob ich auf diesem Ball jemanden treffen würde, den ich zu treffen nicht im Sinn hatte, gab es mir zur Antwort, daß ich das Fest genau um die zehnte Stunde verlassen müsse. Das war eine Stunde vor Tagesanbruch. Ich gehorchte und traf Eure Excellenz.« … Signor Bragadin und seine beiden Freunde waren fassungslos. Nun bat mich Signor Dandolo, eine Frage zu beantworten, die er mir selbst stellen wolle und die nur er auslegen könne, da er als einziger den Sachverhalt kenne. Er schrieb die Frage auf, reichte sie mir, ich las sie und verstand nichts davon, nicht einmal, worum es sich handelte; aber es half mir nichts, ich mußte antworten. Wenn die Frage mir so unklar war, daß ich nicht das geringste davon verstand, mußte ich auch von der Antwort keineswegs etwas verstehen. Ich schrieb also als Antwort vier Verse in gewöhnlichen Zahlen, die er sich allein auslegen konnte und zeigte mich der Auslegung gegenüber vollkommen gleichgültig. Signor Dandalo las sie, las sie nochmals und zeigte sich überrascht. Er verstehe alles, es sei überirdisch, es sei einzigartig, es sei ein Schatz des Himmels. Die Zahlen seien nur der Träger, aber die Antwort könne nur von einem unsterblichen Geistwesen stammen. Nach Signor Dandalo stellten auch Signor Barbaro und Signor Bragadin Fragen über alles mögliche; alle meine Antworten erschienen ihnen als überirdisch. Ich sagte ihnen einige verbindliche Worte und beglückwünschte mich, eine Gabe zu besitzen, von der ich bis zu eben diesem Augenblick keinen Gebrauch gemacht hätte, was ich jedoch in Zukunft tun wolle, angesichts der Tatsache, daß ich mich damit Ihren Excellenzen nützlich erweisen könne.

Nun fragten mich alle drei einstimmig, binnen welcher Frist ich ihnen die Regel dieser Rechenkunst beibringen könne. Ich antwortete, das sei eine Angelegenheit von sehr kurzer Zeit, und ich stünde gern zu Diensten, obwohl der Eremit mich gewarnt habe, ich würde, wenn ich vor Erreichen des fünfzigsten Lebensjahres irgend jemanden darin unterwiese, drei Tage später eines plötzlichen Todes sterben.

»Ich glaube nicht an diese Drohung«, erklärte ich ihnen.

Daraufhin meinte Signor Bragadin in sehr ernstem Ton, ich müsse daran glauben, und von diesem Augenblick an ließ es sich keiner der drei mehr einfallen, mich zu bitten, ihm die Kunst der Kabbala beizubringen. Sie dachten, wenn es ihnen gelänge, mich für sich zu gewinnen, sei das ebenso gut, als ob sie die Kunst selbst beherrschten. Auf diese Weise wurde ich der Hierophant der drei äußerst ehrenwerten Männer, die denkbar liebenswert, aber keineswegs weise waren, denn alle drei verloren sich in Dinge, die man Hirngespinste der Wissenschaft nennt; sie hielten das nach allen Gründen der Wahrscheinlichkeit Unmögliche für möglich. Da sie mich zu ihrer Verfügung hatten, glaubten sie sich im Besitz des Steines der Weisen, des Allheilmittels, vermeinten, mit den Elementargeistern und allen Engeln in Verbindung zu stehen und alle Staatsgeheimnisse Europas zu besitzen. Sie glaubten auch an die Magie und gaben ihr den besonderen Namen »okkulte Physik«.

Nachdem sie sich der überirdischen Herkunft meiner Kabbala durch Fragen über die Vergangenheit versichert hatten, gingen sie dazu über, sie auf die Weise für sich zu nutzen, daß sie diese ständig über Gegenwart und Zukunft zu Rate zogen. Die Vorhersagen waren für mich nicht schwierig, denn ich gab niemals eine Antwort, die nicht zwei Deutungen gehabt hätte, von denen man jedoch die eine, die nur ich wußte, erst nach dem Ereignis erkennen konnte. Meine Kabbala war niemals falsch. Ich verstand nun, wie leicht es für die alten heidnischen Priester gewesen war, einer unwissenden und leichtgläubigen Welt Ehrfurcht einzuflößen. Hingegen habe ich mich immer darüber gewundert, daß die christlichen Kirchenväter, die doch nicht einfältig und unwissend wie unsere Evangelisten waren, die überirdische Herkunft der Orakel nicht leugnen zu können meinten und sie dem Teufel zuschrieben. Sie wären nicht dieser Überzeugung gewesen, hätten sie sich der Kabbala zu bedienen gewußt. Meine drei Freunde glichen den Kirchenvätern; da sie der überirdischen Herkunft meiner Antworten gewahr wurden und sie nicht böswillig genug waren, mich für einen Teufel zu halten, glaubten sie, mein Orakel sei durch einen Engel inspiriert.

Die drei Herren waren nicht nur überaus gläubige Anhänger der christlichen Religion, sondern auch gottesfürchtig und gewissenhaft; alle drei waren Junggesellen, und alle drei waren zu unversöhnlichen Feinden der Frauen geworden, nachdem sie ihnen entsagt hatten. Ihrer Meinung nach war das die grundlegende Voraussetzung, welche die Elementargeister von allen erwarten, die mit ihnen in Verbindung treten wollten. Das eine schloß das andere aus.

Zu Beginn meiner Bekanntschaft mit den drei Patriziern erschien es mir als sehr ungewöhnlich, daß sie durchaus das besaßen, was man Geist nennt. Aber ein voreingenommener Geist verwendet seine Vernunft schlecht; und es gilt doch, vernünftig und gut zu urteilen. Häufig lachte ich innerlich, wenn ich sie über die Mysterien unserer Religion sprechen hörte, und sie sich über jene lustig machten, die in ihren geistigen Fähigkeiten so beschränkt waren, daß sie diese Mysterien unbegreiflich fanden. Um ein ganz reines Gewissen zu haben, hätte ich, so sagt man, mich mit ihnen nicht befreunden dürfen oder sie aufklären müssen. Sie aufklären konnte ich nicht, erwiderte ich, denn ich fühlte mich nicht stark genug, um das zu erreichen. Sie hätten über mich gelacht, mich als Dummkopf behandelt und fortgeschickt. Sie hätten es mir nicht gelohnt, und ich fühlte mich nicht berufen, den Apostel zu spielen. Und was den heroischen Entschluß betrifft, den ich hätte fassen können, sie gleich zu verlassen, nachdem mir ihre Geisterseherei bekannt geworden war, so würde ich entgegenhalten, daß ich für diesen Entschluß die Moral eines Misanthropen gebraucht hätte, die Moral eines Feindes der Menschen, der Natur, der Höflichkeit und meiner selbst. Hätte ich als junger Mann mit dem Verlangen, gut zu leben und die Freuden zu genießen, welche diesem Alter gemäß sind, das Leben von Signor Bragadin aufs Spiel setzen und so grausam sein dürfen, diese drei ehrenwerten Personen den Betrügereien irgendeines unredlichen Gauners auszusetzen, der sich in ihre Gesellschaft gedrängt und sie ruiniert hätte, indem er sie zur trügerischen Suche nach dem Stein der Weisen verleitete? Überdies hinderte mich meine unüberwindliche Eigenliebe daran, mich durch Unwissenheit, durch Stolz oder durch Unhöflichkeit, die ich ihnen durch Mißachtung ihrer Gesellschaft unleugbar bezeugt hätte, ihrer Freundschaft als unwürdig zu erweisen.

Ich wählte den schönsten, edelsten und einzig natürlichen Weg, nämlich den, dafür zu sorgen, daß ich das Nötige nicht mehr entbehrte; und was mir nötig war konnte niemand besser beurteilen als ich selbst. Mit der Freundschaft dieser drei Persönlichkeiten wurde ich zu einem Mann, der in seiner eigenen Heimat zu Ansehen und Einfluß kommen mußte. Außerdem war es für mich natürlich sehr schmeichelhaft, zum Mittelpunkt der Gespräche und Spekulationen jener zu werden, die in ihrer unbegrenzten Muße die Ursachen aller ihnen sichtbaren sittlichen Erscheinungen ergründen wollen. Man konnte in Venedig nicht verstehen, wie meine Verbindung mit drei Menschen ihrer Veranlagung fortdauern konnte, die ganz dem Himmel zugeneigt und ich ganz der Welt, sie sehr streng in ihren Sitten, ich der größten Zügellosigkeit huldigend.

Zu Beginn des Sommers war Signor Bragadin imstande, wieder im Senat zu erscheinen. Am Vorabend des Tages, an dem er zum erstenmal das Haus verließ, hielt er mir folgende Ansprache: »Wer immer du seist, ich verdanke dir mein Leben. Deine Gönner, die dich zum Priester, Doktor, Advokaten, Soldaten, schließlich zum Geigenspieler machen wollten, waren nur Narren, die deinen Wert nicht erkannten. Gott befahl seinem Engel, dich in meine Hände zu geben. Ich habe dich erkannt; wenn du mein Sohn sein willst, mußt du mich nur als Vater anerkennen, und von Stund an werde ich dich in meinem Hause bis zu meinem Tode wie einen solchen halten. Räume für dich stehen bereit; laß deine Habseligkeiten herbringen, du hast einen Diener, deine Gondel wird bezahlt, du speist an unserem Tisch und erhältst zehn Zechinen im Monat. In deinem Alter gab mir mein Vater kein größeres Taschengeld. Sorge dich nicht um die Zukunft! Geh deinen Vergnügungen nach, und mach mich zu deinem Vertrauten in allem, was dir zustoßen mag oder was du vorhast; du wirst in mir immer einen guten Freund finden.« Ich warf mich ihm sofort zu Füßen, versicherte ihn meiner Dankbarkeit und beglückte ihn mit dem holden Namen Vater. Ich schwor ihm Gehorsam als Sohn. Die beiden Freunde, die im Palazzo blieben umarmten mich, und wir schworen uns ewige Freundschaft. Das, mein lieber Leser, ist die ganze Geschichte meiner Metamorphose und der glücklichen Zeit, in der ich vom schäbigen Stand eines Geigenspielers zu dem eines vornehmen Herrn aufstieg.

Charles-Joseph Fürst von Ligne (1735–1814)

Er glaubt an nichts außer ans Unglaubwürdigste*

Dieser Mann wäre recht schön, wenn er nicht häßlich wäre. Er ist groß, herkulisch gebaut, aber sein afrikanischer Teint und seine lebhaften, geistsprühenden Augen, die fast immer Reizbarkeit, Unrast oder Ranküne verraten, geben ihm ein etwas wildes Aussehen, als sei er leichter zornig als fröhlich zu machen. Er lacht selten, macht aber andere lachen. Seine Redeweise erinnert an einen unfreiwillig komischen Harlekin oder Figaro, was sehr drollig wirkt. Nur was er vorgibt zu wissen, weiß er nicht: die Regeln der Tanzkunst, der französischen Sprache, des Geschmacks, der Weltläufigkeit und der feinen Lebensart. Nur seine Komödien sind nicht komisch, nur in seinen philosophischen Abhandlungen ist keine Spur von Philosophie; alle andern Schriften dagegen sind voll davon, es gibt immer wieder witzige Einfälle, Neues, Pikantes und Tiefsinniges. Er ist ein Born des Wissens, aber er zitiert so oft Homer und Horaz, daß einem davon übel wird. Seine Geistesblitze und -sprünge sind konzentriertes attisches Salz. Er ist sensibel und dankbar, aber wenn man ihn nur ein klein wenig ärgert, wird er böse, bissig und abscheulich. Ein kleiner Schabernack, den man ihm spielt, könnte mit einer Million Bußgeld nicht getilgt werden. Sein Stil ähnelt dem alter Vorreden, er ist lang, weitschweifig und schwerfällig; aber wenn er etwas zu erzählen hat, wie zum Beispiel seine Abenteuer legt er eine solche Originalität hinein, eine Naivität, ein dramatisches Talent, alles in Bewegung zu halten, daß man ihn nicht genug bewundern kann und womit er unwissentlich *Gil Blas* und *Le Diable bolteux* übertrifft. Er glaubt an nichts außer ans Unglaubwürdigste, und sein Aberglaube erstreckt sich auf alles Mögliche. Glücklicherweise hat er auch Ehr- und Zartgefühl. Er liebt und begehrt alles, weiß sich jedoch allem rasch wieder zu entziehen, wenn er genug davon hat. Besonders Frauen und kleine Mädchen hat er im Kopf und daß er die nicht so leicht herauskriegt, erbost ihn bis zur hellen Wut: gegen das schöne Geschlecht, gegen sich selbst, gegen den Himmel, gegen die Natur und vor allem gegen das Jahr 1725. Wenn er manchmal seine Überlegenheit über ein paar Dummköpfe, Männer wie Frauen, ausgenutzt hat, um sich zu bereichern, so wollte er damit auch seine nähere Umgebung glücklich machen. Mitten in der größten Liederlichkeit, der stürmischsten Jugend, der abenteuerlichsten und manchmal etwas zweideutigen Karriere beweist er Takt, Anstand und Mut. Er ist stolz, daß und weil er nichts hat. Als Rentner, Financier oder vornehmer Herr hätte er vielleicht ein leichteres Leben führen können; ihm ist wichtiger, daß man ihm nicht in die Quere kommt, daß man ihn nicht etwa belächelt, sondern liest und anhört, denn sein Selbstgefühl steht dauernd unter Waffen. Seine überbordende Phantasie, das Temperament seiner Heimat, seine Reisen, die vielen Berufe, in denen er sich versucht hat, seine Standhaftigkeit in körperlichen und geistigen Notzeiten ergeben einen seltenen Menschen, dessen Bekanntschaft sich lohnt, der des Nachdenkens wert ist und freundschaftliche Zuneigung der sehr wenigen Personen verdient, die Gnade vor seinen Augen finden.

Alfred de Musset (1810–1857)

Immerhin wurde er zum ersten aller Abenteurer*

Der Venezianer Casanova lebte in Europa des achtzehnten Jahrhunderts. Doktor Gall hätte an seinem Schädel einige der Höcker finden können, die auch das Gehirn des Kaisers bestimmten. Tatendrang, Kraft, Einfallsreichtum, Unerschrockenheit waren seine Grundeigenschaften. Nicht nur, daß er niemals zauderte – der Gedanke, zaudern zu können, kam ihm überhaupt nicht in den Sinn. Da er leider auf niedriger Gesellschaftsstufe geboren war, konnte er das Glück nur in engeren Verhältnissen in die Schranken fordern und wuchs zeitlebens nicht übers Private hinaus. Vielleicht aber lag dies einzig an seiner fehlenden Führerbegabung. Er blieb ohne Amt und Würden, heute Offizier, morgen angehender Priester, übermorgen Violinvirtuose. Wie weit hätte er es wohl gebracht, wenn er seiner Phantasie besser zu widerstehen gewußt hätte! Immerhin wurde er zum ersten aller Abenteurer.

Der Versuch, seine Memoiren zu analysieren hieße auch, sein Leben zu zergliedern, und dieses entwischt dem Skalpell. Nirgends ein Körnchen Vernunft, wenig Religion, noch weniger Gewissen. Dummköpfe führt er mit Hochgenuß an der Nase herum, die Frauen betrügt er aufs treuherzigste, beim Glücksspiel ist er etwas zu erfolgreich, er erzählt göttlich, führt seine Schrullen und Tollheiten in aller Welt spazieren, kehrt aber immer wieder in sein geliebtes Venedig zurück. Hier macht er maskierten Damen den Hof, dort lustwandelt er gemessen als Abbé in den päpstlichen Gärten; hier dichtet er eine schöne Marquise an, dort duelliert er sich einer Tänzerin wegen; dann wieder tritt er als furchteinflößender Musketier auf (er maß beinahe sechs Fuß) oder als großmütiger und rechtschaffener Edelmann. Wer Benvenuto Cellini mag, wird auch an Casanovas

Buch Geschmack finden; ihnen ist gemeinsam, daß sie alle beide die unglaublichsten Geschichten liefern, nur mit dem Unterschied, daß Cellini drei von vier Malen lügt, Casanova hingegen so selten, daß er sich selbst in schlechtes Licht rückt.

Alle, die ihn gelesen haben, sagen übereinstimmend, daß er einen unauslöschlichen Eindruck auf sie gemacht hat; mögen sich die kritischen Tagesgrößen wie auch immer äußern, so unterliegen sie ihm doch selbst.

William Bolitho (1862–1919)

Casanovas Kabbala*

Es hieße daher Casanovas Charakter und Typus verkennen, wolle man behaupten, er habe nicht an die Kabbala geglaubt und sei nur ein Scharlatan gewesen, weil er mit ihren Antworten jonglierte. Fortuna ist für ihn wie für alle seinesgleichen Jakobs Engel; man mußte mit ihr um ihren Segen ringen.

Diese Kabbala Casanovas, die jetzt als Mittel, sein Brot zu verdienen, in sein Leben tritt, ist so eigenartig, daß sie eine nähere Beschreibung verdiente. Wir müssen uns jedoch mit der Erklärung begnügen, daß sie eine Variation, wahrscheinlich eigenster Erfindung, des traditionellen Orakels der Kabbala war, das aus einer arithmetischen Berechnung, basiert auf einem numerierten Alphabet oder Code, bestand. Die Buchstaben einer Frage wurden an die Stelle der betreffenden Zahlen gesetzt. Alsdann wurden sie in einer arithmetischen Pyramide addiert, subtrahiert und dividiert, was wiederum ein Resultat ergab, das in Buchstaben umgeschrieben die Antwort – der Sage nach in Gestalt eines Verses – darstellte. Casanovas erste Klienten, Bragadin und seine beiden nicht minder bedeutenden Freunde, die Senatoren Dandolo und Barbaro, die sich sehr bald den Sitzungen anschlossen, waren durchaus keine Dummköpfe, sondern wußten kraft ihrer eigenen Wissenschaft recht gut, die Resultate der Casanovaschen Pyramiden zu kontrollieren. Sein Erfolg bei ihnen und ihren zahllosen Nachfolgern beruhte teils auf seinem eigenen Glauben an seine Sache, teils auf der ungeheuren Kompliziertheit der Berechnung und seiner zweifellos hervorragenden mathematischen Begabung. Diese ermöglichte es ihm, mit Blitzesschnelle kreuz und quer über die Zahlenkolonnen zu fahren und das ungefähre Resultat häufig im voraus zu berechnen. Seine Arbeit hatte nichts mit gewöhnlicher Gaunerei zu tun, sondern beruhte auf dem mit Aufrichtigkeit und menschlichen Logarithmen durchsetzten Raffinement eines genialen Falschspielers.

Jene beiden Künste, seine Kabbala und seine weit weniger ausgebildeten falschspielerischen Talente, dienten ihm von nun an vornehmlich zum Broterwerb. Bragadin und seine Freunde setzten ihm ein ansehnliches Gehalt aus. Die Ausübung seiner Künste machte ihn wohlhabend. Die Lehrzeit seines Lebens war vorüber, und seine Wanderjahre als Geselle Fortunas lagen hinter ihm. Vor ihm aber lag ganz Venedig mit seinen Höhen und Tiefen, Maskenbällen und parfümierten Boudoirs großer Damen. Aber auch dunkle gefährliche Gassen sahen ihn, der dort auf der Jagd nach einer widerspenstigen Schönheit aus dem Volke für eine einzige, in einer Dachkammer verbrachte Liebesnacht einem Dolchstoß sich aussetzte.

Donatien Alphonse François de Sade

Der »göttliche Marquis«, Professor des Verbrechens und Magier der Lust

Charles Amédée Philippe van Loo (1719–1795):
de Sade-Portrait 1760–1762

»Ohne zu befürchten, daß ich widerlegt werde, wage ich die Behauptung,
daß Byron und de Sade vielleicht die beiden größten Anreger
für uns Moderne gewesen sind, der eine im Lichte der Öffentlichkeit
und sichtbar, der andere heimlich –
obgleich nicht eben übertrieben heimlich.«
Charles-Augustin Sainte-Beuve (1804–1869)

Man muß immer zu de Sade zurückkehren,
um die Menschheit in ihrem natürlichen Zustand zu beobachten
und das Wesen des Bösen zu verstehen.
Charles Baudelaire (1821–1867)

Es ist wenigstens gut, daß man de Sade die Hälfte seines Lebens
im Dunkel hat verbringen lassen.
Paul Claudel (1868–1955)

*Leah Levine (*1961)*

Donatien Alphonse François de Sade
(1740–1814)

»Ein Magier steht Zeit seines Lebens mit einem Bein im Grab,
mit dem anderen im Irrenhaus«

Betrachtet man das Grab als einen Ort, wo ein Körper in seinen Handlungen eingeschränkt und isoliert ist, also als ein Gefängnis, so hat kein Magier dieses Bild besser mit Leben erfüllt als der Marquis de Sade.

Aus gutem Hause kommend, verwandt mit allem, was in Frankreich Rang und Namen hatte, war er der Sohn von Marie-Eleonore und Jean-Baptiste, dem Grafenehepaar de Sade. Seine Jugend war geprägt von Wohlstand, früh erlernter Arroganz und immer wieder wechselnden Eindrücken, die ihn formten. Begonnen mit einem Leben im Palast des Fürsten von Conde, einem Aufenthalt auf dem Anwesen seines Onkels, dem Abbé Jacques de Sade, der durch seine außergewöhnlich umfassende Bibliothek und seine jahrelange Petrarca-Forschung dem jungen de Sade die unerschöpfliche Quelle des Wissens und die Faszination fiir die Literatur nahebrachte. An diese Zeit schloß sich eine gute Ausbildung auf dem Jesuitenkolleg Louis-le-Grand in Paris an, die nicht nur seine Bildung forderte, sondern ihm auch erstmals die Wirkung von Schmerz auf das eigene Lustempfinden offenbarte. Für seinen Geschmack viel zu früh lernte er dann das Leben einer militärischen Laufbahn kennen, was ihn sogar während des siebenjährigen Krieges nach Deutschland verschlug.

Obwohl von Standesdünkel erfüllt und oft der wirklichen Kommunikation mit seinem Gegenüber nicht fähig, war er ausnehmend beliebt, besonders bei der Damenwelt, die ihm sein Leben lang ehrlich und ergeben zu Füßen lagen. Auch seine Ehefrau, Renée-Pélagies de Montreuil, die er zur Sanierung seiner katastrophalen finanziellen Situation 1763 heiratete, war immer bemüht, seine Wünsche zu erfüllen und zeichnete sich durch eine herausragende Nachsicht all seinen Launen und Eskapaden gegenüber aus. Donatien, der eigentlich lieber die Schwester seiner Frau geheiratet hätte, ließ nichts unversucht, das Herz dieser Jüngeren, die ihm lange Widerstand leistete, zu brechen. Mit der Magie seiner Worte, seinem Charme und seiner unendlichen Willenskraft gelang es ihm schließlich das Herz dieser Dame zu schmelzen und sie in seine Arme zu fuhren. Für ihn überwarf sie sich mit ihrer Familie und trat, als Donatien in Aix angeklagt werden sollte, mit ihm die Flucht nach Italien an. Im weiteren Verlauf verriet sie ihn, folgte ihm dann aber doch reumütig nach La Coste, seinem ehelichen Wohnsitz, nur um wieder in seiner Nähe zu sein. Willig tolerierte nun auch sie die wilden Orgien und Festivitäten, die Paul Bourdin als regelrechte Hexensabbate bezeichnet hat. Gerade in dieser Periode seines Lebens machten viele Gerüchte über die Zauberkräfte des Marquis die Runde. Immer wieder auf die Unterstützung aus der Landbevölkerung angewiesen, da seine Schwiegermutter noch immer versuchte, ihn inhaftieren zu lassen, brachte er auf seltsame Art und Weise Reichtum und Fülle in die Häuser der Armen. Das Vieh gedieh, die Felder wuchsen, und so mancher Sparstrumpf füllte sich mit Gold. Doch statt Freude erzeugte das wunderbare Gedeihen Geiz und Mißtrauen. Die Männer gingen zu den Priestern, um den bösen Geist austreiben zu lassen, der sie angeblich in der Gestalt des Marquis heimgesucht habe. Man unterstellte ihm, ein Zauberer zu sein, da so vieles nicht mit rechten Dingen zuzugehen schien. So soll der Marquis ein Sachverständiger von Abtreibungen, ein Giftmischer und Spezialist in der Herstellung von Waffen gewesen sein, die schon beim kleinsten Kratzer tödlich waren. Ferner hatte man angeblich in seinen Unterlagen Rezepte von Liebestränken und Zaubersprüchen gefunden. Als ein Vater die Entehrung seiner Tochter rächen wollte, vermochte es der Marquis laut Zeugen, die Waffe blockieren zu lassen und somit sein Leben zu retten. Der Mann lief in die Stadt und reichte Anklage wegen Hexerei gegen de Sade ein.

Es gab immer wieder Gründe, de Sade zu verhaften, und so ist es nicht verwunderlich, daß er zwei Drittel seines Lebens in den verschiedensten französischen Gefängnissen zubrachte. Sein Stand verschaffte ihm zwar allerlei Annehmlichkeiten, doch sein Wesen, innerhalb kürzester Zeit fast überall eine Rebellion zu organisieren, sorgte dafür, daß er immer wieder verlegt und somit hin und wieder Gelegenheit zur Flucht bekam. Sein Wissen um die Macht, Bilder in Wirklichkeit zu verwandeln, nutzte er besonders in der Abgeschiedenheit seiner langjährigen Gefangenschaften, wo er sie durch die Inszenierung von Theaterstücken und dem Schreiben von Büchern zum Leben erweckte. Die Gesellschaft fürchtete ihn, konnte sein Wesen nicht erfassen und versuchte daher, ihn aus ihrer Mitte zu verbannen, schlußendlich mit einer Diagnose des Wahnsinns, die ihn für seine letzten Jahre in die Irrenanstalt Charenton zwang.

Donatien de Sades Charakter zeichnete sich durch Extravaganz, Überheblichkeit und unbeugsamen Willen aus, den er den Menschen seiner Umgebung oft gnadenlos aufzwang. Seine Methoden variierten, führten aber fast immer zum Ziel. Seine ausgeprägte Libido machte ihn zu einem der vielseitigsten und erfolgreichsten Sexualmagier Europas, der es auch zweihundert Jahre später noch schafft, den Geist der Menschen zu inspirieren und mit seinen Ideen von sexueller Freiheit zu infizieren. Einen in der modernen Magie bekanntesten Erben seiner Leidenschaften finden wir in Aleister Crowley wieder, der de Sades Lehren mit einer Prise öffentlicher Ritualistik würzt und so den Titel des »Verderbtesten Mannes« stolz in ein neues Jahrhundert trägt. De Sades Wille, ein »Freizügiges Utopia« zu erschaffen, ist ihm mit einigen Einschränkungen gelungen und dauert an.

Fedor Michajlovic Dostojevskij (1821–1881)

Was sagst du zu diesem Marquis de Sade?*

»Nein, halt mal, du hast mich unterbrochen. In Mokroje sprach ich einmal auf der Durchreise mit einem alten Mann, und der sagte: ›Wir verurteilen die jungen Mädchen gern zu Rutenhieben und übertragen die Exekution gern jungen Burschen. Oft nimmt so einer das Mädchen, das er heute durchgepeitscht hat, morgen zur

Braut, so daß selbst die Auspeitschung für die Mädchen etwas Verlockendes hat.‹ Was sagst du zu diesem Marquis de Sade? Mag man darüber denken, wie man will, auf jeden Fall ist es geistreich. Wollen wir nicht hinfahren und es uns ansehen, he? Du bist rot geworden, Aljoschka? Schäm dich nicht, Söhnchen!«

Paul Verlaine (1844–1896)

Auf einem Exemplar von Baudelaires »Blumen des Bösen«

Je compare ces vers ètranges
Aux ètranges vers que ferait
Un marquis de Sade discret
Qui saurait la langue des anges.

Dies ungewöhnliche Gedicht
vergleiche ich in seinen Reimen
die einst de Sade fand im Geheimen
der in der Engelssprache spricht.

André Breton (1896–1966)

Des Grauens höchster Zauber berauscht allein die Starken*

Der Marquis de Sade betonte in weiser Voraussicht (und dabei handelt es sich um einen oft zitierten Satz): »Ich spreche nur zu den Leuten, die fähig sind, mich zu verstehen; diese werden mich ohne Gefahr lesen.« Diesen Satz sollte man, wie ich meine, beim Wort nehmen. Zu jemandem *sprechen* heißt nicht nur, sich an jemanden zu wenden – sondern auch, zu Leuten zu sprechen, die in irgendeiner Weise dafür qualifiziert sind, vom ersten Wort an den *latenten Inhalt* dessen zu erfassen, was er sagt, kurz, nur bei solchen Leuten stößt er auf ein offenes Ohr, nur deren Denken und Handeln kann er beeinflussen. Man weiß, daß dies – schließlich haben sie darauf Wert gelegt, dies zu betonen – bei großen Dichtern der Fall war, wie etwa bei Lamartine, Petrus Borel, Baudelaire, Swinburne, Lautreamont, Apollinaire; bei Schriftstellern, die am tiefsten in der menschlichen Seele gewühlt haben, wie Stendhal, Nietzsche, Barbey d'Aurevilly.

Des Grauens höchster Zauber berauscht allein die Starken.

In diesem Sinn rückt sich Sades Werk von selbst ins rechte Licht, und zwar in jenes Licht, das auch von gewissen Gnostikern ausstrahlt, von den Karpokraten aus dem zweiten Jahrhundert unserer Zeitrechnung und, weniger ausgeprägt, von den Katharern, ja, es läßt dessen Schein bis zu uns dringen.

*Leah Levine (*1961)*

Die wahre Kraft des Hexenmeisters

Die Kutsche verließ Paris am frühen Nachmittag. Sechs Tage, hatte Inspektor Marais gesagt, würde die Reise dauern. Sechs Tage und fünf lange Nächte würde der Marquis Zeit haben, darüber nachzudenken, was ihn in Aix erwartete. Vor Jahren hatte man den Marquis der Hexerei angeklagt und in Aix hatte ein Gericht ihn in Abwesenheit wegen Sodomie und Mordversuch zum Tode verurteilt. Es gab so viele Anklagen, und immer wieder versuchte man, ihn in Gefangenschaft oder gar vom Leben zum Tod zu bringen. Wieso begriffen die Menschen nicht, daß er nicht nach ihren Maßstäben zu messen war? Jetzt war ein Wunder gefragt. Die Dinge standen schlecht um ihn, aber er wäre nicht der, der er war, wenn er sich einfach in sein Schicksal fügen würde. Nein, er hatte viele Mittel und Wege, die Dinge nach seiner Vorstellung geschehen zu lassen, auch wenn er nicht auf die Hilfe Gottes zählen konnte. De Sade wollte leben, um jeden Preis.

Er würde seine Seele, wenn er denn eine hätte, dafür verkaufen. Dieser Gedanke kreiste wieder und wieder durch seinen unruhigen Geist.

Marais gefiel es, den gefürchteten Marquis in seiner Obhut und somit unter seiner Befehlsgewalt zu haben, und er wurde es nicht müde, ihn dies spüren zu lassen. Wann immer er konnte, demütigte er ihn, quälte ihn mit Zynismus und Beleidigungen, die der Marquis aber an sich abgleiten ließ. Schlimmer waren die abendlichen Vorführungen, die darin bestanden, genügend Aufsehen bei der Übergabe des Gefangenen an das örtliche Gefängnis zu erregen, so daß immer eine große Anzahl Menschen den Marquis in Ketten geschlagen zu sehen bekam.

Wenn er aus dem Fenster der Kutsche sah, sah er die Gaffer, denen Abscheu ins Gesicht geschrieben stand. Er sah die Weiber, und sein Blut geriet in Wallung. So nah und doch unerreichbar waren sie. Er sah ihren Haß und ihre Verachtung, doch genau dies stachelte seine Wollust nur noch stärker an. Er fluchte, stieß wüste Blasphemien aus und hätte doch so viel für eine einzige Berührung gegeben.

»Donatien, wie geht es euch?« Eine Stimme so zart wie der Klang von Glocken und doch so kraftvoll, daß er im ersten Moment erschrak. »Donatien, sprecht mit mir. Geht es euch gut?«

»Willst du dich über mich lustig machen, Weib? Wie soll es mir gehen, gefangen in dieser elenden Kutsche, gefesselt, so daß ich mir nicht mal selbst den Arsch kratzen kann. Wer bist du, und was willst du?«

Statt einer Antwort hörte der Marquis nur ein feines Gelächter. Die Tür der Equipage wurde aufgerissen, und Marais zerrte seinen Schützling unter lautem Beifall der schaulustigen Menge heraus, um ihn zu der Zelle zu bringen, die ihm für diese erste Nacht ein Obdach war. De Sade sah sich um. Welches dieser Weiber war es gewesen, die ihn angesprochen hatte? Sie hatte ihn bei seinem Vornamen genannt, und doch sah er auf keinem Gesicht etwas Vertrautes. Marais schubste ihn vorwärts. So sehr er es genoß, den Marquis dem Spott der Menge auszusetzen, so sehr mußte er auch auf die Sicherheit achten, und das hieß, der Gefangene durfte nicht zu lange auf der Straße verweilen. Trotz der Fesseln traute er de Sade nicht. Der Inspektor wußte, der Marquis würde die kleinste Unachtsamkeit nutzen und zu fliehen versuchen. Einem Delinquenten auf dem

Weg zum Galgen war das noch nicht einmal zu verdenken, doch er würde jede Flucht zu verhindern wissen.

Als es Nacht wurde, die Menge sich zerstreut und man dem berühmten Gefangenen etwas Brot und Wasser gebracht hatte, grübelte dieser über die Stimme, die er am Abend neben der Kutsche gehört hatte nach. War er einer Illusion aufgesessen? Hatte ihm sein gequältes Hirn einen Streich gespielt? Wieder und wieder erweckte er die Erinnerung an die wenigen Worte und das Lachen. Sein Blut kochte, und er stellte sich vor, die Frau, deren Stimme er hörte, würde in seiner Zelle Gestalt annehmen, damit er sie berühren und sich mit ihr vergnügen könne. Als er sich entlud, war ihm, als sähe er ihre Augen.

Bei Sonnenaufgang ging die Fahrt weiter. Die holprigen Straßen waren eine Qual und der Marquis war für jede Unterbrechung, die seinen Knochen eine Pause gönnte, dankbar. Am Abend spielte sich die gleiche Prozedur wie am Vorabend ab. Der Inspektor brüllte von der Kutsche aus, daß er eine Zelle für einen gefährlichen Mann, eine verderbte Bestie brauche, um ihn in Sicherheit zu wissen. Dann ging er zum Gefängnis hinüber, um die Aufnahme zu regeln. Wieder blieb de Sade in der nur von außen bewachten Kutsche zurück.

»Donatien, ich hoffe, ihr hattet eine lustvolle Nacht mit erregenden Träumen.« Die Stimme war leiser, aber der Marquis erkannte sie sofort. Er versuchte, aus dem kleinen Fenster zu schauen, aber die Vorhänge versperrten ihm die Sicht. Die geheimnisvolle Frau lüftete zwar nicht den Stoff, aber sie offenbarte ihm ihre feingliedrige Hand, die sie durch das Fenster schob. De Sade beugte sich vor, gierig wollte er sie spüren, ihren Duft aufnehmen, sie schmecken. Als sie nicht zurückzuckte, wagte er die Lippen zu öffnen. Sofort glitten ihre Finger in seinen Mund, und er nahm den leicht salzigen, wunderbar würzigen Geschmack dieses Weibes wahr, und sein Herz jubelte. »Donatien, ich habe von euch geträumt. Ihr schmeckt es sicher, wie anregend dieser Traum war. Wenn ich euch gleich verlasse, werde ich noch einmal das gleiche tun, was ich tat, während ich auf euch wartete, und so wird es sein, als hätten eure Lippen meinen Schoß geküßt.« Der Marquis stöhnte auf. Was für ein Luder, was für eine prachtvolle Frau, sie wußte, womit man ihm eine Freude machen konnte. Noch gieriger saugte er an den Fingern, ließ seine Zunge lüstern an ihnen entlang gleiten.

»Wie gern würde ich deinen Hals küssen, deine Lippen schmekken und dich nach allen Regeln der Kunst verwöhnen«, seufzte er.

»Verwöhnen?«, lachte die Unbekannte. »Ich wette, ihr würdet eure Zähne in meinen Hals schlagen, so tief, bis ihr mein Blut zu schmecken bekämet. Ihr würdet mich nicht verwöhnen, ihr würdet über mich herfallen und eure Lust an mir stillen.« Sie sagte das mit einer solch sanften Stimme, daß das Feuer des Marquis außer Kontrolle geriet und sich seine Säfte nur durch ihre Worte entluden. Dabei biß er in die dargereichten Finger, die sich ihm nun schnell entzogen, als der Inspektor zurückkam. In dieser Nacht konnte de Sade kaum schlafen. Immer wieder stellte er sich die Unbekannte vor, wie sie sich den Saft seines Mundes zwischen die Schenkel rieb, und mehr als einmal belohnte ihn sein Glied mit einem Schwall heißer Lust. Während er das Elixier von seinen Fingern leckte, war ihm, als würde das Gesicht des Weibes Form annehmen.

Am nächsten Tag konnte de Sade seine Ungeduld kaum zügeln. Er nahm keine der Spitzen des Inspektors mehr wahr, hoffte nur auf eine neue Begegnung mit dem sinnlichen Weib, doch diese blieb aus an jenem Abend. Der Marquis fluchte, seine Stimmung war ruiniert, und er warf der gaffenden Menge Verwünschungen und Schmähreden entgegen. In seiner Zelle schlug er sich die Fäuste blutig, schrie nach Gott, um ihn dafür zu bestrafen, daß er ihn so leiden ließ. Irgendwann fiel er erschöpft zu Boden. Schmerz und Geilheit quälten ihn gleichermaßen, und in seiner Vorstellung bestrafte er die Unzuverlässige mit gnadenloser Härte. Ihm war, als könnte er ihr Blut riechen und ihre Schreie hören, und so entspannte sich zumindest der Vulkan zwischen seinen Beinen durch unzählige Eruptionen, bei denen die Bilder seines Opfers schärfer und schärfer wurden. Am nächsten Abend erwartete er nichts mehr.

»Donatien, brennen eure Lenden?«

»Verdammte Hexe, warum quälst du mich? Wer hat dich geschickt?«

»Verschwendet nicht die Zeit mit Fragen, antwortet mir. Wie steht es um eure Leidenschaft, steigt nicht der Druck in jeder einsamen Nacht?«

»Du Biest, ich will dir gern zeigen, wie es um meine Leidenschaft bestellt ist. Komm in diese Kutsche, löse meine Fesseln, und du wirst es erleben. Ich bin sicher, du würdest für einige Tage nicht sitzen können.«

De Sade merkte, wie sich seine Lust mit Wut auf die Frau mischte. Sie machte sich einen Spaß aus seinen Qualen, wußte offenbar ganz genau, wie heißblütig er war und daß er keine Möglichkeit hatte, sich die Erleichterung zu verschaffen, nach der er sich verzehrte. Wenn er sie jetzt zwischen die Finger bekäme, würde sich seine Wut in tiefen roten Striemen auf ihrem ganzen Körper abzeichnen.

»Schade, daß wir so wenig Zeit haben, ich würde gern hören, was ihr mit mir machen würdet, wenn ich mit euch allein wäre. Jede Nacht stelle ich mir vor, auf welche Art und Weise ich euch besonders gut dienen könnte.«

»Hör auf, es dir vorzustellen, sieh zu, daß du einen Weg findest, mich zu befreien, dann werde ich deinen Körper so mit mir ausfüllen, daß du am Ende nicht mehr weißt, welches Organ zu wem von uns gehört.«

Schritte näherten sich, die Tür wurde geöffnet, und der Marquis mußte die Kutsche verlassen.

Kurz erwog er, sich loszureißen, er wollte endlich sehen, wer ihn immer wieder provozierte, aber Marais hatte ihn im festen Griff. Als de Sade allein in seiner Zelle war, wurde ihm bewußt, daß die unbekannte Frau ihn fesselte. Er hatte tatsächlich nicht mehr in die Menge geschaut, um sich am Anblick der dicken, dünnen, schönen und häßlichen Frauen zu sattigen. In seinen Gedanken formte sich immer mehr ein Körper zu der Stimme und auch in dieser Nacht spielten seine Phantasien ein grausam-lustvolles Spiel mit seiner neuen Freundin.

Die letzte Nacht stand bevor. Am nächsten Tag würde die Equipage Aix erreichen, und es würde sich entscheiden, ob das Todesurteil vollstreckt würde. Der Marquis war angespannt. Die letzen Tage hatte er alle Gedanken an die Verhandlung verdrängen können, doch nun drängten sie sich in sein Bewußtsein, und er wurde nervös.

»Donatien, habt ihr Angst vor dem Tod?« Die Stimme klang an diesem Abend angespannt und hatte bei weitem nicht die Leichtigkeit der Vorabende.

»Wer hätte die nicht? Jeder, der diese Angst leugnet, ist ein Heuchler. Wäre es nicht an der Zeit, daß du dich jetzt endlich zu erkennen gibst. Es wird keinen weiteren Abend geben, an dem du dich an den Wagen schleichen kannst, um mir den Kopf zu verdrehen.«

»Was ich sehr bedaure, aber wenn ihr an das Schicksal glaubt und heute Nacht besonders intensiv an mich denkt, so besteht Hoffnung, daß wir uns wiedersehen. Habt Vertrauen.« Überraschenderweise schob die Frau ihre Hand an diesem Abend erneut durch das Fenster und de Sade, dessen Hände heute lockerer vor seinem Körper gefesselt waren, ergriff sie sogleich, führte sie an seine Lippen und küßte sie inbrünstig. Ihre Finger strichen über sein Gesicht, suchten seine Lippen und drangen in ihn ein. »Euer heißer Atem bringt mein Blut zum Sieden, ich gestehe, ihr fasziniert mich immer mehr, werter Donatien. Doch laßt jetzt los, bevor man uns entdeckt.« Unangenehm grob zog sie die Hand zurück, keine Sekunde zu früh, denn eben wurde die Türe aufgerissen und Inspektor Marais forderte den Marquis auf, die Kutsche zu verlassen. Wieder hatten sich viele Menschen versammelt, und jeder konnte die Erregung sehen, die die Hose des Marquis aufs äußerste dehnte. »Seht nur, der wird schon geil, wenn er nur unsere Stimmen hört.« »Nein, sein Schwanz weiß, daß er demnächst ausgedient hat, und deshalb erhebt er sich noch mal zu stummem Protest.« Die Menschen lachten und verhöhnten den einst so gefürchteten Mann, doch jetzt in Ketten, mitgenommen von der Reise, hatte er jede Bedrohlichkeit verloren und war nur noch Ziel ihres Spottes.

Am nächsten Tag war eine letzte Anhörung geplant, die das Todesurteil bestätigen sollte, wenn der Richter nicht zu einem anderen Entschluß käme. Der Marquis erhielt Gelegenheit sein Haar zu richten, sich zu rasieren und frische Kleidung anzulegen. So hergerichtet erlangte er die Ausstrahlung zurück, für die er bekannt war und beneidet wurde. In Aix schlug ihm ein eisiger Wind entgegen. In den Monaten, die er vor Jahren hier verbrachte und die ihm das harte Urteil eingebracht hatten, hatte er so ziemlich jedes Weib geliebt, geschwängert oder vergewaltigt. Keiner im Ort würde Mitleid mit ihm haben, aber Mitleid war es auch nicht, was er sich erhoffte. Was er wollte, war Gerechtigkeit und das, weswegen man ihn anklagte, ein mehrfacher versuchter Giftmord, hatte er ganz sicher nicht verübt.

Die Stimmung im Gerichtssaal war belastend. Der Mob rief nach Blut, und der Richter hatte Mühe, für Ruhe zu sorgen. Er verfolgte an diesem Tag ganz eigene Pläne und hoffte, daß ihm etwas einfiele, das Urteil seines Vorgängers zu revidieren. Wenn es auch nur eine Frau in diesem Ort gäbe, die nicht gegen den Marquis aussagen würde, könnte er das Todesurteil in eine Haftstrafe umwandeln. Der Marquis saß wie versteinert auf seinem Platz, seine Mimik verriet nichts über seine Gedanken, aber in ihm brodelte zum erstenmal wirkliche Angst. Nachdem der Richter die Frage gestellt hatte, war es totenstill geworden. Niemand erhob sich, um ihn zu retten. Plötzlich aber stand eine Frau in der hintersten Reihe auf. Sie war jung, bildschön, und ihr feuerrotes Haar fiel in dichten Locken über ihre Schulter. Ein Murmeln ging durch die Reihen. Niemand schien sie zu kennen, und doch wagte keiner einen Einspruch. »Ich habe keine Anklage gegen den Marquis. Ganz im Gegenteil, ich halte ihn für einen ehrbaren Mann, der Opfer falscher Anschuldigungen geworden ist.« Sie sprach mit fester Stimme, und der Marquis erkannte sie sofort. Er konnte den Blick nicht von ihr wenden, so verzauberte ihn ihre Schönheit. Die Frauen im Gerichtssaal begannen zu kreischen, diese Hexe würde ihre Rache verhindern. Der Richter, dankbar, daß das Schicksal seinen Plänen wohlwollend entgegenkam, schlug den Hammer, um erneut für Ruhe zu sorgen. Während der Marquis sich entspannte, prüfte der Richter die Angaben der Frau, die bestätigen konnte, daß sie seit Jahren in Aix lebte und ihre Aussage unangreifbar war. Dank dieser Wendung war die Verhandlung schneller beendet als erwartet, aber das Urteil, den Marquis für den Rest seines Lebens hinter Gitter zu verbannen, wurde diesem erst bewußt, als sich der Raum langsam leerte. »Verdammt, das kann doch nicht wahr sein. Ich habe nichts getan, für das man mich einkerkern muß. Das ist alles ein Irrtum.«

»Ich an eurer Stelle wäre vorsichtig, Marquis. Den Richterspruch als Irrtum zu bezeichnen kann euch auch jetzt noch schaden. Seid froh, daß ihr euer nichtsnutziges Leben behalten dürft.« Inspektor Marais hätte es lieber gesehen, seinen lästigen Gefangenen hier an Ort und Stelle los zu werden, aber nun mußte er ihn auch noch dorthin bringen, wo er seine Einkerkerung anzutreten hatte. Er legte ihm wieder Handfesseln an und zog ihn aus dem Gerichtssaal. Am Eingang stand die rothaarige Frau, sie blickte mit Genugtuung auf die Menschen um sie herum, die sie mißtrauisch musterten und über sie lästerten. Einer plötzlichen Eingebung folgend warf sich der Marquis der Frau zu Füßen. Er griff nach ihrem Rocksaum und küßte ihn voller Leidenschaft. »Ich danke euch. Ihr habt mir das Leben gerettet. Ich stehe für immer in eurer Schuld.« Die Frau ging in die Knie, um auf gleicher Höhe mit de Sade zu sein. »Steht auf, Donatien, verdammt, ihr schuldet mir nichts. Ihr müßt euch nicht in den Staub werfen wie ein niederes Weib. Seid ein Mann, aufrecht stehend und voll von Stolz«, zischte sie ihm zu. Verwundert sah der Marquis sie an, seine Hand streifte die ihre, und er erhob sich.

»Du hast Recht, Weib. Du hast mir ewige Gefangenschaft beschert, warum sollte ich dir dankbar sein?« Er stand, die schöne Frau hatte sich noch immer nicht wieder erhoben. Statt dessen blickte sie zu ihm auf, und das Funkeln in ihren Augen entlockte dem Marquis ein Grinsen. Niemand hatte die Worte der Frau gehört, und alle waren schockiert, wie sehr sich das Verhalten des Marquis plötzlich geändert hatte. Selbst Marais versuchte zu vermitteln. »Ihr seid undankbar. Ihr verdankt dieser Frau Euer Leben, sie war es, die beim Richter für Euch eingetreten ist. Habt Ihr denn gar keinen Anstand?« »Wenn sie mir wirklich etwas Gutes hätte tun wollen, dann hätte sie beim Richter darum nachgesucht, mir den Schwanz lutschen zu dürfen. Damit hätte sie mir einen Gefallen getan, aber nicht damit, mich für immer und ewig hinter mächtige Mauern zu verbannen und mein Leiden nur unnötig in die Länge zu ziehen.«

Die Menge hielt den Atem an. Langsam erhob sich die Rothaarige, behielt ihre Augen fest auf den Marquis gerichtet. Marais, der Angst hatte, daß die Situation eskalieren würde, zerrte den Marquis vom Eingang weg, um ihn vor Ort für die Nacht einsperren zu lassen. Die Frau ging nun ebenfalls, nicht ohne den bissigen Weibern ein seltsames Lächeln zuzuwerfen.

Als es Nacht wurde, saß der Marquis in seiner Zelle und ließ den Tag Revue passieren, wobei er bei diesen Gedanken begann, sein bestes Stück zu massieren. Diese Frau war wirklich außergewöhnlich, sie schien sich nicht um ihren Ruf zu scheren und stachelte ihn sogar noch zu besonderer Bosheit an. Ganz sicher war ihre Aussage alles andere als auf Wahrheit beruhend, denn wäre ihm dieses Weib damals begegnet, er hätte ganz sicher nicht die Finger von ihr gelassen. Aber der Richter hatte ihr geglaubt.

»Donatien, das Schicksal meint es gut mit uns. Die erste Hürde haben wir genommen.« Die Stimme war ganz nah. Der Marquis stand auf und ging zu dem vergitterten Loch in der Wand. Seine Zelle war ebenerdig, und so konnte er das rote Haar der Frau im fahlen Mondlicht direkt vor seinen Augen schimmern sehen. Wie hatte sie es geschafft, in diesen abgesperrten Bereich des Gefängnisses zu kommen? Hatte sie die Wächter bestochen oder konnte sie durch Wände gehen? Sie hob den Kopf, und ihre Augen trafen die seinen. Seine Hand griff durch das Gitter und strich ihr eine Strähne aus dem Gesicht. Sie ergriff sie, küßte sie und schob seine Finger zwischen ihre Lippen. »Du schmeckst nach Lust. Wie gern würde ich dir deinen Wunsch vom Nachmittag jetzt und hier erfüllen, aber darauf müssen wir noch warten, deine Gier ist noch nicht stark genug. Vertrau mir, wir werden schon bald sehr viel Zeit haben, all das nachzuholen, was uns augenblicklich entgeht. Mich durstet nach dir, und auch du wirst bekommen, wonach du dich so sehnst.« Ihr Lächeln war verführerisch, und doch lag etwas Bedrohliches darin.

»Wer bist du?«, fragte er und als sie nur lächelte, griff er nach ihrer Kehle, um seiner Frage Nachdruck zu verleihen. »Du kannst mich nicht töten, Donatien. Du hast mich erschaffen. Für den Preis deiner Seele habe ich mir Form gegeben; um dich zu retten und fortan wird dir nichts anderes bleiben, als jeden Gedanken deiner Lust mit mir zu teilen, damit ich stärker und stärker werde. Dann erst werde ich die Mauern deiner Zukunft bezwingen können und dir in jeder Nacht das bescheren, wonach es dich am meisten drängt. Glaube mir, Liebster, wir werden sehr viel Vergnügen miteinander haben. Und am Tage wirst du aufschreiben, was du mit mir erlebst und welche Wünsche dir noch offen sind, du wirst sehen, mit jeder geschriebenen Seite werde ich stärker und mächtiger. Ich bin sicher, auch andere werden davon profitieren und meinesgleichen werden mehr in deiner Welt.«

Mit ihrem klaren Lachen entzog sich die Schöne seinem Griff und verschwand ebenso plötzlich, wie sie erschienen war. Nachdenklich ging de Sade in die Zelle zurück. Hatte sein ewig feuriger Geist sie nun erschaffen, um die Einsamkeit seiner Gefangenschaft erträglich zu machen, oder hatte sie ihn in die Gefangenschaft gezwungen, um lebendig zu werden? Es war müßig darüber nachzudenken, und so schlief er lächelnd und in lüsterner Erwartung seiner Zukunft ein.

Willy Haas (1891–1973)

Der Höllendoktor des Materialismus*

Seine Kerkerzeit ist ein einziger Orgasmus. Da brüllt und heult die Natur in ihm. Da gibt sie ihm die finstersten Geheimnisse ihrer Gnadenlosigkeit preis. Da macht sie ihn besessen, wie einen Bacchanten, da wird er zum Eingeweihten der unterirdischen erotischen Mysterien; der massenhafte Tod, das massenhafte Verfaulen und die massenhaften Keime des neuen Lebens in der Fäulnis kreißen in ihm, alle Qualen des Lebens, Sterbens, Gebärens, der ganze Stoffwechsel der Natur in ihren Krämpfen. Da wird er der Höllendoktor des Materialismus, der Professor des Verbrechens, wie ihn Taine nennt.

Comte Alexandre de Cagliostro,

eigtl. Giuseppe (Joseph) Balsamo

Mysterienschwindler und Erzzauberer, Kabbalist und Großkophta

Charles Guérin (1875–1929):
Der Graf von Cagliostro

Ich glaube, die Natur formt nur alle Jahrhunderte einmal
eine Gestalt wie Cagliostro!
Johann Kaspar Lavater (1741–1801)

»Mehr als ein Souvenir – ein Zaubermittel
wie vom Hexenmeister Cagliostro … Edel, rassig und schnittig in der Linie,
hat es sich rasch in der Aristokratie der Eleganz eingeschmeichelt.
Kurt Tucholsky (1890–1935)

*Leah Levine (*1961)*

Comte Alexandre de Cagliostro,
eigtl. Giuseppe (Joseph) Balsamo (1743–1795)

»Ich bin, der ich bin!«

Cagliostro war ein Abenteurer und Hochstapler, wie ihn die Welt selten zu Gesicht bekommen hat. Als Sohn eines erfolglosen Kaufmanns, der früh starb, wurde er als Guiseppe Balsamo in Palermo geboren. Um ihm eine halbwegs vernünftige Erziehung zukommen zu lassen, kam er mit 13 in den »Orden der barmherzigen Brüder«, die seines wilden, teils boshaften Charakters aber auch nicht Herr werden konnten. Schon wenig später mußte er den Orden verlassen und hielt sich mit Betrügereien in Palermo über Wasser. Sein außergewöhnliches Geschick half ihm, seinen Kopf immer wieder aus der Schlinge zu ziehen und machte ihn immer verwegener. Doch so mancher betrogene Bürger sann auf Rache und als es für ihn immer gefährlicher wurde, verließ er seine Heimatstadt Richtung Rom, wo er mit Andenken und Antiquitäten handelte. Nachdem er eine junge, hübsche Frau namens Lorenza Feliziani geheiratet hatte, begann er, mit ihr durch die Lande zu ziehen und überredete sie, sich gegen Gefälligkeiten aller Art zu prostituieren. Dies ging lange gut, aber irgendwann begann die Eifersucht an ihm zu nagen, und er schreckte nicht davor zurück seine eigene Frau anzuzeigen und sie dadurch vorübergehend in Haft zu bringen. Er selbst faszinierte besonders die Reichen durch seine einnehmende Art und schaffte es, sich immer wieder Kost und Logis zu ergaunern. Dies wurde noch einfacher, als er sich als Freimaurer vorstellte und sich die Unterstützung sämtlicher Logen sichern konnte. Er selbst nahm den Titel Groß-Kophta an und begründete den Ägyptischen Ritus, einen Freimaurerritus, der ihm viele Türen öffnete. Von nun an nannte er sich Comte Alexandre de Cagliostro.

Cagliostro hatte schnell gemerkt, daß die Menschen empfänglich für Schmeicheleien aller Art waren, und er wußte ihr Begehren zu bedienen. Er versprach ihnen, was immer sie hören wollten, hielt aber nur höchst selten sein Wort. Wann immer so eine Situation aufzufliegen drohte oder man ihn bedrängte, brachen er und sein Eheweib die Zelte ab und zogen weiter. Es ist seltsam, fast magisch, daß er sich trotz dieses egoistischen Verhaltens nur wenig Feinde gemacht hat. Immer wieder fanden die betroffenen Opfer sogar Entschuldigungen für Cagliostro und suchten die Schuld bei sich. Ganz besonderen Erfolg hatte er bei alternden Hofdamen, denen er Wässerchen und Elixiere verkaufte, die ewige Jugend und Gesundheit versprachen. Er prahlte damit, den Stein der Weisen gefunden zu haben und ein Meister der Alchemie zu sein. In Straßburg gelang es ihm tatsächlich, vielen Menschen Linderung von ihren Krankheiten zu verschaffen, und er wurde hoch verehrt, während sich Katharina die Große in Petersburg nur über ihn lustig machte. Obwohl möglicherweise völlig unschuldig, wurde er kurze Zeit später in Frankreich in die »Halsbandaffäre« verwickelt und mußte das Land verlassen. Sein Ruf hatte gelitten, und das Klima in England, wohin ihn seine Flucht verschlug, wurde feindlich für ihn, so daß er nach Rom zurückkehrte und dort direkt der Inquisition in die Arme fiel. Auf Geheiß des Papstes wurde er verhaftet und zum Tode verurteilt, konnte durch seine Geständnisse die Strafe aber in lebenslange Haft umwandeln.

Giacomo Girolamo Casanova (1725–1798)

Meine Begegnung mit Giuseppe Balsamo und seiner Frau*

Ich fand mich nun wieder mittags und abends an der großen Tafel ein, denn die Gesellschaft war unterhaltsam und die Küche ausgezeichnet. Eines Mittags war von einem Pilger und einer Pilgerin die Rede, zwei Italienern, die soeben angekommen sein mußten. Sie hatten sich sehr freigebig gezeigt, und man vermutete Leute von Distinktion in ihnen. Vor allem aber hieß es, die junge Frau sei reizend, zähle erst achtzehn Jahre und habe sich schon zu Bett gelegt, weil die Reise sie so ermüdet habe.

Da ich der einzige Italiener der Runde war, oblag es mir, den beiden die erste Aufwartung zu machen, mochten sie nun tatsächlich fromme Pilger oder Leute von zweifelhaftem Ruf sein, die diese Verkleidung gewählt hatten.

Wir fanden die Pilgerin in einem großen Fauteuil, und sie sah tatsächlich völlig erschöpft aus. Ihr Gesicht war interessant ob seiner großen Jugend und durch die Schönheit, die eine gewisse *tristezza* noch steigerte. In den Händen hielt sie ein Kruzifix aus Messing, das etwa sechzehn Zentimeter lang war.

Als wir eintraten, legte sie es fort und erhob sich zu einer liebenswürdigen Begrüßung. Der Pilger hingegen ließ sich nicht stören. Er mochte etwa fünf oder sechs Jahre älter sein als sie, war nicht groß, aber gut gebaut, und hatte ein energisches Gesicht, in dem Kühnheit und Unbedenklichkeit, Spottlust und Frechheit geschrieben standen. Der Gegensatz zu seiner Frau, ihrer vornehmen Bescheidenheit, ihrer sanften und naiven Schamhaftigkeit, war offenkundig. Beide konnten sich auf französisch nur mühsam verständlich machen und atmeten sichtlich auf, als ich sie italienisch anredete. Sie sagte, sie sei Römerin, aber sie hätte es nicht sagen müssen, denn ihr angenehmer Tonfall verriet ihre Herkunft aus der Ewigen Stadt schon nach wenigen Sätzen. Er behauptete, aus Neapel zu stammen, aber seiner Zunge nach müßte ich ihn für einen Sizilianer halten …

Mir erschien es wahrscheinlich, daß sie uns all das nur erzählte, um uns auf jene Stellen ihrer Haut neugierig zu machen, die man im Augenblick nicht betrachten konnte und daß der Anblick ihrer weißen Arme und ihres Halses nichts anderes seien als eine Art Gratis-Kostprobe. Ihr Gesicht hatte nur einen einzigen Fehler: Ihre Lider waren gerötet, und die gereizten Augen hatten nicht den vollen blauen Glanz, der sie sonst auszeichnen mochte. Sie sagte uns noch, daß sie unterwegs nach Turin seien, um das Schweißtuch anzubeten. Sie wisse, daß es deren mehrere in Europa gebe, aber man habe ihr versichert, das einzig wahre sei jenes von Turin, denn mit diesem habe die heilige Veronika den Schweiß aus dem Gesicht unseres Erlösers gewischt und die Eindrücke dieses Gesichts empfangen.

Wir brachen in guter Stimmung wieder auf; die hübsche Pilgerin sagte uns zu, mochten wir auch an ihrer Frömmigkeit zweifeln. Ich persönlich fühlte mich nicht so weit wiederhergestellt, mich ernsthafter mit ihr zu befassen. Aber unter den anderen Herren waren einige, die sogleich auf Mittel und Wege zu einem Abenteuer sannen.

Am nächsten Tag kam der Pilger zu mir und erkundigte sich, ob ich es vorziehe, mit ihm und seiner Frau auf dem Zimmer zu frühstücken oder ob sie ins Gastzimmer herunterkommen sollten. Es wäre unhöflich gewesen, zu antworten, daß mir weder das eine noch das andere zusage, also bat ich sie herunter. Bei diesem Frühstück war es, daß der Mann, nach seinem Beruf befragt, sich als Künstler zu erkennen gab. Sein Fach sei die Federzeichnung in der sogenannten Clair-obscur-Manier. Er verfüge zwar über keine sonderliche Erfindungsgabe, sei aber imstande, jeden Stich auf das sorgfältigste zu kopieren.

»Dazu sind Sie zu beglückwünschen«, sagte ich. »So eine Gabe macht Sie zwar vielleicht nicht gerade reich, sichert Ihnen aber doch gewiß ein auskömmliches Leben und gestattet Ihnen, sich dort niederzulassen, wo es Ihnen beliebt.«

»Das sagen mir alle«, antwortete Balsamo, »und alle befinden sich damit im Irrtum. Ob ich nun in Rom oder in Neapel bin, ich muß einen ganzen Tag mit der Feder arbeiten, um drei Paoli zu verdienen. Davon zu leben ist aber nicht möglich.« – Nach dieser Unterhaltung zeigte er mir einige Fächer, die er mit Bildmotiven versehen hatte, und ich muß sagen, daß ich nie zuvor etwas so Hübsches in dieser Art gesehen hatte. Ich schlug ihm vor, mir einen seiner Fächer für einen Louis d'Or zu überlassen, er aber zierte sich, machte mir den Fächer zum Geschenk und bat mich, eine kleine Sammlung für ihn zu veranstalten, da er schon bald weiterreisen wolle. Ich nahm an und versprach, für ihn bemüht zu sein. Die Sammlung erbrachte fünfzig oder sechzig Silbertaler, und es war die Pilgerin selbst, die an unseren Tisch kam, um das Geld in Empfang zu nehmen. Sie war es auch, die am nächsten Morgen in mein Zimmer kam und einen Empfehlungsbrief für Avignon erbat. Ich schrieb auf der Stelle zwei

Briefe, den einen an den Bankier Audifret, den anderen an einen Wirt von Saint-Omer. Den Brief an den Bankier gab mir die Frau abends wieder zurück mit dem Bemerken, ihr Gatte habe ihr erklärt, dieses Briefes nicht zu bedürfen. Dabei bat sie mich, den Brief doch recht genau zu betrachten, um festzustellen, ob es auch gewiß der Brief sei, den ich ihr am Morgen gegeben habe. Ich prüfte das Blatt und erklärte dann, es sei zweifellos mein Schreiben. Darauf antwortete sie lachend, ich sei im Irrtum und hielte eine Kopie in Händen. Sie rief ihren Gatten; der herzukam, mir das Schreiben vorwies, das ich ihm geschickt hatte und mich nun überzeugte. Da solch eine Kopie noch schwieriger ist als die eines Stiches, drückte ich Balsamo meine Bewunderung aus und sagte ihm, daß er aus so einer Gabe manchen Vorteil ziehen könne, daß sie aber bei einiger Unvorsichtigkeit auch den Hals kosten könne.

Cagliostro (1743–1795)

Mein Experiment mit dem Knaben

Bald nach meiner Ankunft habe ich mir viel mit jenem kleinen Howen zu tun gemacht, da er ein witziger und gesprächiger Knabe war, und den andern gesagt, daß zu meiner Glückseligkeit nichts fehle, als daß ich Vater eines solchen Kindes wäre. Dabei bin ich dem Himmel oder besser meiner medizinischen Kunst dankbar, daß sie mich davor bewahrt haben. Der Knabe, der sah, wie mich alle verehrten und zur Liebe gegen mich ermuntert wurde, schmiegte sich nun auch an mich an, und ich hatte oft meinen Zeitvertreib mit ihm. Dabei zeigte ich ihm allerlei gezeichnete Bilder, fragte ihn, lehrte ihn antworten und befand den Knaben gelehrig. Ich sagte dem Kinde, daß seine Mutter, seine Geschwister und mich selbst, und alles, was er liebte, glücklich machen könnte, wenn er alles tun würde, was ich ihm befehle und nie über Dinge, die ich mit ihm spräche, gegen irgend jemand laut würde. Auch drohte ich, ihn mit dem Degen in der Hand Glied vor Glied zu zerschneiden, wenn er über die Sache plaudern und sich nach meinen Vorschriften nicht richten würde. Darum sah der Knabe nach jeder Operation etwas erhitzt aus; denn die Angst, seine Lektion nicht gut aufzusagen, hat ihm ein wenig das Blut in die Wangen getrieben. Der Kleine, der von seinen Eltern unaufhörlich ermuntert wurde, sich um meine Liebe zu bewerben, tat alles, was ich ihm befahl.

Unter den mit Charakteren beschriebenen Bogen war ein anderes Papier, wo alle die vorgeblichen Erscheinungen, wie ich sie fragte, abgezeichnet waren. Der Knabe sah dies, und da hat er denn immer auf die natürlichste Art antworten können: Jetzt sehe ich einen Wald …

An diesem Abend machte ich folgendes Experiment im Beisein einiger Mitglieder der Loge. Ich nahm den Knaben auf den Schoß, küßte ihn und sagte: »Kind! Auch du kannst noch einst ein großer Mann werden. Komm, lieber Junge, du sollst Dinge von großer Wichtigkeit sehen!«

Darauf führte ich ihn in das Zimmer, wo ich die Zeichnungen hingelegt hatte und schloß die Tür. Wir saßen im Vorzimmer der geschlossenen Tür gegenüber. Ich stand mit dem bloßen Degen in der Hand in der Mitte des nämlichen Zimmers und gebot Stillschweigen, Ernst, Andacht und Stille.

Darauf machte ich mir meinem Degen einige Charaktere an der Tür des Zimmers; dann stampfte ich mit den Füßen bald auf die Erde, bald an die Tür, schrieb mit dem Degen Charaktere in die Luft, sprach allerlei Namen und Worte aus, besonders Helion, Melion, Tetragammaton. Mitten in diesen Arbeiten schickte Frau von Howen ihren ältesten Sohn nach dem andern Zimmer, um zu sehen, ob auch die andern Türen fest wären. Der hätte nun meine Zeichnungen entdecken müssen. Darum rief ich in größter Erregung: »Um Gottes willen, was macht ihr? Seid stille, seid stille, ihr seid in der größten Gefahr und ich mit euch.«

Ich verdoppelte mein Fußstampfen, schrie mit entsetzlich starker Stimme und zog von neuem einen Kreis mit meinem Degen. Ich sagte unter schrecklichen Drohungen, daß wir alle unglücklich würden, wenn einer sich rühren oder auch nur sprechen würde. Darauf fing ich wieder mit meinen Beschwörungen an. Und es folgte die

Vision nach meinem alten Mittel. Nachher sprach ich wieder »arabisch«, stampfte mit den Füßen an die Tür, machte endlich die Tür auf, ließ das Kind herauskommen, gestattete den andern, die Plätze zu verlassen und schalt noch, daß der junge Mann aus dem Kreise herausgetreten war und fiel im nämlichen Augenblick in eine Art konvulsivischer Ohnmacht, was ich ausgezeichnet verstand. Als ich wieder zu mir kam, gebot ich allen Stille und Ernst und ging in das Zimmer, wo das Kind die Erscheinungen gehabt hatte, schlug die Tür hinter mir zu und räumte rasch die Zeichnungen fort, während ich ganz laut »arabisch« sprach. Dann kam ich ganz ruhig und wohl aus dem Zimmer heraus und sagte mit triumphierender Miene:

»Ich war Herrn von Mühlau eine Strafe schuldig und habe ihn jetzt hart gestraft. Morgen werden sie hören, daß er in der Stunde, da das Kind die Erscheinung gehabt, an Würgen im Halse und heftigen Gliederschmerzen sehr krank gewesen. – Die Ohnmacht, die ich gehabt, war eine Plage der bösen Geister und ist daher entstanden, daß der Kreis überschritten worden.« –

Herrn von Mühlau hatte ich am Tage vorher ein bißchen vergiftet, und das fiel mir gerade ein, als ich wieder allein war.

Friedrich Schiller (1759–1805)

Calliostro – viel Lärmens um nichts

Strasburg, vom 3. Jul. Weil wir mit Grund vermuten, daß einige unserer geneigten Leser bald diesen, bald jenen Artikel für mehr oder weniger interessant halten, so wagen wir es diesmal einen Teil unsers Blatts mit Beiträgen zu der Geschichte eines Manns zu füllen, der durch die Sonderbarkeit seines Charakters und also seiner ganzen Aufführung vielleicht manchem unserer Leser wichtig ist. Es ist der längst bekannte Graf Calliostro, den man, eben weil seine Geburt und Herkommen ohnbekannt, das eine mal zu einem Araber – das andere mal zu einem Gaskonier – dann zu einem ausgetretenen Franziskaner – und Gott weiß zu was noch macht. Er seie nun was er wolle, so ist, wann man alles bisher gesagte zusammen nimmt, das zuverlässig, daß er bei weitem der apostolische Mann nicht ist, der blinde sehend, lahme gehend, butonnierte[1] rein und halb verfaulte wieder lebendig machen kann, sondern vielmehr ein Geschöpf, das wenig besonders vor allen unsern Ärzten hienieden, der Ruhm von seinen gelungenen Kuren aber wie Weihrauch in die Höhe steigt. Und man müßte ganz aus Straßburger Augen sehen, wenn man dieses nicht längst schon bemerkt hätte. Falls man seinen Namen nicht ehender kennen soll, bis er seine Herkunft erst selbst entdeckt haben würde: Ist er würklich ein Araber, nun warum gesteht ers dann nicht selbsten, dann der Araber würde ihm unter den übrigen Christen Menschen keine Schande machen. Ist er ein Franziskaner oder Gaskonier, nun da mag er seine Ursachen haben, warum er nicht erkannt sein will, – freilich trägt er eigene Haare und sogar einen Zopf, aber wachsen dann den Herren Franziskanern nicht auch Haare? Wir sollen nicht über ihn urteilen, weil er von den Großen gelitten ist, wie wann die Großen allein das Talent hätten, in das Innere zu sehen. Der General Campis wurde von der ganzen medizinischen Fakultät zu Paris vor ohnheilbar gehalten, Calliostro lachte über dieses Urteil und brachte ihn durch seine Wunder-Kur so weit, daß er nun freilich weder Latwerge noch Purgier-tissanee mehr bedarf, weil, so viel wir wissen, ein Geist weder Fleisch noch Knochen hat, freilich machte er Meisterstücke an einer stummgewordenen Äbtissin und 2 schweren Gebärerinnen, allein d'Ailhaud füllte mit ähnlichen Kuren 2 ganze Bände, ohne daß man deswegen schuldig gewesen wäre, ihme Kredit zu geben.

Nun auch individuelle Züge von ihm. Jedermann weißt, daß die französische Nation als gute Psychologen in ihren Beobachtungen besonders kleine, andern Beobachtern unwürdige Umstände sehr oft als die wichtigste aufbewahrt, so ist es zum Exempel den Herrn Strasburgern sehr merkwürdig, daß Calliostro in keinem Bett, sondern in einem Lehnstuhl schlafe, wie wanns nicht andere weniger Geschrei in dieser Welt machende Menschenkinder auch so machten! Er nähre sich mit Maccaroni und Käsen, haben dann diese nicht genug Substantiales in sich, einen solchen Philosophen zu nähren; er esse des Tags nur einmal. Nun das könnte freilich den Herren Strasburger sonderbar vorkommen, die den Tag unter *dejeunés, dinnés, goutées* und *soupées* so trefflich zu teilen wissen, und wann er gar seine Dosis auch darnach einrichtet? Er soll die wahre Chymie und Medizin der alten Ägyptier mit herüber gebracht haben, wir wollen sehen, ob Börhave, Krieger, Vogel, Marggraff, Macquer durch diesen neuen Paracelsus ohnnötig werden; er soll bereits 200 Jahr alt sein, nun das wäre freilich ein Umstand, der ihn zu einer etwas größern Dosis von Weisheit berechtigte, aber in dem zur Universal-Stupidität herabgesunkenen Arabien hat er solche wahrhaftig nicht gelernt. Sein Portrait solle im Serail des Großsultans glänzen, und dies wäre eine neue Entdeckung, da selbst das Portrait von keinem Türkischen Monarchen daselbst aufgehängt ist. Und jetzt genug von Calliostro, und so lange genug von ihm, bis sich seine Wunderkraft auf anderen Seiten tätiger zeigen wird. –

1. butonnierte = von frz. boutonneux = pickelig, blatternarbig

Rheinischer Antiquarius (1850)

Aller Abenteurer Fürst war damals Cagliostro*

Der Ex-Minister von Hohenfeld war nicht nur ein sehr unterrichteter und kenntnisreicher Mann, sondern auch ein ungemein liebenswürdiger Gesellschafter, ein Verehrer und Liebling der Damen. Als *baron et tréfoncier allemand* machte er in den vornehmsten Gesellschaften von Paris sein Glück, und einige der vornehmsten Damen haben ganz eigentlich um seine Huldigungen, um seinen Besitz sich gestritten. Ihn zog vor allen anderen die geistreiche, immer noch bei ihren zweiundvierzig Jahren höchst anmutige Marquise de Barbeyrac an, er folgte ihr auf Schritt und Tritt, fühlte sich einzig in ihrer Nähe glücklich. Die Frau unterhielt einen ausgebreiteten Verkehr, nicht nur mit hoffähigen Personen, sondern auch mit Schöngeistern, mit Ökonomisten, mit Abenteurern sogar. Aller Abenteurer Fürst war damals Cagliostro, und mit dem haben die Marquise und der als ein Schatten ihr beigegebene Minister von Hohenfeld des öftern sich getroffen. In einer der bunten Gesellschaften, wie jene Zeit sie bereits duldete, fiel das Gespräch auf Gespenster, und in der ganzen Lebhaftigkeit einer Emanzipierten erklärte sich die Marquise gegen jegliche Theorie von einem Geisterreiche. In schwachen Einwürfen bekämpfte der von Hohenfeld ihren Unglauben, starr und bestimmt trat Cagliostro der Zweiflerin entgegen. Er entfaltete, seine Gründe zu bestärken, die Erfahrungen seines früheren Lebens, mußte aber für eine jede seiner Erzählungen die in unseren Tagen so beliebt gewordene Entgegnung, *»un fait ne prouve rien«* hinnehmen. Von Ungeduld ergriffen, verstieg er sich zu dem Vorschlag, die Ungläubige durch ihre eigenen Sinne zu überführen, sie erblicken zu lassen, was sie für eine Unmöglichkeit auszugeben sich bemühe. »Ich nehme das an«, sprach die Marquise, »wann soll die Probe gemacht werden?« – »Jetzt gleich«, entgegnete Cagliostro, »wenn Ihnen das gefällig.« Einen Augenblick hat die Dame den Vorschlag bedacht, dann ihn zurückgewiesen. Sie befürchtete in der zahlreichen Gesellschaft eine Überlistung, wollte lieber in Cagliostros Wohnung das Probestück vornehmen lassen. Dagegen hatte der Tausendkünstler nichts einzuwenden, und für einen bestimmten Tag bat er die Marquise und ihren Begleiter zu Tisch.

Der große Tag kam heran; die Marquise und ihr Freund fuhren bei Cagliostro vor; sie zu empfangen, stand eine Schar von Dienern, alle in kostbarer Trauerlivree, in Bereitschaft, am Fuße der inneren Treppe erwartete sie der Gastgeber, und durch ihn wurden sie bei der Frau Gräfin eingeführt. Es folgte eine kurze Unterhaltung, dann öffnete ein Haushofmeister die Tür des Speisesaals, und die kleine Gesellschaft, die Marquise, Hohenfeld und das Ehepaar Cagliostro, ließ sich nieder an einem Tisch, der, in der raffiniertesten Pracht dekoriert, zu acht Couverts disponiert. Zur Entschuldigung erinnerte Cagliostro daran, daß die Mehrzahl der Geladenen verhindert gewesen sei; die überzähligen Couverts wurden jedoch nicht entfernt. Der Saal war in eigentümlicher Weise ausgeschmückt; zu den prächtigen Spiegeln und Kronleuchtern machten die schwarzen Sammettapeten, von goldenen Sternen funkelnd, einen grellen Abstich. Den feierlichen Ausdruck von Trauer erhöhte nicht wenig die Stille in dem weiten Gemach. Diener ließen sich darin nicht blicken, ihre

Stelle ersetzten *Servantes* von Ebenholz, die mit Speisen oder sonstigen Tafelbedürfnissen beladen, abwechselnd dem Boden entstiegen oder darin versanken. Die Unterhaltung führten vornehmlich Hohenfeld und Cagliostro. In Anschauung, in Betrachtung oder auch in spöttischen Zweifel schien die Marquise versunken.

Als eingenommen der Kaffee, trat aus der stummen Rolle die Barbeyrac hervor. »Sie werden sich erinnern, mein lieber Graf, was sie mir verhießen«, also hob sie an. »Ich erwarte einzig«, entgegnete Cagliostro, »daß Sie die Personen nennen, die vor sich zu haben Sie wünschen.« Ohne Säumen nannte die Marquisin den Kardinal von Richelieu und ihre Großmutter von der Spindelseite. Das Wort war kaum aus ihrem Munde, und Cagliostro erhob sich von seinem Sitz, zu einer tiefen Verbeugung gegen den prächtigen Spiegel, welcher uns die Marquisin zeigte. Auf die Verbeugung schien es lebendig zu werden in dem Spiegel, er schob sich hin und her, gleich einer vom Winde bewegten Draperie, und hervor trat aus dem Glase eine Person in dem vollständigen Schmuck eines Kardinals und auf ein Haar gleichend dem Bild des Kardinals, das ich, der von Hohenfeld, gestern noch in dem Hotel de Richelieu mit Aufmerksamkeit mir angesehen hatte. Wenn ich aber von dieser Ähnlichkeit spreche, darf ich nicht verschweigen, daß ich in dem ersten Augenblick des Auftretens der Figur in der vollkommenen Unfähigkeit, eine Vergleichung anzustellen, mich befand. Namenloser Schrecken hatte sich meiner bemächtigt, während meine Begleiterin nicht im geringsten befangen schien. Sie erwiderte in gewohnter Grazie den Gruß des Schattens, der dicht zum Tisch herangetreten war, dann sprach sie einige Worte der Entschuldigung, daß sie, getrieben durch einen unwiderstehlichen Drang, sich lästig gemacht habe. Das Phantom lächelte und schien mit Interesse den seiner Politik gespendeten Lobsprüchen zu lauschen. »Leider«, unterbrach sich die Marquise, »sind unsere heutigen Minister ganz und gar von des Meisters Traditionen abgewichen.« »Das ebenfalls zu beklagen, kann ich nicht umhin«, entgegnete der Schatten, »und schwer wird das arme Frankreich die Sünden meiner Nachfolger zu büßen haben. Ein Meer von Übeln, das im Anschwellen begriffen, wird Altar und Thron fortspülen, Pharamunds Traum verwirklichen, dann Platz machen einer zweiten noch ungleich schrecklicheren Flut, deren blutige Wogen unaufhörlich durch Feuerwolken gepeitscht werden. Auch ich werde rastlos gepeitscht in dem mir angewiesenen Aufenthalt durch das Bewußtsein, daß meiner Tätigkeit eigentliches Ergebnis der Sieg der Feinde der Kirche gewesen ist.« Unaussprechlich edel war über diesen Worten der Ausdruck seiner Physiognomie geworden. Ihm gesellte sich ein Zug bitterer Ironie zu, vielleicht sich herschreibend von dem auf die *journie des dupes* folgenden Morgen, der einen eigentümlichen Kommentar zu den letzten, an die Marquise gerichteten Worten vorstellte: »Sie selbst werden den Tod der Missetäter sterben, daß ich dieses Ihnen mitteile, mögen Sie als die reichlich verdiente Strafe des Fürwitzes, der meine Ruhe störte, hinnehmen.« »Ich weiß nicht, was aus der Gestalt geworden«, sagt wiederum der von Hohenfeld, »so mächtig hatte mich ergriffen die inhaltschwere Rede; von der majestätischen Haltung des Phantoms aber ist mir ein unauslöschlicher Eindruck geblieben. Ich habe sie wiedergefunden in den Zeiten der Prüfung, bei dem französischen Episkopat überhaupt; die Heiligen, die Starken, die Schwachen, die jüngst noch Sünder gewesen, sie bestanden alle in der gleichen Weise auf der Goldwaage.«

Aber schon wurde die zweite Erscheinung sichtbar, eine bejahrte Dame, in ein braunes stoffenes, ganz und gar mit Spitzen überzogenes *Deshabillé* von altväterlichem Schnitt gekleidet. Ich hatte mich bereits an den Anblick solcher Lustgestalten gewöhnt, konnte daher in Ruhe meine Beobachtungen anstellen. Anders verhielt es sich mit der Marquise. Die erhob sich mit Lebhaftigkeit von ihrem Stuhl und breitete die Arme aus, die Großmutter zu umfassen. *Garde au toucher,* sagte diese, einige Schritte zurückweichend; nachdem diese Worte ihre Wirkung getan, ließ sie sich auf den Stuhl neben der Enkelin nieder, und es entspann sich ein Gespräch von alltäglichen Dingen, das aber die Marquise in der lebhaftesten Spannung hielt. Es galt ausschließlich den Erinnerungen aus ihrer Jugend, ihrem Leichtsinn, ihrer Wildheit, ihrer Unbeugsamkeit, den mancherlei Lehren, so die besorgte Großmutter ihr erteilt, den Unannehmlichkeiten oder Gefahren, so mitunter der Nichtbeachtung dieser Lehren Folgen gewesen. Auf einen Pagen Pery, *ce petit fripon, qui vous avait fait tourner ta tête,* war eben die Großmutter gekommen, weitere Offenbarungen, um eine vielleicht allzu delikate Materie zu hintertreiben, griff die Enkelin hastig nach der Großmutter Arm, der schwand als ein Blitz und mit ihm die ganze Erscheinung. Die Hausfrau erhob sich von der Tafel, führte uns in das Besuchszimmer, in kurzen Worten haben wir uns empfohlen.

Theodor Däubler (1876–1934)

Als Eingeweihter in unsre Künste nannte er sich Cagliostro

Hier in Alexandria gibt es einen strengen Orden, der die Geheimnisse aus den großen Zeiten der mohammedanischen Welt bewahrt. Orient und Okzident sind auf diesen Festen ausgebaut. Ein einziger Sohn aus finsterm Christenland hat vor mehr als hundert Jahren unsre Weihen erhalten. Er hieß Balsamo, war aus Palermo, und als Eingeweihter in unsre Künste nannte er sich Cagliostro.

Eliphas Levi

(d. i. Alphonse Louis Constant)

Ex-Priester, sozialistischer Agitator, berühmter Okkultist und der letzte Professor der Magie

Das bekannteste Foto von Eliphas Levi

Kein moderner Darsteller des Okkulten
kann mit Eliphas Levi verglichen werden, denn er ist in Wirklichkeit
der Zündfunke des modernen Gedankens, der für unsere Zeit eine Antwort
von den alten Orakeln fordert. Es gibt wohl größere Namen, doch keiner
war von so großem Einfluß wie er: keine Faszination in der Literatur
des Okkulten übersteigt die des französischen Magus.
Arthur Edward Waite (1857–1941)

Man muß WISSEN, um zu WAGEN, man muß WAGEN, um zu WOLLEN,
man muß WOLLEN, um das Reich zu besitzen,
und um zu regieren muß man – SCHWEIGEN!
Eliphas Levi (1810–1875)

*Leah Levine (*1961)*

Eliphas Levi, d. i. Alphonse-Louis Constant (1810–1875)

»Um als Sieger die Erscheinung des Todes zu bekämpfen, muß man mit der Wirklichkeit des Lebens übereinstimmen«

Alphonse-Louis Constant, der unter der hebräischen Form seines Namens Eliphas Levi Zahed bekannt wurde, wurde in Paris als Sohn einfacher Leute geboren. Nach Abschluß seiner Schule strebte er eine Kirchenkarriere an, brachte es bis zum Diakon, stieß aber durch seine persönlichen Ansichten auf Ablehnung, was ihn nicht davon abhielt, sich weiterhin als Katholik und sogar als Abbé zu bezeichnen. Seine Beschäftigung mit der Magie brachte ihm anfangs nicht nur Hohn und Spott, sondern auch einige Inhaftierungen ein. Später galt Levi als einer der gelehrtesten, hoch geschätzten und meistzitierten Okkultisten des 19. und 20. Jahrhunderts. Sein größtes Bestreben war es, den antiken Okkultismus, die Wissenschaft des 19. Jahrhunderts und die Religion zu verschmelzen. Besonderes Augenmerk schenkte er dem Tarot, den er für die Summe aller Offenbarungen, den Schlüssel zu den ägyptischen Hieroglyphen, zu Salomons Lehren und den Urschriften Henochs und Hermes' hielt. Er verknüpfte das klassische Orakel mit den Inhalten und Symbolen der Kabbala, einen Gedanken, der von Court de Gébelins stammte, und legte damit einen Grundstein, der von vielen Geheimwissenschaftlern nach ihm, besonders von Aleister Crowley, weiter fortgeführt wurde.

Levi schrieb seine Gedanken, sein Wissen und seine Forschungen nieder. Über zweihundert Titel sind von ihm erhalten und erfahren immer wieder Neuauflagen. Seine bekanntesten und von Magiern am häufigsten verwendeten Bücher »Geschichte der Magie« und »Dogma und Ritual der Hohen Magie« sind Klassiker. Locker, in phantastisch-unorthodoxer Weise geschrieben, nicht ohne Humor und mit viel vermitteltem Wissen, sind sie regelrechte Grundlagenwerke. Levi schrieb aber auch Prosa, Dichtungen und mehrere radikal sozialkritische Aufsätze, die ihm Schwierigkeiten einbrachten. Trotzdem erschuf er im Auftrag des französischen Innenministeriums und einiger Kirchen Kirchengemälde. Sein Privatleben ist nicht umfassend dokumentiert, aber es heißt, Levi habe 1846 geheiratet und sei Vater geworden, sein Kind sei jedoch schon sehr früh gestorben und darüber sei auch seine Ehe wieder zerbrochen.

Sein Wissensdurst ließ ihn den französischen Freimaurern beitreten, als seine Vorträge dort aber, in seinen Augen, ungerechtfertigte Kritik ernteten, trennte er sich schnell wieder von ihnen. Etwas länger verweilte er bei den Rosenkreuzern in England. Dort lernte er durch Vermittlung einer geheimnisvollen Dame den Romancier Edward Bulwer-Lytton kennen, von dem er sich überreden ließ, seine theoretisch perfekt niedergeschriebenen Rituale auch einmal in der Praxis zu probieren. Zusammen praktizierten sie Geisterbeschwörungen, zuerst widmeten sie sich Johannes und Jehosua, ein Ritual welches 21 Tage Vorbereitung bedurfte und dann beschworen sie den Geist des Apollonius von Tyana, wobei sie die »Magie philosophica« von François Patricius als Unterlage benutzten. Dieses Werk beinhaltete die Dogmen des Zoroaster und die Bücher des Hermes Trismegistos.

Levi bereiste England später noch einmal und stattete auch Deutschland verschiedentlich Besuche ab. 1875 starb er in Paris.

*Colin Wilson (*1931)*

Über Eliphas Levis Einfluß auf Bulwer-Lytton

Levi übte einen beträchtlichen Einfluß auf den Romanschriftsteller Bulwer-Lytton aus, der, wie man sagen könnte, sein Schüler wurde; die Beschreibung des Magiers in »The Haunted and the Haunters« ist ein schwärmerisches Porträt von Levi.

Edward Bulwer-Lytton (1803–1873)

Der Fluch des Magiers*

Aber unsere Hauptentdeckung machten wir in einer Art eisernem Safe an der Wand, dessen Schloß uns beim Öffnen viel Mühe bereitete.

In diesem Safe waren drei Fächer übereinander und zwei kleine Schubladen. In den Fächern standen verschiedene kleine, luftdicht verschlossene Kristallfläschchen. Sie enthielten farblose, flüchtige Essenzen, von denen ich nur sagen kann, daß sie nicht giftig waren – Phosphor und Ammoniak schien sich darunter zu befinden. Auch einige sehr merkwürdige Glasröhrchen entdeckten wir, einen kleinen, spitzen Eisenstab, einen großen Bergkristall und ein großes Stück Bernstein sowie einen sehr starken Magneten.

In einer der Schubladen stießen wir auf ein in Gold gefaßtes Miniatur-Porträt, dessen Farben sich trotz der langen Zeit, die es hier gelegen haben mußte, erstaunlich frisch erhalten hatten. Das Bild zeigte einen Mann, der die Mitte seines Lebens schon überschritten hatte; er mochte vielleicht siebenundvierzig oder achtundvierzig Jahre alt sein.

Es war ein Gesicht, das man nicht so leicht vergißt. Wenn Sie sich die typischen Merkmale einer mächtigen Schlange in der Gestalt eines Menschen verkörpert denken können, bekämen Sie eine bessere Vorstellung von seinem Aussehen als eine lange Beschreibung sie vermitteln kann: die Eleganz der spitzzulaufenden Züge, unter der sich die Stärke der tödlichen Kiefer verbarg, die großen, schmalen, fürchterlichen Augen, grün und glitzernd wie Smaragde – und über diesem Gesicht lag eine erbarmungslose Ruhe, in der sich das Bewußtsein überlegener Kraft widerspiegelte. Mechanisch wendete ich die Miniatur, um die Rückseite zu untersuchen; ein Pentagramm war darauf eingraviert und in dessen Mitte eine Leiter. Die dritte Sprosse dieser Leiter wurde von dem Datum 1765 gebildet. Bei genauerem Hinsehen entdeckte ich eine Feder, und als ich darauf drückte, öffnete sich die Rückseite der Miniatur wie ein Deckel. Auf der Innenseite des Deckels waren die Worte eingraviert:

»Für Dich, Marianna – bewahre die Treue in Leben und Tod ...«, hier folgte ein Name, den ich nicht erwähnen möchte, der mir aber nicht unbekannt war. In meiner Kindheit hatte ich alte Leute ihn als den Namen eines Magiers nennen hören, der etwa ein Jahr lang die Sensation in London gewesen war; unter der Anklage, in seinem eigenen Haus zwei Personen ermordet zu haben – seine Mätresse und seinen Nebenbuhler –, war er aus dem Lande geflohen. Ich gab Mr. J. mit innerlichem Widerstreben die Miniatur zurück, erzählte ihm aber nichts von meinem Wissen.

Die erste Schublade in dem eisernen Safe hatten wir mühelos öffnen können, die zweite jedoch machte uns große Schwierigkeiten: sie war nicht verschlossen, hielt aber allen Bemühungen stand, bis wir einen Meißel in die Fugen trieben. Nachdem wir sie auf diese Weise geöffnet hatten, fanden wir einen einzigartigen Aufbau in peinlich sauberer Anordnung: Auf einem kleinen, dünnen Büchlein, eigentlich war es mehr ein Notizblock; stand ein Kristallteller, der mit einer klaren Flüssigkeit gefüllt war. Auf dieser Flüssigkeit schwamm eine Art Kompaß, in dem sich eine Nadel schnell herumdrehte; aber anstelle der üblichen Kompaßzeichen befanden sich sieben seltsame Schriftzeichen, nicht unähnlich denjenigen, welche die Astrologen zur Bezeichnung der Planeten verwenden. Ein merkwürdiger, jedoch nicht starker oder unangenehmer Geruch stieg aus dieser Schublade, die mit Holz ausgekleidet war; wie wir später feststellten, war es Haselnuß. Dieser Duft, was auch seine Ursache gewesen sein mag, hatte eine sonderbare Wirkung auf unsere Nerven. Wir alle empfanden es, selbst die beiden Arbeiter, die mit uns in diesem Raum waren: ein prickelndes, kribbelndes Gefühl, das von den Fingerspitzen bis in die Haarwurzeln empor kroch. Voller Ungeduld, das Notizbüchlein zu untersuchen, hob ich den Kristallteller hoch. Während ich dies tat, suchte die Kompaßnadel mit außerordentlicher Geschwindigkeit in die Runde, und wie ein elektrischer Schlag zuckte es durch meine Glieder, so daß ich den Teller auf den Boden fallen ließ. Der Teller zersprang, die Flüssigkeit spritzte auseinander, und der Kompaß rollte bis ans Ende des Zimmers – im gleichen Augenblick wankten die Wände hin und her, als hätte ein Riese sie gepackt und rüttelte daran. Die zwei Arbeiter waren so erschrocken, daß sie die Leiter zu der Falltür hinaufhasteten; als sie aber sahen, daß weiter nichts passierte, ließen sie sich leicht überreden, zurückzukommen.

Inzwischen hatte ich das Notizbüchlein geöffnet. Es war in glattes rotes Leder gebunden und mit einer silbernen Schließe zusammengehalten. Es enthielt nur ein einziges Blatt aus dickem, welligem Pergament, und auf diesem Blatt standen in altem Kirchenlatein in einem doppelten Pentagramm zwei Sätze, die wörtlich übersetzt lauteten: »Über alles in diesem Hause – beseelt oder unbeseelt, lebend oder tot – wirke mein Wille, so wie sich die Nadel bewegt! Verflucht sei dieses Haus und rastlos seine Bewohner!«

Mehr fanden wir nicht. Mr. J. verbrannte das Büchlein mit seinem Fluch. Er ließ den Anbau mit dem geheimen Raum und dem darüberliegenden Zimmer bis auf die Grundmauern abreißen. Danach wohnte er selbst einen Monat lang in diesem Haus, und ein ruhigeres, wohnlicheres Haus war in ganz London nicht zu finden.

*John Symonds (*1914)*

Aleister Crowleys Leben als Eliphas Levi

Sein Leben unmittelbar vor der Inkarnation Aleister Crowley war die als Eliphas Levi. Diesen Namen hatte Alphonse Louis Constant angenommen, der Verfasser bekannter Werke über Magie und Kabbala.

Während seiner Trancezustände drang Crowley in Levis Leben ein, nachdem er zuerst seine eigene Kindheit und Geburt sowie seine Existenz im Mutterleib durchlebt hatte. Er versicherte, Levis Tod miterlebt zu haben. (Eine Photographie von Levis Totenlager zeigt ihn auf einem Messingbett liegend, mit einem großen Kruzifix auf dem Leichentuch. Die Photographie findet sich in Levis *»The History of Magic«,* 1913.) »Ich durchlebte eine ganze Reihe von meist unerheblichen Begebenheiten aus dem Leben Levis. Deutlich erinnere ich mich an einige Episoden mit meiner Frau und an meine verschiedenen katholischen Weihen«, schrieb er.

Danach sah er eine kleine Dorfkirche mit eckigem Turm und viele breite und staubbedeckte Straßen. Die Szene erinnerte ihn an Südfrankreich, der Name Arles taucht auf. Er erinnerte sich eines ausgeprägten Gefühls gesellschaftlicher Unterlegenheit, das ohne Zweifel auf Levis bescheidene Herkunft zurückzuführen war und nach Crowleys Meinung Levis sozialistische Ansichten erklärte. »Ich erinnere mich noch an eine lange Wanderung im Alter von etwa siebzehn Jahren; irgendwo durch Nordfrankreich, glaube ich, und wie meine Sehnsüchte in einem magischen Gelübde kulminierten.«

Allerdings sagt Crowleys magisches Erinnerungsvermögen über Levi weniger aus als dieser selbst. Levi berichtet, daß er im Frühjahr 1854 nach England kam, um sich seinen von ihm als wissenschaftlich bezeichneten Forschungen in Muße und einer neuen Umgebung widmen zu können. Er hatte mehrere Empfehlungsbriefe an bedeutende Persönlichkeiten, die sich angeblich fürs Übernatürliche interessierten, bei sich. Zu seiner Enttäuschung mußte er jedoch feststellen, daß ihr Interesse entweder auf Sensationsgier zurückzuführen oder trivial war. Man erwartete Zauberkunststückchen, »als wäre ich ein Scharlatan«, schreibt Levi indigniert. Dergleichen Primitivität ekelte ihn an. Selbst wenn er die spektakuläreren Ergebnisse der zeremoniellen Magie hätte erzielen wollen, deren ermüdende Prozedur ihm widerstrebten, wäre das nicht ohne teures und schwer zu beschaffendes Gerät möglich gewesen.

Eines Nachmittags fand Levi in seinem Hotel eine Nachricht vor, der eine diagonal durchtrennte Visitenkarte beigefügt war. Der Schnitt ging mitten durch das Siegel Salomos, den sechszackigen magischen Stern. Die Nachricht lautete: »Die andere Hälfte der Karte bekommen Sie morgen um drei Uhr vor Westminster Abbey.«

Um drei Uhr tags darauf ging Levi nervös vor dem Haupteingang der Westminster Abbey auf und ab. Plötzlich fuhr eine Kutsche vor. Ein Diener gab dem Magus aus Frankreich ein Zeichen und lud ihn ein, in der Kutsche Platz zu nehmen. Er kam der Einladung nach, die Kutsche fuhr an. Levi fand sich neben einer schwarz gekleideten und tief verschleierten Frau. Sie reichte ihm die zweite

Hälfte der Visitenkarte, Salomos Siegel war komplett. Dann lüftete sie ihren Schleier.

Romantisch veranlagten Lesern muß ich hier zu meinem tiefsten Bedauern versichern, daß die geheimnisvolle, mit starkem englischen Akzent französisch sprechende Fremde weder jung noch schön, sondern eher ältlich war, und die Brauen über ihren ungewöhnlich schwarz glänzenden Augen waren bereits ergraut. Sie erwähnte den Romancier Bulwer-Lytton, den Levi kannte. Levis Antipathie gegenüber der englischen Gesellschaft bezog sich nun aber größtenteils auf Leute, die er in Knebworth House in der Grafschaft Hertfordshire getroffen hatte, wo Lord Lytton, der Freund des gefeierten Spiritualisten und Levitationisten Daniel Dunglas Horne einen Club für magische Experimente unterhielt.[1] Noch unterwegs zum Haus der Lady mit den grauen Augenbrauen erklärte sie ihm, daß ihr ein Freund Bulwer-Lyttons von seiner, Levis Weigerung, berichtet habe, die profane Neugier dieser Gesellschaft mit seinen magischen Fähigkeiten zu befriedigen. Sie selbst jedoch besitze eine Sammlung magischer Gewänder und Waffen, die sie ihm gerne zeigen wolle. Allerdings müsse er schwören, ihre Identität nicht preiszugeben. Sollte er dazu nicht bereit sein, ließe sie ihn unverzüglich in sein Hotel zurückbringen. Levi schwor.

Wir haben dieser unbekannten Engländerin die berühmte Beschwörung des Appolonius von Tyana, Verfasser des *Nuctemero*[2], durch den größten französischen Magier des 19. Jahrhunderts zu verdanken. Die Zeremonie fand nach einer Vorbereitungszeit von einundzwanzig Tagen im Haus der Dame statt. Ort der Handlung war ein kleines Turmzimmer, dessen Wände mit Konkavspiegeln versehen waren. An der Ostseite befand sich ein Marmoraltar, in dessen Oberfläche das Pentagramm eingeschnitten war. Davor lag ein weißes Lammfell, ebenfalls geziert mit einem mehrfarbigen Pentagramm. Levi kleidete sich in ein loses Gewand, dessen Falten (seiner katholischen Priesterrobe nicht unähnlich) bis auf seine Fußknöchel flossen und setzte sich eine Krone aus Eisenkrautblättern mit einer eingeflochtenen Goldkette aufs Haupt. In der einen Hand hielt er ein Schwert, in der anderen den Text des Rituals. Eine Kohlepfanne, in der Erlen- und Lorbeerscheite glühten, vervollständigte die Ausrüstung. Zuerst leise, dann immer lauter werdend, intonierte der Magier die Beschwörungslitanei.

Am Ende der Zeremonie war Levi nicht mehr sicher, ob es tatsächlich der göttliche Apollonius war, den er gerufen hatte. Die Erscheinung des antiken Griechen beschreibt er als die eines vollständig in ein Leichentuch gehüllten Mannes. Dennoch muß das Antlitz des Apollonius sichtbar gewesen sein. Levi schildert es als mager, melancholisch und bartlos – und das entspricht in keiner Weise der uns bekannten Büste des stattlichen bärtigen Mannes mit den schweren Augenbrauen. Die Erscheinung sprach Levi nicht direkt an, berührte aber seine Hand und seinen Arm, die sofort völlig gefühllos wurden. Dieser Zustand hielt mehrere Tage an.

Die Dame, in deren Haus diese einmalige Zeremonie durchgeführt wurde, war eine Eingeweihte höheren Ranges. Dennoch dauerte ihre Verbindung mit dem Magus aus Frankreich nicht lange. Eingedenk seines Eides gibt Levi zwar nicht ihre Identität preis, wohl aber einiges über ihre Persönlichkeit. »Ich hege keinen Zweifel daran«, schreibt er, »daß sie der Nekromantie und der Geotia (Schwarze Magie) verfallen ist. Gelegentlich verlor sie jede Selbstkontrolle und gab den sinnlosesten Anfällen von Leidenschaften nach, für die ein Grund zu finden äußerst schwierig war. Ich verließ London, ohne ihr Adieu zu sagen.«

Crowleys magisches Erinnerungsvermögen indes, durch kein Gelübde gebunden, konstatiert immerhin, daß sie »eine Komtesse oder ähnliches war; und eine wahre Hexe Satans. Der Typ Frau, der jemanden aus purer Gehässigkeit vergiften würde. Tatsache ist, daß sie eine Mörderin war.«

1. Bei der Beschreibung seines Leben als Levi erinnerte sich Crowley zwar sehr deutlich an den berühmten Verfasser von Zanoni, gibt jedoch keine Einzelheiten über Bulwer-Lytton an, geschweige denn, daß er sein Aussehen beschriebe.

2. Eine Nacht und ein Tag beziehungsweise das aus der Dunkelheit kommende Licht des Okkultismus.

Aleister Crowley

Die Große Bestie, das Tier 666, der Picasso des Okkulten und der größte Magier seines Jahrhunderts

Selbstporträt Crowleys als »Großes Tier«

One Crowley, a person of unspeakable life –
ein gewisser Crowley, ein Mann von unsäglichem Lebenswandel.
William Butler Yeats (1865–1939)

Als ich ihn kennenlernte, befaßte sich Crowley aus Liebhaberei mit Teufelskult, Magie, Sex und allem Okkulten … Er erzählte phantastische Geschichten von seinen Erlebnissen, aber man konnte nur schwerlich sagen, ob er die Wahrheit sprach oder einen nur an der Nase herumführte.
William Somerset Maugham (1874–1965)

Das Tier 666 wird Crowley gerecht: Er ist der Picasso des Okkulten!
Sunday Times

*Leah Levine (*1961)*

Aleister (Edward Alexander) Crowley (1875–1945)

»Tu was du willst, soll sein das ganze Gesetz.«

Edward Alexander Crowley stammte aus einer streng religiösen Familie, in der die Bibel das Buch der Bücher und der Leitfaden für das Leben war. Seine Eltern waren Prediger der Plymouth Brethren und fest mit ihrem Glauben verwurzelt. Seine Mutter nannte ihn immer, wenn er seine Pflichten vernachlässigte, das Große Biest aus der Offenbarung, einen Begriff, den er mit der Eigenbeschreibung »Das große Tier, 666«, zeitlebens provokativ führte. Seit Crowley auf dem College von Cambridge war, befaßte er sich intensiv mit magischen Praktiken. Sein Leben war angefüllt mit weiten Reisen, spektakulären Bergbesteigungen, hochkarätigen Schachpartien, Drogen und sexuellen Ausschweifungen. Crowleys Interessen waren vielfacher Natur, er schrieb Romane, Kurzgeschichten, erotische Gedichte, studierte die Kabbala, den Buddhismus, die Kunst des Tantra und die ägyptische Magie. 1898 wurde er Neophyt im Orden der Goldenen Dämmerung (»Order of the Golden Dawn«), einem magischen Orden, der sich den Studien der okkulten Künste, Geisterbeschwörungen, Weissagungen und der Alchemie widmete und übernahm 1900 dessen Leitung, nachdem er seinen Erzfeind Samuell Mathers aus dem Orden gedrängt hatte. 1904 bekam er, während seiner Flitterwochen in Ägypten von einer Wesenheit namens Aiwass eine Mitteilung, die er in tiefer Meditation aufschrieb. Aiwass gab sich als Abgesandter des Gottes Hoor-pa-Kraat aus. Dieser Text ist uns heute als das »Buch des Gesetzes« überliefert. Mit diesem Buch sollte das Christentum durch das Zeitalter des Horus abgelöst werden, fand aber bei Crowley selbst in den Folgejahren kaum Beachtung. Erst 1910 griff er es wieder auf und begann dann sehr intensiv, diese neue Religion bekannt zu machen. Crowleys Meinung, die Zeit sei reif für eine Religion des Vergnügens, der Lust, der Grenzenlosigkeit und der Vergötterung des Egos und des

Willens wurde aber nur von wenigen geteilt. Erst heute, viele Jahre nach seinem Tod scheint das Interesse an diesem Gedankengut, besonders in magisch orientierten Kreisen Früchte zu tragen.

Obwohl vom Wesen her nicht gerade ein geselliger Typ bevorzugte Crowley es, seine magische Arbeit mit anderen zu teilen, wobei offen bleibt, ob es ihm dabei nur um eine Intensivierung der Kraft oder doch eher um selbstsüchtige Belange ging. Sein besonderes Augenmerk galt der Sexualmagie, und jeder, der mit ihm arbeitete, Mann oder Frau, war in seinen Augen ein Mittel, um noch ausgefallenere und grenzerweiternde Rituale zu inszenieren. Crowley betrachtete die sexuelle Vereinigung als rituellen Schöpfungsakt, mit dessen Energie man das Schicksal nach eigenen Vorstellungen beeinflussen konnte. Crowley, der zwar Mitglied in magischen Orden, wie dem OTO (»Ordo Templis Orientis«) war, gründete 1907 seinen eigenen Orden »Astrum Argentum«, der ganz im Zeichen seiner persönlichen Vorlieben stand. 1920 rief er in Cefalu auf Sizilien die Abtei Thelema ins Leben, eine Art Kloster, in dem er mit seinen Schülern und Freunden intensiv sexualmagischen Praktiken auslebte. Hier wurden Grenzen gesprengt, die deutlich machten, wie sehr er in der Tradition eines Gilles de Rais und Marquis de Sade stand, die ebenfalls, gerade für besonders geheim zu haltende Praktiken, die Isolation abgelegter Schlösser bevorzugten. Als die Bevölkerung begann, Crowley und seinen Anhängern schwarzmagisches Treiben und Teufelsanbetung nachzusagen, wurde er von Mussolini selbst aus dem Land gewiesen. Crowley war, wie viele Magier seines Schlages, mehrfach verheiratet, aber alle seine Paarbeziehungen endeten im Fiasko. Seine Frauen landeten verarmt und geistig verwirrt in Suchtkliniken und Irrenhäusern. Sein Umgang mit Menschen war fragwürdig. Man kann sagen, er nutzte sie, solange, sie ihm nützten. Crowleys Frauenfeindlichkeit, die sich bei vielen exzentrischen Sexualmagiern findet, begünstigte die Konzentration auf seinen magischen Willen und das Durchbrechen moralischer und sozialer Grenzen. Seine homoerotischen Neigungen flossen ebenso fruchtbar in die Verwirklichung seiner Zauber wie die Anwendung von Schmerz als Tranceindikator.

Auch wenn Aleister Crowley oft verdammt und häufig mißverstanden wurde, – so sagt man ihm immer wieder praktizierten Satanismus nach, für den es aber in all seinen Werken keinen Nachweis gibt –, hat er uns doch viel hinterlassen. Seine Werke über Magie sind einzigartig, wenn auch schwer verständlich. Sein mit Hilfe von Lady Frieda Harris kreiertes Thot-Tarot zählt heute noch zu den meist verwendeten Tarotkarten in Esoterikerkreisen.

Crowley starb im Alter von 72 Jahren geistig verwirrt und verarmt. Seine vielen riskanten Invokationen und Drogenexzesse hatten seinen Körper geschwächt.

Montague Rhodes James (1862–1936)

Die Laterna Magica des abscheulichen Mr. Karswell*

(Aleister Crowley war die Vorlage für die literarische Figur des Mr. Karswell)

Solche Frage war dann der Anlaß einer lebhaften Diskussion, in deren Verlauf man feststellte, daß es aber auch gar nichts Positives gäbe, daß für Herrn Karswell sprechen würde. Was er tue und lasse, darüber sei nichts bekannt und seine Diener seien eine abscheuliche Bande, er selbst habe so eine Art Sekte erfunden und praktiziere abscheuliche Rituale. Darüber hinaus sei er überaus reizbar und nachtragend, und überhaupt sehr er scheußlich aus – behauptete zumindest die Dame des Hauses gegen den Protest ihres Gatten). Noch niemals habe er ein gutes Werk getan, und überhaupt sei sein Einfluß überaus unheilvoll. »Laß dem Ärmsten etwas mehr Gerechtigkeit widerfahren, meine Liebe«, wandte der Hausherr ein. »Du scheinst vergessen zu haben, daß er die Schulkinder zu sich eingeladen hat!« »Hör mir auf bloß damit! Aber ich bin froh, daß du mich daran erinnerst, denn das gibt uns den richtigen Eindruck vom Charakter dieses Menschen! Florence, das müssen Sie sich anhören: Gleich im ersten Winter, den er in Lufford verbrachte, hat dieser reizende Nachbar seinem Pfarrer – der ist nicht der unsrige, aber wir kennen ihn ganz gut –, hat also an den Geistlichen geschrieben und angeboten, den Schulkindern auf der Laterna magica irgendwelche Bildgeschichten vorzuführen. Er besitze, so sagte er, eine Reihe ganz neuartiger Bilder, die sicher etwas für die lieben Kleinen wären. Nun, der Pfarrer war natürlich überrascht, denn Mr. Karswell hatte sich bisher den Kindern nur von der unliebenswürdigsten Seite gezeigt: Sie zertrampelten ihm seinen Rasen, und dergleichen mehr. Natürlich mochte der Geistliche das Angebot nicht ausschlagen, und so wurde ein Abend vereinbart. Der Pfarrer war persönlich zur Stelle, um sich zu überzeugen, daß alles in Ordnung sei. Hinterher sagte er uns dann, wie dankbar er im Nachhinein gewesen sei, daß seine Kinder nicht mitkommen konnten. Nämlich, dieser saubere Mr. Karswell hatte offensichtlich geplant, die armen Dorfkinder bis zur Besinnungslosigkeit zu erschrecken und einzuschüchtern. Ich bin fest davon überzeugt, daß ihm das auch gelungen wäre, hätte man ihm seinen Willen gelassen! Angefangen hat er mit ein paar vergleichsweise harmlosen Bildern. Eins davon war das Rotkäppchen, aber schon da, so sagte der Pfarrer, sei der Wolf so sehr zum Fürchten gewesen, daß man einige der kleineren Kinder habe hinausschicken müssen. Und dann hat der Priester noch erzählt, daß Mr. Karswell zur Einleitung der Geschichte wie ein umherstreunender hungriger Wolf geheult habe.

Wie auch immer, die Vorführung ging weiter, und jede neue Geschichte war entsetzlicher als die vorangegangene, so daß die Kinder schließlich stocksteif und stumm dasaßen, gerade so, als hätte man sie hypnotisiert. Schließlich kam eine Folge, auf der ein kleiner Junge zu sehen war, wie er abends Mr. Karswells Park – also Lufford – durchquerte. Jedes der Kinder konnte den Park auf den Bildern wiedererkennen! Ja, und hinter dem armen Jungen war etwas her, verfolgte ihn, holte ihn schließlich ein und riß ihn in Stücke und machte ihm so den Garaus – eine entsetzliche, hüpfende Kreatur, ganz in Weiß, die sich auf den ersten Bildern im Hintergrund zwischen den Bäumen versteckt hatte und erst nach und nach in Erscheinung trat! Mr. Der Pfarrer sagte, das Ganze sei schlimmer gewesen als der ärgste Alptraum seines Lebens, und was es für die Kinder bedeutet haben müsse, daran wage er gar nicht erst zu denken! Das war natürlich ein starkes Stück, und der Pfarrer machte denn Mr. Karswell mit aller

Schärfe darauf aufmerksam, daß dies ein Ende haben müsse. Und was erwiderte Mr. Karswell darauf? ›Sie meinen also, es wäre an der Zeit, unsre kleine Vorführung zu beenden und die Kinder nach Hause ins Bettchen zu schicken? Ausgezeichnet!‹ Und dann schob er ein Bild in seine Zauberlaterne, auf dem Unmengen von Schlangen, Tausendfüßlern und andere abscheuliche, geflügelte Kreaturen zu sehen waren, und er erweckte den Eindruck, als kröche dieses ganze Ungeziefer aus dem Bild und krabbele auf die kleinen Zuschauer zu! Das Ganze begleitet von einem trockenen, raschelnden Geknister, das die Kinder vor Angst nahezu wahnsinnig machte – und natürlich kam es zu einer Panik! Eine ganze Reihe verletzte sich bei der überstürzten Flucht, und ich glaube nicht, daß in jener Nacht auch nur ein einziges Kind schlafen konnte. Hinterher gab es im Dorf eine fürchterliche Aufregung, und die Mütter schoben den größten Teil der Schuld natürlich auf den armen Pfarrer. Die Väter aber, so glaube ich, hätten in der Abtei alles kurz und klein geschlagen, wären sie nur durch die Tore gekommen! Nun, meine Liebe – da haben Sie unseren Mr. Karswell, unsern Abt von Lufford –und Sie können sich vorstellen, wie wenig es uns nach solcher Gesellschaft verlangt!«

»Ja, ich bin davon überzeugt, daß er alle Anlagen zum Verbrechertum hat, dieser Mr. Karswell«, erwiderte der Hausherr. »Und ich denke, jeder, der seine mehr als üblen Bücher in die Finger bekommt, kann einem nur von Herzen leid tun!«

»Irre ich mich, oder ist er tatsächlich jener Mensch, der vor etwa zehn Jahren eine Geschichte der Hexenkunst geschrieben hat?«, fragte stirnrunzelnd der Sekretär. »Ja, das ist er!«

Aleister Crowley (1875–1945)

Rose des Himmels

Rose der Welt, deine mystischen Blütenblätter sprießen,
wie Flügel über meinem Kopf.
Gezeitengleich färbt brennendes Blut mein Antlitz,
Trunken bin ich von den bunten Bildern,

wo Geister eine Sarabande tanzen, eng umschlungen von
bacchantischen Wesen,
wiegen sie sich auf den Gräbern, schaukeln auf dem wilden Meer
Der »Pfad des Sabbats«, das erkenne ich nun,
meine Seele beengt, was kann ich tun?
Oh, sie sind tot und längst ertrunken, bestimmt verdammt in
ihrer Art.
Oh Gott, welch Feuer erfüllt meinen Leib, in diesem blutroten Kreis
der Vernichtung?
Gott! Gott! Was für Abgründe, geheimnisvoll und unergründlich,
tun sich mir auf?
Ich sauge und schlucke die lüsterne Flut,
unser wahnsinniges, verhextes Blut.
Spüre, wie es uns von allem entrückt,
uns verzaubert,– mein Leben erstickt.
Ich verliere den Geist, mein Leben endet,
ich bin in der Hölle, dem roten Tal.
Unsterblichkeit kribbelt in meinem Blut,
Unsterblichkeit will ich ergreifen. …

William Somerset Maugham (1874–1965)

Wie ich Aleister Crowley kennenlernte

(Auszug aus dem Vorwort von »Der Magier«) 1897

Einer jener gelegentlichen Gäste war Aleister Crowley. Er brachte den Winter in Paris zu. Ich hatte vom ersten Augenblick an eine Abneigung gegen ihn, doch interessierte und erheiterte er mich. Er redete sehr viel und ungewöhnlich gut. In seiner frühen Jugend war er, wie man mir erzählte, auffallend hübsch gewesen; als ich ihn kennenlernte, hatte er jedoch zugenommen, und sein Haar lichtete sich bereits. Er hatte schöne Augen und richtete sie, ob auf angeborene oder angenommene Art, weiß ich nicht, so auf sein Objekt, daß er, wenn er jemand ansah, durch ihn hindurchzusehen schien. Er war ein Schwindler und doch nicht nur das. In Cambridge hatte er den ersten Preis im Schachspiel gewonnen und galt als der beste Whistspieler seiner Zeit. Er war ein Lügner und taktloser Prahlhans, aber das Merkwürdige war, daß er manches von dem, womit er prahlte, wirklich geleistet hatte. Als Hochtourist hatte er den K2 im Hindukusch, den zweithöchsten Berg in Indien, bestiegen und schaffte das ohne die vollständige Ausrüstung, Sauerstoffapparate und ähnliches, die den Bemühungen der Bergsteiger in heutiger Zeit leichter einen Erfolg verheißen. Den Gipfel erreichte er nicht, kam ihm aber näher als irgend jemand zuvor.

Crowley war ein Mann, der viele Gedichte schrieb und sie auf eigene Kosten in Prachtausgaben veröffentlichte. Er hatte eine Begabung für Verse, und seine Gedichte sind nicht ganz bedeutungslos. Swinburne und Robert Browning hatten ihn stark beeinflußt. Daß er aus zweiter Hand schöpfte, war deutlich zu merken, aber er tat es nicht geistlos.

Zu der Zeit, da ich ihn kennenlernte, befaßte er sich aus Liebhaberei mit Teufelskult, Magie und allem Okkulten. Gerade damals bestand in Paris eine gewisse Vorliebe für diese Dinge, ausgelöst wohl durch das Interesse, das ein Buch von Huysmans, *La-Bas*, immer noch fand. Crowley erzählte phantastische Geschichten von seinen Erlebnissen, aber man konnte schwerlich sagen, ob er die Wahrheit sprach oder einen nur an der Nase herumführte. In jenem Winter habe ich ihn mehrmals gesehen, dann allerdings, nachdem ich von Paris nach London zurückgefahren war, nicht mehr. Sehr viel später bekam ich ein Telegramm von ihm, das folgendermaßen lautete:

»Bitte sofort fünfundzwanzig Pfund senden. Muttergottes und ich verhungern. Aleister Crowley.« Ich tat es nicht, und er hat noch viele schmachvolle Jahre weitergelebt.

Ich ging gern nach London zurück. Mein alter Freund hatte damals Zimmer in der Pall Mall, und ich konnte im gleichen Haus ein Schlafzimmer mieten, dabei sein Wohnzimmer zum Arbeiten benutzen. *The Magician* erschien 1908, so nehme ich an, daß es in der ersten Hälfte des Jahres 1907 geschrieben wurde. Ich weiß nicht mehr, wie ich auf den Gedanken kam, Aleister Crowley könne mir als Modell für die Gestalt dienen, die ich Oliver Haddo nannte; auch nicht, wie ich überhaupt auf den Gedanken kam, gerade diesen Roman zu schreiben. Als mein Verleger unlängst den Wunsch aussprach, ihn neu aufzulegen, hatte ich das Gefühl, bevor ich dem zustimme, sollte ich ihn wirklich noch einmal lesen. Seit ich das getan hatte, waren fast fünfzig Jahre vergangen, und ich hatte die Geschichte völlig vergessen. Manchen Autoren macht es Freude, ihre alten Werke zu lesen; anderen ist es unerträglich. Zu diesen gehöre ich. Wenn ich die Fahnen eines Buches korrigiert habe, ist es für mich endgültig abgetan. Wollen die Leute unbedingt mit mir darüber sprechen, bin ich gereizt; ich freue mich, wenn es ihnen gefällt, aber wenn sie es nicht mögen, macht mir das nicht viel aus. Es interessiert mich nicht mehr als ein vertragener Anzug, den ich verschenkt habe. Daher las ich *The Magician* zunächst mit Abneigung. Es nahm mich gefangen, was zwei meiner frühen Romane, die ich aus dem gleichen Grunde habe lesen müssen, nicht getan hatten. Bei dem einen kam ich tatsächlich schlechterdings nicht bis zum Schluß. Ein anderer hatte meiner Ansicht nach einige gute dramatische Szenen, aber der Humor darin verdroß mich, und ich hätte mich geschämt, wäre er wieder veröffentlicht worden. Als ich *The Magician* las, wunderte ich mich, wie ich nur das ganze Material über die schwarze Kunst, über die ich schrieb, aufgetrieben haben mochte. Ich muß Tage und Tage in der Bibliothek des British Museum gesessen und gelesen haben. Der Stil ist überladen und schwülstig, keineswegs die sprachliche Form, die ich jetzt billige, doch für das Thema vielleicht nicht unangebracht; Adverbien und Adjektive finden sich sehr viel häufiger darin, als ich sie heute verwende. Ich vermute, daß mir die *écriture artiste,* die die damaligen französischen Schriftsteller noch nicht ganz aufgegeben hatten, Eindruck machte und ich törichterweise versuchte, sie nachzuahmen.

Obwohl Aleister Crowley, wie ich erwähnte, als Vorbild für Oliver Haddo herhielt, ist dieser doch keineswegs ein Porträt von ihm. Ich habe meine Gestalt in ihrer äußeren Erscheinung auffallender gezeichnet, düsterer und grausamer, als Crowley es jemals war. Ich habe ihr magische Kräfte verliehen, die Crowley, obwohl er sich ihrer rühmte, bestimmt nie besaß. Crowley erkannte sich jedoch in dem Geschöpf meiner Phantasie, denn ein solches war es, und schrieb in *Vanity Fair* eine ganzseitige Besprechung des Romans, die er mit »Oliver Haddo« zeichnete. Ich habe sie nicht gelesen, wünschte aber jetzt, ich hätte es getan. Es wird wohl ein gründlicher Verriß gewesen sein, vermutlich aber, genau wie seine Gedichte, unerträglich weitschweifig.

Aleister Crowley (1875–1945)

Zum Erscheinen des Romans »The Magician« (Der Magier) von William Somerset Maugham

Im Winter 1908 stieß ich auf ein Buch, dessen Titel *The Magician* mir sehr zusagte. Der Autor – Gnade meiner Seele! Niemand anders als mein alter und geschätzter Freund William Somerset Maugham, der nette junge Arzt, den ich aus den Tagen der Chat Blanc in so guter Erinnerung hatte. Er hatte also sein Buch doch geschrieben – wer hätte das gedacht! ... Der Magier, Oliver Haddo, war Aleister Crowley, sein »Skene« war Boleskine. Die geistreichen Bemerkungen des Helden waren, die meisten jedenfalls, meine eigenen! ... Aber es war vorschnell, zu schreiben, daß Maugham ein Buch »geschrieben« hat, Satz für Satz, Absatz für Absatz, Seite für Seite waren mir erschreckend vertraut, und dann entsann ich mich, daß ich in meinen frühen Tagen im Golden Dawn ja Gerald Kelly in den Orden eingeführt und ihm ein paar Bücher über Magick empfohlen hatte. Maugham, überlegte ich, war ein guter Freund Kellys und hatte einige Zeit mit ihm in der Pfarrei von Camberwell verbracht. Maugham hatte einige meiner privatesten und persönlichsten Angelegenheiten verarbeitet: meine Ehe, meine Expeditionen, meine Abenteuer auf Großwildjagd, meine magischen Ansichten, Ambitionen und Resultate und so weiter ... Ich war nicht im geringsten beleidigt von dem Versuch, mich in dem Buch in mancher Hinsicht als üblen Lumpen darzustellen, denn er hatte den Charaktereigenschaften, auf die ich stolz war, mehr als nur Gerechtigkeit widerfahren lassen ... *The Magician* war eine Hymne an mein Genie, wie ich sie mir besser nicht hätte träumen können.

Herbert Russell Wakefield (1888–1964)

Clintons Experiment*

(Aleister Crowley war die Vorlage für die literarische Figur Clinton)

»Wir wollen trotzdem unser kleines Experiment versuchen. Schieben Sie doch Ihren Stuhl ans Fenster, aber schauen Sie sich nicht um, bis ich es Ihnen sage.« Bellamy tat, wie ihm geheißen ward, und starrte hinüber auf die finstere Fassade des gegenüberliegenden Hauses. Plötzlich schien es ihm, als ob die Wände nacheinander hochgezogen würden und nach oben verschwänden. Dann schaute er in einen schwach beleuchteten Raum. Als seine Augen sich an das Halbdunkel gewöhnt hatten, entdeckte er mehrere liegende Gestalten, die sich auf diversen Liegen hingestreckt hatten. Plötzlich loderte mitten im Raum eine Flamme empor und noch eine und eine weitere und wieder eine, bis ein feuriger Kreis einen der dort Liegenden eingeschlossen hatte, der langsam aufstand, sich umdrehte und zu Bellamy herüber starrte. Das arrogante, bösartige Gesicht des Mannes wurde größer, immer größer, bis es, leuchtend und ihn blendend, ihm direkt gegenüber war. Er streckte seine Hände aus, um diese lodernde Bedrohung abzuwehren – aber dann war wieder nur die Häuserfront da, und Clinton fragte: »Na?« »Ihre Macht erschüttert mich doch gewaltig!«, sagte Bellamy. »Wer war das, den ich da eben gesehen habe?«

»Das war ich selbst, den Sie da gesehen haben«, sagte Clinton lächelnd, und zwar während meiner dritten Inkarnation, so um 1750 v. Chr. Ich bin der einzige Mensch auf dieser Welt, der Ihnen Derartiges vorführen kann. Gar nicht übel, nicht wahr?«

Fernando Pessoa (1888–1935)

Über Crowleys Horoskop*

Wenn Sie sich gelegentlich mit Herrn Aleister Crowley in Verbindung setzen, könnten Sie ihm mitteilen, daß sein Horoskop nicht berichtigt worden ist, falls er aber annehmen sollte, daß er um 23 Uhr 16 Minuten und 39 Sekunden am 12. Oktober 1875 geboren wurde, so wird sein Medium Coeli 11° Widder sein, mit entsprechendem Aszendenten und entsprechender Häusereinteilung. Seine Direktionen werden ihm dann viel genauer als bisher erscheinen. Dies ist freilich bloße Spekulation, und ich bitte Sie um Entschuldigung für das Eindringen reiner Phantasterei in diesen an und für sich gewöhnlichen Geschäftsbrief.

*Ferreira Gomes (*1892)*

Absurder Gesang – An Sir Edward Aleister Crowley

Ich setze das Ende an den Anfang,
Um es besser zu erklären …
Wo ist die Wahrheit
Wenigstens die, die ich darlege
Und wo ist die Wirklichkeit,
Die sich mischt in den Traum?
Gott schuf die Dinge in Rauch
Und mischte sich darein!
Er ist der Mittelpunkt
Von allem, was er auf den Weg gebracht!
Aber der Weg ist der Taumel
Stets ganz in Verwirrung, in gewaltiger Zuckung
Vom Ende bis zum Ursprung!
Ich setze das Ende an den Anfang,
Um es besser zu erklären …

*Octavio Paz (*1914)*

Crowleys Suche nach Adepten*

Der Okkultismus hat sein Gefahren, und einmal sieht sich Pessoa in eine Sache verwickelt, die die Polizei gegen den englischen Magier und Sataniker Aleister Crowley angezettelt hatte, der auf der Durchreise in Lissabon nach Adepten für seinen mystischen Orden suchte.

Rasputin

Der sibirische Mönch mit den sieben Leben oder der Teufel im Mönchsgewand?

Das bekannteste Foto von Rasputin (1915)

Ein einfacher Muschik wird kommen, ganz unten aus dem Volk,
der wird bis an den Zarenthron gelangen und das Ohr des Zaren haben.
Fedor Michajlovic Dostojevskij (1821–1881)

Rasputin, der stundenlang konnte, ohne daß es ihm kam.
Daher die überfüllten Vorzimmer bei ihm mit Hofdamen
und Großfürstinnen.
Gottfried Benn (1886–1956)

Doch zurück zu Rasputin. Er hat mich gelehrt,
die Frauen aufmerksam zu behandeln und hat mich getröstet.
*Günter Grass (*1927)*

*Leah Levine (*1961)*

Grigori Jefimowitsch Rasputin
(1869–1916)

»Wenn ich sterbe oder wenn ihr mich fallen laßt,
werdet ihr euren Sohn und die Krone verlieren,
bevor sechs Monate vergangen sind.«

Rasputin wurde in Pokrowskoje, am Rande des Urals, als einfacher, aber nicht armer Bauernsohn geboren, wo er bis zu seinem 17. Lebensjahr lebte und sich selbst Lesen und Schreiben beibrachte. Im Alter von acht Jahren soll Rasputin eine Marienerscheinung gehabt haben, die seine Zukunft prägte. Nachdem die Polizei dem jungen Mann zusetzte, weil er wegen Trunksucht, Mädchenschändung und Diebstahl auffällig geworden war, wurde die Stimmung gegen ihn schärfer. Da zur gleichen Zeit eine starke Religiosität in Rasputin erwachte, begab er sich in den nächsten fünfzehn Jahren auf Pilgerschaft, um so viel wie möglich über Religion zu lernen. Seine Reisen führten ihn bis nach Griechenland und später, als er schon in St. Petersburg lebte, sogar einmal bis nach Jerusalem. Im Jahre 1887 heiratete er und bekam später einen Sohn und zwei Töchter. Als er von einer seiner Pilgerreisen zurückkehrte, die ihn mit sehr gebildeten Meistern zusammengebracht hatte, verkündete er, nun sei er ein Starez (vollendeter Mönch) und wollte einen Andachtsraum in seinem Haus einrichten. Der örtliche Bischof klagte ihn daraufhin wegen Sektengründung und der Schmähung der wahren Kirche an. Zwar konnte ihm keine Verderbtheit nachgewiesen werden, aber seine »Gottesdienste« wurden ihm verboten.

Rasputin begann zur gleichen Zeit, den Menschen im Dorf mit seiner Heilsgabe zur Seite zu stehen und erwarb dadurch wiederum eine große Anzahl von Anhängern. 1903 machte er sich nach St. Petersburg auf, um seine Heilkunst zu vervollkommnen, traf dort auf berühmte russische Geistliche und erhielt schnell Zugang zu den verschiedensten Kreisen der höheren Gesellschaft. Nach kurzer Zeit wurde er an den Zarenhof gerufen, in der Hoffnung, er wäre fähig, die Bluterkrankheit des Zarewitsch zu lindern. Als ihm dieses Wunder glückte, viele Ärzte hatten sich vergeblich bemüht, begann sein Einfluß auf die Zarenfamilie täglich zu wachsen und sich zu verfestigen. Man hielt ihn für einen Heiligen, und Rasputin tat alles, um dieser Vorstellung Nahrung zu geben. Sein Verhalten war für viele seltsam, unheimlich und teilweise sogar abstoßend, aber alle Kritik glitt scheinbar an ihm ab. Vieles, was man ihm vorwarf, hatte seine Wurzel in Neid und Ablehnung des mysteriösen Mannes, aber ein Unschuldslamm war Rasputin ganz sicher niemals. Als es zu Gerede und Gerüchten kam – die Bluterkrankheit des Zarensohnes durfte nicht an die Öffentlichkeit dringen – stellte Rasputin die Besuche im Palast ein, traf sich aber noch immer häufig mit der Zarin und nahm nach wie vor Einfluß auf die Politik. Selbst als der Bischof Theophan, der Beichtvater des Zaren versuchte, Rasputin aus St. Petersburg zu entfernen, erhielt dieser Rückendeckung von Seiten der Zarin, die sich offenbar so gar nicht an Rasputins seltsamen Wesen stieß. Nicht nur sein ungewöhnliches Äußeres, seine tiefliegenden, stechenden Augen und sein wirres Reden, dessen Sätze ständig mit Bibelzitaten und Gebeten versetzt waren, schreckten sie. Viele Menschen, die Rasputin begegnet waren, empfanden Furcht vor ihm, anderen war er nur unglaublich unsympathisch, aber es gab niemanden, den er wirklich kalt ließ. Es hieß, Rasputin habe gewaltige magnetische Kräfte und beherrsche die Macht der Suggestion, so daß viele meinten, er sei mit dem Teufel im Bund und könne durch dessen Hilfe sein Gegenüber immer beeinflussen, ja geradezu berauschen.

In den folgenden Jahren reiste Rasputin wieder häufiger und zeitweilig brach auch der Kontakt zum Zaren ab, bis dessen Sohn erneut in gesundheitliche Schwierigkeiten geriet. Wieder konnte Rasputin mit Hilfe seiner Gebete dessen Leben retten, und seine Verbannung aus St. Petersburg wurde aufgehoben. Nun wieder mit Macht ausgestattet, mischte sich Rasputin immer stärker in die Landespolitik ein, was seine Gegner dazu veranlaßte, im Jahre 1913 mehrere Attentate auf ihn zu verüben. Ein Attentat hatte schwerwiegende Folgen, von denen er sich nie wieder ganz erholte. Um die

Schmerzen zu betäuben, bediente er sich des Alkohols und trank auch in der Öffentlichkeit; er wurde süchtig. Mit seiner zügellosen Zunge und der Auslebung sexueller Triebe machte sich Rasputin noch mehr Feinde. Die Presse und der Staatssicherheitsdienst beobachteten jeden seiner Schritte und brachten sein Treiben, womöglich mit einigen Ausschmückungen, an die Öffentlichkeit. Als der Zar während des 1. Weltkrieges im Armeelager residierte und mit seiner Frau nur brieflich kommunizierte, verdichteten sich allerlei Gerüchte. Es war bekannt, daß die Zarin jede politische Frage mit Rasputin erörterte und entsprechend Einfluß auf ihren Mann nahm. Als der Krieg eskalierte und man einen Sündenbock suchte, war dieser in Rasputin schnell gefunden. Egal wie wertvoll seine »heiligen« Kräfte besonders für den Zarewitsch waren, er mußte weg, und so kam es im Hause seines Freundes Jussupows, einem Mann, dem Rasputin bis zuletzt vertraute, zum Finale. Jussupow und andere angesehene Männer beteiligten sich an einem an Grausamkeit kaum zu überbietenden Mord, der in der Folge durch politische Maßnahmen nicht einmal gesühnt wurde und so die Bauern des Landes gegen den Zaren aufbrachten. Es dauerte nicht einmal drei Monate, bis der Zar gestürzt wurde. Aber nicht nur die Prophezeiung eingangs des Kapitels wurde wahr. In einem Abschiedsbrief an seine Töchter sah Rasputin den Ablauf, die Brutalität und die fehlende Bestrafung seiner Ermordung fast detailliert voraus, und so bestätigt seine eigene Handschrift die Wahrheit über seine seherischen Fähigkeiten.

Grigori Jefimowitsch Rasputin (1869–1916)

Das Testament

Der Geist des Grigori Jefimowitsch Rasputin-Nowych aus dem Dorf Pokrowskoje.

Ich schreibe diesen Brief und lasse ihn in St. Petersburg zurück. Ich spüre, daß ich vor dem 1. Januar aus dem Leben scheiden werde. Ich will dem russischen Volk, Papa, der russischen Mutter und den Kindern, dem Land Rußland mitteilen, was sie verstehen müssen. Wenn ich von gewöhnlichen Mördern getötet werde, insbesondere von meinen Brüdern, den russischen Bauern hast Du, Zar von Rußland, nichts zu fürchten. Bleib auf Deinem Thron und regiere, und Du russischer Zar, hast nichts zu fürchten für Deine Kinder, sie werden noch Hunderte von Jahren in Rußland herrschen. Wenn ich aber von Bojaren, Adeligen, ermordet werde und wenn sie mein Blut vergießen, werden ihre Hände mit meinem Blut befleckt bleiben, denn fünfundzwanzig Jahre lang werden sie mein Blut nicht von ihren Händen waschen. Sie werden Rußland verlassen. Brüder werden Brüder töten, und sie werden einander töten und hassen, und fünfundzwanzig Jahre lang wird es keine Adelige im Land geben. Zar von Rußland, wenn du den Klang der Glocke hörst, die Dir sagt, daß Gregori getötet wurde, so mußt Du dies wissen: Wenn es Deine Verwandten waren, die meinen Tod herbeiführten, dann wird keiner von Deiner Familie, das heißt keines Deiner Kinder oder Verwandten länger als zwei Jahre am Leben bleiben. Sie werden vom russischen Volk getötet werden … Ich werde getötet werden. Ich weile nicht mehr unter den Lebenden.

Bete, bete, sei stark, denk an Deine gesegnete Familie. Grigori.

Nadjeschda A. Teffi (1872–1952)

Er war in einen schwarzen russischen Tuchkaftan gekleidet*

Er war in einen schwarzen russischen Tuchkaftan gekleidet und stand in hohen Stiefeln da, trat ständig unruhig von einem Bein auf das andere, stieß seine Nachbarn mit der Schulter an … Er war ziemlich hoch gewachsen, muskulös, wirkte irgendwie streng, sein Bart hing in dünnen Strähnen herunter … Der Blick, der einen aus seinen eng bei einander liegenden, unter triefenden Haarsträhnen glänzenden Augen traf, war stechend; doch er ruhte nicht, sondern irrte unstetig hin und her. Die Augen waren wohl grau, doch sie glänzten so sehr, daß ihre Farbe eindeutig zu bestimmen nicht möglich war. Unruhig waren sie. Wenn er etwas sagte, ließ er sogleich seinen Blick über die Zuhörer schweifen, wie um deren Reaktion zu ergründen – denken sie darüber nach, befriedigen sie seine Worte, oder ist man erstaunt?

Olga Alexandrowna Romanova (1882–1960)

Die Wunderheilung*

Aleksej war knapp drei Jahre alt und beim Spielen im Park von Zarskoje Selo gestürzt. Er weinte nicht einmal, sein Bein zeigte keine größere Wunde, doch der Sturz hatte innere Blutungen in Gang gesetzt, und innerhalb weniger Stunden litt er unter größten Schmerzen. Es war die erste Krise von so vielen, die folgen sollten.

Das arme Kind lag da, den kleinen Körper gekrümmt vor Schmerzen, das Bein schrecklich geschwollen, unter den Augen dunkle Ränder. Die Ärzte waren schlicht nutzlos. Sie schauten angstvoller als wir und flüsterten ständig untereinander. Es gab anscheinend nichts, was sie tun konnten, und es vergingen Stunden, bis sie alle Hoffnung aufgaben. Nun sandte Alicky (die Zarin) eine Nachricht an Rasputin nach Petersburg. Er kam nach Mitternacht in den Palast.

Am Morgen traute ich meinen Augen nicht: der Kleine war nicht nur am Leben, sondern gesund. Er saß aufrecht im Bett, das Fieber war weg, die Augen waren klar und hell – und keine Spur mehr von der Schwellung am Bein! Der Schrecken des Vorabends wurde zu einem unglaublichen fernen Alptraum.

Ich erfuhr von Alicky, daß Rasputin das Kind nicht einmal berührt hatte, sondern nur am Fußende des Bettes gestanden und gebetet hatte. Natürlich kamen einige Leute sofort auf die Idee, daß Rasputins Gebete einfach mit der Genesung meines Neffen zusammengetroffen wären. Zum einen würde jeder Arzt Ihnen erzählen, daß solch eine ernste Erkrankung nicht innerhalb von wenigen Stunden geheilt werden kann. Davon abgesehen, würde der Zufall als Erklärung, sagen wir, ein- oder zweimal ausreichen, aber ich konnte schon nicht mehr zählen, wie oft dies vorkam.

Felix Felixowitsch Jussupow (1887–1967)

Die Macht der Rasputinschen Hypnose*

Dieser zweite Besuch beim »Wundermönch« gestaltete sich noch viel interessanter als der erste. Fast die ganze Zeit waren wir mit ihm allein. Er war an diesem Tage ganz besonders freundlich zu mir, und ich erinnerte ihn jetzt an sein Versprechen, mich zu heilen.

»In wenigen Tagen wirst du bei mir von deiner Krankheit geheilt werden, du wirst es selbst sehen. Komm in mein Kabinett, dort wird uns niemand stören. Doch nein, zuerst wollen wir lieber Tee trinken, dann können wir mit Gottes Hilfe anfangen. Ich werde durch Gebet die Krankheit aus dir herausreißen. Du mußt mir aber gehorchen, mein Kleiner, dann wird schon alles gut werden.«

Nach dem Tee führte mich Rasputin in sein Kabinett. Diesen Raum sah ich zum erstenmal. Wir befanden uns in einem recht kleinen Zimmer, in dem ein Sofa und einige Sessel aus Leder standen. Ein großer Schreibtisch war gänzlich mit Papieren bedeckt. Der »Wundermönch« legte mich auf das Sofa nieder und blieb eine Weile neben mir stehen. Dann begann er mir durchdringend in die Augen zu schauen und mich am ganzen Körper, am Kopf, Hals und Brust zu streicheln. Plötzlich ließ er sich auf die Knie nieder und fing an, wie es mir schien, zu beten, während er beide Hände mir auf die Stirn legte. Sein Gesicht konnte ich nicht sehen. Sein Kopf hing bei der gebückten Haltung tief herab. So, in dieser Stellung, verblieb er eine ganze Weile, bis er auf einmal durch eine plötzliche Bewegung sich wieder auf die Beine schwang und im Zimmer bestimmte Pas auszuführen begann. Man merkte sogleich, daß ihm gewisse, von den Hypnotiseuren angewandte Kniffe wohlbekannt waren. Die Macht der Rasputinschen Hypnose war eine ungeheure. Ich fühlte, wie mein Wesen ganz von ihr ergriffen wurde und wie sie meinen ganzen Körper in ein wohliges Gefühl der Wärme einhüllte. Zugleich aber fühlte ich auch meine Glieder gänzlich erstarren, und mein Körper schien langsam abzusterben. Ich versuchte zu sprechen, aber meine Zunge wollte mir nicht gehorchen. Allmählich versank ich in einen schweren Schlaf, wie unter der Wirkung eines starken narkotischen Mittels. Nur noch die Augen Rasputins blieben mir sichtbar. Sie strahlten ein merkwürdig phosphoreszierendes Licht aus, das sich immer mehr ausbreitete und sich schließlich zu einem großen brennenden Kreis zusammenschloß. Dieser Lichtkreis kam abwechselnd näher an mich heran und entfernte sich dann wieder, und als er dicht vor mir stand, glaubte ich die Augen Rasputins sehen und unterscheiden zu können. Aber schon im nächsten Augenblick waren sie wieder in dem leuchtenden Kreis verschwunden, der von neuem sich von mir zu entfernen begann. An mein Ohr drang die Stimme des »Wundermönchs«, die Worte jedoch konnte ich nicht klar erkennen, ich hörte bloß ein undeutliches Gemurmel.

So verblieb ich eine Zeitlang in dieser unbeweglichen Lage und konnte weder rufen noch mich rühren. Nur mein Denken war noch im wachen Zustand, und ich fühlte deutlich, wie ich immer mehr der Macht dieses rätselhaften und schrecklichen Menschen verfiel.

Klabund (1890–1928)

Er trug die größten Gegensätze in sich

Die Gestalt des Bauern Rasputin, der als Wanderprediger, als Starez, als »heiliger Mann« an den Zarenhof kam, Zar und Zarin mit seiner faszinierenden Persönlichkeit beherrschte und die Frauen sich leiblich und seelisch hörig machte: Dieser Rasputin ist, neben Lenin, zu einer gleichnishaften Gestalt des heutigen Rußlands geworden, wie es zu ihrer Zeit Iwan der Schreckliche und Peter der Große waren.

Er war ein Erotomane und ein guter Familienvater. Er war ein frommer und ein laszіver Mensch. Er war sehr gutmütig und immer hilfsbereit. Er war »dumm« und sehr klug. Er war ungebildet, aber er »bildete« sich und anderen seine Welt »ein«. Er besaß ungewöhnliche Willenskräfte, und selbst ein Paleologue, Zar, Zarin und auch Jussupow, wie er ja selbst zugibt, hatten Mühe, sich in seiner Nähe zu behaupten, wenn er seinen suggestiven Willen spielen ließ.

Er verfügte über starke hypnotische und magnetische Heilkräfte, die besonders auf den kranken Thronfolger lindernd wirkten.

Er hatte innen- und außenpolitisch die Kardinalpunkte der russischen Politik durchaus richtig erkannt: Er riet dem Zaren immer wieder, die Agrarfrage in einer den Bauern günstigen Form zu lösen. Und er warnte den Zaren vor dem Kriege und hat dessen düsteren Ausgang oft prophezeit. Den allrussischen Leuten (zu denen Jussupow gehörte), der Entente-Clique, dem englischen und französischen Botschafter in Petersburg mußte Rasputin darum ein Dorn im Auge sein. Aber seine Ermordung begossen bei Sekt und Wein nur die »vornehmen« Leute. Das einfache Volk hatte sich ihm immer verbunden gefühlt. Er hatte – alles in allem – doch ihre Sache verfochten. Die Sache des Friedens, die Sache der Bauern, die Land wollten – und ihre Ruhe. Dostojewskij hatte einmal prophezeit, es werde ein einfacher Muschik kommen, ganz unten aus dem Volk, der werde bis an den Zarenthron gelangen und das Ohr des Zaren haben. Nun, war das nicht Rasputin gewesen? Jetzt hatten ihn die »feinen Leute« umgebracht, weil er einer »von unten« gewesen war.

Aber die Sache ging anders aus, als der Mörder es sich vorgestellt.

Die Arbeiter, Bauern, Matrosen machten ihrerseits mit »denen oben« Schluß.

Die Ermordung Rasputins gab den Auftakt zur russischen Revolution.

Und das hatte Fürst Jussupow doch nicht gewollt. Jetzt sollten er und all die anderen »vornehmen« Leute all ihr Hab und Gut und Macht und Einfluß verlieren.

Und er, Fürst Jussupow, hatte die erste Brandfackel in sein eigenes Haus geschleudert.

Maria Rasputin (1898–1877)

Rasputins »Erwählung« durch Johann von Kronstadt

Als er die mächtige Kathedrale betrat, wo der Pope Johann von Kronstadt den Gottesdienst leitete, fand er sie voll von einer Menge reich gekleideter Menschen, die den heiligen Mann umdrängten. Vater kniete im Hintergrund des gewaltigen Gebäudes unter den einfachen Pilgern nieder, deren Kleider deutlich die weite Reise verrieten. Zu seinem Erstaunen kam ein weiß gekleideter Offiziant auf ihn zu, um ihn zu den Stufen des Altars zu geleiten, wo der Pope auf ihn wartete: »Mein Sohn, ich habe deine Gegenwart gespürt. Du trägst den Funken des wahren Glaubens in dir.«

*Günter Grass (*1927)*

Leben und Ende des strahlenden Gesundbeters*

Ich lernte rasch, regelmäßig, ohne mir viel dabei zu denken. Nach einem Jahr fühlte ich mich in Petersburg, in den Privatgemächern des Selbstherrschers aller Russen, im Kinderzimmer des immer kränklichen Zarewitsch, zwischen Verschwörern und Popen und zuletzt als Augenzeuge Rasputinscher Orgien wie zu Hause. Das hatte ein mir zusagendes Kolorit, da ging es um eine zentrale Figur. Das sagten auch die im Buch verstreuten zeitgenössischen Stiche, die den bärtigen Rasputin mit den Kohleaugen inmitten schwarze Strümpfe tragender, sonst nackter Damen zeigten. Rasputins Tod ging mir nach: Man hat ihn mit vergifteter Torte, vergiftetem Wein vergiftet, dann, als er mehr von der Torte wollte, mit Pistolen erschossen, und als ihn das Blei in der Brust tanzlustig stimmte, gefesselt und in einem Eisloch der Newa versenkt. Das taten alles männliche Offiziere. Die Damen der Metropole Petersburg hätten ihrem Väterchen Rasputin niemals giftige Torte, sonst aber alles gegeben, was er von ihnen verlangte. Die Frauen glaubten an ihn, während die Offiziere ihn erst aus dem Weg räumen mußten, um wieder an sich selbst glauben zu können.

War es ein Wunder, daß nicht nur ich Gefallen am Leben und Ende des athletischen Gesundbeters fand?

John Ronald Reuel Tolkien

Der »Herr der Ringe« und Held mit tausend Gesichtern
Der Magier der Worte

Porträtzeichnung von J. R. R. Tolkien

Die Erfindung von Sprache ist der Ausgangspunkt.
Die Geschichte ist mehr dazu da, für die Sprache eine Welt
entstehen zu lassen, als umgekehrt.
John Ronald Reuel Tolkien (1892–1973)

Der neueren Stimmung der Linken entspricht es,
daß in Tolkiens Opus zwar gute und böse Randgruppen
(Hobbits, Zwerge, Orks ...) neben dem Establishment der Elben
und Magier vorkommen, aber kein Proletariat.
*Rolf Schwendter (*1939)*

Bertram Kircher (1941)*

John Ronald Reuel Tolkien
(1892–1973)

J. R. R. Tolkien wurde am 3. 1. 1892 in Bloemfontein/Südafrika geboren und kam im Alter von drei Jahren nach England. Dort studierte er nach dem Ersten Weltkrieg am Exeter College in Oxford. Zunächst lehrte er Englisch an der Universität von Leeds und von 1925 bis 1959 als Professor für Englische Literatur des Mittelalters in Oxford. Während seines Studiums hatte er sich einem literarischen Zirkel »The Inklings« (Die Tintenkleckser) angeschlossen, dessen Mitglieder neben anderen Clive S. Lewis und Charles Williams waren. Über sein besonderes Interesse an Mythenforschung und etymologischen Studien altenglischer und keltischer Idiome fing er spielerisch an, ein Phantasiereich namens »Mittelerde« zu erfinden, dessen Bewohner, die Hobbits, eine eigene Sprache mit ausgefeilter Grammatik beherrschten. Sein Steckenpferd entwickelte Eigendynamik und führte zu seinem ersten Roman: »Der kleine Hobbit« (1937), der zuerst als Kinderbuch gedacht war. In der Herr-der-Ringe-Trilogie setzte Tolkien seine Phantasien fort und schuf eine komplette, zeitlich wie räumlich in sich geschlossene Welt. 1937 bis 1949 perfektionierte Tolkien die Welt Mittelerde durch ausgefeilte Geografie, Geschichte, Mythologie, Genealogien und Sprachen. 1954/55 erschien das umfangreiche dreibändige Werk in England. Doch erst als es 1965 in den USA erschien, wurde es ein Bestseller und das Kultbuch schlechthin, an das eine ganze Industrie anknüpfte und das eine Subkultur entstehen ließ, mit eigenen Vereinen, Zeitschriften, Spielen, Postern und Millionen von Buttons. Die Hippie-Bewegung erklärte Mittelerde zu ihrem Paradies und »Gandalf for President« war das Motto jener Tage.

Als nächstes erarbeitete Tolkien das »Silmarillion«, die Historie von Mittelerde. Dieses Werk blieb fragmentarisch und wurde erst nach seinem Tod von seinem Sohn Christopher in ergänzter und kommentierter Form herausgegeben. Christopher Tolkien edierte auch die »Nachrichten aus Mittelerde«, die er aus zuvor nicht veröffentlichten Manuskripten seines Vaters zusammenstellte.

Mit Fug und Recht kann man Tolkien als Magier bezeichnen, denn er erfand nicht nur einen einzelnen Helden oder ein Wunderland – nein, er schuf eine ganze Welt mit eigener Sprache, eigener Schrift und eigenen Überlieferungen. Das hatte vor ihm noch niemand vollbracht. Und in der Figur des Zauberers Gandalf verewigte er sich selber. So ist Tolkien nicht nur der eigentliche Begründer der Fantasy-Literatur, sondern im ursprünglichen Sinn ein »Held mit tausend Gesichtern« und ein »Magier der Worte«

*Humphrey Carpenter (*1946)*

Besuch beim Magier der Worte*

Ich bin immer noch beunruhigt, ob nicht noch weitere, schwierigere Fragen kommen, um so mehr, als ich nicht alles verstehen kann, was er sagt. Er hat eine sonderbare Stimme, tief, doch ohne Resonanz, ganz und gar englisch, doch mit einer Eigenart darin, die ich nicht definieren kann, so als käme er aus einem anderen Zeitalter oder einer fremden Kultur. Meist spricht er nicht deutlich. Die Worte kommen in heftigen Schüben heraus; ganze Sätze werden ausgelassen oder in der Eile des Betonens zusammengezogen. Oft wird eine Hand gehoben und greift über den Mund, und das macht es noch schwerer, ihn zu verstehen. Er spricht in komplizierten Sätzen, fast ohne zu zögern – doch dann kommt eine lange Pause, in der er eine Antwort von mir zu erwarten scheint. Antwort auf was? Wenn er eine Frage gestellt hat, habe ich sie nicht verstanden. Plötzlich spricht er weiter (er hatte seinen Satz noch gar nicht beendet), und nun kommt er zu einem nachdrücklichen Abschluß. Währenddessen schiebt er sich die Pfeife zwischen die Zähne, redet mit geschlossenen Kiefern weiter, und als er beim Punkt angelangt ist, entzündet er ein Streichholz.

Wieder mühe ich mich ab, mir eine gescheite Bemerkung auszudenken, und wieder fährt er fort, ehe mir etwas eingefallen ist. Nach einer spärlichen Überleitung kommt er auf eine Bemerkung in einer

Zeitung zu sprechen, die ihn geärgert hat. Jetzt habe ich das Gefühl, eine Kleinigkeit beitragen zu können, und ich sage etwas, das hoffentlich intelligent klingt. Er hört mit achtungsvollem Interesse zu und antwortet mir ausführlich, wobei er meine (eigentlich ganz triviale) Bemerkung zu einem vortrefflichen Sinn wendet und mir das Gefühl gibt, ich hätte etwas Sagenswertes gesagt. Dann springt er zu einem angrenzenden Thema über, und ich verliere wieder den Faden und kann nichts mehr beisteuern als einsilbige Zustimmungslaute hier und da; doch kommt mir der Gedanke, daß ich vielleicht als Zuhörer ebenso willkommen bin wie als Gesprächspartner.

Während er spricht, ist er unablässig in Bewegung; er geht in dem dunklen kleinen Zimmer mit einer Energie hin und her, die Rastlosigkeit verrät. Er schwenkt die Pfeife in der Luft, klopft sie im Aschbecher aus, stopft sie, reißt ein Zündholz an, raucht aber kaum je mehr als ein paar Züge. Er hat kleine, zierliche und faltige Hände, mit einem glatten Ehering auf dem Mittelfinger der Linken. Seine Kleidung ist ein bißchen verknautscht, doch gutsitzend, und obwohl er im siebenundsechzigsten Jahr steht, sieht man nur eine Andeutung von Schwere unter den Knöpfen seiner farbigen Weste. Ich kann meine Aufmerksamkeit nicht lange von seinen Augen abwenden, die bald im Zimmer umherwandern, bald aus dem Fenster schauen, dann und wann aber auch mich streifen oder in einem steten Blick zur Ruhe kommen, wenn er etwas Wichtigeres sagt. Sie sind von Runzeln und Falten umgeben, deren Wechsel jede Gestimmtheit hervorhebt.

Der Strom der Worte ist für einen Augenblick versiegt, und die Pfeife wird neu angezündet. Ich nutze die Gelegenheit und erkläre den Grund meines Kommens, der nun nebensächlich erscheint. Doch geht er gleich begeistert darauf ein und hört mich aufmerksam an. Dann, als dieser Teil des Gesprächs vorüber ist, stehe ich auf, um zu gehen; aber für den Augenblick wird offenbar mein Aufbruch weder erwartet noch gewünscht, denn er hat wieder zu reden begonnen. Noch einmal geht er auf seine Mythologie ein. Seine Augen heften sich an einen fernen Gegenstand, und er scheint vergessen zu haben, daß ich da bin, während er sich die Pfeife in den Mund klemmt und durch das Rohr spricht. Mir fällt ein, daß er in allen äußeren Belangen dem Archetypus eines Oxforder »Don« gleicht, zuweilen sogar der Bühnenkarikatur eines Don. Doch genau das ist er nicht. Es ist vielmehr so, als hätte ein fremder Geist die Gestalt eines alten Professors angenommen. Der Leib mag in diesem kümmerlichen Zimmer umhergehen, der Geist aber ist weit weg und streift durch die Gebirge und Ebenen von Mittelerde.

*Kim Amani (*1966)*

Der Besucher

Es war November. Ein dunkler kalter und nasser Novembertag. Professor Tolkien war allein zu Hause. Seine Frau war mit den Kindern zu einer Verwandten gefahren. Vor allem wohl um seiner schlechten Laune zu entgehen. Denn schlechte Laune hatte er.

Ja, wieso auch nicht. Bei diesem Wetter mußte man einfach schlechte Laune haben. Er blickte nach draußen. Vom Himmel kam dieses naßkalte Etwas, das sich Schneeregen nannte.

»Na so ein …hmpf … Mist«, brummelte er. »Nicht Fisch, nicht Fleisch, nicht Schnee, nicht Regen. Das ist doch ein Blödsinn da draußen …«

Mißmutig wandte er sich wieder seinem Schreibtisch zu. Da lag das Manuskript und grinste ihn höhnisch an.

»Ja, ja du Ungeheuer! Lach nur über den alten Mann. Ich habe es ja verdient.«

Er ging in die Küche um sich Tee zu kochen. Dort fand er auch noch ein paar Scones, die seine Frau für ihn gebacken hatte. Ein wenig versöhnt setzte er sich kurz darauf wieder in sein Arbeitszimmer vor den Kamin und stopfte sich seine Pfeife. Das frisch geschürte Feuer flackerte kräftig, und er blickte lange hinein.

»Ach, Gandalf, was soll ich nur machen?«, sagte er mehr zu sich selbst als zu den Flammen. »Zuerst einmal könntest du einem alten Freund eine schöne Tasse Tee anbieten«, erklang plötzlich eine warme, tiefe Stimme neben ihm.

Überrascht blickte er auf. Auf dem Sessel an seiner Seite saß Gandalf.

Gandalf der Zauberer, Gandalf der Graue, Gandalf seine Romanfigur.

»... äh ... Was ... Wer? ... Wie?«, stotterte er.

»Was ist nun mit dem Tee?« erwiderte die Gestalt neben ihm. Alles stimmte: Der lange Bart, die graue Kutte, den Hut hatte er neben sich gelegt, und sein Wanderstab lehnte am Sessel.

Mehr automatisch als gelassen goß Professor Tolkien seinem Gast eine Tasse Tee ein und reichte sie im, immer noch zitternd, hinüber.

»Warum, bist du hier?« brachte er mühsam hervor. »Na, du hast mich doch gerufen.« erwiderte Gandalf zufrieden. »Du brauchtest Hilfe, und hier bin ich. Also, ich muß schon sagen, dein Heim gefällt mir.« Aufmerksam blickte er sich um. »Es ist anders als bei uns in Mittelerde, aber gemütlich!«

»Ja, aber ... es gibt dich doch gar nicht.«

»Und ob es mich gibt. Du hast mich doch gefunden. So wie du Mittelerde gefunden hast.«

»Du meinst *erfunden*«, korrigierte der Professor.

»Nein, ich meine *gefunden*. Genauso wie ich es sage. Ich und Mittelerde, wir waren schon immer da. Seit Anbeginn der Zeit. Doch ihr in eurer Welt wußtet nichts davon. Doch du hast den Weg zu uns gefunden. Deine Worte haben die Tür zwischen den Welten geöffnet, und jetzt gibt es eine Verbindung. Du und ich, wir sind gleich. Du in deiner und ich in meiner Welt. Deshalb konnte ich zu dir kommen, als du mich gerufen hast«, erklärte Gandalf. »Der Tee ist gut, und was ist das?«, fragte er mit Blick auf die Scones. »Darf ich?«

»Das sind Scones, die hat meine Frau gebacken, besonders lecke sind die mit Sahne und Marmelade. Nimm dir!« Er hielt Gandalf den Teller hin und betrachtete seinen Gast genauer. Er akzeptierte das Unmögliche, gerade weil es unmöglich war. Gerade weil er sich schon so lange mit seiner Anderen Welt, der Welt von Mittelerde beschäftigt hatte, schien es ihm real zu sein, und er zweifelte nicht an seinen Wahrnehmungen.

Beide saßen nun schweigend vor dem Feuer und widmeten sich ihrem Tee und den Scones. Als das Mahl beendet war, griff auch Gandalf zu seiner Pfeife und stopfte sie genüßlich. »Also, wo ist nun dein Problem?«, fragte er sein Gegenüber. Professor Tolkien begann zögerlich. »Ich komme einfach nicht weiter. Die Geschichte hat sich festgefahren. Eine Sackgasse. Meine Helden sind in einer Situation, aus der sie einfach nicht herauskommen können.«

»Wo sind sie denn?«

»In den Minen von Moria. Gerade haben sie entdeckt, das die Zwerge alle tot sind und niemand mehr da ist, der ihnen helfen kann. Überall sind Orks. Man hört ihre Trommeln, und sie kommen immer näher. Doch wo sollen die Gefährten hin? Sie können nicht gegen diese Übermacht kämpfen. Es sind einfach zu viele. Sie wollen fliehen. Aber wie kann man die Orks stoppen?«

Gandalf zog an seiner Pfeife und strich sich über seinen Bart »Etwas Großes wird geschehen. Ich spüre es. Da kommt etwas auf mich zu, und es wird gewaltig sein. Aus den tiefsten Tiefen haben die Orks etwas mitgebracht, und es wird meine Aufgabe sein, dieses Wesen zu bezwingen.«

»Ja, ich weiß. Ein Balrog wird kommen. Ein riesiger Dämon der Feuer speit. Unsere Helden haben eine Brücke gefunden, die über einen tiefen Abgrund führt. Doch jemand muß diese Brücke verteidigen. Aber gegen einen Balrog?«

Der Zauberer wurde bleich, doch ganz gefaßt waren seine Worte »Ich werde kämpfen und ich werde sterben. Du mußt mich dort in den Minen sterben lassen.«

Tolkien widersprach sofort. »Nein, das ist unmöglich, Gandalf. Du bist doch eine so wichtige Figur. Was sollen die anderen denn ohne dich anfangen. Sie werden versagen.«

»Nein, sie werden wachsen. Bisher ist alles zu einfach gewesen. Das Leben ist nicht einfach. Dinge laufen nicht immer so, wie man sie plant, und man muß sich ständig neu orientieren. Ich spüre schon lange, das ich als Gandalf der Graue an einem Wendepunkt angelangt bin. Ich muß mich weiterentwickeln. Ich muß neu geboren werden. Nur so hat meine Welt eine Chance. Ich werde gegen den

Balrog kämpfen und mit ihm sterben, doch es wird nicht das Ende sein, sondern ein neuer Anfang.«

Der Professor kratzte sich am Kinn und grübelte: »Ja … ich glaube, ich verstehe, was du meinst …«

Er schien weit weg zu sein mit seinen Gedanken. Er stand auf und ging zu seinem Schreibtisch hinüber. Sein Manuskript lag noch immer da, wo er es zurückgelassen hatte. Doch jetzt schien es ihn nicht mehr auszulachen, sondern strahlte ihn an.

Er griff zum Füllfederhalter und begann zu schreiben. Die Worte strömten aus ihm heraus, als seien sie schon immer da gewesen. Er nahm seine Umgebung kaum noch wahr und als er eine Pause machte, war sein Besucher verschwunden.

»Leb wohl, Gandalf, mein Freund. Gandalf der Graue wird sterben doch bald, schon bald werden wir dich wieder begrüßen dürfen. Ich freue mich schon auf dich. Gandalf der Weiße!«

*Nene Saari (*1983)*

Gandalf Graurock

Olórin der Istari, erwählt durch Manwes Hand.
Einer unter den Maiar, der Götter Dienerschar,
Wurde er vor langer Zeit entsandt,
Um beizustehen in noch so großer Gefahr

In Mittelerde den Quendi und den Atani.
Nicht ein jeder begrüßte seinen Rat
Und dennoch beklagte er sich nie
War doch alles, was er jemals tat

Bloß ein Teil zu einem großen Ziel,
welches Manwe selbst in seinem Geist hat ersonnen
damals schon, als Feanor mit den Noldor fiel,
hatte dieser Morgoths finstere Gedanken vernommen.

Sturmkrähe oder Láthspell riefen die Menschen ihn,
Graurock, Mithrandir, hieß er bei den Elben,
Als Tharkun und Incánus er den Zwergen erschien
Und auch bei Gandalf handelte es sich um denselben.

Doch von allen Völkern im weitläufigen Endor,
Waren es die Halblinge im schönen Auenland,
An die der graue Pilger sein gutmütiges Herz verlor.
Denn jene Wesen mit ihrem oft einfachen Verstand

Hatten ihren Frieden für sich auf Arda gefunden.
So einfach und schlicht er auch gewesen ist
Und keiner hatte jemals die Grenze überwunden
Egal was ausserhalb ihres Landes geschehen ist.

Bis zu jenem schicksalhaften Tage,
Als Gandalf nach Beutelsende kam.
In Bilbo Beutlins Haus begann der zweite Teil der Sage,
In welcher der Ringkrieg seinen Laufe nahm.

Zusammen mit dreizehn Kriegern der Zwerge
Zog Bilbo aus den Drachen Smaug zu bezwingen,
Der die Schätze der Nornalie hortete im Nebelberge,
und noch nie konnte ihn einer nieder ringen

Bis jene tapferen Wesen kamen unter Gandalfs Schutze.
Doch dort in Hithaeglir vor den Orks auf der Flucht
Kam dem Hobbit ein Zauberring zu Nutze
Jedoch wurde dieser für ihn zur qualvollen Sucht.

Viel zu spät erkannte Mithrandir was Bilbo dort gefunden.
Jenen einen Ring, geschmiedet in glühendem Feuer
Der Schicksalsklüfte, an welchen Saurons Geist gebunden
Und Ihn zu besitzen, bezahlte ein jeder mehr als teuer.

Verfallen war der alte Hobbit seinem Schatz
Und niemals hätte er das getan, was nötig war.
So war es Frodo Beutlin der einnahm seinen Platz
Und trotzen sollte der drohenden Gefahr

Die von Sauron ausging im schwarzen Land,
Östlich von Ithilien und südlich von Runwaith gelegen.
Im Hintergrunde war es einzig Gandalfs Hand
Und hier und dorthin musste er sich begeben

Um das düstere Unheil abzuwenden.
Die Elben und Menschen waren es, die zur Hilfe kamen,
auch die Zwerge halfen den Krieg zu beenden
und endlich alle von Manwes Plänen ihren Lauf nahmen.

Leider war des grauen Pilgers Weg nicht leicht
Denn alle begrüßten keinesfalls seinen Rat.
Doch am Ende hatte er alles erreicht
Und richtig gewesen war ein jeder Schritt, den er tat.

Zuvor jedoch musste er einen einstgen Freund besiegen
Denn Saruman der Weiße, Curunir war dem Feind verfallen
Und von der Spitze des Orthanc musste er fliegen
Auf dem Rücken des Adlerkönigs entrann er des Istaris Fallen.

Dennoch fand er im Kampfe seinen Tod
Durch einen Balrog, Feuergeißler in Moria.
Tief hinab stürzte er in größter Not
und am Ende des Kampfes im Tod es geschah,

Daß Gandalf der Graue zurück kam,
Als der weiße Zauberer wieder geboren,
Womit er Sarumans Platz einnahm
Welchen er durch seinen Verrat verloren.

Am Ende waren der beiden Hobbits Seelen waren zerschunden.
Bilbos und auch Frodos Geist zerbrochen.
Einzig in Valinor der Stadt der Valar haben sie gefunden
Noch ein wenig Frieden für ihre letzten Lebenswochen

Olórin verließ hier ebenfalls das Lande Endor
Von den grauen Anfurten der Elben fuhr er los.
Niemals seine Freunde er aus den Gedanken verlor
Die mit ihm teilten der Gefährten Los.

Nichts mehr gehört hat man von ihm sein jenen Tagen,
Weder in Liedern noch in einer Niederschrift,
Nur in diesen alten, ruhmreichen Sagen
Man noch auf seine vielen Namen trifft.

*Mellie Uyldert (*1908)*

Der weiße und der schwarze Zauberspruch*

Mächtig ist die Wahrheit in einem Menschen. Es ist ein Funke vom Lichte der Wahrheit und ist mit ihm verbunden, ist eins damit. Es ist die unüberwindliche Kraft, die, in die richtige Denkart gebracht, diese als positives Denkbild aussenden kann und mit großer Kraft in die Seelen der Hörer und Leser eindringt. Das ist der weiße Zauberspruch, der ohne Getöse die Pforten der Seelen öffnet! Auf diese Weise kann der Mensch wie Gandalf werden, der weiße Reiter, mit seinem wie Glamdring weißschillernden Wort! Was man aussendet: der Wille und Glaube zusammen, wie Aragorn und Gandalf gemeinsam in uns. Beide: Die Kraft und das Bild, empfängt man, wenn man sich fortdauernd öffnet für das Einströmen der kosmischen Wahrheit. Die Energie des Geistes und das Denkbild sind Yang und Yin, plus und minus, Ausdehnung und Zusammenziehung, beide eine Einheit formend, wie jedes Atom, das nicht gespalten werden darf, denn dann kann die Kraft seines Bildes losgelöst für andere Zwecke gebraucht werden und als eine Waffe in die Hände von

Feinden fallen. Die plutonische Kraft ist neutral. Es ist das Bild, dem die Kraft zugeführt wird und ihr Bedeutung und Richtung gibt. Das Bild ist wie ein Dia, das als Wirklichkeit anmutet, sobald das Licht wie eine Kraft hindurchstrahlt. Das Bild der Seele verwirklicht sich, sobald es mit der Kraft in Berührung kommt. So schafft jeder Mensch ständig mit an der Wirklichkeit vom ersten Augenblick an. Wir Menschen machen unsere Wirklichkeit! Das Bild bestimmt das Ziel, worauf die Kraft gerichtet wird. Ist dein Bild von Sauron entlehnt, dann schnellt deine Gedankenkraft wieder zu Sauron zurück, und du bist mit ihm verbunden – siehe zu, wie du wieder loskommst. Kommt dein Bild aus dem weißen Licht der Wahrheit, so wirkt es sich auf dieser Ebene wie eine Waffe des Lichtes aus. So, wie die hellweißen Lichtblitze aus Gandalfs Zauberstab!

Dreimal rief der schwarze Anführer seinen Zauberspruch aus. Einmal auf der Ebene der Gedanken, der mentalen Wellenlänge; das zweite Mal auf der Ebene des Gefühls, der astralen Wellenlänge; und das dritte Mal auf der Ebene des Willens und der Tat, der materiellen Wellenlänge. Als der Rammbaum zum dritten Mal krachte, brach das Tor aus Adamant zusammen. So arbeitet Sauron. Die materielle Gewalt des Krieges und der Revolution kommen zuletzt. Zuerst wird sie durch Gefühl und Gedanke vorbereitet. Ohne Plan kann die Tat nicht entstehen. Erkenne bei Licht deinen Teil des Planes, und du wirst deine Lichtblitze gegen die schmutzige Wolkendecke von Saurons Suggestionen hinaufsenden, und der Wind der schnellen Gedanken wird sie aufrollen und verjagen, um die Sonne zu enthüllen!

Garrat Gamble

Der Magier des Dritten Jahrtausends und Meister der Mesh-En-Gua

Einziges existierendes Foto von Garrat Gamble

Die Magie zielt einzig darauf, die eigene Seele dazu zu bringen,
sich aus dem ewigen Kreislauf der Inkarnationen zu befreien
und in eine Art höhere, geistige Sphäre aufzusteigen,
sich mit höherer Intelligenz zu verbinden.
*Garrat Gamble (*1951)*

In der Magie der Mesh-En-Gua gibt es keine Ausbildung,
es ist ein rein praxisorientierter Weg, der den Magier verpflichtet,
seine Kraft in den Dienst der Verwirklichung und Formwerdung
der Urkräfte im Kampf gegen Tia.Mat zu stellen.
*Leah Levine (*1961)*

Leah Levine

Garrat Gamble
(* 1951)

»Die Welt ist so vielseitig, wie du es zuläßt.«

Gamble wurde als Sohn einer Anwältin und eines Gerichtsmediziners in Leeds geboren. Seine Jugend verbrachte er in seiner Heimatstadt, bis er 1970 nach London übersiedelte und dort ein Geschäft für Computer und Zubehör eröffnete. Fünf Jahre später begann er zu reisen. Er durchquerte Australien, verbrachte fast zwei Jahre in Südamerika und arbeitete dann ein Jahr in Phoenix bei einem renommierten Softwareunternehmen. Nach einer gescheiterten Ehe kehrte er nach England zurück und ließ sich in Torquay nieder, wo er seitdem als Übersetzer arbeitet. Obwohl sich Gamble in seinem Leben nie für Esoterik oder Magie interessiert hatte, veränderte ein Ereignis im Jahre 2001 seine Einstellung zu diesen Themen rigoros. In seiner Post befand sich ein Manuskript, um dessen Übersetzung er gebeten wurde. Beim ersten Lesen hielt er den Text für obskuren Unsinn, aber je weiter er sich durch die Seiten arbeitete, um so mehr wurde sein Geist gefesselt und seine Neugierde geweckt. Obwohl er ein sehr skeptischer Mann ist, begann er damit, die »Rituale«, die dort aufgezeichnet waren, einmal auszuprobieren. Zu seiner Überraschung zeigten sie Wirkung und öffneten eine Tür zu einer ihm bis dahin völlig unbekannten Welt. Er bekam Zugang zu einem Wissen, daß die Menschheit vor zigtausend Jahren schon einmal inne hatte und welches durch den Lauf der Jahrtausende wieder in Vergessenheit geraten war. Eine alte Religion, die nach heutiger Meinung sehr an Science Fiction erinnert, ging sie doch von einer technologisch so hoch entwickelten Spezies aus, daß es dem modernen Menschen schwer fällt, sie in der Vergangenheit einzuordnen. Das, was den frühen Menschen als Gott erschien, erhielt diese Bezeichnung nur aus der Unbegreiflichkeit und den Grenzen der menschlichen Entwicklung. Gamble ließ sich immer mehr auf die Dinge ein, die ihm durch das Manuskript offenbart wurden, paßte sein Leben neuen Glaubenssätzen an, hielt sich aber mit seinen Erfahrungen öffentlich sehr zurück. Er erkannte, daß dieses alte Wissen sich selbst schützte, indem es sich nur wenigen zugänglich machte und ansonsten nur auf Unverständnis oder gar Hohn stieß. Im Laufe der Jahre sammelte er weitere Erfahrungen, modifizierte das Erlernte anhand seiner persönlichen Prioritäten und entwickelte ein eigenes Modell, daß er Mesh-En-Gua, die Welt der Dshai, nannte. Im Jahre 2003 traf er auf die deutsche Magierin Leah Levine, die unabhängig von ihm ein Jahr zuvor einen Visionstext niedergeschrieben hatte, der sich ebenfalls mit diesen alten »Göttern« befaßte. Aus der gemeinsamen Arbeit entstand ein Manuskript über ein lange verloren geglaubtes Wissen atlantischer Weissagung. Levine, die in der Tradition der Ritualmagie verankert ist, überarbeitete die rituellen Texte des Originalmanuskripts und brachte sie in eine Form moderner Zeremonialmagie. Gamble, dessen Interesse an Ritualen nach wie vor sehr begrenzt ist, konzentriert sich auf Erkenntnisse und Offenbarungen, die ihm durch sein Modell zugänglich werden und die er eines Tages der Öffentlichkeit übergeben wird.

*Glare Raven Saunter (*1941)*

Interview mit Garrat Gamble vom 28. 8. 2007

Was muß man sich unter Mesh-En-Gua vorstellen? Das klingt seltsam.

Mesh-En-Gua bedeutet für mich, »eins sein mit der Kraft«, und da ich es so empfinde, habe ich meinem Modell diesen Namen gegeben. Es ist eine Art Mantra, das einen kosmischen Kanal öffnet.

Was hat das mit Magie zu tun?

Mesh-En-Gua hat erst einmal nichts mit Magie zu tun, wobei ich den Begriff durchaus auch für die Magie verwende, die sich aus den Ritualen für die Dshai ergibt. Die Magie und auch die Rituale unterscheiden sich ziemlich von der üblichen Erfolgsmagie, die heute vielerorts praktiziert wird. Man kann die »Alten Götter«, ich verwende diesen Begriff, obwohl es sich ja nicht im eigentlichen Sinne um Götter handelt, nicht um persönliche Gefallen wie Geld, Erfolg oder Liebe bitten. Die Magie zielt einzig darauf, die eigene Seele dazu zu bringen, sich aus dem ewigen Kreislauf der Inkarnationen zu befreien und in eine Art höhere, geistige Sphäre aufzusteigen, sich mit höherer Intelligenz zu verbinden.

Was ist aus dem Manuskript geworden, das Sie übersetzen sollten. Wurde es je veröffentlicht?

Ich habe es, nach getaner Arbeit, an den Absender zurückgeschickt, aber nach zwei Wochen kam es als unzustellbar wieder zu mir. Seitdem hat niemand mehr Anspruch darauf erhoben. Veröffentlicht worden ist es nicht, dafür war es auch ursprünglich nicht gedacht. Der Kunde hatte es geerbt und wollte es in seiner Landessprache haben.

Was für eine Botschaft wollen Sie vermitteln?

Das klingt, als wolle ich missionieren, und mir liegt nichts ferner. Allerdings bin ich der Meinung, daß es dem Menschen nicht schadet, dafür zu sorgen, seine Seele zu entwickeln. Der Sinn des Lebens kann nicht sein, einfach nur eine Zeitspanne abzuspulen. Die Zeit, die uns zum Leben gegeben wird, sollte genutzt werden, um sich zu veredeln, sich zu bilden und die verborgenen Kräfte des menschlichen Körpers zu meistern.

Handelt es sich um eine elitäre Religionsgemeinschaft oder Sekte?

Keineswegs, wie gesagt, ich missioniere nicht. Menschen, die sich für den Weg des Mesh-En-Gua interessieren, sind gefordert, sich selbst zu kümmern. Wir sind keine homogene Gruppe, die sich trifft, um gemeinsam Rituale abzuhalten. Wir kommunizieren miteinander, wenn uns danach ist, tauschen Erfahrungen aus, aber wir haben keine hierarchische Struktur oder ähnliches.

Sie bezeichnen die Dshai als eine Erscheinungsform der alten Götter, worauf begründen Sie diese Behauptung?

Die Dshai sind intelligente Lebewesen, die nur von den Menschen als Götter oder Engel bezeichnet wurden, weil sie vom Himmel kamen und es für den menschlichen Verstand nicht greifbar waren. Die Entwicklung auf der Erde war nicht so fortgeschritten, daß man sie als das wahrnahm, was sie waren, Astronauten. Da sie dem Menschen damals und heute überlegen waren, fiel es leicht, sie als überirdisch, göttlich zu bezeichnen. In dieser Tradition bewege ich mich gern und deshalb bezeichne auch ich sie als »Alte Götter«.

Sie sprechen von einer »Magie des dritten Jahrtausends«, was meinen Sie damit? Sie sagen doch gleichzeitig, die Dshai seien ein uraltes »Göttergeschlecht«, was ist denn nun richtig?

Beides. Die Astronauten, die vor Tausenden von Jahren die Erde bereisten und den Menschen Wissen und Weisheit brachten, sind nicht ausgestorben. In der heutigen Zeit scheinen sie ein Interesse daran zu haben, wieder Menschen an ihrem Wissen teilhaben zu lassen. Der magische Weg unterscheidet sich von den Traditionen der letzten zweitausend Jahre, und damit ist er im Grunde neu und unverbraucht. Er richtet sich nicht an den einzelnen, sondern strebt ein globaleres Umdenken an.

Inwiefern haben die Offenbarungen ihr Leben verändert beziehungsweise welchen Wert oder Nutzen ziehen Sie aus diesem Modell?

Für mich bedeutet es viel. Es ist ein Weg für mich, dem Leben eine Zielsetzung zu geben. Ich war nie sehr religiös, aber der Gedanke, daß meine Seele unsterblich ist, ist mir nicht fremd und ich denke, es gibt eine Energie, aus der Leben entstanden ist. Ich habe sie persönlich nie Gott genannt, und ich tu mich damit auch heute noch manchmal schwer, aber das Ziel ist, sich mit dieser Energie/Gott wieder zu vereinen. Die Vorstellung nach meinem Ableben sozusagen »aufzusteigen«, statt meine Lernaufgaben immer und immer zu wiederholen, läßt mich dem Tod gelassener entgegensehen.

Für mich klingt das alles nach Science Fiction, sind Sie sicher, daß wir hier über fundamentale Wahrheiten sprechen?

Das höre ich öfter, das liegt auch heute noch an der begrenzten Vorstellungsgabe der Menschen, zu akzeptieren, daß wir nicht die einzigen intelligenten Lebewesen im All sind und daß es heute unmodern geworden ist, von göttlichen Wundern zu sprechen. Alles, was nicht sofort objektiv beweisbar ist, wird sofort verworfen, ganz egal, ob es dem Menschen nützlich sein kann oder nicht. Was ist denn Ihrer Meinung nach fundamentale Wahrheit? Für mich beginnt da schon Widerspruch.

Wo kann man mehr über dieses Modell Mesh-En-Gua erfahren, und welchen Nutzen hat es, sich damit zu befassen?

Es wird sicher in Zukunft mehr Literatur zu diesem Thema geben, aber noch muß ein Suchender eben die Zeichen richtig zu deuten wissen, die überall vorhanden sind. Man bekommt immer Antworten, wenn man für sie reif ist. Der Nutzen, nun, das muß jeder für sich selbst entscheiden. Mesh-En-Gua ist sehr vielseitig. Für den einen ist es Weiterbildung, für den anderen ein magischer Weg zur Vollkommenheit und für den nächsten reine Philosophie.

*Leah Levine (*1961)*

Mesh-En-Gua, die Magie jenseits von Tia.Mat

Tia.Mat, so nannten die Alten die Erde, als sie erklärten, wie die Welt entstand. Aus den Splittern zerborstener Planeten entstand die Galaxie, die der weibliche Drache besetzte. In tosenden Wassern hauste sie, bis sie von Marduk, ihrem größten Gegner, besiegt wurde und sich in das Innerste ihres Lebensraumes zurückzog, um dahinzudämmern und zu träumen, bis ihre Zeit erneut gekommen wäre und sie die Kraft hätte, ihren Planeten wieder mit aller Macht zu beherrschen. Die Zeit kam, die Menschen wurden ihr willigstes Werkzeug. Nicht von ihr geschaffen, aber von ihr für ihre Zwecke gebraucht. Die Legenden erzählen, Tia.Mat wolle ihren Planeten wieder zu einem riesigen Meer erwachsen lassen und ihre Macht ausdehnen, weit über dieses Sonnensystem hinaus. Ihr Großenwahn, der ihr einst zum Verhängnis wurde, als sie die Zeichen der Zeit nicht erkannte und sich mit Marduk messen wollte, in dem Glauben, sie könne ihn besiegen, ist auf ihre Kinder übergegangen. Auch die Menschen glauben heute, sie seien einzigartig. Nicht nur, daß sie denken, sie seien die einzige intelligente Spezies im Universum, sie denken auch, sie seien die Herren der Erde und könnten sich diese untertan machen. Statt im Einklang mit ihrer Umwelt zu leben, sehen sie sie als einen unerschöpflichen Topf, aus dem sie sich gedankenlos bedienen können. Die Stimmen derer, die warnend auf die Folgen solchen Raubbaus hinweisen, werden überhört oder zum Verstummen gebracht. Tia.Mat ist nicht daran gelegen, den Menschen die Augen zu öffnen, sie hat ihnen nicht das Paradies versprochen. Sie ist sich selbst die Nächste, und sie kann es kaum erwarten, bis alles bisherige Leben vom Antlitz ihres Planeten verschwunden ist. Und da die verantwortlichen Menschen nicht weitsichtig genug sind, wird es auch nicht mehr lange dauern, bis es so weit ist.

Da Tia.Mat aber nicht nur eine Gefahr für das Leben auf ihrem Planeten ist, sondern auch andere Rassen und Lebensräume bedroht, regten sich die Alten Götter und beschlossen, sich Tia.Mat entgegenzustellen. Eine Allianz gründete sich, die es in dieser Form in den Jahrmillionen Geschichte des Lebens noch nie zuvor gegeben hat. Verschiedene Lebensformen, die ansonsten keinerlei Berührungspunkte haben oder sogar in kriegerischer Auseinandersetzung miteinander stehen, schlossen sich zusammen, um den Alten Göttern den Weg zu ebnen und sie zu stärken, damit sie den Kampf gegen Tia.Mat aufnehmen können.

Die Mitglieder dieser Allianz praktizieren die Magie des Mesh-En-Gua, eine uralte, wir würden sagen, schamanische Tradition. Sie weist Parallelen zu uns bekannten Traditionen auf, die wir bei naturverbundenen Stammeskulten erleben können. Die Magier des Mesh-En-Gua besitzen außerordentliche Fähigkeiten, zwischen den Welten zu reisen, die Gedanken anderer Lebewesen und deren Lebensweg zu erkennen und das Schicksal zu verändern. Sie unterwerfen sich einer strengen Disziplin und einem harten Ehrenkodex. Die häufig recht martialisch anmutenden Rituale haben den Zweck, die Persönlichkeit zu stählen und die Praktizierenden auf den Krieg vorzubereiten, der den Lebensraum derer, die die Allianz ins Leben gerufen haben, bewahren soll. Dieser Krieg ist weniger ein Krieg der Waffen als ein Duell der Vernunft. Die Kämpfe die die Götter aller Zeiten und Kulturen untereinander ausgefochten haben, waren immer eher magisch als militärisch. So ist es auch jetzt.

Für unsere Augen wirkt die Magie des Mesh-En-Gua auf den ersten Blick hart und befremdlich, da sie auf Werte setzt, die wir nie hatten oder die wir verloren haben. Der Zugang erweist sich als äußerst beschwerlich, da man sich dem Kreis dieser Magie nicht einfach anschließen kann. Es bleibt einem nur, sich zu öffnen und zu warten, ob die eigenen Fähigkeiten für den Rat der Magier ausreichen und von Interesse sind. Sie sind es, die dann entscheiden, ob man seine Kräfte in den Dienst der Allianz stellen darf.

Als besonders schwierig kann es sich erweisen, sich von den bisher vertrauten Formen der rituellen Verehrung der Götter zu verabschieden. Die Götter des Mesh-En-Gua sind keine idealisierten menschlichen Vorbilder. Sie wurden von ihren Anhängern niemals in Moralvorstellungen und Handlungsweisen gepreßt, wie es etwa bei den Göttern der Ägypter oder Römer geschah. Sie lassen sich weder für einen privaten Krieg gewinnen noch durch Opfergaben dazu bewegen, einem einzelnen Macht und Wohlstand zu verleihen. Sie schützen weder Heim noch Herd, bewachen kein Paradies und keine Hölle. Sie sind eher mit Naturgewalten zu vergleichen, gnadenlos und unberechenbar in Ihrer Wirkungsweise. In Ihrer Ursprungsform sind sie nicht zu personifizieren. Sie erscheinen eher wie ein Fels, eine lodernde Flamme oder ein aufgewühltes Meer. Doch jene, die sie verehren, gaben ihnen Gesichter nach ihren Vorstellungen, und so finden sich heute viele, sehr unterschiedliche Darstellungen dieser archaischen Kräfte. In der Magie der Mesh-En-Gua gibt es keine Ausbildung, es ist ein rein praxisorientierter Weg, der den Magier verpflichtet, seine Kraft in den Dienst der Verwirklichung und Formwerdung der Urkräfte ,im Kampf gegen Tia.Mat zu stellen. Kosmische Manifestation und Entropie sind das Ziel der Alten Götter. Für den Magier eröffnen sich unendliche Quellen des Wissens über die Gesetze des Lebens und magische Techniken, die lange verborgen gewesen sind. Durch den Austausch der Energien, der bei den Ritualen stattfindet, erhöht sich das metaphysische Wirkungsfeld, was die Kraft des Magiers um ein Vielfaches potenziert. Für beide Seiten ein enormer Gewinn.

*Leah Levine (*1961)*

Rias Einweisung

Auszug aus »Legenden des Sternenvolkes«

Ria lernte in den folgenden Tagen, wie sie die gesammelten Pflanzen zu verwerten hatte und machte mit Ke-Ma-Chiva einen Ausflug zum Meer, wo sie recht nah am Ufer Algamit sammelten. Das Meer auf Yatkal war sehr kalt und von leicht orangener Farbe, was durch die Farbe des Sandes kam. Ria, die früher gern am und im Meer gewesen war, konnte diesem Meer wenig Vergnügen abgewinnen. Der Algamit wuchs zwar nah am Ufer, aber schon dort gab es dermaßen heftige Strömungsfallen, daß Ria Schwierigkeiten hatte, nicht abzutreiben. Ke-Ma-Chiva hatte es durch ihre Größe und ihr höheres Gewicht um einiges leichter.

Angenehmer war der Ausflug in das Bergmassiv. Ria vermutete, daß sie den Käfer suchen wollten. Kaum waren sie etwas in den Berg hineingegangen, erinnerte sich Ria an die Vision, als Ke-Ma-Chiva ihr den Käfer in die Hand gegeben hatte. Sie folgte ihrer Erinnerung und fand auch tatsächlich einige Exemplare, die sie sicher verwahrte.

Die Höhle hatte eine sehr angenehme Atmosphäre, und inmitten der Felsen hatte sich ein natürlicher Kreis gebildet, indem sich Ke-Ma-Chiva und Ria niederließen.

Ke-Ma-Chiva zeichnete mit einer ihrer Krallen Symbole in den Sand und erklärte Ria deren Bedeutung. Es waren die Zeichen der Macht, durch die die Wächter und Götter der Tore beschworen werden konnten. Ria übte solange, bis sie die Zeichen vollständig und fehlerlos nachziehen konnte. Sie mußte sich die Bedeutungen verinnerlichen und durfte nichts vergessen oder verwechseln.

Der kleinste Fehler könnte das ganze Ritual zunichte machen, erklärte Ke-Ma-Chiva eindringlich. »Von dir hängt fast alles ab, du mußt die Zeichen ziehen und die Formeln sprechen. Es ist die Aufgabe der Priesterin, Tia.Mat zu besänftigen, Nan-Ku-Chiva kann dich nur unterstützen, er kann dich nicht ersetzen. Mach dir das immer wieder bewußt. Wenn du scheiterst, scheitert alles!«

Ria fühlte sich nicht gerade gut bei dem Gedanken an die Verantwortung, die auf ihren Schultern lastete, aber sie wußte, sie hatte keine Wahl.

»Ja, Ria, es ist eine enorme Verantwortung. Nan-Ku-Chiva und du, ihr könnt nur zu zweit die Kraft aufbringen, überhaupt soweit vorzudringen, Tia.Mat zu begegnen. Anders als im Alltag ist er bei der Zeremonie völlig auf deinen Schutz angewiesen. Nur mit dir an seiner Seite kann er den Abstieg in die Tiefen wagen, wo ihr den schlafenden Drachen findet. Entzögest du ihm deine Kraft, würde er auf der Stelle verbrennen.«

»Was tut er auf dem Weg, und wie kann ich ihn schützen?«, fragte Ria.

»Er hält dir den Rücken frei, wenn du dem Drachen gegenüberstehst. Tia.Mat wird sich nur dir stellen. Aber ihre Wächter werden versuchen, jeden zu vernichten, der ihre Herrin beim Träumen stört. Du schützt ihn und dich durch den Schutzschild, den ihr die ganze Zeit aufrecht erhalten müßt. Den Abstieg in die Höhle von Tia.Mat machen eure Seelenkörper, aber darüber sprechen wir später.«

Als sie wieder im Haus waren, versuchte Ria sich an der Zubereitung eines Essens, und es gelang ihr auch. Danach lernte sie weiter an ihren Symbolen. Ke-Ma-Chiva hatte beschlossen, die nächsten Lektionen erst anzugehen, wenn die Zeichen Ria in Fleisch und Blut übergegangen waren.

*Leah Levine (*1961)*

Das Fest der beginnenden Fruchtbarkeit

Auszug aus »Legenden des Sternenvolkes«

Wenn die zwei SABA-Monde im Jahr zum ersten Mal gleichzeitig die Nacht erhellen, versammeln sich die Dshai außerhalb ihrer Wohnstätten. In dieser Nacht dürfen nur die Töchter mit ihnen zusammen sein. Dshaii aller Generationen feiern zusammen das Fest der beginnenden Fruchtbarkeit. Ein großes Feuer wird entzündet, und die Töchter, die in diesem Jahr zum ersten Mal einen Krieger erwählen, bekommen das Zeichen des Clans zwischen die Augenbrauen und die Brüste gemalt. Dann ziehen sie nacheinander durch die Gasse, die die Dshaii rechts und links bilden. Die Gasse endet am Feuer, und hier muß die gereifte Dshaii hindurchspringen, um auf der anderen Seite ihren ersten eigenen Speer in Empfang zu nehmen. In der Folgezeit wird sie den Umgang damit lernen und perfektionieren. Wenn dann, später im Jahr die Krieger kommen, wird sie den, der ihr gefällt, der bei der Jagd viel Ehre und hohes Ansehen gewonnen hat, herausfordern, mit ihr zu kämpfen. Dieser Kampf wird nicht auf Leben und Tod und auch nicht bis zum endgültigen Sieg geführt, sondern nur so lange, bis die Dshaii erkennt, ob der Krieger ihr gewachsen ist. Wenn sich alles zu ihrer Zufriedenheit entwickelt, wird ihr erwählter Ku'var der Vater ihrer Nachkommen werden. Wenn die Dshaii spürt, daß sie neues Leben in sich trägt, verläßt sie ihren Ku'var und widmet sich im Kreis der Dshaii nur noch den Vorbereitungen auf die Geburt.

Die jungen Dshaii freuen sich immer schon lange Zeit auf dieses Ritual, es verheißt ihrem Leben Abwechslung von den Alltäglichkeiten und der Jagd des Clanlebens. Endlich wird es ihnen erlaubt, ein eigenes Lebewesen zu gebären und zu versorgen. Ihre Rolle im Clan verändert sich, und sie sind von Stolz und Erhabenheit erfüllt. Ungeduldig warten sie dann nur noch darauf, daß ihr Kind alt genug wird, damit sie ihm die Kunst der Jagd und ihre Technik des Kampfes beibringen können.

Die Dshaii entscheidet, wann sie in der Zukunft erneut bereit ist, Nachwuchs zu empfangen. Oft widmet sie sich eine ganz Dekade nur einem Kind. Wenn es ihr dann aber der Wunsch nach einer erneuten Schwangerschaft kommt, wählt sie auf die bekannte Art erneut einen Dshai als Erzeuger.

Epilog

*Leah Levine (*1961)*

Zu Gast bei Heather

Heather: Meine sehr verehrten Damen und Herren, ich möchte Sie ganz herzlich zu einer neuen Ausgabe »Zeitzeugen bei Heather« begrüßen. Aus gut unterrichteten Kreisen haben wir erfahren, daß demnächst ein Werk auf dem Markt erscheint, in dem herausragende Magier und Zauberer der Geschichte porträtiert werden. Die Auswahl hat uns erstaunt – oder besser: erschien uns sehr eigenwillig –, und so war es uns eine Pflicht, nachzuhaken. Wie immer haben wir keine Mühen und Gefahren gescheut, um Ihnen heute eine sehr interessante Runde zusammenzustellen. Unsere Zeitreise-Reporter sind jetzt vor Ort und werden alle meine Fragen simultan an ihren Gesprächspartner weitergeben. Um ihre Konzentration nicht zu überfordern, haben unsere Techniker es möglich gemacht, jeden unserer Gäste mit Hilfe virtueller 3-D-Technik in unser Studio zu bringen, so daß wir jetzt mit Menschen zusammensitzen, die sich zur Zeit ihres Lebens nie begegnen konnten.

St. Germain: Einspruch, Heather. Ich habe durchaus einige Ihrer Gäste in der Vergangenheit getroffen und muß sagen, ich bin über Ihre Auswahl doch etwas erstaunt. Meiner Meinung nach streift sich hier so manch einer den Deckmantel der Magie nur über, um mal wieder in die Öffentlichkeit vorzudringen.

Heather: Sie greifen voraus, genau diesen Aspekt wollen wir ja heute beleuchten. Aber zuvor möchte ich meine Gäste erst einmal vorstellen. Da sie als einziger Vertreter ihrer Zunft ja persönlich erschienen sind und es offenbar kaum erwarten können, zu Wort zu kommen, fangen wir mit Ihnen an. Bitte stellen Sie sich kurz vor, und erklären Sie unseren Zuschauern, wieso Sie die Ehre haben, in diesem Buch erwähnt zu werden.

St. Germain: Mein Name ist Graf von St. Germain, und allein mein Hiersein berechtigt mich, in diesem Buch zu stehen, zeigt es doch, daß ich die Magie wirklich beherrsche. Seit Jahrtausenden tue ich das, und glauben Sie mir, ich habe viele Scharlatane gesehen, die nur vorgeben, Magier zu sein. Wenn sie wirklich Fähigkeiten hätten oder den Stein der Weisen richtig anzuwenden wüßten, hätte ihnen der Tod nichts anhaben können.

Albertus Magnus: Entschuldigen Sie, aber Magie hat nicht ausschließlich zum Ziel, den Tod zu besiegen. Sie mögen in dieser Disziplin ja beachtlichen Erfolg haben, aber dafür hapert es ja bekanntlich an anderen Fähigkeiten. Mein Name ist Graf von Bollstädt, besser bekannt als Albertus Magnus, und ich sage hier fromm und frei, daß die wahren Wunder in der Natur liegen und wir die Dinge erforschen müssen, nicht für unseren Vorteil, sondern für die Wissenschaft. Ihr Stein der Weisen ist ein wahres Kleinod, aber außer zum Wetter machen taugt er gar nichts.

Edward Teach: Da muß ich einhaken. So ein Teil hätte ich gut brauchen können. Hat einer von Ihnen so einen Stein dabei?

St. Germain: Damit Sie ihn stehlen können? Was anderes haben Sie doch nie zuwege gebracht, außer stehlen, morden und rumhuren. Was Sie in dieser Runde wollen, Herr Teach, ist mir absolut rätselhaft.

Edward Teach: Mein lieber Graf Germain, da sehen Sie mal, wie begrenzt Ihr Horizont ist. Statt nur dem Adel auf der Tasche zu liegen und Märchen zu erzählen, hätten Sie mal lieber der rauhen Wirklichkeit ins Gesicht geblickt. Mein Name ist Edward Teach, und ich bin wirklich froh, endlich Einlaß in die magische Literatur gefunden zu haben. Jahrhundertelang hat man über mich als Piratenkapitän geschrieben, aber meine größte Leidenschaft immer ignoriert. Es wurde Zeit, daß mal jemand den Mut aufbringt, die Dinge beim Namen zu nennen. Auf allen sieben Weltmeeren gab es nie einen besseren, erfolgreicheren Magier als mich, und ich bin stolz darauf.

Albertus Magnus: Herr Teach, wie ich hörte haben Sie für Ihren Erfolg aber Ihre Seele dem Teufel verschrieben, und das muß ich auf Schärfste kritisieren.

Edward Teach: Das haben andere auch gemacht. Denken Sie nur den Schwindler Faust. Aber ich habe nicht nur meine Seele verkauft, sondern auch die meiner Männer und Weiber. Alle hab ich an den Teufel verkauft, aber dafür habe ich ein Leben gelebt wie nur wenige. Gerade Sie, Herr Magnus, sollten das am besten wissen, Sie sind doch in Ihrer Studierstube sicher völlig vertrocknet.

De Sade: Wo Sie das gerade sagen, bin ich geneigt, mich einzubringen. Mein Name ist Donatien Alphonse François de Sade, und ich bin der Meinung, Magie und Zaubereien sollten der Erhöhung der Lebensqualität und Lust dienen und nicht der Forschung für die Nachwelt. Was gehen uns nachfolgende Generationen an? Der Augenblick zählt, und jeder Moment, der nicht der Freude und Befriedigung der Sinne dient, ist ein verlorener Moment. Mir haben meine Fähigkeiten immer dazu gedient, den Rahm des Lebens abzuschöpfen, und nur so konnte ich meine lange Abwesenheit aus der Gesellschaft erträglich gestalten.

Albertus Magnus: Noch so ein Pseudomagier. Was Sie da praktiziert haben, ist die Pervertierung der Magie. Heute nennt man das Sexualmagie und hält es auch noch für herausragend wirkungsvoll. Unsinn! Am Ende sind Sie doch im Irrenhaus gestorben, was hat Ihnen das also gebracht?

De Sade: Nun, es hat mein Leben enorm bereichert, und viele Männer sind in meine Fußstapfen getreten. Sie finden einige davon ebenfalls in diesem Buch, und somit gibt mir mein Handeln Recht. Was das Irrenhaus angeht, so hätten Sie mal eines besuchen sollen. Dort finden sich mehr Magier, als Sie sich träumen lassen, zu leicht überschreitet man in dieser Disziplin die Grenzen.

Moses: Bevor Sie alle hier völlig vom eigentlichen Thema abkommen, muß ich mich einbringen. Ich allein habe wahre Magie, gottgewollte Magie praktiziert, und eigentlich hätte es ausgereicht, nur mich in diesem Buch zu skizzieren. Man nannte mich Moses, und ich war die Verkörperung des Willens des Herrn. Ein

Volk habe ich aus den Ketten geführt und wahre Wunder vollbracht. Mir gebührt die Krone der Magie, und alles, was Sie hier ansprechen ist Blasphemie. Sie haben die göttliche Kraft für Ihre eigenen, niederen Wünsche mißbraucht und gehören auf ewig in die Wüste verbannt.

Paracelsus: Nun machen Sie mal halblang, Moses. So erleuchtet waren Sie persönlich nun auch nicht. Mein Name ist Theophrastus von Hohenheim, kurz Paracelsus, und meine Arbeit diente nicht der eigenen Bereicherung. Ich habe den Menschen mit meinem hart erarbeiteten Wissen geholfen, die Pest zu besiegen, und noch heute wird unter meinem Namen die gesundbringende Kraft der Natur weitergegeben. In meine Augen sind Sie alle hier eingebildete und primitive Dilettanten, von denen keiner wirklich Anrecht darauf hätte, in einem Buch erwähnt zu werden.

St. Germain: Ja, ja, charmant wie immer, der gute Paracelsus. Kein Wunder, daß man Ihnen häufiger die Tür vor der Nase zuschlug als Sie willkommen zu heißen. Und was Ihre Prophezeiungen angeht, so hätten Sie die Gelegenheit zu Ihren Lebzeiten nutzen und mal bei Nostradamus in die Lehre gehen sollen. Ich hatte ja gehofft, Ihn heute hier zu treffen, aber wie man mir sagte, hat er kurzfristig abgesagt.

Heather: Richtig, Graf Germain, er hatte am Sonntag eine Vision, die er mir kurz übermittelte. Ich erlaube mir, sie kurz vorzulesen, damit niemand denkt, er hätte sich gedrückt.

In einem Raum mit unechtem Licht,
mit Illusionen und Schlangen.
Dort wird dich zerfressen die schmerzhafte Gicht,
Kein Glück, Ruhm und Geld zu erlangen.

Allerdings darauf hinzuweisen, daß wir unsere Gäste nicht angemessen bezahlen, finde ich eine Frechheit. Wie dem auch sei, ich glaube, Sie alle haben herausragende Persönlichkeiten, die es wert sind, dem geneigten Leser nahe gebracht zu werden, und ich kann abschließend nur sagen, ich bin sehr gespannt auf dieses Buch. Vielen herzlichen Dank für Ihre Wortmeldungen.

Kleines Lexikon der magischen Begriffe

Aberglauben: Der Begriff bezeichnet einen vom Dogma abweichenden Glauben, der als irrational, unwissenschaftlich oder auf sonstige Weise als wertlos betrachtet wird.

Analogiezauber: Wirkung eines Zaubers durch Verwendung eines »ähnlichen« Symbols oder Gegenstandes, der auf das Ziel wirken soll. Nach dem hermetischen Grundsatz »Wie oben, so unten« kann durch Veränderung einer materiellen Basis, eine Wirkung beispielsweise bei einem Menschen erfolgen. Bekanntestes Beispiel: die Voodoo-Puppe.

Abwehrzauber: Um sich vor Verzauberung oder dem »bösen Blick« zu schützen, trägt man ein Abwehramulett oder macht bei Kontakt mit unangenehmen Menschen eine geheime Abwehrgeste. Dazu streckt man den kleinen Finger und den Zeigefinger vor, die anderen Finger werden eingebogen. Der Daumen liegt über den anderen Fingern. Diese Geste wird mit der linken Hand ausgeführt.

Alchemie: Der Begriff Alchemie wurde bis zum Mittelalter auch durchgängig für die Chemie verwandt. Seit diese sich aber mehr in eine wissenschaftliche Richtung orientierte, wurde die Alchemie mehr für die Suche nach dem Stein der Weisen, dem Wunsch, aus unedlem Metall Gold zu machen, verwendet. Parallel dazu wollte man auch die Verlängerung des Lebens durch geheime Substanzen ermöglichen. Der Alchemie ist es zu verdanken, daß das Porzellan erfunden wurde. Viele Könige erhofften sich eine wundersame Füllung ihrer Staatskassen und stellten die Alchemisten in ihren Dienst. Die bekannten Substanzen, die die Alchemisten verwendeten, waren Schwefel, Quecksilber, Kuhdung, Urin und noch viele andere. Der Rest blieb Geheimnis.

Amulett: Materielle Basis für einen Abwehrzauber. Wird am Körper getragen oder an einem entsprechenden Ort aufgestellt, um Schutz vor Übel zu gewähren.

Astrologie: Die Lehre von den Sternen. Die Astrologie geht davon aus, daß aus den Gestirnsständen bei der Geburt eines Menschen, dessen Schicksalsweg vorhersehbar ist. »Wie oben so unten«. Man vermutet die Quelle der Astrologie in dem Buch »Tetrabiblos« von Claudius Ptolemäus. Nachweislich wurde sie schon im alten Babylonien praktiziert. Ursprünglich ein Privileg der Könige, ist es heute jedem möglich sich sein Geburtshoroskop erstellen und deuten zu lassen. Immer wieder angegriffen wird die Astrologie, weil sie von einem (falschen) geozentrischen Weltbild ausgeht.

Dämon: Ein Dämon ist ein übernatürliches Wesen, häufig ein tierköpfiges Mischwesen, dessen ursprüngliche Bedeutung »Schutzgeist« heute mit einen negativen Anstrich behaftet ist. So sollen Dämonen für Tod und Krankheit verantwortlich sein.

Divination: Mit Mitteln der Divination versucht man, zukünftige Entwicklungen vorher zu sehen. Klassische Divinationsmethoden sind das Kartenlegen, die Astrologie, das Pendel oder das I Ging.

Evokation: Evokation nennt man das Beschwören von Geistwesen, Dämonen und Göttern in einen extra abgetrennten Teil des magischen Kreises.

Gnosis: Erkenntnis, besonders das philosophische Erfassen religiöser Wahrheiten. Gnosis wird heute aber auch verwendet, um einen veränderten Bewußtseinszustand zu beschreiben.

Grimoire: Zauberbuch des magischen Wissens. Viele Grimoires sind auch nach Jahrhunderten noch erhalten und geben heute Auskunft über Engel, Dämonen, Amulette und Zaubersprüche.

Invokation: Das »In sich hineinrufen« einer Gottheit. Der eigene Geist macht Platz für den gerufenen Gott. Invokation ist ein Zustand gewollter Besessenheit mit unterschiedlich starker Aufgabe der Kontrolle.

Kabbala: Die Kabbala bezeichnet die mystische Tradition des Judentums, dessen Wurzeln sich in der Tora, der heiligen jüdischen Schrift, finden.

Magischer Kreis: Als magischen Kreis bezeichnet man einen aus Steinen, Mehl und mentalen Kräften hergestellten Ring, in dem der Magier steht, während er einen Zauber spricht oder Dämonen beschwört. Er gilt als Schutzwall gegen störende Einflüsse.

Medium: Person, die fähig ist, mit Geistern Kontakt aufzunehmen.

Nekromantie: Zauberei, die sich mit der Beschwörung von Toten befaßt. Man versucht, sie »wiederzubeleben«, um von ihnen Zukunftsprognosen oder Geheimnisse zu erfahren.

Numerologie: Die Lehre von den Zahlen, die verspricht, daß man aus den Zahlenwerten von Namen und Worten auf den Charakter von Menschen und Gegenständen schließen kann.

Pendel: Ein Pendel wird benutzt, um verborgene Gegenstände wieder zu finden, um ein Orakel zu befragen oder die Ladung eines Gegenstandes zu überprüfen. Pendel können aus den unterschiedlichsten Materialien sein. Beliebt sind Edelstein- und Spiralpendel, sie sind am sensibelsten.

Ritual: Ein Ritual ist eine nach bestimmten Regeln ablaufende Handlung. Im magischen Kontext ist damit ein Zauber oder eine Beschwörung gemeint.

Spiritismus: Mit Spiritismus bezeichnet man den Kontakt eines Mediums zu Geistern, die beschworen werden, um von ihnen Nachrichten zu erhalten.

Okkultismus: Der Begriff Okkultismus hat dir Bedeutung verborgen, im Geheimen. Er bezeichnet seit Anfang des 20. Jahrhundert die im geheimen stattfindende Magie.

Pakt/Teufelspakt: Ein Pakt ist ein »Vertrag« mit einem Dämon oder Engel, der den Preis und Ablauf festlegt, für den etwa ein Magier übersinnliche Fähigkeiten erwirbt.

Verzauberung: Ein Zauber wird gewirkt, um mit Hilfe der eigenen Kraft, der Kraft der Götter oder anderer Hilfsmittel das Schicksal zu verändern.

Voodoo: Ursprünglich afrikanische Religion, die durch die Sklavenverschiffung in Südamerika und der Karibik Fuß gefaßt und sich dort teilweise mit christlichen Religionen vermischt hat. Voodoo ist ein Kult, der gezielt mit Besessenheit arbeitet und eine der stärksten Verbindungen zu seiner Götterwelt aufweist.

Zauber: Mit Hilfe eines Rituals oder Zauberspruchs ausgelöste Veränderung eines Geschehens. Man unterscheidet Liebeszauber, Schadenszauber, Analogiezauber, Schutzzauber u. v. m.

Quellenverzeichnis

Johann Samuel Adam, gen. Misander (1638–1713), deutscher Theologe, Schriftsteller und Sprachforscher

›Johann Faust / der berühmte Zauberer‹ Aus: ders., Deliciae Biblicae Oder Biblische Ergetzligkeiten / Worinnen alle Curieuse merck- und denckwürdige / zweiffelhafte Oerter / Sprüche und Fragen nach der Richt-Schnur Göttliches Worts / aus bewehrten Theologis erörtert und jedem Capitul zu großen Nutze der Studiosorum wie auch Priester / Loci Communes in Discursen / absonderlich zu gebrauchen. Dresden 1692.

Heinrich Agrippa von Nettesheim, eigtl. Heinrich Cornelius (1486–1535), deutscher Arzt, Jurist und Gelehrter

›Dem ehrwürdigen Vater, Herrn Johannes Tritheim‹ Aus: Die Cabbala des Heinrich Agrippa von Nettesheim. Übers. von F. Barth. Stuttgart 1855.

Albertus Magnus, d. i. Albrecht Graf von Bollstädt (1193–1280), deutscher scholastischer Universalgelehrter und Bischof

›Über die Alchemie‹ Aus: ders., Opera omnia. Hrsg. von A. Borgner. Paris 1890.

Willibald Alexis, eigtl. Georg Wilhelm Häring (1798–1871), deutscher Schriftsteller

›Ich bin der Neapolitanische Zauberer Virgilius‹* Aus: ders., Der Zauberer Virgilius. Ein Märchen aus der Gegenwart. Berlin 1851.

Johann Nepomuk von Alpenburg (1806–1873), österreichischer Autor

›Du bist ein Lump!‹ Aus: ders., Mythen und Sagen Tirols. Zurich 1857.

Kim Amani (* 1966), deutsche Schriftstellerin

›Der Besucher‹ Originalmanuskript, © by KulturGut Alte Schmiede, Wahlburg.

Anonym

›Blackbeards Mannschaft‹* Piratenlied aus der Jugendbewegung zur Erinnerung an »Blackbeard«; es wurden ständig neue Strophen erfunden.

Ludovico Ariosto (1474–1533), italienischer Dichter

›Und Weisheit oder Zauberkunde, von Zoroaster selber ein Geschenk.‹ Aus: ders., Der rasende Roland. Übers. von Alfons Kissner. Berlin 1922.

Ludwig Aurbacher (1784–1847), deutscher Pädagoge und Schriftsteller

›Sie trieben die schwarze Kunst‹* Aus: ders., Geschichte des Doctor Faustus. Aus dem 2. Band der Sammlung »Ein Volksbüchlein«. München 1827 (Bd. 1), 1829 (Bd. 2).

Hugo Ball (1886–1927), deutscher Dichter

›König Salomo‹ Aus: Emmy Ball-Hennings, Hugo Balls Weg zu Gott. München 1931.

Georges Bataille (1897–1962), französischer Schriftsteller

›Die überhandnehmenden Verbrechen‹ Aus: ders., Gilles de Rais – Leben und Prozeß eines Kindermörders. Hamburg 1989.

Charles Baudelaire (1821–1867), französischer Dichter

›Der Dreimalgroße‹, ›Man muß immer zu de Sade zurückkehren‹ Aus: ders., Werke. Übers. von Franz Blei (1871–1942). München 1925.

Ludwig Bechstein (1801–1860), deutscher Schriftsteller und Bibliothekar

›Vom großen Albert, Bischof und Zauberer‹ Aus: ders., Deutsches Sagenbuch. Hrsg. von Karl Martin Schiller. Meersburg, Leipzig 1930.

Gottfried Benn (1886–1956), deutscher Dichter

›Rasputin, der stundenlang konnte‹ Aus: ders., Gesammelte Werke. Hrsg. von Dieter Wellershoff (* 1925). Wiesbaden 1958–1961.

Werner Bergengruen (1892–1964), deutscher Schriftsteller

›Also spricht der große Hermes‹ Aus: ders., Am Himmel wie auf Erden (Tabula smaragdina Hermetis). In: Die heile Welt. Gedichte. Zürich 1950.

Ernst Bloch (1885–1977), deutscher Philosoph

›Der Faust von Marlowe‹ Aus: ders., Leipziger Vorlesungen zur Geschichte der Philosophie, 1950–56. Bd. 2: Christliche Philosophie des Mittelalters, Philosophie der Renaissance. Frankfurt a. M. 1985.

Jean Bodin (1529/30–1596), französischer Rechtsgelehrter, Philosoph und Dämonologe

›Der Apollonius Thyaneus‹*, ›Man möcht auch hiebey zweiffelen‹, ›Virgilius war ein Zauberer‹, ›Von Simoni Mago‹*, ›Was Moses gethan hat‹* Aus: ders., De Magorum Daeemonomania. Vom Außgelassnen Wütigen

Teuffelsheer Allerhand Zauberern / Hexen vnnd Hexenmeistern / Vnholden / Teuffelsbeschwerern / Durch Johann Fischart in Teutsche gebracht. Straßburg 1591.

William (Edward Thomas) Bolitho (1862–1919), englischer Schriftsteller
›Casanovas Kabbala‹* Aus: ders., Zwölf gegen das Schicksal. Übers. von Marguerite Thesing Austin. Potsdam 1931.

Pétrus Borel, eigtl. Joseph Pierre B. d'Hauterive (1809–1859), französischer Schriftsteller
›Meiner Meinung nach war diese Zierde Frankreichs‹ Aus: ders., Madame Putiphar. In: Oeuvres complètes, 1877–1922.

Abbé Eugène Bossard (1853–1905), französischer Schriftsteller
›Dort leibt und lebt der schreckliche Baron‹ Aus: ders., Gilles de Rais, maréchal de France, dit Barbe Bleue, 1404–1440. Dissertation Poitiers 1895. Übers. von Glare Raven Saunter.

Charles de Bouelles, auch: Carolus Bovillus (1479–1567), französischer Philosoph und Theologe
›Trithemio, ein trefflicher Zauberer‹* Aus: ders., Schmähbrief 1509. Zitiert nach: Wolfgang Ernesto Heidel, Vita Johannis Trithemii abbatis. In: Steganographia ... vindicata, reserata, illustrata ... Hrsg. von W. E. Heidel. Mainz 1676.

Sebastian Brant (1457–1521), deutscher Schriftsteller
›Von muthwilligem Unglück‹, ›Womit Apollonius seine Kunst vermehrte‹* Aus: ders., Das Narrenschiff. Hrsg. von H. A. Junghans. Leipzig 1877.

André Breton (1896–1966), französischer Schriftsteller
›Des Grauens höchster Zauber berauscht allein die Starken‹* Aus: Zeugenaussage von André Breton im Prozeß gegen den Verleger von de Sade, Jean-Jacques Pauvert in Paris am 15. Dezember 1956 vor der 17. Strafkammer von Paris. Breton konnte am Verhandlungstag nicht in Paris sein; der Text, den er geschickt hatte, ging unseligerweise verloren und konnte der Zuhörerschaft nicht vorgelesen werden. Zitiert nach: D. A. F. de Sade, Justine und Juliette VIII. Hrsg. und übers. von Stefan Zweifel und Michael Pfister. © Matthes & Seitz Verlag, München 1997.

Waleri Jakowlewitsch Brjussow (1873–1924), russisch-sowjetischer Schriftsteller und Symbolist

›Für einen wahren Magier‹, ›Mit Dr. Faust und Mephistopheles in Köln‹*, ›Zu Besuch bei Agrippa von Nettesheim‹* Aus: ders., Der feurige Engel. Übers. von Reinhold von Walter. München 1910.

Friedrich von Bülau (1805–1859), deutscher Staatswissenschaftler und Journalist

›Der Graf von St. Germain‹ Aus: ders., Geheime Geschichten und Rätselhafte Menschen. Ausgewählte Ausgabe. Wien, Leipzig, Olten 1937.

Edward (George) Bulwer-Lytton (1803–1873), englischer Romancier

›Der Fluch des Magiers‹* Aus: ders., Zanoni. In: Sämmtliche Romane. Übers. von C. Kolb. Stuttgart 1858/1859.

Jacob (Christoph) Burckhardt (1818–1897), deutscher Historiker

›Bei zweideutigen Individuen, wie Agrippa‹ Aus: ders., Kulturgeschichte der Renaissance in Italien. Leipzig 1869.

Samuel Butler (1612–1680), englischer Dichter

›Ein teufelchen trug auch Bombast‹*, ›Kelly auß einem Heliotrop‹ Aus: ders., Hudibras, ein schalkhaftes Heldengedicht. Übers. von Josua Eiselein. Freiburg 1845.

Lord George Gordon Noel Byron (1788–1824), englischer Dichter

›Ihr glaubt vielleicht‹ Aus: ders., Don Juan. Übers. von Otto Gildemeister (1823–1902). Berlin 1877.

Cagliostro, eigtl. Giuseppe (Joseph) Balsamo (1743–1795), italienischer Magier

›Mein Experiment mit dem Knaben‹ Aus: Graf Cagliostro, der König der Kuppler und Schwarzkünstler. Hrsg. Wolfgang Ansorge. Berlin 1912.

Carlo Sigismondo Capece (1652–1728), italienischer Librettist und Theaterschriftsteller

›Hieroglyphische Zeichen‹* Aus: ders., Libretto zu Georg Friedrich Händels (1685–1759) Oper »Orlando« (1733).

Humphrey Carpenter (* 1946), britischer Literaturwissenschaftler, Journalist und Schriftsteller

›Besuch beim Magier der Worte‹* Aus: Humphrey Carpenter. J. R. R. Tolkien. Eine Biographie. Aus dem Engl. von Wolfgang Krege. © George Allen & Unwin Ltd., London 1977. Klett-Cotta. Stuttgart 1979. 3. Aufl. 2004.

Lewis Carroll, eigtl. Charles Lutwidge Dodgson (1832–1898), englischer Schriftsteller
›Leser! Wagst du es …‹ Aus: ders., Alice im Wunderland. Übers. von Antonie Zimmermann. Leipzig 1869.

Giacomo Girolamo Casanova, Chevalier de Seingalt (1725–1798), italienischer Abenteurer und Schriftsteller
›Bei Tisch mit Saint-Germain‹*, ›Laster ist nicht gleichbedeutend mit Frevel‹, ›Meine Begegnung mit Giuseppe Balsamo und seiner Frau‹*, ›Sie glaubten auch an die Magie‹* Aus: Aus den Memoiren des Venetianers J. C. de S., oder sein Leben, wie er es zu Dux in Böhmen niederschrieb. Bearbeitet von Wilhelm von Schütz (1776–1847). Leipzig 1822–1828.

Miguel de Cervantes Saavedra (1547–1616), spanischer Dichter
›Aller Zauberei zum Trotze‹ Aus: ders., Don Quijote. Übers. von Ludwig Tieck (1773–1853). Berlin 1966.
›Ich bin Merlin‹* Aus: ders., Der sinnreiche Junker Don Quixote von la Mancha. Anonyme Übersetzung mit einer Einleitung von Heinrich Heine. Stuttgart 1837/38.

Geoffrey Chaucer (um 1340–1400), mittelenglischer Dichter
›Das ist greuliche Simonie‹* Aus: ders., Canterburysche Erzählungen. Übers. von Karl Ludwig Kannegießer (1781–1861). Zwickau 1827.

Paul Claudel (1868–1955), französischer Dichter
›Es ist wenigstens gut‹ Aus: ders., Gesammelte Werke. Übers. von E. M. Landau. Heidelberg 1958.

Titus Flavius Clemens, gen. Klemens von Alexandria (* 140/150–vor 221), griechischer Kirchenschriftsteller
›Phythagoras machte zuerst‹ Aus: Stromateis – Die Teppiche. Übers. von Franz Overbeck (1837–1905). Basel 1936.

Conversations-Hand-Lexikon (1831)
›Gnosis (gr.) die Kenntniß, höhere Einsicht‹, ›War Trithem als sehr gelehrter Mann berühmt‹ Conversations-Hand-Lexikon. Ein Hülfswörterbuch für diejenigen, welche über die beim Lesen sowohl, als in mündlichen Unterhaltungen vorkommenden, mannigfachen Gegenstände näher unterrichtet seyn wollen. Reutlingen 1831.

Johann Konrad Creiling (1673–1752), deutscher Mathematiker und Autor
›John Dees Tagebuch‹* Aus: ders., Edelgeborene Jungfrau Alchymia. Tübingen 1730.

Aleister Crowley (1875–1945), englischer Magier
›Rose des Himmels‹, ›Zum Erscheinen des Romans »The Magician« (Der Magier) von William Somerset Maugham‹ Aus: ders., Collected Works of Aleister Crowley. Les Plaines o. J. Übers. von Leah Levine, © by KulturGut Alte Schmiede GmbH, Wahlburg.

Ernst Robert Curtius (1886–1956), deutscher Romanist und Kulturwissenschaftler
›Wenn die Weihe des eleusinischen Mysten‹ Aus: ders., Goethe, Grundzüge seiner Welt. In: ders., Kritische Essays zur europäischen Literatur. Bern 1950.

Theodor Däubler (1876–1934), deutscher Schriftsteller
›Als Eingeweihter in unsre Künste nannte er sich Cagliostro‹, ›Er, der größte Weissager des Okzidents‹ Aus: ders., L'Africana (Roman). Berlin 1928.

Dante Alighieri (1265–1321), italienischer Dichter
›Der du zu meiner Rechten‹ Aus: ders., Poetische Werke, italienisch und deutsch. Hrsg. von Richard Zoozmann (1863–1934). Freiburg 1908.

Daniel Defoe, eigtl. Daniel Foe (1660–1731), englischer Schriftsteller
›Blackbeards eigene Hölle‹*, ›Kombiniert mit seinen Augen‹ Aus: ders., A General History oft he Pyrates. Hrsg. von Manuel Schonhorn. New York 1972/1999. Übers. von Leah Levine (* 1961), © by KulturGut Alte Schmiede, Wahlburg.

Richard Fedor Leopold Dehmel (1863–1920), deutscher Dichter
›Wahrlich viele sind‹ Aus: ders., Zur dritten Stufe: Leben und Arbeit. In: Erlösungen. Stuttgart 1891.

Friedrich Ludwig Ferdinand von Dobeneck (1770–1810), deutscher Jurist und Schriftsteller
›Es ist schon oft besprochen worden‹ Aus: ders., Des deutschen Mittelalters Volksglauben und Heroensagen. Mit einer Einleitung von Jean Paul (1763–1825). Berlin 1815.

Fedor Michajlovic Dostojevskij (1821–1881), russischer Dichter
›Was sagst du zu diesem Marquis de Sade?‹* Aus: ders., Die Brüder Karamasoff. Übers. von E. K. Rahsin. In: Sämtliche Werke. München 1906.
Emily Drummond (* 1961), englisch-deutsche Piratologin und Schriftstellerin
›Dämon der See‹, ›Der Pakt‹ Originalmanuskripte, © KulturGut Alte Schmiede GmbH, Wahlburg.
Eduard Duller (1809–1853), deutscher Publizist
›Sage von dem Wundermann Theophrastus Paracelsus‹ Aus: ders., Die Donau. In: Das malerische und romantische Deutschland in 10 Sektionen. Leipzig 1840–1860.
Pierre-Joseph-Antoine Dumonchaux (1733–1766), französischer Schriftsteller
›Die unfehlbarsten Liebestränke, und die mächtigsten Reizungen‹* Aus: ders., Medicinische Anecdoten: oder Sammlung besonderer Fälle, welche in die Anatomie, Pharmaceutik, Naturgeschichte etc. einschlagen, nebst einigen merkwürdigen Nachrichten von den berühmtesten Aerzten. 1. Theil. Frankfurt a. M., Leipzig 1767.

Johann Peter Eckermann (1792–1854), deutscher Schriftsteller
›»Lavater«, sagte Goethe, »glaubte an Cagliostro«‹ Aus: ders., Gespräch vom 17. 2. 1829. In: Gespräche mit Goethe in den letzten Jahren seines Lebens. Leipzig 1909.
Umberto Eco (* 1932), italienischer Kunstphilosoph und Schriftsteller
›Faszinierender Kerl, dieser Trithemius‹ Aus: ders., Das Foucaultsche Pendel. München 1988
Jans Enikel, eigtl. Jans Enkel (2. Hälfte 13. Jh.), deutscher Geschichtsschreiber
›Der Zauberer Virgilius‹ Aus: Philipp Strauch (1852–1934), Jansens Enikels Werke. Monumenta Germanica Historika, Deutsche Chroniken, Bd. 3. Hannover, Leipzig 1900.

Erasmus Francisci, eigtl. Erasmus von Finx (1627–1694), deutscher Polyhistor
›Aber keiner redlichen und christlichen‹, ›Noch übler ist es / jenem Tischgenossen Henr. Cornelii Agrippæ‹, ›Wir wollen auch auslassen den Englischen Cantzler / Merlin‹ Aus: ders., Der Höllische Proteus, oder Tausendkünstige Versteller. Nürnberg 1690.

Garrat Gamble (* 1951), britischer Magier und Mythologe
›Die Magie zielt einzig darauf‹ Aus dem Interview von Glare Raven Saunter (s. d.) vom 28. 8. 2007.

Helmut Gebelein (* 1940), deutscher Chemiker und Philoosph
›Das Hauptziel der alchemistischen Arbeit‹ Aus: ders., Alchemie. München 1991.

Gervasius von Tilbury (um 1150–um 1235), englischer Rechtsgelehrter und Geschichtsschreiber
›Von Virgil dem Zauberer‹* Aus: ders., Otiis imperialibus. In: Scritores rerum Brunsvicensium. Hrsg. von G. W. Leibniz. Hannover 1856. Hier zitiert nach F. L. F. von Dobeneck, Des deutschen Mittelalters Volksglauben und Heroensagen. Berlin 1815.

Karl Gerok (1815–1890), deutscher Theologe und Dichter
›Das rote Meer‹ Aus: Palmblätter. Neue Folge. Stuttgart 1878.

Andreas Glorez (ca. 1620–ca. 1700), der mährische Albertus Magnus
›Gold, Weihrauch und Myrrhen‹*, ›Was hat Moses für Wunder mit seiner Ruthen gestiftet?‹* Aus: ders., Des Mährischen Albertus Magnus, Andreas Glorez, Klostergeistlicher und Naturkundiger, Eröffnetes Wunderbuch von Wassersalben, s. g. zauberischen Krankheiten, Wunderkuren, wie sie die heilige Schrift lehrt […] Erforschung der Krankheiten durch den urin, und andern merkwürdigen Geheimnissen aus handschriftl. Klosterschätzen. Mit V. Weigels: das Himmlische Manna, oder die unausprechlichen Kräfte des köstlichen Wundersteins der Natur. Regensburg und Stadtamhof 1700.

Johann Wolfgang von Goethe (1749–1832), deutscher Dichter
›Man ist gegen den Geist und die Talente‹ Aus: ders., Zur Farbenlehre. In: Werke. Stuttgart, Tübingen 1827–1842.
›So wie Moses kaum geboren‹ Aus: ders., Italiänische Reise. In: Werke. Stuttgart, Tübingen 1827–1842.

Ferreira Gomes (* 1892), portugiesischer Schriftsteller, Journalist und Maler
›Absurder Gesang – An Sir Edward Aleister Crowley‹ Aus der portugiesischen Literaturzeitschrift Mensagem Nr. 2, Juni 1938.

Günter Grass (* 1927), deutscher Schriftsteller
›Leben und Ende des strahlenden Gesundbeters‹* Aus: Günter Grass: Die

Blechtrommel (Werkausgabe Bd. 3). © Steidl Verlag. Göttingen 1993. Erstausgabe: September 1959.

A. d. H. (1787)
›Den Empedokles erwähnt Plinius nur denn als Zauberer.‹*, ›Er behauptete dreyhundert und fünfzig Jahre alt zu seyn‹, ›Warum aus dem Poeten Vergil der Zauberer Virgilius wurde‹*, ›Was nun den Raymund Lullius betrifft‹* Aus: ders., Ueber den Zauberglauben und andere Schwärmereien; oder Vertheidigung berühmter Männer, die von ihren Zeitgenossen für Zauberer gehalten worden. Leipzig 1787.

Willy Haas (1891–1973), deutscher Essayist, Kritiker, Herausgeber und Lektor
›Der Höllendoktor des Materialismus‹* Aus: ders., Der Marquis de Sade. In: Die literarische Welt. Berlin 13.6.1930, Jg. 6, Nr. 24.

Friedrich Heinrich von der Hagen (1780–1856), deutscher Germanist
›Wie Virgilius die Schwarzkunst erlernte‹* Aus: ders., Erzählungen und Märchen. Prenzlau 1838.

Matthäus Hammer (1600–1665), deutscher Schriftsteller
›Als Apollonius Thyanæus für dem Keyser Severo der Zäuberey‹ Aus: ders., Rosetum Historiarum. Das ist: Historischer Rosengarten [...]. Zwickau 1654.

Joseph von Hammer-Purgstall (1774–1856), deutscher Orientalist
›Suleiman, den wir Salomon nennen‹* Aus: ders., Rosenöl, Sagen und Kunden des Morgenlandes. Stuttgart, Tübingen 1813.

Johannes Hartlieb (um 1400–1468), deutscher Diplomat, Arzt und Schriftsteller
›Das Buch der Heiligen Drei Könige‹ Zitiert nach: ders., Das Buch der verbotenen Künste. Ahlerstedt 1989.

Eberhard David Hauber (1695–1765), deutscher Theologe und Geograph
›Besonderer Beweiß von der Seligkeit des Königs Salomon‹, ›Nachricht von der Steganographia des Abts Trithemii‹ Aus: Bibliotheca Acta et Scripta Magica. Gründliche Nachrichten und Urtheile Von solchen Büchern und Handlungen, Welche die Macht des Teufels in leiblichen Dingen betreffen Zur Ehre Gottes, und dem Dienst der Menschen herausgegeben von D. Eberhard David Hauber. Lemgo 1739.

Albert Hauck (1845–1918), deutscher evangelischer Theologe

›Simon Magus zaubert einen Homunculus‹* Aus den Pseudo-Clementinischen Homilien 3. Jh. In: ders., Realenzyklopädie für protestantische Theologie und Kirche, begründet von Johann Jakob Herzog (s. d.). 21 Bände. Leipzig 1853–1866.

Otto Heilig (1865–1941), deutscher Mundartforscher und Volkskundler

›Doktor Frastus als Arzt‹ Aus: ders., Alemannia. Zeitschrift für Sprache, Kunst und Altertum besonders des alemannisch-schwäbischen Gebiets. 24. Jg. 1896.

Heinrich Heine (1797–1856), deutscher Dichter

›Besprechung des Paracelsus‹* Aus: ders., Zur Geschichte der Religion und Philosophie in Deutschland. Entstanden 1834. In: Der Salon, 2. Bd., Hamburg 1835.

›Das Volk im Mittelalter‹ Aus: ders., Die romantische Schule. Hamburg 1836.

Johann Jakob Herzog (1805–1882), schweizerischer reformierter Theologe

›Simon Magus zaubert einen Homunculus‹* Aus den Pseudo-Clementinischen Homilien 3. Jh. In: ders., Realenzyklopädie für protestantische Theologie und Kirche, fortgeführt von Albert Hauck (s. d.). 21 Bände. Leipzig 1853–1866.

Hesse, Hermann (1877–1962), deutscher Dichter

›Tieferes hat die mittelalterliche Sagenwelt …‹ Aus: ders., Geleitwort zu Friedrich Schlegel, Romantische Sagen des Mittelalters. Frankfurt a. M. 1986.

›Das ist Magie‹ Aus: ders., Gesammelte Werke. Frankfurt a. M. 1970.

Peter Hille (1854–1904), deutscher Schriftsteller

›Gestaltungen‹ Aus der Sammlung »Blätter vom fünfzigjährigen Baum«. Peter Hille publizierte seine Gedichte in unterschiedlichen Zeitschriften. Sie wurden erstmals mit anderen Werken von seinen Freunden Hart und Baum nach seinem Tode herausgegeben (4 Bände; Berlin, Leipzig 1904–1905).

Der vielförmige Hintzelmann (1704)

›Der fliegende aber zu Schaden gemachte Zauberer‹ Aus: Der vielförmige Hintzelmann / oder Umbständliche und merckwürdige Erzehlung von einem Geist / So sich auf dem Hause Hudemühlen / und hernach zu Eystrup im Lande Lüneburg unter vielfältigen Gestalten und verwunderlicher Veränderung / durch Zulassung Göttlicher Providentz sehen lassen / und sich bald freundlich und familiair, bald schädlich und gefährlich erwiesen / Aus bißhero noch niemals gedruckten Nachrichten colligirt / und ihrer Curiosität halber zum Druck befördert / und mit unterschiedlichen Historien von Erscheinungen und Gespenstern vermehret / und durch Kupfer vorgestellet. Leipzig 1704.

Friedrich Hölderlin (1770–1843), deutscher Dichter
›Dies war der Zauber‹, ›Empedokles‹ Aus: ders., Sämtliche Gedichte. Hrsg. u. kommentiert von Detlev Lüders. Wiesbaden 1989.

Ernst Theodor Amadeus Hoffmann (1776–1822), deutscher Dichter
›Er schlug nämlich vor, ebenso zu verfahren‹ Aus: Prinzessin Brambilla. In: ders., Gesammelte Werke. Berlin, Weimar 1978.

Hugo von Hofmannsthal (1874–1929), österreichischer Dichter
›Gleich wie die Weisheit‹ Aus: ders., Österreichische Bibliothek. In: Neue Freie Presse (Wien), 15. 8. 1915.

Zacharias Hogel (1611–1677), deutscher Schulrektor
›Faust, der Teufelsbanner‹* Aus: ders., Chronica von Thüringen und der Stadt Erfurth insonderheit vom Jahr 320–1628. o. O. 1690.

Homer (2. Hälfte 8. Jh. v. Chr.), griechischer Dichter
›Der große Hermes‹ Aus: Homers Werke. Übers. von Johann Jakob Bodmer (1698–1783). Zürich 1778.

Horaz, d. i. Quintus Horatius Flaccus (65–8 v. Chr.), römischer Lyriker
›Liebe zu ruhmvollem Tode‹ Aus: Die Dichtkunst der Horaz. Übers. und erklärt in Prosa von Karl Wilhelm Ramler (1725–1798), in Versen von Christoph Martin Wieland (1733–1813). Basel 1789.

Victor Hugo (1802–1885), französischer Dichter
›Dann war er weiter und tiefer‹ Aus: ders., Der Glöckner von Notre Dame. Übers. von Friedrich Bremer. Leipzig 1886.

Joris-Karl Huysmans, eigtl. Georges Charles H. (1848–1907), französischer Schriftsteller
›Die Herkunft der Sage vom Blaubart‹*, ›Um Satanas zu ködern‹* Aus: ders., Tief unten. Übers. von V. H. Pfannkuche. Potsdam 1921.

Karl Leberecht Immermann (1796–1840), deutscher Jurist und Schriftsteller
›Raimund‹ Aus: ders., Werke. Hrsg. von H. Mayne. Leipzig, Wien 1906.

Jakob von Varazze, auch Jacobus de Voragine (* 1228/29–1298), italienischer Bischof und Legendenerzähler

›Da kamen die drei Magier gen Jerusalem‹* Aus: Die Legenda aurea. Übers. von Richard Benz. Jena 1917–1921.

Montague Rhodes James (1862–1936), englischer Schriftsteller

›Die Laterna Magica des abscheulichen Mr. Karswell‹* Aus: ders., Casting the Runes. In: More Ghost Stories of an Antiquary. London 1911. Übers. von Glare Raven Saunter, © by KulturGut Alte Schmiede GmbH, Wahlburg.

Carl Gustav Jung (1875–1962), schweizerischer Psychiater und Psychologe

›Der Magier ist der Archetypus‹ Aus: ders. u. a., Der Mensch und seine Symbole. Olten 1968.

(Johann) Heinrich Jung-Stilling, eigtl. J. H. Jung (1740–1817), deutscher Dichter

›Des Paracelsus Schriften‹* Aus: ders., Heinrich Stillings Jünglings-Jahre. Berlin, Leipzig 1778.

Felix Felixowitsch Jussupow (1887–1967), russischer Aristokrat

›Die Macht der Rasputinschen Hypnose‹* Aus: ders., Rasputins Ende – Erinnerungen. Berlin 1928.

John Keats (1795–1821), englischer Lyriker

›Niemals. Verliebten solche Nacht erstrahlte‹ Aus: ders., Sankt Agnes Abend. In: Gedichte. Übers. von Gisela Etzel. Leipzig 1910.

Gottfried Keller (1819–1890), schweizerischer Dichter

›Modernster Faust‹ Aus: ders., Gedichte. Heidelberg 1846.

Dietrich Hermann Kemmerich (1677–1745), deutscher Jurist und Autor

›Man solle sich hüten vor Lullistische künste‹ Aus: ders., Deutsche Acta Eruditorum Oder Geschichte der Gelehrten Welche den gegenwärtigen Zustand der Literatur in Europa begreiffen. Leipzig 1739.

Aleksandr Fjodorowitsch Kerenskij (1881–1970), russischer Politiker

›Ohne Rasputin hätte es keinen Lenin gegeben‹ Aus: ders., Die Kerenski-Memoiren. Wien 1966.

Carl Kiesewetter (1854–1895), deutscher esoterischer Schriftsteller

›Zaras Fund‹ Aus: ders., Geschichte des neueren Okkultismus. o. O. 1891.

›Der Stein des Engels vom westlichen Fenster‹* Aus: ders., John Dee.

Das magische Leben des größten Spiritisten des 16. Jahrhunderts. Leipzig 1893.

Bertram Kircher (* 1941), deutscher Literaturarchäologe und Autor
›John Ronald Reuel Tolkien‹, ›Merlin(us), der Schöpfer der Tafelrunde‹ Aus dem Manuskript, © by KulturGut Alte Schmiede GmbH, Wahlburg.
›Sterndeuter, Weise oder Magier‹ Aus: Die Heiligen Drei Könige. Die ersten Pilger und Stadtpatrone von Köln. Aufgespürt, zusammengestellt und herausgegeben von Bertram Kircher. Köln 2008.

Klabund, eigtl. Alfred Henschke (1890–1928), deutscher Dichter
›Er trug die größten Gegensätze in sich‹ Aus: ders., Rasputin. Berlin 1929.

Heinrich von Kleist (1777–1811), deutscher Dichter
›Gebet des Zoroaster‹ Aus: ders., Werke. Hrsg. von Theophil Zolling. Stuttgart 1885.
›Gebet des Zoroaster‹ Erstdruck in: Berliner Abendblätter (Berlin), 1. Jg., 1. 10. 1810.

Ferdinand Gustav Kühne (1806–1888), deutscher Journalist und Schriftsteller
›Der Faust sitzt dem Deutschen wie Blei auf den Schultern‹ Aus: ders., Faust und kein Ende. In: Zeitung für die elegante Welt vom 14. 8. 1835. Zitiert nach: Hans Schwerte, Faust und das Faustische. Stuttgart 1962.

Peter Lauremberg (1585–1639), deutscher Schriftsteller und Naturforscher
›Als Apollonius Thyanæus für dem Keyser Severo der Zäuberey‹ Aus: ders., Neue und vermehrte ACERRA PHILOLOGICA. Das ist: Sieben Hundert Außerlesene, Nützliche / lustige und denckwürdige Historien und Discursen. Aus den berühmtesten Griechischen und Lateinischen Scribenten zusammen getragen. Darinnen zu finden Die meisten Gedichte der Poeten / von Göttern und Göttinnen, die fürnehmsten Geschichte der alten Römer und Griechen, etliche gebräuchliche Sprichwörter / unterschiedliche natürliche Dinge. Allen Liebhabern der Historien zur Ergetzung / insonderheit der studierenden Jugend zu mercklicher Ubung und Wissenschafft beförderlich. Mit Sr. Königl. Maj. und Churf. Durchl. zu Sachsen allergnädigsten PRIVILEGIO. Leipzig 1717.

Johann Kaspar Lavater (1741–1801), evangelisch-reformierter Theologe und Schriftsteller
›Ich glaube, die Natur formt nur alle Jahrhunderte‹ Aus: ders., Physiognomische Fragmente. Halle 1916.

Nikolaus Lenau, eigtl. Nikolaus Franz Niembsch, Edler von Strehlenau (1802–1850), deutscher Dichter
›O Faust, o Faust, du Mann des Fluches!‹ Aus: ders., Der Schmetterling. In: Gedichte. Tübingen 1832.

Augustin Lercheimer, eigtl. Hermann Wilken oder Witekind (1522–1603), deutscher Mathematikprofessor, Philosoph und Theologe
›Der hochgelehrte, weitberhümbte Albertus von Laugingen‹*, ›Johannes von Trittenheim, ein gar gelehrter weiser Mann‹* Aus: ders., Von großen herrlichen Zauberern vnd Gaucklern. In: Ein Christlich Bedencken vnnd Erinnerung von Zauberey, woher, was, vnd wie vielfältig sie sey, wem sie schaden könne oder nicht: Wie diesem Laster zu wehren, vnd die, so damit behafft, zu bekehren, oder auch zu straffen seyn. Geschrieben durch Augustin Lercheimer zu Steinfelden. Frankfort 1586.

Eliphas Levi, d. i. Alphonse Louis Constant (1810–1875), französischer Expriester, sozialistischer Agitator, berühmter Okkultist und magischer Schriftsteller
›Gedanken über Raimundus Lullus‹, ›Magie ist das Wissen der Eingeweihten‹, ›Magie ist das Wissen der Eingeweihten‹, ›Man leugnet die Wunder Jesu Christi‹, ›Man muß WISSEN, um zu WAGEN‹, ›Nichts übertrifft oder gleicht als Zusammenfassung‹, ›Trotzdem waren Apollonius und Julian‹, ›Von Albertus Magnus, dem Großmeister aller Magier‹ Aus: ders., Geschichte der Magie, Erster Teil. München–Planegg 1926.
›Dieser Traktat ist ein Schlüssel aller alten und neuen Prophetien‹*, ›Vom Asketentum zur schwarzen Magie‹ Aus: ders., Transzendentale Magie. München–Planegg 1927.

Leah Levine (* 1961), deutsche Magierin und Autorin
›Agrippa von Nettesheim, eigtl. Heinrich Cornelius‹, ›Albertus Magnus‹, ›Aleister (Edward Alexander) Crowley‹, ›Apollonios von Tyana‹, ›Comte Alexandre de Cagliostro, eigtl. Giuseppe (Joseph) Balsamo‹, ›Das böse Erwachen, das Erwachen des Bösen‹, ›Das Kabinett des Blutes oder Blaubart heute‹, ›Die wahre Kraft des Hexenmeisters‹, ›Donatien Alphonse

François de Sade‹, ›Dr. Johann Faust‹, ›Edward Teach, gen. Blackbeard‹, ›Eliphas Levi, d. i. Alphonse-Louis Constant‹, ›Empedokles‹, ›Garrat Gamble‹, ›Giacomo Girolamo Casanova‹, ›Gilles de Rais‹, ›Graf von Saint Germain‹, ›Grigori Jefimowitsch Rasputin‹, ›Hermes Trismegistos‹, ›Johannes Heidenberg, genannt Johannes Trithemius‹, ›John Dee und Edward Kelly‹, ›Magie, die Kunst die Welt zu verzaubern‹, ›Moses‹, ›Opale für den Teufel oder der Ring des See-Magiers‹, ›Paracelsus, d. i. Theophrastus Bombastus von Hohenheim‹, ›Raimundus Lullus‹, ›Simon Magus, Simon der Magier, Simon von Samarien‹, ›Vergil‹, ›Zoroaster‹ Alle aus dem Manuskript, © by KulturGut Alte Schmiede GmbH, Wahlburg.
›Rias Einweisung‹, ›Das Fest der beginnenden Fruchtbarkeit‹, ›Von dir hängt fast alles ab‹ Aus: dies., Legenden des Sternenvolks. Erscheint 2008, © by KulturGut Alte Schmiede GmbH, Wahlburg.
›In der Magie der Mesh-En-Gua‹, ›Mesh-En-Gua, die Magie jenseits von Tia.Mat‹ Aus: dies., Das Praxisbuch des magischen Wissens. Zauber für den Alltag. Neuhausen 2003.

Georg Christoph Lichtenberg (1742–1799), deutscher Schriftsteller
›Empedokles, Doktor Faust und Roger Baco‹ Aus: ders., Sudelbücher. In: Werke. Berlin 1978.

Charles-Joseph Fürst von Ligne (1735–1814), österreichischer Feldmarschall, Diplomat und Schriftsteller
›Er glaubt an nichts außer ans Unglaubwürdigste‹*, ›Jedes seiner Worte ist eine wahre Erleuchtung‹ Aus: ders., Gestalten und Ideen. Aus den Schriften des Fürsten Karl Joseph de Ligne. Graz 1965.

Friedrich von Logau (1604–1655), deutscher Barockdichter
›Wie gut wär Lullus doch‹ Aus: ders., Teutscher Sinn-Gedichte Drey Tausend. Breslau 1654.

Daniel Casper von Lohenstein (1635–1683), deutscher Barock-Dichter
›Zoroasters Zauber-Ritual‹* Aus. ders., Agrippina. Breslau 1665.

Henry Wadsworth Longfellow (1807–1882), amerikanischer Dichter
›Trismegistos! Dreimal Großer!‹ Aus: ders., Sämtliche poetische Werke. Übers. von H. Simon. Leipzig 1883.

Lukian von Samosata (um 120–nach 180), griechischer Sophist und Satiriker
›Das ist Empedokles‹* Aus: ders., Totengespräche. Nach der Übers. von

Christoph Martin Wieland (1733–1813) bearb. und hrsg. von H. Floerke. In: Sämtliche Werke. München 1911.

Martin Luther (1483–1546), deutscher Reformator

›Ein Zäuberer und Schwarzkunstiger, der Abt von Spanheim‹* Aus: ders., Tischgespräche 29. 3. 1539. In: D. Martin Luthers Werke. Tischreden, Bd. 4. Weimar 1916.

George MacDonald (1824–1905), englischer Schriftsteller

›Der Mensch kann, wenn es ihm gefällt‹ Aus: ders., A Dish of Orts (Essays). o. O. 1895. Übers. von Glare Raven Saunter, © KulturGut Alte Schmiede GmbH.

Imre Madách (1823–1864), ungarischer Schriftsteller

›Den Schlüssel Salomons: Die heil'ge Hochzeit‹* Aus: ders., Die Tragödie des Menschen. Übers. von A. Dietze. Pest 1865.

Thomas Mann (1875–1955), deutscher Dichter

›Ich werde die prima materia veredeln‹* Aus: Thomas Mann, Doktor Faustus. © Bermann-Fischer Verlag, Stockholm 1947. Alle Rechte vorbehalten S. Fischer Verlag GmbH, Frankfurt am Main.

›Moses schreibt die Zehn Gebote mit seinem Blut‹* Aus: Thomas Mann, Das Gesetz. In: ders., Gesammelte Werke in dreizehn Bänden, Bd. 8: Erzählungen. © S. Fischer Verlag GmbH, Frankfurt am Main, 1960, 1974.

Mardocäus de Delle (Lebensdaten n. e.), Kammerdiener Kaiser Rudolphs II.

›Die Tinctur des Eduard Kellaeus‹ Zitiert nach: Dr. Söldner, Fegefeuer der Scheidekunst. Hamburg 1702.

Mark Twain, eigtl. Samuel Langhorne Clemens (1835–1910), amerikanischer Schriftsteller

›Merlins Geschichte‹ Aus: ders., Ein Yankee am Hofe König Artus. Übers. von Momo Edel, © by KulturGut Alte Schmiede GmbH.

Christopher Marlowe (1564–1593), englischer Dramatiker

›Ich will nun werden was Agrippa war‹* Aus: ders., Doktor Faustus. Übers. von W. Müller. In: Scheible, Das Kloster, Bd. 5. Stuttgart 1847.

William Somerset Maugham (1874–1965), englischer Schriftsteller

›Als ich ihn kennenlernte‹, ›Wie ich Aleister Crowley kennenlernte‹ Aus: ders., Der Magier. Übers. von Melanie Steinmetz. Scherz-Verlag Bern 1958.

Philipp Melanchthon, eigtl. Philipp Schwar(t)zerd(t) (1497–1560), deutscher Reformator

›Ich habe einen namens Faustus gekannt‹* Aus: ders., In Gesprächen mit seinem Schüler Johann Manlius, 1563. In: Werke in Auswahl. Gütersloh 1961.

Gustav Meyrink (1868–1932), österreichischer Schriftsteller

›Über John Dee‹* Aus: Der Bücherwurm, Monatsschrift für Bücherfreunde. Leipzig 1927, Heft 8.

Miftah El-Qulub: Schlüssel der Herzen. Persien. Manuskript aus dem Jahr 1000 nach der Flucht.

›Wahrlich, Salomo war der grösste unter den Magiern‹ Zitiert nach: Idries Shah, Magie des Ostens. Basel 1984.

John Milton (1608–1674), englischer Dichter

›Noch andre kamen einzeln‹ Aus: ders., Das verlorene Paradies. Übers. von Adolf Böttger (1815–1870). Leipzig 1879.

Daniel Georg Morhof, auch Daniel George (Georgius) Morhoff, Morhofius, Morhovius (1639–1691), deutscher Jurist, Polyhistor, Dichter und Literaturkritiker

›Kelly und John Dee‹* Aus: ders., De Transmutatione Metallorum Epistola (Brief an den Holstein'schen Leibarzt Joel Langelottus). Hamburg 1673.

Alfred de Musset (1810–1857), französischer Dichter

›Immerhin wurde er zum ersten aller Abenteurer‹* Aus: ders., Meister-Werke. Übers. von Heinrich Lautensack (1881–1919), Wilhelm Mießner (1876–1915), Alfred Regener und M. Hahn. Goslar 1908.

Thomas Nashe (1567–1601), englischer Schriftsteller

›Agrippas Kunststück in Wittenberg‹* Aus: ders., Der glücklose Reisende oder Das Leben des Jack Wilton. Hrsg. von Anselm Schlösser, mit Illustrationen von Harry Jürgens. Übers. von Jutta Schlösser. © Aufbau Verlagsgruppe GmbH, Berlin 1982 (Die Ausgabe erschien 1982 im Aufbau-Verlag; Aufbau ist eine Marke der Aufbau Verlagsgruppe GmbH).

Gabriel Naudé (1600–1653), französischer Gelehrter und Bibliothekar

›Albertus Magnus und der Stein der Weisen‹* Aus: ders., Apologie pour le grand hommes soupconnez de Magie. Amsterdam 1712.

Ernst Ludwig Wilhelm Nebel (1772–1854), deutscher Schriftsteller

›Der Tod des Empedokles‹ Aus: ders., Medicinisches Vademecum für lustige Aerzte und lustige Kranken, enthaltend eine Sammlung medicinischer Scherze, komischer Einfälle und sonderbarer medicinischer Geschichten und Gewohnheiten aus den besten Schriftstellern zusammengetragen. Teil 1–4. Frankfurt a. M., Leipzig 1795–1798 (Bd. 1).

Gerard de Nerval (1808–1855), französischer Dichter

›Die hieroglyphische Monade des John Dee‹* Zitiert nach: Michel Leiris, Die hieroglyphische Monade von John Dee (1927). In: ders., Das Auge des Ethnographen. Ethnologische Schriften. Frankfurt a. M. 1978.

Friedrich Nietzsche (1844–1900), deutscher Philosoph und Dichter

›Das Feuerzeichen‹ Aus: ders., Dionysos-Dithyramben. Hrsg. von Karl Schlechta. München 1954.

Novalis, eigtl. Georg Philipp Friedrich Freiherr von Hardenberg (1772–1801), deutscher Dichter

›Der größte Zauberer‹ Aus: ders., Werke. Berlin, Weimar 1983.

Nostradamus, eigtl. Michel de Notre (1503–1566), französischer Arzt, Astrologe und Prophet

Brief vom 15. 7. 1581 an den protestantischen Astronomen Lorenz Tubbe (Laurentius Tubbius Pomeranus)

Paracelsus, eigtl. Theophrastus Bombastus von Hohenheim (1493–1541), deutscher Naturforscher, Arzt, Laientheologe und Philosoph

›Die älteste deutsche Übersetzung der »Smaragdtafel«‹ Aus: Aurelii Philippi Theophrasti Bombasts von Hohenheim Paracelsi. Darinnen die magischen und Astrologischen Bücher. Straßburg 1616.

Octavio Paz (* 1914), mexikanischer Schriftsteller

›Crowleys Suche nach Adepten‹* Aus: ders., Der sich selbst Unbekannte. In: Essays 2. Frankfurt a. M. 1980.

Bonaventure Des Periers (* um 1510–1543/44), französischer Schriftsteller

›Von König Salomo, der den Stein der Weisen verfertigte, und woher es kommt, daß die Alchimisten nicht zum Ziele gelangen‹ Aus: ders., Die neuen Schwänke und lustigen Unterhaltungen gefolgt von der Welthimmel. Übers. von H. Floerke. München 1910.

Fernando (António Nogueira de Seabra) Pessoa (1888–1935), portugiesischer Dichter
›Über Crowleys Horoskop‹* Brief an The Mandrake Press, London vom 4. 12. 1929. Zitiert nach: John Symonds, The King of the Shadow Realm. London 1989.

Johann Nikolaus Pfitzer (1634–1674?), deutscher Schriftsteller
›Der Wundergarten des Albertus Magnus‹*, ›Drey Zauber-Bücher Henrici Cornelii Agrippæ‹* Aus: ders., Das ärgerliche Leben und schreckliche Ende deß Ertz-Schwartzkünstlers Johannis Fausti. [...] Nürnberg 1674. (Das Werk basiert auf Georg Rudolphs Widmanns Volksbuch von 1599.)

Flavius Philostratos II. (zwischen 160 und 170 – um 245), griechischer Philosoph
›Apollonius von Thyana erzählt, wie er die Smaragdtafel fand‹ Aus: ders., Apollonius von Tyana. Übers. von Eduard Baltzer (1814–1883). Rudolfstadt 1883.

Giovanni Pico della Mirandola (1463–1494), italienischer Humanist
›Es kamen Magier aus dem Morgenlande, um Christum anzubeten‹*, ›Schon beim Hören des Namens Kabbala‹*, ›Über die Magier‹* Aus: ders., Apologie. In: Ausgewählte Schriften. Übers. von Arthur Liebert. Jena, Leipzig 1905.

Plinius der Ältere, d. i. Gaius Plinius Secundus (23/24–79 n. Chr.), römischer Historiker und Schriftsteller
›Einiges über den Magier Zoroaster‹* Aus: ders., Historia naturalis. Natürlicher History Fünff Bücher. Übers. von Heinrich Eppendorf (1496–1551). Straßburg 1543.

Marco Polo (1254–1324), italienischer Weltreisender und Autor
›Das Grab der Heiligen drei Könige‹ Aus: Die Reisen des Venezianers Marco Polo im 13. Jahrhundert. Nach der Übers. von A. Bürck (1845) bearbeitet und herausgegeben von Dr. Hans Lemke. Hamburg 1908.

Johannes Praetorius, eigtl. Hans Schulze (1630–1680), deutscher Polyhistor
›Apollonius als er durch ein Dorff in Ethiopien reisete‹, ›Merlinus, der berühmte Englische Wahrsager‹* Aus: ders., Anthropodemus plutonicus. Das ist eine neue Weltbeschreibung. Magdeburg 1666/67.
›Eine gleichmässige Geschicht‹* Aus: ders., Blockes-Berges Verrichtung. Leipzig, Frankfurt a. M. 1669.

›Von Agrippas Teuffels-Hund‹* Aus: ders., DaeMonoLogia RVbInzaLII sILesII. Das ist ein ausführlicher Bericht / Von den wunderbarlichen / sehr alten und weit-beschrienen Gespenste, dem Rübezahl. Leipzig, Arnstadt 1662.

Prozeß gegen Gilles de Rais 1440

›13. Oktober 1440: Schlußantrag‹, ›15. Oktober 1440: Der besagte Gilles de Rais erwiderte …‹ Zitiert nach: Schwarze Messen. Dichtungen und Dokumente. Hrsg. von Ulrich K. Dreikandt. München 1970.

Aleksandr Sergeevič Puškin (1799–1837), russischer Dichter

›Szene aus dem »Faust«‹ Aus: ders., Faust. Entstanden 1826. Erstdruck: 1826.

›Das Geheimnis des Grafen von Saint Germain* Aus: ders., Pique Dame. Übers. von Claire von Glümer (1825–1906). München 1873.

François Rabelais (1494–1553), französischer Dichter

›Wie sich Panurg beym Her Trippa beräth‹ Aus: ders., Meister Franz R., der Arzeney Doctoren, Gargantua und Pantagruel. Übers. von Johann Gottlob Regis (1791–1654). Leipzig 1832–1841.

Grigori Jefimowitsch Rasputin (1869–1916), russischer Magier und Wunderheiler

›Das Testament‹ Aus: ders., Meine Gedanken und Betrachtungen. Moskau 1911.

Maria Rasputin (1898–1977), Rasputins Tochter

›Rasputins »Erwählung« durch Johann von Kronstadt‹ Aus: dies., Der Roman meines Lebens. Stuttgart 1930.

Henri de Règnier (1864–1936), französischer Dichter

›Die Gaben der Heiligen Drei Könige‹ Aus: Die schönsten Gedichte der Weltliteratur. Übers. von Innozenz Grafe. Wien, Leipzig 1933.

Friedrich Reiche (Lebensdaten n. e.), preußischer Historiker

›Es konnte nicht fehlen‹ Aus: ders., Johannes Tritheim. In: Preußens Vorzeit, Bd. 2. Berlin 1835.

Aleksej Michailovic Remizov (1877–1957), russisch-sowjetischer Erzähler

›Die lappländischen Magier-Könige‹* Aus: ders., Stella Maria maris. Stuttgart, Den Haag, London 1929.

Rheinischer Antiquarius (1850)

›Aller Abenteurer Fürst war damals Cagliostro‹* Aus: Denkwürdiger und nützlicher Rheinischer Antiquarius. Hrsg. von Ch. v. Stramberg, Bd. II. 2. Koblenz 1850.

Rainer Maria Rilke (1875–1926), deutscher Dichter

›Saint-Germain, der Marquis von Belmare‹* Aus: ders., Die Aufzeichnungen des Malte Laurids Brigge. Leipzig 1910.

Olga Rinne (* 1946), deutsche Schriftstellerin

›Das 18. Jahrhundert brachte ein Dreigestirn‹ Aus: dies., Die Zeichen der Magier. Luchterhand, Darmstadt, Neuwied 1983.

Roger, Diener des Grafen von Saint-Germain

›Er erzählt jedermann‹ Zitiert nach: Kurt Seligmann (1900–1961), Das Weltreich der Magie. Wiesbaden o. J.

Olga Alexandrowna Romanova (1882–1960), Zarenschwester

›Die Wunderheilung‹* Zitiert nach: Frank N. Stein, Rasputin – Teufel im Mönchsgewand. München 1997.

Pierre de Ronsard (1524–1585), französischer Dichter

›Nostradamus‹ Aus: ders., Oeuvres complètes. Hrsg. von P. Blanchemain. Paris 1914–1925. Übers. von Glare Raven Saunter, © by KulturGut Alte Schmiede GmbH, Wahlsburg.

Nene Saari (* 1983), deutsch-finnische Schriftstellerin

›Gandalf Graurock‹ Original-Manuskript, © KulturGut Alte Schmiede GmbH, Wahlsburg.

Charles-Augustin Sainte-Beuve (1804–1869), französischer Literaturkritiker und Schriftsteller:

›Ohne zu befürchten, daß ich widerlegt werde‹ Aus: ders., Quelques vérits sur la situation en littérature. In: Revue des Deux Mondes 1843. Übers. von Glare Raven Saunter, © by KulturGut Alte Schmiede GmbH, Wahlsburg.

Graf von Saint Germain (1685/96/1710–1784?)

Brief aus Mantua an den Grafen Max von Lamberg (1773) Zitiert nach: A. d. H., Ueber den Zauberglauben und andere Schwärmereien; oder Vertheidigung berühmter Männer, die von ihren Zeitgenossen für Zauberer gehalten worden. Leipzig 1787.

Glare Raven Saunter (* 1941), deutsch-englischer Mythenforscher

Interview mit Garrat Gamble vom 28. 8. 2007. Das Interview wurde eigens für diese Ausgabe geführt, © by KulturGut Alte Schmiede GmbH, Wahlsburg.

Friedrich Spielhagen (1829–1911), deutscher Schriftsteller
›Dazu sich an Nostradamus' Nonsens Hallucinationen holen!‹ Aus: ders., Faustulus. Leipzig 1898.

Friedrich Schiller (1759–1805), deutscher Dichter
›Calliostro – viel Lärmens um nichts‹ Auszug aus: Nachrichten zum Nutzen und Vergnügen, Nr. 55, 10. 7. 1781.
›Moses Unterricht in aller ägyptischen Weisheit‹*, ›Wollte also Moses seine Sendung rechtfertigen‹ Aus: ders., Die Sendung Moses. In: Sämmtliche Schriften. Hrsg. von K. Goedeke. Stuttgart 1867–1876.

Dorothea Schlegel (1763–1839), deutsche Schriftstellerin
›Merlins Verzauberung‹* Aus: dies., Geschichte des Zauberers Merlin. In: Friedrich Schlegels sämtliche Werke in 13 Bänden. Bd. 7: Romantische Sagen und Dichtungen des Mittelalters. Wien 1846.

Johann Georg Schmidt (1660–1722), deutscher Schriftsteller
›Die Tagewehler aber setzet Moses‹ Aus: ders., Die gestriegelte Rocken-Philosophie. Oder Aufrichtige Untersuchung derer Von vielen Superklugen Weibern hochgehaltenen Aberglauben. Allen denen nützlich zu lesen / die entweder schon ehemals von ein und andern Aberglauben betrogen worden sind, oder noch betrogen werden können; An das Licht gestellet von dem, der einem jedweden die Wahrheit Ins Gesicht saget. Chemnitz 1718/1722.

Arthur Schnitzler (1862–1931), österreichischer Dichter
›Verführt' ich jemals?‹ Aus: ders., Casanova in Spa. In: Die dramatischen Werke. Frankfurt a. M. 1962.

Alexander Schöppner, eigtl. Johannes Sch. (1820–1860), deutscher Sagensammler und Herausgeber
›Des Papstes Urlaub zur Magie‹ Aus: ders., Sagenbuch der bayerischen Lande. Aus dem Munde des Volkes, der Chronik und der Dichter. München 1874.

Odilo Schreger (1697–1774), deutscher Schriftsteller
›Erster Ketzer‹, ›Moses der Patriarch der Alchymie oder Goldmacherkunst‹* Aus: ders., Lustiger und nützlicher Zeitvertreiber. Augsburg 1802.

Rolf Schwendter, eigtl. Rudolf Scheßwendter (* 1939), österreichischer Schriftsteller und Devianzforscher

›Der neueren Stimmung der Linken‹ Aus: ders., Notate zu Tolkien und der Linken. Zitiert nach: Frederik Hetmann: Die Freuden der Fantasy. Berlin 1984.

Kurt Seligmann (1900–1961), schweizerischer Maler und Autor

›Simon ist im Westen der Prototyp des bösen Zauberers geworden‹ Aus: ders., Das Weltreich der Magie – 5000 Jahre Geheime Kunst. Wiesbaden o. J.

Percy Bysshe Shelley (1792–1822), englischer Dichter

›Der große Magus Zoroaster‹* Aus: ders., Der entfesselte Prometheus. Übers. von Albrecht Graf Wickenburg. Wien 1876.

Robert Southey (1774–1843), englischer Dichter

›Simurg, der Wesir König Salomons‹* Aus: ders., Thalaba. In: The poetical Works of Robert Southey. Bd. 4. London 1838. Übers. von Dr. Heinrich Versteegen 2007, © by KulturGut Alte Schmiede, Wahlburg.

Alexander Spotswood (1676–1740), britischer Gouverneur der Kolonie Virginia

›Aus Angst, Blackbeard könnte Kenntnis davon erhalten‹ Aus einer Rede an die Ratsversammlung von Virginia im Jahre 1718. Zitiert nach: Douglas Botting, The Pirates. Amsterdam 1978.

August Johan Strindberg (1849–1912), schwedischer Dichter

›Schließlich aber fällt er‹ Aus: ders., Inferno. Übers. von Christian Morgenstern (1871–1914). Berlin 1898.

Eduard Stucken (1865–1936), deutscher Schriftsteller

›Ein Herz, verzehrt von Leidenschaften‹*, ›Raimundus Lullus, krank vor Liebesgram‹*, ›Wer unterscheidet Wirklichkeit von Träumen?‹* Aus: ders., Romanzen und Elegien. Berlin 1911.

Bertha von Suttner (1843–1914), österreichische Journalistin und Schriftstellerin

›Man schlägt im Nostradamus nach‹ Aus: dies., Die Waffen nieder! Dresden 1889.

John Symonds (* 1914), englischer Biograph

›Aleister Crowleys Leben als Eliphas Levi‹ Aus: ders., Aleister Crowley. Das Tier 666. Leben und Magick. Übers. von B. F. Netthow. Sphinx-Verlag, Basel 1983.

Tatian aus Mesopotamien (2. Jh.), gen. althochdeutscher »Tatian«. Übers. im Kloster Fulda um 830 unter der Leitung von Hrabanus Maurus (780–856), Mönch, Abt und Erzbischof von Mainz
›Die Anbetung der Magier‹ Aus: Georg Eduard Sievers (1850–1932), Sprachwissenschaftler aus Lippoldsberg: Tatian, lat. und ahdt. 1872.

Edward Teach, gen. Blackbeard (ca. 1680–1718), Piratenkapitän und Magier
›Logbucheintrag‹ Zitiert nach: Daniel Defoe, A General History of the Pyrates. Hrsg. von Manuel Schonhorn. New York 1972/1999. Übers. von Leah Levine (* 1961), © by KulturGut Alte Schmiede, Wahlburg.

Nadjeschda A. Teffi, bekannt unter dem Namen Butschinskaja (1872–1952), russische Schriftstellerin
›Er war in einen schwarzen russischen Tuchkaftan gekleidet‹* Zitiert nach: Frank N. Stein, Rasputin – Teufel im Mönchsgewand. München 1997.

Georg Trakl (1887–1914), österreichischer Dichter
›Blaubarts Schlüssel‹* Aus: ders., Puppenspiel Blaubart. In: Dichtungen und Briefe, Bd. 1. Salzburg 1969.

Johannes Trithemius, eigtl. Johannes Heidenberg (1462–1615), deutscher Humanist, Astrologe, Alchimist und Schriftsteller
›Dieser frömmste aller Heiligen‹ Aus: ders., De viris illustribus Germaniae. Über die berühmten Männer Deutschlands. In: Opera historica. Hrsg. von Manfred Feher. Frankfurt a. M. 1601.

Kurt Tucholsky (1890–1935), deutscher Schriftsteller
›Mehr als ein Souvenir – ein Zaubermittel‹ Aus: ders., Ausgewählte Werke. Hrsg. von R. Links. Berlin 1969.

Ivan Sergeeviç Turgenev (1818–1883), russischer Dichter
›Ihr habt gut schwatzen‹ Aus: ders., Ausgewählte Werke. Mitau 1876.

Mellie Uyldert (* 1908), niederländische Astrologin und Autorin
›Der weiße und der schwarze Zauberspruch‹* Aus: dies., Die Entdeckung von Mittelerde – Die Symbolik von Tolkiens »Herr der Ringe«. © Verlag Neue Erde, Saarbrücken 2001.

Venezianische Inquisition (1755)
›Wenn man mit besagtem Casanova sich vertraut macht‹ Geheimbericht der Venzianischen Inquisition 1755.

Paul Verlaine (1844–1896), französischer Dichter

›Auf einem Exemplar von Baudelaires »Blumen des Bösen«‹ für diese Ausgabe übers. von Bertram Kircher, © by KulturGut Alte Schmiede GmbH, Wahlburg.

Volksbuch vom Zauberer Virgilius (1720)

›Da schrie der Böse entsetzlich‹ Aus: Die angenehme und kuriose Historia vom Zauberer Virgilius. 1720.

Voltaire, eigtl. François Marie Arouet (1694–1778), französischer Schriftsteller und Philosoph

›Der Mann, der alles weiß und niemals stirbt‹, ›Es ist ein Jammer‹ Aus: ders., Aus dem philosophischen Taschenwörterbuch. Übers. von U. F. Müller. Ebenhausen 1966.

Robert Wace (1157–1174), anglonormannischer Dichter und Chronist

›Tanz der Steine‹* Aus: Die Reimchronik des Maistre Wace, d. i. Le Roman de Brut. Rouen 1836. Übers. von Hugo Andresen. Heilbronn 1879.

Arthur Edward Waite (1857–1941), amerikanischer esoterischer Schriftsteller und Tarot-Autor

›Kein moderner Darsteller des Okkulten‹ Aus: ders., The Mysteries of Magic o. O. 1886. Übers. von Glare Raven Saunter, © by KulturGut Alte Schmiede GmbH, Wahlburg.

Herbert Russell Wakefield (1888–1964), englischer phantastischer Autor

›Clintons Experiment‹* Aus: He Cometh and He Passeth By. In: The Return at Evening. London 1928. Übers. von Glare Raven Saunter, © KulturGut Alte Schmiede GmbH, Wahlburg.

Bertram Wallrath (* 1941), deutscher Schriftsteller und Mythosoph

›Legenden um Nostradamus‹ Originalmanuskript, © KulturGut Alte Schmiede GmbH, Wahlburg.

Orson Welles (1915–1985), amerikanischer Regisseur, Schauspieler und Autor

›Sie haben das große Vergnügen‹ Hier zitiert nach Michael Kuper, Johannes Trithemius. Berlin 1998.

Dominicus Wenz (1699–1755), deutscher Schriftsteller

›Von des Raymundus Lullius begangener Thorheit‹* Aus: ders., Dominicus: Lehrreiches Exempelbuch [...] ein nutzlicher Zeitvertreib als ein Haus- und Les-Buch. Augsburg 1757.

Christoph Martin Wieland (1733–1813), deutscher Dichter

›Daher machte der weise Empedokles‹ Aus: ders., Geschichte der Abderiten

›Das Geheimnis des Großen Hermes‹* Aus: Sämtliche Werke. Berlin, Weimar 1984.

Thornton Wilder (1897–1975), amerikanischer Schriftsteller

›Die Beschwörung des Virgil‹ Aus: Thornton Wilder, Die Cabala. Übers. von Herberth E. Herlitschka. © S. Fischer Verlag, Frankfurt am Main 1951.

Colin Wilson (* 1931), englischer phantastischer Autor

›Levi übte einen beträchtlichen Einfluß‹ Aus: ders., Das Okkulte. Berlin, Schlechtenwegen 1982.

›Und was, wenn du wirklich genauer hinsiehst?‹ Aus: ders., Aleister Crowley. The Nature of the Beast. Wellingborough 1982.

Anna Alexandrowna Wyrobowa (1884–1964), russische Hofdame und Schriftstellerin

›Ich bezeuge vor Gott dem Allmächtigen‹ Aus: dies., Glanz und Untergang der Romanows. Zürich, Leipzig 1927.

Francis A. Yates (1899–1981), englische Dozentin und Autorin

›John Dee war eine der einflußreichsten Figuren‹ Aus: dies., The Art of Ramon Lull: An Approach to it through Lull's Theory of Elements. In: JWCI XVII, 1954.

William Butler Yeats (1865–1939), irischer Dichter

›One Crowley … ein gewisser Crowley‹ Aus: ders., Brief an Lady Gregory vom 28. 4. 1900. In: The Letters of W. B. Yeats. London 1954.

Marguerite Yourcenar, eigtl. M. de Crayencour (1903–1987), französisch-amerikanische Schriftstellerin

›In gewissem Sinn war alles Magie‹* Aus: dies., Die schwarze Flamme. Aus dem Französischen von Anneliese Hager, René Cheval und Bettina Witsch. © 1969 by Verlag Kiepenheuer & Witsch, Köln.

Johann Heinrich Zedler (1706–1751), deutscher Buchhändler und Verleger

›Himmelfahrt und Tod des Simon Magus‹* Aus: Zedlers Großes vollständiges Universallexikon aller Wissenschaften und Künste. Leipzig 1730–1754, Bd. 37, Sp. 1500 f.

Danksagung

Verlag, KulturGut und Herausgeber danken allen, die an der Entstehung dieses Buches mitgewirkt haben, insbesondere den Rechteinhabern für die freundliche Überlassung der Rechte. Leider war es nicht in allen Fällen möglich, diese festzustellen oder zu erreichen. Der Verlag verpflichtet sich, rechtmäßige Ansprüche auf Anfrage nach den üblichen Honorarsätzen zu vergüten. Unser besonderer Dank gilt der Niedersächsischen Staats- und Universitätsbibliothek in Göttingen für die uneingeschränkte Hilfe bei der Beschaffung und Überlassung wertvollen Quellenmaterials.